KB070493

# 재계 파워그룹 58

누가 대한민국 경제를 이끄는가

1

나남
nanam

# ㅋ

## 큰 일을 하는 차

### [ A great car ]

명 ● 크기에 상관 없이 큰 일을 할 수 있는 차

몸집은 작아도 하는 일 만큼은 세상 어떤 것보다 큰 차
몸이 불편한 분들도 자동차를 통해 편리하게 이동할 수 있도록
현대자동차그룹이 동행하고 있습니다
{ 복지차량 보급, 이동 보조기기 지원 등을 통해 교통약자의
안전하고 편안한 이동을 위해 앞장서는 현대자동차그룹 }

사회적기업 (주)이지무브
(주)이지무브는 현대자동차그룹이 2010년 설립한 사회적 기업으로, 이동에 불편을
겪고 있는 장애인과 노인들을 위한 보조기기를 국내 최초로 생산·판매하고 있습니다.

동행으로 미래를 펼치다

HYUNDAI
MOTOR GROUP

현대자동차그룹은 자동차, 철강, 건설을 중심으로 행복한 미래를 만들기 위한 동행의 발걸음을 내딛고 있습니다.

너의 관심과 나의 관심이 연결되어
전 세계인의 마음이 움직인 것처럼

## 연결에는 세상을 변화시키는 힘이 있습니다

# 연결의 힘을 믿습니다

# 더 풍요롭고 안전한 친환경 에너지 라이프 –
# LG가 만들어가고 있습니다

**ESS** **에너지 저장 시스템**
사용하지 않으면 그냥 흘려
보내야 했던 전기를 필요할 때
꺼내 쓸 수 있도록 하는 저장장치

**스마트 빌딩 시스템**
빌딩 내 전원, 공조, 조명, 방재 등 에너지 관리
설비의 정보를 실시간으로 수집·분석하여
에너지 사용 효율을 높이는 시스템

**고효율 태양광 모듈**
고효율 집적 기술을 통해
태양의 빛을 전기로 모아
친환경 전기를 생산하는 기술

**스마트 LED 조명**
LED조명과 ICT 기술을
융합하여 에너지 효율을
높이는 친환경 조명

**전기차 배터리 / 충전기**
화석연료가 아닌
전기 에너지를 사용하는
친환경 전기차의 핵심 기술

더 나은 삶을 위한 혁신
**Innovation for a Better Life**

 **LG**

나남신서 1819

# 재계 파워그룹 58 ①
누가 대한민국 경제를 이끄는가

2015년 7월 22일 발행
2015년 7월 22일 1쇄

지은이    서울신문 산업부
발행자    趙相浩
발행처    (주) 나남
주소     413-120 경기도 파주시 회동길 193
전화     (031) 955-4601(代)
FAX     (031) 955-4555
등록     제 1-71호(1979.5.12)
홈페이지   http://www.nanam.net
전자우편   post@nanam.net

ISBN 978-89-300-8819-0
ISBN 978-89-300-8655-4(세트)

책값은 뒤표지에 있습니다.

# 재계 파워그룹 58

### 누가 대한민국 경제를 이끄는가

## 1

서울신문 산업부 지음

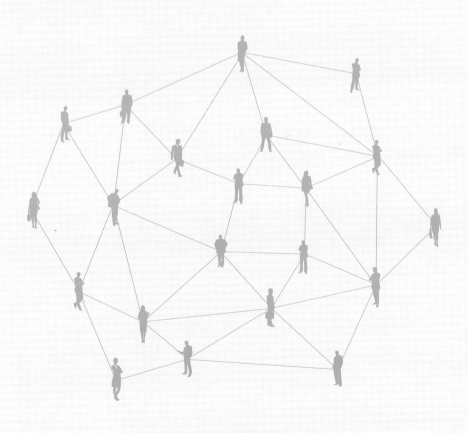

나남
nanam

대자본을 가진 기업가들은 호불호를 떠나 우리 사회를 움직이는 핵심 축이다. 1990년대 권위주의 시대의 종말과 함께 대기업 총수와 그 일가 및 주변인들이 주목받기 시작했다. 2005년 1월부터 2006년 4월까지 16개월간 연재된 〈서울신문〉 '재계 인맥·혼맥 대탐구'는 이렇게 재계 인맥의 달라진 위상을 반영한 결과물이었다. 삼성, 현대, SK, LG 등 대기업 총수들의 인맥·혼맥을 집중 조명한 이 연재물은 당시 재계는 물론 사회 각계에서 큰 반향을 불러일으켰다. 〈서울신문〉은 재벌가 스토리를 묶어 2005년과 2007년 두 차례에 나눠 《재벌가 맥(家脈)》을 출간했다.

이후 2014년 9월 30일부터 2015년 7월까지 10개월간 연재한 '재계 인맥 대해부' 시리즈에서는 정보통신기술(IT) 벤처기업들의 대약진이 눈에 띄었다. 10년 전만 해도 '아슬아슬'하기만 했던 일부 벤처기업들은 시가총액에서 대기업을 압도하는 '공룡'으로 성장했다. 샐러리맨으로 사회에 첫 발을 내딛은 필부필부(匹夫匹婦)가 1조 원이 넘는 대부호로 탈바꿈한 셈이다. 중소기업청 발표에 따르면 세계시장 점유율 1위인 국내 기업 130개 가운데 벤처기업 출신이 63개로 거의 절반을 차지했다. 얽히고설킨 가맥(家脈)으로는 설명되지 않는 이들의 끊임없는 도전과 성공·실패 스토리를 살펴야 하는 이유다. 공기업이었던 포스코, KT, KT&G도 민영화 이후 치열한 경쟁 속에서 세계적 기업으로 성장했다.

기존 대기업들도 어느 때보다 빠른 변화를 겪고 있었다. 국내시장만이 아닌 글로벌 비즈니스 환경에 대응해야 할 만큼 우리 기업들의 몸집이 커졌고 1, 2세에서 3, 4세로 경영권 승계가 활발하게 진행되고 있었다. 삼성을 비롯한 각 그룹의 승계작업은 급물살을 탔고 덩달아 재벌 3, 4세의 행보도 도드라졌다. 재벌 3, 4세들에게도 최소한의 자격 요건을 까다롭게 두고 이사회와 일반 주주, 여론을 납득시키는 승계작업이 우리에게도 필요하다는 공감대가 폭넓게 확산됐다.

10년 전과 달라진 재계의 이런 모습들을 《재계 파워그룹 58: 누가 대한민국 경제를 이끄는가》로 출간하게 됐다. 우리나라를 대표하는 기업들을 이끄는 오너 일가와 전문경영인들을 집중 조명했다. 기업도 사람이 경영하고 이끄는 만큼 인맥을 분석하는 데 주안점을 뒀다.

이 책이 나오기까지 감사의 말씀을 전해야 할 분들이 적지 않다. 무엇보다 '재계 인맥 대해부' 시리즈를 게재하고 출간하는 데 눈물겨운 지원을 해주신 기업체 홍보담당 임원과 직원 분들에게 고마움을 전한다. 기업에 대해 낱낱이 취재하려는 우리 기자들과 치열한 신경전도 벌였지만 이런 과정에서 각자가 속한 회사에 대한 무한한 애사심을 확인할 수 있었다.

책 출간을 지원해 주신 일주학술문화재단과 관계자 여러분들께 감사를 드리며, 출판을 흔쾌히 승낙해 주신 나남출판 조상호 발행인과 고승철 사장, 출간작업을 꼼꼼히 챙겨 주신 민광호 과장께 고마움을 전한다. 10개월간 '재계 인맥 대해부'를 〈서울신문〉에 연재해 책으로 출간하기까지 여러 모로 신경 써주신 오승호 편집국장과 곽태헌 논설실장(전 편집국장)께도 감사의 말씀을 드린다.

〈서울신문〉 산업부장 이종락

# 재계 파워그룹 58

누가 대한민국 경제를 이끄는가

# 1

## 차 례

# 삼성그룹

어느 시대에나 나라와 집단을 움직이는 인맥은 있다. 과거 권위주의적인 시절에는 권력 중심의 인맥이 조명을 받았지만, 요즘은 자본을 토대로 형성된 인맥집단이 눈길을 모은다. 창업자의 2, 3세들이 사장이나 임원으로 속속 승진하면서 재계의 '가계도'가 주목받고 있는 것도 무관치 않다. 대자본을 가진 기업가들은 호불호를 떠나 우리 사회를 움직이는 핵심 축이다. 1990년대 권위주의 시대의 종말과 함께 대기업 총수와 그 일가 및 주변인들이 주목받기 시작했다. 한국 재계 인맥의 최정점에 삼성가 사람들이 자리해 있다는 데 의문을 제기할 사람은 많지 않으리라.

호암(湖巖) 이병철(李秉喆) 회장이 일군 '삼성가'는 오늘날 대한민국 재계의 대표 가문이라는 칭호를 받고 있다. 이 회장은 1938년 29세 때 자본금 3만 원과 은행자금 20만 원으로 '삼성상회'를 설립했다.

만주에 청과물과 건어물을 수출하고 제분업을 병행하면서 1년 만에 두 배의 이익을 거뒀고, 이를 토대로 연산 7천 석 규모의 '조선양조장'을 매입하며 삼성의 기틀을 세웠다.

삼성은 2013년 (본사 기준) 매출 334조 원, 세전이익 24. 2조 원이라는 경이로운 경영성과를 이뤄 냈다. 직접 수출만 1,831억 달러로 우리나라 전체 수출 (5,596억 달러) 의 32.7%를 차지했다. 삼성그룹 주식의 시가총액은 2015년 3월 현재 366조 원에 달한다. 2위인 현대차그룹 (121조 원) 과 비교해 보면 그 비중을 짐작할 수 있다.

삼성은 또 CJ, 신세계, 한솔그룹과 연결돼 있고 중앙일보그룹, 보광그룹과도 인연을 맺고 있다. 2014년 기준으로 삼성그룹이 자산 331조 원 (금융사 제외) 으로 압도적 1위를 달리고 있고, 신세계 (25조 원, 19위), CJ (24조 원, 20위) 도 30대 재벌에 이름을 올렸다.

## '관리의 삼성'에서 '유연한 삼성'으로

전 직원을 오전 7시에 출근해 오후 4시에 퇴근하도록 한 '7·4제'와 아무 때나 출근해 하루 4시간 이상 근무하도록 한 '자율 출퇴근제'는 삼성그룹 이건희 (74) 회장과 이재용 (47) 부회장을 상징하는 대표 근무제도다.

7·4제는 신경영선언 (프랑크푸르트 선언) 이 있고 한 달쯤 뒤인 1993년 7월 초 이건희 회장에 의해 전격 결정됐다. "마누라, 자식 빼고 다 바꾸라"면서 이 회장이 임직원에게 개혁을 몸으로 느끼게 하려고 고안해 낸 일종의 '쇼크 요법'이었다. 일시에 이 회장 단독으로 결정했

## 이건희-이재용 시대 대표 출퇴근 제도 비교

| | 7·4제 | 자유출퇴근제 |
|---|---|---|
| 내용 | 오전 7시 출근 오후 4시 퇴근 | '하루 4시간 이상 주당 40시간 근무'라는 원칙만 지키면 임직원이 출퇴근 시간을 자율적으로 정하는 제도 |
| 목적 | 신경영선언 이후 삼성 임직원 의식 변화 (일종의 충격요법) | 임직원의 유연하고 창의적인 사고를 향상 |
| 시행시기 | 1993년 7월~2000년대 초반 | 2014년 7월~ |
| 시행방법 | 이건희 삼성그룹 회장의 결정으로 전 계열사 전면실시 | 단계적 실시(2012년 4월 시범도입 이후 2015년 7월부터 전면실시) |

으며, 전 직원을 대상으로 시행됐다.

1995년 경북 구미사업장에서 15만 대에 달하는 휴대전화 불량품을 불태운 '휴대전화 화형식'과 함께 이건희 회장의 강한 카리스마를 상징하는 일화다.

반면 '자율 출퇴근제'는 이름처럼 내용도 '7·4제'와 반대지만 도입 과정도 완전히 다르다. 2012년 4월 5천여 명을 대상으로 시범 도입되고 2013년 9월 1만여 명을 대상으로 확대된 이후, 2015년 4월 전면 도입됐다. 직원들의 유연하고 창의적인 사고를 북돋우는 게 목적이다. 현업 부서가 건의해 최종 결정권자인 이재용 부회장이 추인해 줬다는 점도 다르다.

2014년 5월부터 해외 출장 시 가족 동반을 허용한 것도, 7월 경기 수원사업장에서 공휴일에 반바지를 입을 수 있도록 한 것도 '관리의 삼성'이 '유연한 삼성'으로 변해 가는 징조다.

이런 변화는 이재용 부회장이 1990년대 중·후반 미국 유학 시절부터 글로벌 파트너들과 친분을 나누며 국제적 감각을 쌓았기 때문에 가능했던 일이다. 자율 출퇴근제 등은 해외 정보기술(IT) 경쟁사인 구글이나 마이크로소프트(MS) 등에선 당연하게 받아들이는 일이다.

이재용 부회장의 대외활동이 기업 성과로 이어지기도 했다. 2004년 1월에는 구글과 크로스 라이선스 계약을 맺었고, 같은 해 8월에는 미국을 제외한 9개 국가에서 진행되던 애플과의 특허소송을 전면 철회하는 데 합의했다. 이 과정에서 이 부회장의 개인 역량이 크게 작용한 것으로 알려졌다.

이 부회장은 2011년 10월 애플 창업자 스티브 잡스의 장례식에 한국인으로는 유일하게 초대받기도 했다. 이 부회장은 "스티브 잡스와는 서로 어려운 일이 있을 때 전화해서 위로하는 사이"라면서 "2005년 큰 거래가 있을 때 집으로 초대받아 저녁을 같이하면서 친해지게 됐다. 친구로서 가는 것"이라며 친분을 공개하기도 했다.

사회 비판에 좀더 귀를 기울이는 것도 달라진 점이다. 2014년 5월 14일 권오현 삼성전자 대표이사 부회장이 백혈병 사태 발발 7년 만에 공식 사과했다. 과거 '무노조 경영' 원칙을 고수했지만 '삼성의 노조 설립'을 주장하는 반올림(반도체 노동자의 건강과 인권 지킴이)과 협상 테이블에서 마주하기도 했다.

2008년 삼성특검 직후 발표한 쇄신안 중 이행이 안 되었던 '삼성카드 보유 에버랜드(현 제일모직) 매각'도 2014년 12월 삼성에버랜드 상장과 함께 실행됐다. 구주 매출(기존 주주의 주식을 일반인에게 파는 것)로 5.0% 보유 지분(625만 주·2013년 말 장부가 2,778억 원) 모두를 시장에 내놓았다. 아직 구체화되진 않았지만 최근 금융 계열사 간

2011년 8월 이재용(맨 오른쪽) 당시 삼성전자 사장이 경기 수원 팔달문시장을 돌면서
상인들에게 미소금융 안내문을 나눠 주고 있다.

순환출자 해소 움직임으로 봤을 때 지주회사 전환 가능성이 높다는
전망이 나온다.

　아버지가 장기 투병 중인 상황이라 이재용 부회장은 대외적인 발언
을 삼가고 있다. 이 부회장의 과거 발언을 보면 아버지에 대한 존경심
은 거의 절대적이다. 2011년 1월 미국 라스베이거스에서 열린 소비자
가전쇼(CES)에서 이 부회장은 "회장님은 전문 엔지니어나 금융전문
가, 영업맨은 아니지만 모든 사물에 대해 종합적이고 입체적으로 보
는 시각을 가지고 있다"며 "이를 배우려고 노력 중"이라고 말했다.

# 이재용의 삼성 만들기 20년

삼성그룹의 3세 승계과정은 20년째 진행되고 있다. 이재용 삼성전자 부회장이 에버랜드(현 제일모직) 최대주주가 되도록 하는 큰 틀이 만들어졌고, 에버랜드, 삼성SDS의 상장으로 승계과정은 마무리 절차에 접어들었다.

첫 시작은 1995년 이건희 회장이 이 부회장에게 60억 8천만 원을 증여하면서 시작됐다. 이 부회장은 증여세 16억여 원을 내고 나머지 돈을 1996년 상장을 앞둔 비상장사 에스원과 삼성엔지니어링 주식을 사는 데 썼다. 상장 직후 주식을 팔아 1996년 에버랜드(현 제일모직)가 발행한 전환사채(CB)와 1999년 삼성SDS, 삼성SNS(2013년 말 삼성SDS에 합병)가 발행한 신주 인수권부 사채(BW)를 인수했다. 특히 삼성그룹 순환출자 구조의 최정점에 있는 에버랜드는 삼성그룹을 지배하는 핵심 계열사다.

하지만 낮은 발행가격, 계열사 도움 등의 편법 상속 시비 끝에 2008년 특검 수사가 이뤄졌다. SDS BW 건으로 이 회장을 비롯한 많은 임원이 기소되고 유죄 선고를 받았다. 하지만 제일모직 CB의 경우 무죄판결을 받았고 이 부회장의 이들 계열사에 대한 지분 획득 자체도 문제없는 것으로 결론 났다.

2014년 말 제일모직과 삼성SDS의 상장으로 이 부회장은 최대 5조 5천억 원이 넘는 자금을 확보할 수 있게 됐다. 일부 계열사를 분리할 때의 지분 정리 자금이나 상속세 비용 등으로 활용될 전망이다.

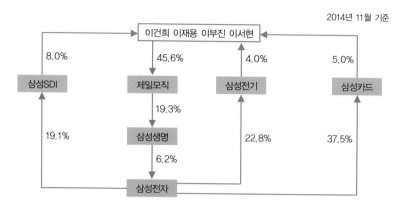

### 삼성그룹 지배구조

2014년 11월 기준

이건희 이재용 이부진 이서현

8.0% → 삼성SDI
45.6% → 제일모직
4.0% → 삼성전기
5.0% → 삼성카드

19.1%
19.3% → 삼성생명
22.8%
37.5%

6.2% → 삼성전자

### 이건희 회장 일가 지분 현황

2014년 11월 기준

| | 이건희 | 이재용 | 이부진 | 이서현 | 홍라희 |
|---|---|---|---|---|---|
| 삼성전자 | 3.38%(보통주) 0.05%(우선주) | 0.57% | | | 0.74% |
| 제일모직 | 3.72% | 25.10% | 8.37% | 8.37% | |
| 삼성물산 | 1.37% | | | | |
| 삼성SDS | 0.01% | 11.25% | 3.90% | 3.90% | |
| 삼성종합화학 | | 4.91% | | | |

# 글로벌 CEO형 후계자 수업

이건희 회장이 심근경색으로 갑자기 쓰러진 2014년 5월부터 재계에서 가장 주목받는 인물은 단연 이재용 삼성전자 부회장이다. 아버지(이건희 삼성그룹 회장) 입원 이후 경영 전면에서 연매출 390조 원(2013년 기준)의 삼성그룹을 진두지휘하고 있기 때문이다.

이재용 부회장은 시진핑 중국 국가주석, 응우옌푸쫑 베트남 공산당 서기장 등 국가원수급 인사들과 잇달아 만나 매스컴을 화려하게 장식하고 있다. 삼성의 3세 시대가 활짝 열렸다.

한국 현대사의 모진 풍파에 수많은 우여곡절을 겪었던 앞선 두 세대와는 달리 이재용 부회장은 이미 삼성이 재계 1위로 우뚝 선 안정적인 환경에서 후계자 수업을 받고 자라났다. 재계에서는 그가 27세인 1995년 이미 후계 절차가 시작됐다고 본다.

당시 아버지 이건희 회장으로부터 증여받은 60억 8천만 원을 이용해 계열사를 사고파는 과정을 거쳐 삼성그룹 순환출자 구조의 최정점에 있는 제일모직의 최대주주(23.23%)가 됐다. 형들(이맹희 전 제일비료 회장, 이창희 전 새한미디어 회장)과 십수 년간 치열한 경쟁을 통해 후계자로 낙점된 아버지 때와는 사뭇 다르다.

이재용 부회장은 서울 경기초(1981년), 청운중(1984년), 경복고(1987년)를 졸업했다. 삼성그룹 오너 아들인지 모를 정도로 평범했고, 친구들과 잘 어울려 고교 때는 3년 내내 반장을 맡았다.

진로를 정할 때는 할아버지와 아버지의 영향을 많이 받았다. 서울대 동양사학과로 진학할 때는 할아버지인 이병철 선대회장의 조언이 컸다. 대학 전공을 놓고 고민하자 이병철 선대회장은 "경영자가 되려면 경영이론도 중요하지만 우선 인간을 이해하는 폭을 넓혀야 한다. 학부 과정에서는 사학, 문학 같은 인문학을 전공하고, 경영학은 외국 유학을 가서 배우면 좋겠다"고 조언했다.

대학 3~4학년 때는 승마 국가대표로도 활약했다. 이 부회장이 처

이건희(아랫줄 오른쪽에서 두 번째) 삼성그룹 회장을 비롯해 홍라희(세 번째) 리움 관장, 이부진(네 번째) 호텔신라 사장, 이재용(뒷줄 오른쪽에서 첫 번째) 삼성전자 부회장, 이서현(두 번째) 제일모직 사장, 이서현 사장의 남편인 김재열(아랫줄 오른쪽에서 첫 번째) 삼성엔지니어링 사장 등 삼성 오너 일가가 2012년 7월 런던 올림픽파크 아쿠아틱스 센터에서 열린 남자 자유형 400m 결승전에 박태환 선수가 모습을 드러내자 환호하고 있다.

음 승마를 배운 것은 1982년 교통사고로 하반신을 심하게 다쳤다가 승마로 완치된 이건희 회장의 권유 때문이었다. 1989년엔 국내 10개 대회 중 8개 대회에서 우승할 만큼 기량이 뛰어났다.

운동신경이 뛰어난 이 부회장은 미국 유학 시절 배운 골프에도 일 가견이 있다. 이름난 골프광인 손정의 일본 소프트뱅크 회장이 2007년 국내 한 언론과의 인터뷰에서 한국 기업가 중 골프 맞수로 구본무 LG그룹 회장과 이 부회장을 손꼽았다.

1995년 일본 게이오대 경영대학원에서 석사과정을, 2001년 미 하버드 경영대학원에서 박사과정을 마쳤다. 그가 미국보다 일본에서 먼저 유학한 것 역시 아버지의 조언 때문이다. "미국을 먼저 보고 나서 일본을 나중에 보면 일본 사회의 특성, 일본 문화의 섬세함과 일본인의 인내성을 알지 못한다. 유학을 가려면 일본에 먼저 가라"고 말했다고 한다.

이재용 부회장이 본격적인 경영수업에 뛰어든 건 2001년 삼성전자 경영기획팀 상무보로 재입사하면서부터다. 1991년 삼성전자 총무그룹에 잠시 입사했으나 근무하지 않고 곧바로 유학길을 떠났다. 재입사 후 이 부회장은 한 해 100일 이상 해외법인을 둘러보고 각국 주요 거래처와 접촉했다.

이재용 부회장은 2003년 상무, 2007년 전무로 승진하면서 비교적 천천히 직급을 밟아 승진했다. 반면 범(汎) 현대가(現代家) 3세로 두 살 아래인 정의선(44) 현대차그룹 부회장은 1999년에 상무를, 2002년에 전무를 다는 등 고속 승진했다. 정의선 부회장은 경복고 후배로 이 부회장과 친하게 지내며 사석에서는 이 부회장에게 형이라고 부른다. 아버지 이건희 회장 역시 36세이던 1978년 이미 부회장(삼성물산)에 올랐다.

이런 더딘 승진은 확실한 기초를 만들겠다는 이 회장의 의지가 담겨 있는 것으로 해석된다. 이 회장은 2007년 1월 언제 경영권을 승계할 것이냐는 기자들의 질문에 "(이 부회장이) 자격을 갖춰야 할 것 아니냐. 기초는 만들어 줘야 하지 않겠냐"면서 "고객과 실무 기술자, 연구소 등을 더 깊이 알도록 훈련할 것"이라고 말했다.

최고고객책임자(CCO) 등의 직함으로 해외를 돌며 이 부회장은 애플, IBM, AT&T, 소니, 닌텐도 등의 전자·통신업계 최고경영진은 물론 시진핑 중국 주석, 앨 고어 전 미국 부통령 등 해외 유력 인사들과도 친분을 쌓았다.

이재용 부회장이 처음 경영에 뛰어들었을 때는 이 부회장의 능력을 의심하는 시각이 많았다. 재입사 직전 이 부회장이 개인 자금을 투자 (2000년 5월) 한 'e삼성'이라는 벤처투자회사가 8개월 만에 200억 원 가까운 적자를 내고 문을 닫았기 때문이다. 이후 제일기획 등의 계열 사가 이 부회장 지분을 넘겨받으면서 검찰의 수사 대상이 되기도 했 으나 혐의 없음으로 결론 났고, 크레듀, 게임온, 아이마켓차이나, 오 픈타이드차이나 등 e삼성에 뿌리를 둔 일부 기업들은 국내와 일본, 중국에서 성업 중이다.

2004년 삼성과 소니의 합작사인 S-LCD(액정표시장치)의 등기이사 를 맡아 삼성이 LCD부문 세계 정상급 기술·생산 능력을 갖출 수 있 는 기반을 만든 것은 이 부회장의 공로 중 하나로 꼽힌다. 2006년 삼 성전자가 처음으로 소니를 꺾고 9년째 글로벌 1위를 지키고 있는 기 틀도 이때 마련됐다.

2009년 최고운영책임자(COO·부사장)로 승진했을 때부터 삼성전 자는 사실상 이재용 체제로 개편됐다. 당시 이건희 회장은 2008년 삼 성특검으로 일선에서 물러난 상태였다.

삼성의 한 관계자는 "갤럭시 신화로 스마트폰 세계 1위로 자리 잡는 데 이재용 부회장의 기여가 컸다"면서, "2012년 2년 만에 사장에서 부 회장으로 승진했을 때 공로를 인정받은 것"이라고 말했다.

하지만 여전히 "이건희에게 반도체가 있지만, 이재용은 무엇을 보 여 줬나?"라는 질문에 명확한 답을 내놓지 못하는 실정이다. 최근 이 부회장이 중국 사업, 2차 전지 사업, 의료기기 사업 등에 총력을 쏟고

있지만 아직은 주주와 사회가 납득할 만한 성과를 내지 못하고 있다
는 평가도 있어 좀더 두고 봐야 할 대목이다.

## 이부진과 이서현

이건희 회장의 장녀 이부진(46) 호텔신라 사장과 차녀 이서현(43) 제
일모직(패션부문) 사장도 오빠 이재용 삼성전자 부회장 못지않은 경영
실력을 뽐내고 있다.

이부진 사장은 대원외고, 연세대 아동학과 출신으로 1995년 삼성
복지재단에 입사한 이후 2001년 기획부장을 시작으로 호텔신라에 몸
담고 있다. 2005년 상무, 2009년 전무로 승진했고 2010년 대표이사
(사장) 자리에 올라 호텔신라 경영을 책임지고 있다. 가장 큰 성과는
면세점 사업 확대다. 2014년 1월 싱가포르 창이국제공항 면세점 화장
품 독점 운영권을 획득하는 등 해외 면세점으로 영역을 확대해 사장
을 맡은 첫해 2,012억 원에 불과하던 매출을 2013년 2조 863억 원으
로 10배 정도 신장시켰다.

꼼꼼한 경영 스타일도 주목받고 있다. 2009년부터 에버랜드(현 제
일모직) 경영전략담당을 겸임하고 있는데 2009년 10월에는 삼성전자
수원사업장 구내식당을 불시 방문해 체크리스트를 작성해 문제점을
파악하기도 했다. 여직원들과 회식 후 종종 노래방에서 함께 어울린
다. 2014년 3월에는 택시가 서울 장충동 신라호텔 회전문을 들이받는
사고가 있었는데, 연세 많은 택시기사의 집안 사정이 딱한 걸 알고 변
상을 면해 주기도 했다.

1976년 홍석현(이건희 삼성그룹 회장의 처남) 〈중앙일보〉 회장의 결혼식에 (앞줄 왼쪽부터) 고 이병철 삼성그룹 선대회장과 이부진 호텔신라 사장, 이재용 삼성전자 부회장이 참석했다.

2014년 이부진 사장은 임우재 삼성전기 경영기획실장(부사장)과의 이혼 소송에 돌입했다. 이 사장은 1995년 대학을 졸업하고 삼성복지재단에 입사해 주말마다 한 장애인보호시설에서 봉사활동을 하다 삼성에스원 평사원이었던 임 부사장을 만났다. 이 회장 등의 반대를 무릅쓰고 1999년 결혼에 골인했고, 당시 재벌가 자녀와 평사원의 결혼이라는 흔치 않은 관계 때문에 큰 관심을 불러 모았다. 이후 불화설이 돌았지만 임우재 씨가 2005년 삼성전기 상무보로 등용되고 2007년 아들(8)을 낳으며 잠잠해졌다. 수년 전부터 별거 중이던 두 사람이 왜 지금 소송을 제기했느냐를 놓고도 해석이 분분하다.

이서현 사장은 제일모직에서 패션디자인 외길을 걷고 있다. 2002년

패션연구소 부장으로 입사해 2013년 사장 자리에 올랐다. 2007년 매출 성장률이 3%대로 떨어지면서 정체기에 접어들었던 빈폴을 연 10% 이상 성장하는 브랜드로 키웠다. 브랜드 가치를 높이는 데 집중한 결과라는 평이다. 특히 2012년 출시한 SPA(제조·유통 일괄) 브랜드 에잇세컨즈도 첫해 600억 원, 2013년 1,300억 원의 매출 성과를 거뒀다.

미국 뉴욕의 패션전문학교 파슨스 출신인 이 사장은 2000년 〈동아일보〉 사주 김병관 회장의 차남인 김재열(47) 삼성엔지니어링 사장과 결혼해 1남 3녀를 낳아 키우고 있다.

## 이재용의 사람들

3세 체제를 맞아 삼성그룹은 '이재용(삼성전자 부회장)의 사람들'로 채워지고 있다. 현장에서 잔뼈가 굵은 삼성 '토박이'와 외부 인재가 삼성그룹 미래전략실(미전실), 삼성전자, 해외사업부, 핵심 계열사에 고루 분포해 있다. 이재용 부회장 스타일에 맞게 국제감각을 겸비한 '해외파'들도 뜨고 있다.

최지성(65) 미전실장(부회장)은 3세 체제를 상징하는 이 부회장의 대표 측근이다. 2010년 1월 삼성전자 대표이사(CEO·사장)를 맡아 최고운영책임자(COO·부사장)였던 이 부회장과 삼성전자를 투톱 체제로 이끌었다. 2012년 6월부터 미전실장을 맡아 매끄러운 3세 승계를 위한 마무리 과정을 진두지휘하고 있다. 2014년 5월 이건희 회장 입원 이후 매일 아침·저녁 두 차례 병상을 찾아 의식이 없는 이 회장에게 업무보고를 할 정도로 삼성그룹과 삼성가에 대한 충성심이 매우 높다.

2001년 이 부회장이 본격적인 경영수업에 돌입했을 때부터 삼성전자의 핵심 경영인으로서 가까운 거리에서 보좌해 왔다. 이 부회장은 2007년 1월 미국 CES에서 최지성 당시 DM총괄 사장의 기자간담회 자리에 깜짝 등장해 친분을 드러내기도 했다. 삼성특검 결과가 발표된 2008년 4월 이후 이 부회장의 '백의종군 시절'에도 해외 출장에 동행하며 줄곧 옆을 지켰다.

최 실장은 삼성전자의 4대 사업분야인 반도체, 모바일, TV, 디스플레이 등의 요직을 두루 거쳤다. 전무후무한 경력이다. 1977년 삼성물산에 입사해 1981~1985년 회장 비서실(현 미래전략실) 기획팀에서 근무하면서 주목받기 시작했다. 이후 삼성전자로 소속을 옮겨 삼성전자 반도체판매사업부장(1996~1998년), 디스플레이사업부장(1998~2003년), 디지털미디어총괄(2003~2007년), 정보통신총괄(2007~2009년)을 맡았다.

외유내강형으로 승부근성이 독하기로 유명하다. 1985년 독일 프랑크푸르트에서 1인 소장으로 일할 때 1천 페이지에 달하는 반도체 기술교재를 통째로 암기해 부임 첫해 반도체 100만 달러어치를 팔았다는 일화도 자주 회자된다. 세계 각지에서 디지털 제품을 판다고 해서 '디지털 보부상'이라는 별명도 얻었다.

최 실장 밑에는 이른바 '부산고 3대 천재'라는 장충기(62) 미래전략실 차장(사장)이 있다. 최 실장의 서울대 무역학과 후배이기도 한 장 사장은 그룹 내 기획과 정보 수집, 분석 등의 업무에 탁월하다는 평가

## 미래전략실 조직도

**최지성**(65)
미래전략실장(부회장)
서울고, 서울대 무역학
1977년 입사
삼성전자 대표이사,
정보통신총괄,
디지털미디어총괄

**장충기**(62)
차장(사장)
부산고, 서울대 무역학
1978년 입사
전략기획실 기획홍보팀장,
미래전략실
커뮤니케이션팀장

**김종중**(60) 전략1팀장

**부윤경**(59) 전략2팀장

**정현호**(56) 인사지원팀장

**박학규**(53) 경영진단팀장

**이수형**(54) 기획팀장

**이준**(56) 커뮤니케이션팀장

**성열우**(57) 준법경영실장

를 받아 왔다. 이 부회장의 경영권 승계 작업에 실무적 토대를 제공한 인물로 알려져 있으며, 삼성 컨트롤타워의 핵심이라는 데 이견이 별로 없다.

삼성전자의 이상훈(61) 경영지원실장, 이인용(59) 커뮤니케이션팀장, 김상균(58) 법무실장 등 경영지원파트 3인방은 이 부회장의 핵심 참모다.

삼성전자의 곳간을 책임진 최고재무책임자(CFO) 이상훈 사장은 1982년 삼성전자 경리과에 입사해 주로 재무파트에서 근무한 '재무통'이다. 1999년 2월~2002년 1월 삼성전자 북미총괄 경영지원팀장을 맡아 당시 하버드대에 유학 중이던 이재용 부회장과 인연을 맺었다. 전무 자리에 앉은 지 2년 만인 2007년 부사장, 2010년 사장으로 고속 승진해 삼성 3세 체제에서 가장 주목받는 인물 중 한 명이다.

이재용 부회장의 서울대 동양사학과 선배인 이인용 사장은 MBC

앵커 출신으로 2005년 홍보팀장(전무)으로 삼성전자에 입사했다. 2014년 5월 현장을 강화하는 차원에서 실시된 사장단 인사에서 김상균 사장과 함께 미전실에서 삼성전자로 자리를 옮겼다. 보통 이건희 회장, 이재용 부회장 일정은 미전실 커뮤니케이션팀에서 챙겼지만, 같은 해 8월 올림픽 후원 연장, 9월 창조경제혁신센터 출범식 등 이 부회장 일정을 삼성전자 커뮤케이션팀에서 맡고 있다. 이인용 사장은 대외 소통을 강화해 삼성 비자금 사건 등으로 추락한 그룹 이미지를 개선했다는 평가를 받는다. 반도체공장 직업병 문제 등을 맡아 성과를 냈다.

22년 판사 경력의 김상균 사장은 2005년 부사장으로 삼성에 발을 들여 삼성특검에 대응한 측근이다. 김용철 전 구조본 법무팀장의 삼성 비자금 폭로 이후 인선이 까다로워진 법무조직 책임자를 10년째 맡고 있다. 김 사장이 삼성전자로 자리를 옮긴 이후 법무실은 국내법무팀, 해외법무팀, 준법지원팀을 비롯해 IP(지적재산권) 센터까지 산하조직으로 거느리게 됐다. IP센터는 2010년 애플을 비롯한 글로벌 기업과의 특허 전쟁을 담당하기 위해 대표이사 직속으로 만들어졌다.

이종석(52) 삼성전자 북미총괄(부사장), 박재순(55) 중국총괄(부사장), 데이비드 은(48) 오픈이노베이션센터 부사장 등 '해외파'들도 뜨고 있다. 이 부회장이 국제감각을 중시하고 있어 앞으로 요직에 배치될 가능성이 크다.

이종석 부사장은 2014년 7월 미국 아이다호 주 선밸리에서 열린 '앨런앤코 미디어 콘퍼런스'에서 동행하는 등 이 부회장의 북미 지역 동선을 함께하고 있다. 미 코넬대 출신으로 P&G(생활용품 제조사), 켈로그(시리얼 제조사), 존슨앤드존슨(제약사) 등에서 근무하다 2005년 삼성전자에 합류했다.

## 삼성그룹 이재용 부회장의 사람들

삼성전자
경영지원
파트

**이상훈**(61)
경영지원실장(사장)
경북대사대부고, 경북대 경제학
1982년 입사
미전실 전략1팀장,
삼성전자 사업지원팀장

**이인용**(59)
커뮤니케이션팀장(사장)
중앙고, 서울대 동양사학
2005년 입사
미전실 커뮤니케이션팀장,
MBC 보도국 부국장

**김상균**(58)
법무실장(사장)
경북고, 서울대 법대
2005년 입사
미전실 준법경영실장,
서울중앙지법 부장판사

삼성전자
해외파

**이종석**(52)
북미총괄(부사장)
코넬대 경영경제학
2005년 입사
삼성전자 글로벌마케팅실장,
동남아총괄

**박재순**(55)
중국총괄(부사장)
한성고, 성균관대 경영학
1985년 입사
삼성전자 미국판매법인담당
상무, 삼성전자 한국총괄

**데이비드 은**(48)
오픈이노베이션센터 수석(부사장)
하버드대 행정학
2011년 입사
구글 콘텐츠파트너십
총괄 부사장, 타임워너
미디어통신그룹 최고 담당자

계열사

**최치훈**(58)
삼성물산 건설부문 대표(사장)
터프츠대 경제학
2007년 입사
GE에너지 아태총괄 사장,
삼성SDI 사장, 삼성카드 사장

박재순 부사장은 삼성전자 미국판매법인 상무를 맡고 있던 2007년 삼성전자 CCO(최고고객책임자)였던 이 부회장이 미국 등 해외 유력 인사들과 교류할 때 인연을 맺었다.

2011년 입사한 데이비드 은 부사장은 이 부회장과 하버드대 동문으로 타임워너 통신그룹장을 맡았다. 이 부회장의 야심작으로 2012년 신설된 오픈이노베이션센터를 맡아 운영하고 있다.

계열사 사장단 중에는 최치훈 삼성물산 건설부문 사장이 이 부회장 시대 가장 각광받을 사람으로 꼽힌다. 멕시코, 미국 등에서 학창시절을 보낸 유학파인 최치훈 사장은 1985년 삼성전자에 입사했지만 이듬해 그만두고 제너럴일렉트릭(GE)에서 18년간 근무했으며, GE에너지서 비스 글로벌영업총괄 사장 등을 지냈다. 2007년 삼성전자 고문으로 복귀한 뒤 삼성전자 프린팅사업부문, 삼성SDI, 삼성카드에 이어 삼성물산에서 네 번째 사장직을 지내고 있다. 삼성카드 사장으로 있을 때 '숫자 카드'를 출시해 파란을 일으킨 삼성의 대표 혁신가다.

미전실 정현호(55) 인사지원팀장은 1990년대 말 이재용 부회장과 하버드대를 함께 다녔다. 2014년 초 총장추천제로 지역차별 등의 논란을 일으키며 삼성그룹 채용제도가 여론의 뭇매를 맞은 직후인 같은 해 5월 인사지원팀장에 임명됐다. 주로 감사·재무파트에서 일해 왔기 때문에 이례적이라는 반응이 많았다.

# '재계 청와대' 미래전략실의 운명은

본격적인 이재용 시대를 맞아 삼성그룹 미래전략실의 향후 역할에 관심이 집중된다. 미래전략실은 회장 비서실(1959~1998년), 구조조정본부(1998~2008년), 전략기획실(2006~2008년)을 잇는 삼성그룹의 컨트롤 타워다. 계열사 업무를 조정하고 장기 관점에서 사업을 추진할 수 있도록 지휘하는 역할을 하기 때문에 '재계의 청와대'라 불린다.

하지만 그룹 총수 지배체제를 공고히 하기 위한 조직으로 쇄신 대상으로 지목받기도 했다. 실제로 2008년 4월 삼성특검 이후 삼성그룹 쇄신방안의 하나로 2년 8개월 동안 폐쇄됐다. 이건희 회장 경영복귀 이후 2010년 12월 부활했고, 2014년 하반기부터 숨 가쁘게 진행되고 있는 삼성 계열사의 새로운 먹을거리 발굴, 사업재편, 지분정리, 상장 등을 진두지휘하고 있다.

실·차장 밑에 전략1~2팀, 인사지원팀, 경영진단팀, 기획팀, 커뮤니케이션팀 등 6개 팀과 준법경영실로 구성된다. 전략1팀과 2팀은 각각 전자 계열사와 비전자 계열사의 업무를 조율하는 역할을 한다. 경영진단팀은 감사팀이고, 기획팀은 정보분석과 대관업무를 맡고 있다. 최근 들어 미전실은 '지휘부'에서 '지원부'로 변화하고 있다. 2012년 최지성 미전실장이 취임 때 "미래전략실은 군림하는 곳이 아니다"고 선언하기도 했다.

2014년 5월에는 미전실 팀장급 7명 가운데 김종중 전략1팀장(사장)을 제외한 6명이 교체됨에 따라 위상에 큰 변화가 생겼다. 이인용 커뮤니케이션팀장(사장), 김상균 준법경영실장(사장) 등 핵심 참모들이 각각 삼성전자 커뮤니케이션팀장과 법무실장으로 내려간 게 대표적이다. 이 자리에는 각각 〈조선일보〉 부국장 출신인 이준 부사장과 부장판사 출신인 성열우 부사장이 임명됐다. 미래전략실과 삼성전자 간의 '직급 역전'이라는 파격이 일어난 셈으로 그만큼 현장을 강화한다는 의미다.

재계 일부에서는 3세 체제에서 미전실의 역할은 점점 더 축소되거나 해체될 수 있다고 전망한다. 새로운 삼성의 달라진 모습을 보여 주는 데 순환출자 해소, 신수종사업 발굴과 함께 미전실 해체가 좋은 카드로 거론될 수 있기 때문이다.

## 삼성전자의 주역들

간혹 '어닝쇼크'(earning shock)라는 말이 따라다니긴 하지만 여전히 삼성전자는 글로벌 IT 기업 중 매출 1위를 지키는 선두주자다. 출시 때마다 긴 줄을 서게 하는 인기 스마트폰인 '아이폰' 제조사로 미국의 대표 IT 기업인 애플도 매출 면에서는 삼성전자에 뒤진다. 2013년 애플의 매출액은 1,709억 달러(약 186조 8,791억 원), 삼성전자는 228조 6,900억 원이다.

2014년 10월 초 글로벌 브랜드가치 평가업체 인터브랜드가 발표한 글로벌 브랜드 평가에서 삼성전자는 7위를 차지했다. 이름만 대면 다 아는 기업인 토요타(8위), 미국 맥도날드(9위), 디즈니(13위), 벤츠(10위) 등을 따돌린 것이다.

이런 위상만큼이나 삼성전자 주요 경영진에 대한 관심도 점차 커지고 있다. 한 관계자는 "언론에서 삼성전자 인사를 청와대나 장관 인사보다 크게 다뤄 민망하다"고 말할 정도다. 연말 정기인사를 앞두고 삼성전자 임원 구조조정 소식이 돌자 재계에서 삼성 퇴직임원 잡기 경쟁이 벌어질 정도다. 실제로 황창규 KT 회장이나 윤종용 국가지식재산위원회 위원장, 임형규 SK그룹 ICT 총괄위원장(부회장) 등이 삼성전자 최고경영자(CEO) 출신이다.

삼성전자는 2012년 12월 이후 '이재용 부회장 원톱 체제'로 전환됐다. 기존에는 전문경영인들이 이건희 회장 밑에서 각 사업총괄을 지휘하는 형태로 운영됐다. 그러나 현재는 산하에 DS(부품·디바이스 솔루션), CE(소비자 가전), IM(IT 모바일) 등 3개 부문과 경영지원실을 두고 운영된다.

3개 사업부문장 모두 엔지니어 출신인데, 매년 각 부문 성과에 따라 희비가 엇갈리고 있다.

DS부문은 권오현(63) 부회장이 맡고 있다. 미국 스탠퍼드대 전기공학 박사로 1985년 미국 삼성전자 반도체 연구원으로 입사했다. 삼성전자 사장을 지낸 진대제 전 정보통신부 장관, 황창규 회장 등이 메모리반도체 전문가라면, 권오현 부회장은 시스템반도체 전문가다. 1997~2008년 11년 동안 시스템반도체 분야에서 상무, 전무, 부사장, 사장으로 승진했다.

메모리반도체가 데이터를 단순 저장하는 역할만 한다면 시스템반도체는 데이터 연산 기능을 한다. 모바일 애플리케이션프로세서(AP)나 디지털카메라 이지센서 등이 여기에 해당한다.

# 삼성전자 조직도

이건희 회장

이재용 부회장

CE부문장
**윤부근**(62) 사장

IM부문장
**신종균**(59) 사장

DS부문장
**권오현**(62) 부회장

경영지원실장
**이상훈**(62) 사장

| | | | |
|---|---|---|---|
| 50조 3,315억 원 | 138조 8,172억 원 | 67조 7,609억 원 | 2013년 매출 |
| 1조 6,733억 원 | 24조 9,577억 원 | 67조 6억 원 | 2013년 영업이익 |

LED사업부장
**오경석**(55) 부사장

무선사업부장
**신종균** 사장 겸임

전략마케팅실장
**이상철** 부사장

반도체 총괄
**김기남**(57) 사장

영상디스플레이사업부장
**김현석**(54) 사장

네트워크사업부장
**김영기**(53) 사장

생활가전사업부장
**윤부근** 사장 겸임

메모리사업부장
**전영현**(55) 부사장

프린팅솔루션사업부장
**김기호**(57) 부사장

시스템LSI사업부장
**김기남** 사장 겸임

의료기기사업부장
**조수인**(58) 사장

미디어솔루션센터장
**홍원표**(55) 사장

메모리반도체가 주력인 삼성전자에서 권 부회장을 부문장으로 삼은 건 시스템반도체를 메모리반도체만큼 키우겠다는 의지의 표현이다. 삼성전자는 메모리반도체 시장에서 세계 1위를 지키고 있지만 시스템반도체 시장에서는 인텔, 퀄컴 등 미국 기업은 물론 최근 대만이나 중국 기업들에도 밀리고 있다.

실적 부진에 허덕이는 모바일 대신 메모리반도체가 삼성전자의 캐시카우(수익 창출원)로 다시 주목받고 있어도 권 부회장이 "비 메모리에서 성과를 내야 한다"며 임직원들을 다그치는 이유다.

IM부문은 신종균(59) 사장이 책임지고 있다. 2009년부터 무선사업부장을 7년째 맡아 오면서 갤럭시 신화를 써내려가 '미스터 갤럭시'라고 불리는 주인공이다. 2014년 상반기에만 113억 4,500만 원의 보수를 받은 샐러리맨의 우상이기도 하다.

하지만 2014년 6조 원 이상이었던 IM부문 분기 영업이익은 1조 원대로 뚝 떨어져 위기에 직면했다. 삼성전자의 주 수입원이었던 모바일 사업은 프리미엄 시장에서는 애플에, 중저가 시장에서는 샤오미·화웨이 등 중국 업체에 밀리는 처지가 됐다.

2014년 9월까지 6개월 이상 대외활동까지 뜸해 일부에서 교체설이 제기되기도 했다. 하지만 2014년 10월 이재용 부회장이 마크 저커버그 페이스북 CEO, 사티아 나델라 마이크로소프트 CEO 등을 만날 때 동행해 다시 존재감을 드러내고 있다.

윤부근(62) 사장이 이끄는 CE부문은 그나마 안정적인 성과를 내고 있다. 최지성 미래전략실장이 특별히 아끼는 것으로 알려져 있다. 그가 겸임하는 생활가전사업부가 내놓은 셰프컬렉션 등은 제품으로도 인기를 끌었지만 삼성전자의 브랜드가치를 높이는 데도 기여했다는 평가를 받는다. 윤 사장은 2015년 1월 미국에서 열린 세계 최대 가전박람회 CES 기조연설자로 선정되기도 했다.

각 부문 아래 3~4개씩 모두 10개 사업부가 있다. 여기에 겸임인 자리를 빼고 7명의 사업부장이 있다. 이들 중 김기남(57) 반도체총괄(사장)이나 김현석(55) 영상디스플레이사업부장(사장) 등이 차세대 주자로 주목받고 있다.

서울대 전자공학과를 나와 1981년 삼성에 입사한 김 사장은 33년 동안 삼성 D램 등 대표 메모리반도체를 개발해 온 반도체 전문가다. D램 개발실장, 반도체연구소장 등 삼성 반도체 개발의 핵심 역할을 해왔다. 2010년 사장으로 승진한 뒤 삼성 연구·개발(R&D)의 산실인 종합기술원 원장도 맡았다. 2014년부터 우남성 사장이 이끌던 시스템LSI사업부까지 맡아 반도체총괄에 올랐다. 'DS부문 2인자'로 불린다.

삼성의 엔지니어 출신 사장들을 대거 배출한 한양대 공대(전자공학) 출신인 김현석 사장은 영상디스플레이사업부 개발팀에서 줄곧 일하며 윤부근 사장과 함께 보르도TV, LED TV, SUHD TV 등 삼성의 TV 성공신화를 써온 인물로 손꼽힌다.

## 계열사 사장들

삼성그룹 70여 개 계열사 사장단 인사는 삼성전자, 삼성물산 등 핵심 계열사 인사 결과에 영향을 받는다. 2009년 이재용 삼성전자 부회장이 최고운영책임자(COO)에 오른 이후 이런 경향이 더욱 강화되고 있다. 매년 인사 때 삼성전자, 삼성물산 출신 최고경영자(CEO)들의 거취가 삼성의 인사 의도를 파악하는 '키'가 될 것으로 전망된다.

전자, 물산과 함께 그룹의 3대 축인 삼성생명은 김창수(60) 사장이 맡고 있다. 1982년부터 2011년까지 주로 삼성물산 인사·감사 부서에서 일했으며, 금융 경험이 없었던 2011년 삼성화재 대표를 맡은 이후 2014년 '금융계열사 맏형' 삼성생명의 수장이 됐다.

삼성화재 대표를 맡아 월납환산 보장성보험 신계약을 전년 동기 대비 7.3% 성장시켰으며, 삼성생명으로 옮긴 이후 2014년 4월 임원 12명의 보직을 해임하고 50개 팀을 40개 팀으로 감축하는 등 고강도 개혁을 감행했다. 같은 해 9월까지 누적 순이익 1조 1,950억 원을 거둬 2013년 같은 기간 대비 50.6%의 성장을 이끌었다.

삼성카드 대표는 삼성전자 인사팀장 출신인 원기찬(56) 사장이다. 1984년부터 2013년까지 삼성전자 인사부문에서만 근무해 왔다. 취임 이후 IT와 유통 등 다양한 분야의 전문가들을 끌어들였다. 빅데이터가 이슈로 부각하자 이에 대한 사업 역량을 키우고자 해외 비즈니스 솔루션 전문가인 이두석 전무를 BDA(비즈 데이터 분석) 담당으로 영입했다. 이후 삼성카드는 빅데이터를 기반으로 회원에게 맞춤형 혜택을 자동으로 매칭해 주는 CLO 서비스를 업계 최초로 선보였다.

## 삼성 비전자 주요 계열사 대표

**김창수**(60)
삼성생명 사장

**원기찬**(56)
삼성카드 사장

**윤주화**(62)
제일모직 패션부문 사장

**최치훈**(58) 사장
삼성물산 건설부문 사장

**김신**(58)
삼성물산 상사부문 사장

**김봉영**(58)
제일모직 리조트건설부문
사장

## 삼성 전자 주요 계열사 대표

**박상진**(62)
삼성SDI
에너지솔루션부문 사장

**전동수**(57)
삼성SDS 사장

**박상진**(62)
삼성SDI
에너지솔루션부문 사장

**조남성**(56)
삼성SDI 소재부문 사장

**박동건**(56)
삼성디스플레이 사장

**최치준**(57)
삼성전기 사장

카드업계 정보 유출이 이슈가 되자 IT 정보 보안성 강화를 위해 성재모 전 금융보안연구원 연구위원을 최고정보보호책임자(CISO)로 데려왔다. 적재적소에 전문가를 활용하는 삼성전자의 인사시스템을 그대로 적용한 사례다. 2014년 9월까지 삼성카드 순이익은 2,197억 원으로 전년 동기 대비 7.2% 성장했다.

규모는 작지만 오너 지분이 많은 제일모직(옛 에버랜드), 삼성SDS CEO들도 주목해야 한다. 기업공개(상장)를 성공적으로 이끌었다는 성과도 있다.

윤주화(62) 제일모직 패션부문 사장은 삼성전자 '인사통'으로 최고 재무책임자(CFO) 출신이고, 전동수(57) 삼성SDS 사장은 삼성전자 메모리사업부장 출신이다. 두 사람 모두 2014년 인사 때 '이색' 업종으로 옮겨 가 화제를 모았다. 연말 상장으로 '특별임무'를 완수했다.

조남성(57) 삼성SDI 사장은 2014년 말에 단행된 SDI 통합 작업을 통해 에너지솔루션과 소재부문을 통합 대표하고 있다. 에너지솔루션 부문을 이끌었던 박상진(62) 사장은 당시 인사에서 삼성전자 대외협력담당으로 보직을 옮겼다. 성균관대 전자공학과 출신으로 삼성전자 메모리반도체 마케팅팀장, 삼성LED 대표이사, 제일모직 대표이사 등 다양한 분야를 거쳤고 에너지저장장치(ESS)와 전기차용 배터리 등 '신수종 사업'에 매진하고 있다.

‖ 삼성가 들여다보기 ‖

## 삼성가의 혼맥

삼성가의 혼맥은 의외로 담백하다. 특히 이건희 회장 대로 내려오면서 특별한 집안을 '간택'하지 않았다. 이미 재계 최고의 반열에 올라선 삼성가로서는 더 이상 혼맥을 통해 뭔가를 기대할 필요가 없어진 것이다.

창업주 이병철 회장 사후 삼성은 1991년 11월 신세계와 전주제지(한솔), 1993년 6월 제일제당(CJ), 1995년 7월 제일합섬(새한), 1999년 〈중앙일보〉 등을 독립시키며 세포분열을 거듭했다.

이병철 회장은 8명(3남 5녀)이나 되는 자녀를 분가시켰지만 명성만큼 화려한 혼맥은 아니었다. 큰아들 이맹희 씨가 회고록에서도 밝혔듯이 이 회장은 혼사를 통해 권력층과 줄을 잇는 체질이 아니었다. 다만 자유당 시절 법무장관과 내무장관을 역임한 홍진기 씨 집안과 사돈(이건희 회장)을 맺은 것이나 둘째 딸 숙희 씨를 LG 창업주인 구인회 회장의 3남인 구자학 씨에게 시집보낸 것 정도가 눈에 띈다.

장남 이맹희 씨는 어릴 적부터 약조가 돼 있던 손영기 전 경기도지사의 딸 손복남 씨와 결혼했다. 한때 17개 계열사 경영을 맡으며 장남의 역할을 다했지만 일찌감치 그룹 경영에서 발을 빼야 했다. 맹희 씨의

# 범삼성가 가계도

**이병철**
(작고)
삼성그룹 창업자 ── **박두을**(작고)

## 한솔그룹

**이인희**(87)
한솔그룹 고문

**조운해**(90)
전 고려의료재단
명예이사장

**조동혁**(65)
한솔그룹
명예회장
**이정남**(62)
　　연주(37, 여)
　　희주(35, 여)
　　현준(26)

**조동만**(62)
한솔아이글로브
회장
**이미성**(59)
　　은정(35, 여)
　　성진(29)
　　현승(25)

**조동길**(60)
한솔그룹 회장
**안영주**(57)
안영모
전 동화은행장 딸
　　나영(33, 여)
　　성민(28)

**조옥형**(55)
**권대규**(58)
HS창업투자
부사장
　　애영(27, 여)
　　이주(20. 여)

**조자형**(44)
**빈센트 추**(56)
타이완계 미국인
　　앙(16)
　　경(13)

## CJ그룹

**이맹희**(84)
전 제일비료 회장

**손복남**(82)
CJ그룹 고문

**이미경**(57)
CJ그룹 부회장

전 남편 **김석기**(58)
전 중앙종합금융 사장,
연극배우 윤석화(60)와
재혼

**이재현**(55)
CJ그룹 회장
**김희재**(55)
김만조
전 연세대 교수 딸
　　경후(30, 여)
　　선호(25)

**이재환**(55)
재산커뮤니케이션즈 대표
(전 CJ그룹 경영기획실
상무)
**민재원**(46)
전 국회의원 민기식의 딸
　　소혜(24, 여)
　　호준(16)

## 새한그룹

**이창희**(작고)
전 새한미디어 회장

**이영자**(79)
전 새한그룹 회장

**이재관**(53)
전 새한그룹 부회장
**김희정**(50)
동방그룹 김용대 회장 딸

**이재찬**(작고)
전 새한미디어 대표이사
**최선희**(49)
최원석 전 동아그룹 회장 딸

**이재원**(50)
전 새한정보시스템 대표이사
**김지연**(47)
김일우 서영주정 회장 딸

**이혜진**(69)
래딕스글로비즈 대표
**조명희**(52)
디엠퓨어텍 대표
조내벽 전 라이프그룹
회장 아들

**이숙희**(80)

**구자학**(85)
아워홈그룹 회장

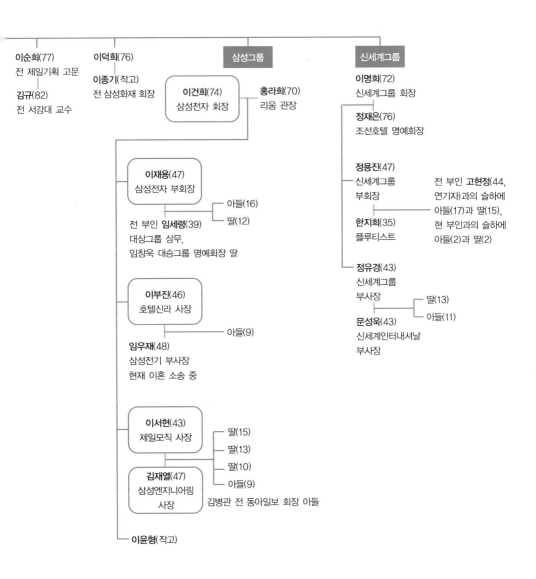

**이순희**(77)
전 제일기획 고문

**김규**(82)
전 서강대 교수

**이덕희**(76)

**이종기**(작고)
전 삼성화재 회장

삼성그룹

**이건희**(74)
삼성전자 회장

**홍라희**(70)
리움 관장

신세계그룹

**이명희**(72)
신세계그룹 회장

**정재은**(76)
조선호텔 명예회장

**이재용**(47)
삼성전자 부회장

— 아들(16)
— 딸(12)

전 부인 **임세령**(39)
대상그룹 상무,
임창욱 대승그룹 명예회장 딸

**정용진**(47)
신세계그룹
부회장

전 부인 **고현정**(44,
연기자)과의 슬하에
— 아들(17)과 딸(15),
현 부인과의 슬하에
아들(2)과 딸(2)

**한지희**(35)
플루티스트

**이부진**(46)
호텔신라 사장

— 아들(9)

**임우재**(48)
삼성전기 부사장
현재 이혼 소송 중

**정유경**(43)
신세계그룹
부사장

— 딸(13)
— 아들(11)

**문성욱**(43)
신세계인터내셔날
부사장

**이서현**(43)
제일모직 사장

— 딸(15)
— 딸(13)
— 딸(10)
— 아들(9)

**김재열**(47)
삼성엔지니어링
사장

김병관 전 동아일보 회장 아들

— **이윤형**(작고)

**이병철**
삼성그룹 창업자

**이건희**
삼성전자 회장

**이재용**
삼성전자 부회장

**이부진**
호텔신라 사장

**이서현**
제일모직 사장

**김재열**
삼성엔지니어링 사장

존재는 삼성그룹에 있어 항상 껄끄러울 수밖에 없었다. 맹희 씨는《묻어둔 이야기》,《하고 싶은 이야기》등의 회고록에서 "창업주 이병철 회장이 제일제당·제일모직 등 '제일'자 계열과 안국화재(현 삼성화재)를 나에게 넘기로 했었다"고 발언, 불편한 심기를 드러내기도 했다.

당대에 이루지 못한 맹희 씨의 꿈은 2002년 장남인 이재현 씨가 CJ그룹 회장으로 취임하면서 어느 정도 풀렸다. 고려대 법대 출신인 이재현 회장은 삼성과 무관한 씨티은행에 공채로 입사해 평범한 은행원으로 근무했다. 그러나 이병철 회장이 제일제당 경리부로 자리를 옮기도록 했다. 이재현 회장은 이후 1993년 잠깐 현재 이재용 부회장 자리인 삼성전자 전략기획실 이사로 일한 것을 제외하고는 줄곧 제일제당과 함께했다.

비록 CJ그룹이 삼성그룹과 비교할 수 없을 정도로 규모 차이가 나지만 이재현 회장은 삼성가의 장손으로 그 위상이 만만치 않다. 이병철 회장의 부인인 박두을 여사도 2000년 타계하기 직전까지 서울 장충동에서 장손인 이재현 회장과 함께 살았다. 1987년 이병철 회장 장례식 때 영정을 들고 앞장선 사람도 이 회장이었다.

집안의 반대를 무릅쓰고 일본인인 이영자 씨와 연애결혼한 차남 이창희 씨는 1991년 백혈병으로 세상을 떠났다. 한비사건(사카린 불법 유통사건)으로 한때 수감생활을 하기도 했고, 1967년에는 삼성이 인수한 새한제지(전주제지) 이사로, 1968년에는 삼성물산 이사로 일했지만 그룹 경영에서는 한발 비켜서 있었다. 창희 씨는 이병철 회장과 이건희 회장의 와세다(早稻田)대 동문이다.

창희 씨 사후 새한은 부인 이영자 씨를 회장으로 1997년 새 CI를 선포하며 독립그룹으로 발을 내디뎠다. 그러나 곧바로 경영위기를 겪고 2000년부터 워크아웃(기업개선작업)에 돌입했다. 새한은 1999년 일본 도레이 사와 3 대 7 합작을 통해 도레이새한을 출범시켰다. 2000년 지분을 채권단에 양도한 이영자 전 회장과 자녀들은 현재 미국에 체류하는 것으로 알려졌다.

새한은 삼성의 분가그룹 가운데 유일하게 몰락하고 말았지만, 혼사만큼은 화려했다. 장남 재관 씨는 동방그룹 김용대 회장가의 딸인 희정 씨와 중매로 결혼했다. 재관 씨는 ㈜동방 주식 1만 6천여 주를 갖고 있지만 경영에는 참여하지 않고 있다. 2010년 유명을 달리한 이재찬 씨는 최원석 전 동아그룹 회장의 딸인 선희 씨와, 이재원 씨는 김일우 서영주정 사장의 딸과 결혼했다. 막내딸인 혜진 씨도 조내벽 전 라이프그룹 회장가로 시집갔다.

3남인 이건희 회장이 삼성그룹의 2대 회장이 된 것은 유교적 전통과 장자승계가 원칙인 한국에서 의외로 받아들여진다. 하지만 이병철 회장은 1970년대에 이미 '3남 후계' 방침을 확정했다. 이병철 회장은 자신이 쓴 일대기 《호암자전》에서 "장남 맹희는 주위의 권고와 본인 희망대로 그룹 경영을 일부 맡겨 봤지만 6개월도 못 가 맡겼던 기업은 물론 그룹 전체가 혼란에 빠지고 말았다", 그리고 "창희는 그룹 산하의 많은 사람을 통솔하고 복잡한 대조직을 관리하는 것보다는 알맞은 회사를 건전하게 경영하고 싶다고 희망해 희망대로 해주었다"고 밝혔다.

이건희 회장에 대해서는 "와세다대 1학년 때 중앙매스컴을 맡아 보라고 했더니 본인도 좋다고 했는데 조지워싱턴대 유학을 마치고 돌아와서는 그룹 경영에 차츰 참여하기 시작했다. 내가 겪은 기업경영이 하도 고생스러워 〈중앙일보〉만 맡았으면 하는 심정이었지만 본인이 하고 싶다면 그대로 놔두는 것이 옳지 않을까 생각했다"고 회고했다. 양녕대군, 효령대군 대신 3남인 충녕대군(세종)을 택한 태종의 결단과 닮은꼴이다.

1987년 11월 19일 이병철 회장이 타계한 뒤 12일 만인 12월 1일 삼성의 제2대 회장에 취임한 이건희 회장은 주변의 우려를 불식시키며 27년 만에 삼성의 차원을 바꾸는 데 성공했다.

이건희 회장이 취임한 1987년의 삼성그룹은 매출 13조 5천억 원, 세전이익 1,900억 원이었으나 2013년에 삼성은 본사 기준으로만 매출 333조 9천억 원, 순이익 24조 2천억 원을 기록했다. 글로벌 기준으로는 이보다 훨씬 많은 매출과 이익을 낸 것으로 추정된다.

삼성 내부 인사들은 '이건희 경영'을 이렇게 평가했다.

"반도체 투자 같은 천문학적인 액수는 보통의 최고경영자(CEO)들은 쉽게 결정을 내리지 못한다. 한때 잘나갔던 일본 반도체 업체들도 CEO들이 결단을 내리지 못해 투자시기를 놓쳤다. 반면 삼성은 이 회장이 전략을 제시하고 투자를 결정해 줌으로써 강력한 리더십이 생긴다. 계열사 사장들은 회장의 비전 제시를 책임감 있게 충실히 이행하고 구조본은 이 과정에서 정보분석 등 보좌업무를 수행한다. 삼성의 힘은 이 같은 '3각 경영시스템'에서 나온다고 자타가 공인하고 있다. 사장을 비롯해 임직원들이 '우리 회장'을 진심으로 따르고 승복하니까 이 같은 영향력이 나오는 것이다."

이 회장과 부인 홍라희 여사의 만남은 부친들끼리 미리 약조가 돼 있는 상태에서 1966년 일본 도쿄 하네다공항에서 처음 이뤄진 뒤 7개월 뒤인 1967년 5월 결혼으로 이어졌다. 홍 여사는 당시로는 큰 키(165센티미터)에 미모와 지성을 갖춘 재원으로 이후 한국 재계의 '퍼스트레이디'로 자리매김했다.

1967년 삼성으로 시집온 뒤 이건희 회장의 후계구도가 확정된 1971년부터는 삼성그룹의 사실상 '안방마님'이었지만 서열상으로 엄연히 형님(맹희·창희 씨 부인)들이 있고 위로 시누이가 넷(인희·숙희·덕희·순희 씨)이나 있어 편하기만 한 상황은 아니었을 것이다.

서울대 미대(응용미술학과) 출신인 홍 여사는 1983년 현대미술관회 이사로 '대외활동'을 시작했다. 또한 1985년부터 1998년까지는 친정 아버지(홍진기 전 법무부장관)가 회장으로 있는 〈중앙일보〉 상무로 재직했다. 1995년 호암미술관장으로 취임한 홍 여사는 1996년에는 삼성문화재단 이사장까지 맡았지만 1998년 이사장직을 남편인 이건희 회장에게 돌려줬다. 2004년 10월에는 서울 용산구 한남동 '승지원' 옆에 국내 최고 수준의 미술관인 '리움'(Leeum)을 개관, 관장으로 취임했다.

해외활동도 활발해 1993년부터 CIMAM(국제 근현대미술박물관위원회) 위원으로 활동하고 있으며, 뉴욕 현대미술박물관 국제이사회 회원, 영국 테이트갤러리 국제이사회 회원이다. 이 같은 활동을 인정받아 1996년 프랑스 문학예술훈장인 '코망되르'를 받았고, 2003년에는 제 57회 자랑스런 서울대인 상을 수상하기도 했다.

삼성가는 딸들의 경영활동이 활발하기로 유명하다. 5명의 딸 가운데 덕희(숙명여대) 씨를 제외하고는 모두 이화여대 출신이다.

장녀인 이인희 씨는 경북지방의 대지주였던 조범석가로 시집갔다. 남편인 의사 조운해 씨는 고려병원(현 강북삼성병원) 원장·이사장 및 병원협회장을 역임했다. 현재도 맏사위 자격으로 삼성에버랜드 주식을 일부 갖고 있다. 인희 씨는 1991년 삼성에서 분리, 1992년 한솔그룹으로 이름을 바꾸며 새 출발했다. 한때 계열사가 16개에 이르는 등 승승장구했지만 외환위기를 겪으며 현재는 8개 계열사로 줄었다. 장남인 조동혁 회장에 이어 현재 그룹 경영은 3남인 조동길 회장이 맡고 있다.

차녀인 숙희 씨는 LG가로 시집을 갔다. 남편인 구자학 씨는 해군 소령으로 예편한 뒤 제일제당, 동양TV 이사, 호텔신라 사장, 중앙개발 사장 등 처가에서도 활발한 경영을 펼쳐 눈길을 끈다. 구자학 씨는 삼성이 전자사업에 진출한 것을 계기로 본가로 돌아간 뒤 금성사 사장, LG반도체·LG건설 회장 등 굵직한 자리를 맡다 2000년 외식산업인 '아워홈'을 갖고 독립했다. 지금도 LG가에서 구자학 회장은 '구씨답지 않게 낭만적이면서도 미스터리한 인물'로 알려졌다. 주변의 반대에도 불구하고 삽입형 생리대인 '탐폰'을 국내 처음으로 내놓는 등 여성적인 섬세함은 'LG가'보다는 '삼성가'에 가까운 모습이라는 것이다. 실제로 숙희 씨의 아들 본성 씨도 한때 삼성 계열사에서 일했다. 딸인 명진 씨는 조중훈 한진그룹 창업회장의 막내아들인 조정호 메리츠증권 회장과 결혼했다.

3녀 순희 씨는 대학교수와 결혼, 평범한 생활을 하고 있다.

4녀 덕희 씨는 삼성가의 고향인 경남 의령의 대지주 이정재 씨 집안으로 시집갔다. 마산고와 서울대 상대를 나온 남편 이종기 씨(2006년 사망)는 〈중앙일보〉 부회장, 제일제당 부회장을 거쳐 삼성화재 회장까지 지내다 은퇴했다.

삼성가의 딸들 가운데 가장 활발한 활동을 벌이고 있는 사람은 5녀 이명희 신세계 회장이다. 이명희 회장의 시아버지는 4·5대 국회의원과 삼호방직·삼호무역 회장을 지낸 정상희 씨다. 이명희 회장의 남편인 정재은 씨는 경기고·서울대 공대를 졸업하고 미 컬럼비아대에서 수학한 엘리트이다. 삼성항공·삼성종합화학 부회장, 삼성전기 회장, 삼성전자 대표이사 등을 역임하며 삼성그룹에서 맹활약하다 분가(分家)와 함께 삼성을 떠났고, 현재 신세계 고문직을 갖고 있다.

LG가 구씨-허씨의 '합작품'이라면, 삼성은 이씨와 홍씨가 함께 이끌어 왔다 해도 과언이 아니다.

이병철 회장과 홍진기 회장의 인연은 4·19 직후 홍 회장이 3·15 부정선거와 관련해 옥고를 치르고 있을 때 이 회장이 면회를 가면서 시작됐다. 전 국무총리 신현확 씨의 소개로 이뤄졌는데, 신현확 씨도 이후 삼성물산 회장까지 지내며 삼성과 돈독한 인연을 유지했다. 1987년 이병철 회장 사후 이건희 부회장을 2대 회장으로 추대한 회의도 신현확 씨가 주재했다.

홍 회장은 1965년 라디오서울(동양방송 전신) 개국 4개월 뒤 경영을 맡았는데, 1980년 신군부에 동양방송을 '강탈'당하는 등 우여곡절 끝에 오늘날의 〈중앙일보〉를 일궈 냈다. 홍 회장이 삼성그룹에서 직접 경영한 것은 〈중앙일보〉(1966~1967년, 1968~1986년) 밖에 없지만, 그가 삼성에 끼친 영향은 말로 다하기 어려울 정도다.

삼성의 언론사업에는 비화가 있다. 《호암자전》과 《삼성 60년사》에 따르면 이병철 회장은 1960년대 초 정계 투신을 결심했었다. 기업가의 사회적 공헌이 전적으로 무시되고 오히려 '부정축재자', '정치적 희생양'이 되는 경우가 많은 현실(한국비료의 국가 헌납 등)에 환멸을 느낀 이 회장이 직접 정치를 하려 한 것이다.

하지만 1년간의 고심 끝에 정치보다는 언론사업을 택했다. 이른바 '정권은 유한하지만 언론은 무한하다'는 세간의 '이치'를 일찌감치 간파한 셈이다.

홍 회장은 이병철 회장의 타계 직전인 1986년 먼저 세상을 떠났는데, 이 회장은 조사를 통해 "당신은 내 일생을 통해 제일 많은 시간을 접촉한 평생의 동지요, 삼성을 이끌어 온 같은 임원이요, 사업의 반려자였고, 가정적으로는 나의 사돈이었다"며 진한 애정을 감추지 않았다.

홍진기 회장은 네 아들을 뒀다. 〈중앙일보〉 홍석현 회장은 서울대 전자공학과와 미 스탠퍼드대 경제학 박사 출신의 엘리트로 30대(39세)에 세계은행(IBRD) 이코노미스트를 지냈고, 이후 청와대 비서실장 보좌관, 한국개발연구원(KDI) 연구위원 등 정부 쪽 일도 수행했다. 홍 회장은 삼성코닝 상무·부사장으로 경영 일선에서 뛰다 1999년 〈중앙일보〉의 계열분리를 계기로 〈중앙일보〉 회장에 취임했다. 아시아인 최초로 세계신문협회(WAN) 회장에도 올랐다. 2004년에는 6개월 동안 주미대사를 지냈다. 홍 회장의 장인은 박정희 대통령 시절 검찰총장, 법무부 장관, 중앙정보부장을 지낸 신직수 씨다.

사시 18회인 차남 홍석조 씨는 경기고, 서울대 법대 출신으로 서울지검 남부지청장(현 남부지검장), 법무부 검찰국장, 광주고검장 등 요직을 두루 거쳤으며, 퇴임 후 2007년 BGF리테일 회장에 취임했다. 부인은 양택식 전 서울시장의 동생 양기식 씨의 딸이다.

서울대 사회학과 출신인 3남 홍석준 씨는 1986년 미 노스웨스턴대 경영학 석사를 마친 뒤 삼성코닝 이사로 입사했다. 1995년 삼성전관(현 삼성SDI) 상무로 이동, 기획홍보팀장을 거쳐 2002년 부사장(경영기획팀장)으로 승진했다. 삼성그룹을 나온 뒤 보광창업 투자회장으로 재직 중이다.

4남인 홍석규 보광그룹 회장은 경기고와 서울대 외교학과를 졸업하고 1979년 제13회 외무고시에 합격, 외무부 의전과에서 외교관 생활을 시작했다. 홍 회장 역시 형과 마찬가지로 청와대 비서실에서 근무했다. 1995년 외무부 기획조사과장을 끝으로 공직생활을 마감한 홍 회장은 보광 상무이사로 경영활동에 뛰어들었다. 제8대 한국여자프로골프협회(KLPGA) 회장, 대한스키협회 부회장, 한국광고업협회 부회장, 서울대 기성회 회장 등 외부활동도 활발하다.

막내인 홍라영 씨는 노신영 전 국무총리의 둘째 아들인 철수 씨와 결혼했다. 노 전 총리의 장남 노경수 씨는 현대산업개발 정세영 명예회장의 큰딸 정숙영 씨와, 차녀 노혜경 씨는 ㈜풍산 류진 회장과 결혼했다. 이대 불문과, 미 뉴욕대 예술경영학 석사 출신인 홍라영 씨는 1995년 삼성문화재단 기획실로 입사, 한국박물관협의회 부위원장 등을 거친 뒤 현재 리움미술관 총괄 부관장을 맡고 있다.

보광그룹은 편의점인 CU(전 보광훼미리마트), 자판기 유통업체인 휘닉스벤딩서비스, 보광창업투자, 휘닉스커뮤니케이션즈, 문화상품권 발행사인 한국문화진흥 등을 계열사로 두고 있다. PDP(플라스마 디스플레이패널) 부품업체인 휘닉스PDE, 반도체 관련업체인 휘닉스 디지탈테크, 반도체패키지 제조업체인 STS반도체통신 등 전자 계열사들은 사돈기업인 삼성전자, 삼성SDI 등과 거래가 활발하다.

"사장이라고 하더라도 잘 모르는 경우에는 가리지 말고 물어봐야 한다. 그렇게 해서 2~3년이 지나면 물어보는 횟수가 차츰 줄어들 것이 아니겠는가. 나 역시 혼자 삼성 전체를 경영하는 것이 아니라 삼성 전체가 과거 오랫동안의 경험을 살려서 움직여 나가는 것이다."

— 1983년 6월 반도체회의

"인재(人才)제일, 인간본위는 내가 오랫동안 신조로 실천해 온 삼성의 경영이념이자 경영의 지주이다. 기업가는 인재양성에 온갖 정성을 쏟아야 한다. 인재양성에 대한 기업가의 기대와 정성이 사원 한 사람 한 사람의 마음에 전달되어 있는 한 그 기업은 무한한 번영의 길을 걸어갈 것이다."

— 1982년 10월 기고문

"사람을 관찰해 보면 세 부류가 있다. 첫째, 어려운 일은 안 하고 쉬운 일만 하며 제 권위만 찾아 남만 부리는 사람, 둘째, 얘기를 해도 못 알아듣는 사람, 셋째, 알아듣긴 해도 실천하지 않는 사람이 있다."

— 1982년 9월 사장단 오찬회의

"모든 설비투자계획에서 5년 정도만 내다보고 세우지 말고 10년 이상 50년 정도의 장기 안목 위에서 세워야 한다."

— 1977년 6월 삼성조선 건설현장

"미국에서는 사람의 후천적 교육에 치중하고 소질은 별로 평가하지 않는 경향이 있다. 나는 선천적 소질 내지는 능력에 60%를 두고, 교육에 40%를 둔다. 사람은 노력 여하에 따라서 달라진다. 하지만 아무나 노력할 수 있는 것은 아니다. 노력할 수 있는 능력은 따로 있다고 봐야 옳을 것이다."
— 1976년 6월 '재계회고'

"일이 잘될 때 오히려 다가올 불행을 각오해야 한다. 기업가도 뜻하지 않은 좌절을 겪어 본 기업가가 좌절을 모르고 자라난 기업가보다 훨씬 더 강인한 기업경영 능력을 갖고 있다."— 1975년 9월 '최고경영자와의 대화'

## 이건희 회장의 경영담론

"신경영 20년간 글로벌 1등이 된 사업도 있고, 제자리걸음인 사업도 있습니다. 선두사업은 끊임없이 추격을 받고 있고 부진한 사업은 시간이 없습니다. 다시 한 번 바꿔야 합니다. 한치 앞을 내다보기 어려운 불확실성 속에서 변화의 주도권을 잡기 위해서는 시장과 기술의 한계를 돌파해야 합니다. 불황기일수록 기회는 많습니다. 남보다 높은 곳에서 더 멀리보고 새로운 기술, 새로운 시장을 만들어 냅시다."
— 2014년 신년사

"지금이 진짜 위기다. 글로벌 일류기업들이 무너지고 있다. 삼성도 언제 어떻게 될지 모른다. 앞으로 10년 내에 삼성을 대표하는 사업과 제품은 대부분 사라질 것이다. 다시 시작해야 된다. 머뭇거릴 시간이 없

다. 앞만 보고 가자." — 2010년 3월 24일 경영복귀 선언문

"그동안은 세계의 일류기업들로부터 기술을 빌리고 경영을 배우면서 성장해 왔으나, 이제부터는 어느 기업도 우리에게 기술을 빌려주거나 가르쳐 주지 않을 것이다. 앞으로 우리는 기술 개발은 물론 경영 시스템 하나하나까지 스스로 만들어야 하는 자신과의 외로운 경쟁을 해야 한다." — 2005년 1월 3일 신년사

"반도체 사업 진출 당시 경영진들이 'TV도 제대로 못 만드는데 너무 최첨단으로 가는 것은 위험하다'고 만류했지만, 우리 기업이 살아남을 길은 머리를 쓰는 하이테크 산업밖에 없다고 생각해 과감히 투자를 결정했다. 다른 분야도 그렇지만 반도체에서 시기를 놓치면 기회손실이 큰 만큼 선점투자가 무엇보다 중요하다."

— 2004년 12월 반도체 30년 기념식

"4~5위에서 2~3위로 가는 것하고, 2~3위에서 1위로 가는 것은 근본적으로 다르다." — 2003년 11월 휴대전화사업 격려 자리에서

"행정규제, 권위의식이 없어지지 않으면 21세기에 한국이 일류 국가가 될 수 없다. 우리나라의 정치는 4류, 관료와 행정조직은 3류, 기업은 2류다." — 1995년 4월 중국 베이징특파원 오찬간담회

"선친이 장사하는 것을 보며 세 살 때부터 주판을 갖고 놀았다. 정치보

다 장사를 잘 알고 거기에 맞는 사람으로 키워졌다. 난 양복과 잠옷만 있고 중간 옷이 없다. 잠옷 입고 있는 시간이 더 많은데 잠옷을 입고 정치할 수는 없지 않으냐."

— 1994년 10월 마이클 헤슬타인 영국 상공부 장관과 만찬자리에서 정치 참여에 대해

"변하는 것이 일류로 가는 기초다. 앞으로 5년이면 회장 취임 10년인데, 10년 해서 안 된다면 내가 그만두겠다. 자기부터 변하지 않으면 안 된다. 마누라하고 자식만 빼고 모두 바꿔라." — 1993년 6월 신경영 선포

# ‖ 삼성그룹의 주요 조직 ‖

## 막강 파워 삼성 미래전략실

'재계의 청와대'로 불리는 삼성 미래전략실은 1959년 5월 창업주 이병철 회장의 지시로 탄생한 비서실에 뿌리를 두고 있다.

이병철 회장은 삼성의 규모가 날로 커져 계열사의 일들을 직접 챙기기 힘들어지자 관리조직을 분산한다는 차원에서 비서실을 만들었다. 처음에는 삼성물산 내의 과 조직으로 출발했으며, 직원은 20여 명에 불과했다.

초대 실장은 당시 제일모직 총무과장이던 36세의 이서구 씨로 2년 6개월간 비서실을 맡으면서 조직의 기반을 닦았다. 이 씨는 제일제당, 중앙개발 대표이사를 거쳐 삼성문화재단 이사를 끝으로 삼성을 떠났다. 대림콘크리트 사장, 고문을 지냈지만 지금은 은퇴했다.

비서실이 막강한 파워를 갖기 시작한 것은 1970년대 들어서다. 삼성의 조직 규모가 급팽창하면서 비서실 기능은 크게 확대됐다.

1972년 당시 비서실 구성을 보면 송세창 실장(전 나산 부회장), 이두석 실차장(현 성우회장), 이수빈 재무팀장(현 삼성사회봉사단 회장), 심명기 기획팀장(전 인천무역상사협의회장), 손병두 조사팀장(현 호암재단 이사장), 양인모 비서팀장(전 삼성엔지니어링 부회장), 이용석 감사팀장(전 삼성화재 전무), 한의현 마케팅팀장(전 유양정보통신 사장)

등으로 이루어졌다.

계열사를 벌벌 떨게 했던 감사팀은 1967년 1월에 발족됐다. 당시 비서실 근무자의 전언에 따르면 이병철 회장이 어느 날 비서실 직원을 다 불러 놓고 문을 걸어 잠근 뒤 "계열사의 경영진단과 능률감사를 위해 감사실을 만든다"고 전격 발표했다.

1978년부터 1990년까지 비서실장을 맡은 소병해 씨는 강력한 추진력과 엄격한 관리로 비서실의 기능을 크게 강화했다. 소 실장 시절 비서실은 15개 팀에 250여 명의 인력을 거느린 대조직으로 성장했다. 기능도 인사 위주에서 감사, 기획, 재무, 국제금융, 경영관리, 정보시스템, 홍보 등으로 다양해졌다. 소 실장은 삼성생명 · 삼성카드 부회장을 거쳐 삼성화재 비상임 고문으로 있다가 2005년 작고했다.

자율 경영을 강조하는 이건희 회장이 1987년 11월 회장으로 취임한 이후 비서실의 기능과 역할은 점차 축소됐다.

1991년부터 1993년까지 비서실장을 지낸 이수빈 회장은 이 회장의 서울사대부고 4년 선배로, 이 회장이 그룹 경영을 속속들이 이해하는 데 큰 기여를 했다.

이 회장의 신경영 선포와 맞물려 1993년 6월부터 비서실장을 맡은 현명관 현 한국마사회 회장은 삼성 공채 출신이 아니어서 '개혁' 작업에 적임이었다는 평가다. 현 부회장은 "비서실장으로 있으면서 회장을 법정에 세운 게 가장 가슴 아팠다"고 회고했다.

1990년 이후 점차 조직이 축소된 비서실은 1998년 IMF 체제에 돌입하자 계열사 사업 및 인력구조조정이 핵심현안으로 등장하면서 발전적으로 해체되고 구조조정본부로 재탄생하였다. 이후 2006년 전략기획실로 재편됐다가 삼성특검 등을 거치며 해체되기도 했으나, 2010년 말 미래전략실이라는 이름으로 재출범했다.

삼성 미래전략실은 8팀(전략1팀, 전략2팀, 경영진단팀, 기획팀, 인사지원팀, 커뮤니케이션팀, 법무팀, 금융일류화팀) 체제로, 각 계열사에서 파견 나온 100여 명이 일하고 있다.

전략1팀은 삼성전자, 삼성전기, 삼성SDI, 삼성디스플레이 등 전자 계열사 경영을 챙기고, 전략2팀은 비전자 계열사를 맡고 있다. 경영진단팀은 경영컨설팅과 부정감사를, 인사지원팀은 국내외 40만 명이 넘는 임직원들의 인사 업무를 총괄한다.

최지성 실장과 장충기 실차장을 제외하고 가장 선임 격인 김종중 전략1팀장(사장)은 고려대 경영학과를 졸업하고 1984년 삼성에 입사해 삼성생명에서 영업을 뛰다 2001년 구조본 재무팀에 입성한 뒤 줄곧 재무 업무를 도맡아 왔다. 2010~2011년 삼성정밀화학 대표이사를 지냈고, 2011~2012년에는 삼성전자 DS부문 경영지원실장을 맡기도 했다.

덕수상고, 연세대 경영학과 출신인 정현호 인사지원팀장(부사장)은 경리, 국제금융, IR 등 재무통이지만 삼성전자 디지털이미징사업부장 경험도 있다. 2011년 미래전략실 경영진단팀장으로 자리를 옮겼고 2014년 5월 인사지원팀장으로 옮겼다.

부윤경 전략2팀장(부사장)은 광주일고, 서울대 경제학과를 졸업했으며 삼성물산으로 입사했다. 석탄팀부터 콜롬보 지점장, 화공설비팀장, 상사부문 등을 거쳤다.

박학규 경영진단팀장(부사장)은 서울대 경영학과, 한국과학기술원 경영학 석사로 삼성 기업구조조정본부 재무팀, 전략기획실 전략지원팀 등을 경험했다. 2008년 삼성전자 사업지원팀으로 이동해 IM부문 무선사업부 지원팀장을 역임했다.

성열우 법무팀장(부사장)은 공인회계사, 사법시험에 합격한 이력을 갖고 있다. 서울대 경영학과를 졸업하고 캠브리지대 국제상사소송 연구과정을 수료했다. 판사 출신으로 대구지방법원, 인천지방법원, 서울고등법원을 거쳐 대법원 재판연구관 부장판사를 지냈다. 삼성에는 2005년 합류했다.

커뮤니케이션팀장 이준 전무는 장충고, 서울대 무역학과를 졸업하고 〈조선일보〉를 거쳐 2013년 10월 삼성전자 기획팀으로 입사했고 2014년 5월 미래전략실 개편 때 전격적으로 커뮤니케이션팀장으로 임명됐다. 〈조선일보〉에서는 경제부장, 도쿄 특파원, 논설위원, 경영기획실장, 부국장 등을 역임했다.

〈문화일보〉, 〈동아일보〉의 민완 법조기자 출신인 이수형 기획팀장(부사장)은 2006년 삼성에 합류했으며 그룹 법무실 등을 거쳤다. 인디애나대 대학원에서 법학 석사학위를 받았으며 미국 변호사 자격증을 갖고 있다.

## 삼성전자

이병철 회장은 1968년 사돈인 구인회 LG 회장(이 회장의 차녀 숙희 씨가 구 회장의 3남 자학 씨의 부인)과 안양골프장에서 라운딩 도중 전자

사업 진출 의사를 밝힌 것으로 알려졌다.

1968년 12월 30일 삼성전자 창립 발기인은 조우동 동방생명 사장, 손영기(이병철 회장 장남 맹희 씨의 장인) 안국화재 사장, 이병철 회장, 정상희(이병철 회장 5녀인 이명희 신세계 회장의 시아버지) 씨, 이맹희(당시 삼성물산 부사장) 씨, 김재명(삼성 창업공신으로 이후 동서식품을 설립, 당시 제일제당 사장) 씨, 정수창(당시 삼성물산 사장) 씨였다.

12월 6일은 이건희 회장이 1974년 사비를 들여 한국반도체 지분 50%를 인수한 날이다. 삼성전자뿐 아니라 한국경제를 먹여 살린다는 평을 받는 반도체지만, 출발이 순탄했던 것은 아니다.

1992년 삼성그룹 비서실의 보고서 "삼성의 반도체 사업"에 따르면, 사업 초기 삼성은 기술 확보에 애를 먹다 해외업체에 지분을 양보하고서라도 기술을 도입하려 했다. 이 보고서는 1991년 4월 반도체 사업의 어제와 오늘, 문제점 등을 파악하라는 이건희 회장의 지시에 의해 작성됐다.

삼성반도체의 시련은 이병철 회장이 일본 NEC의 고바야시 사장을 초빙, 기술지원을 요청했지만 1976년 방한한 NEC 엔지니어들이 기술이전을 기피하면서 시작됐다.

선진국과의 기술격차 등으로 반도체가 적자를 면치 못하자 이번에는 이건희(당시 부회장) 회장이 미 페어차일드 본사를 수차례 직접 방문, 기술이전을 요청했고 마침내 승낙을 받아냈다. 페어차일드의 요구조건은 삼성반도체 지분의 30%를 내놓으라는 것. 이 회장은 지분을 양보하더라도 기술 이전이 필요하다고 판단했지만 협상을 위해 미국에 파견된 이모 상무 등 실무진은 "삼성의 기술수준으로는 신기술 (당시 페어차일드는 64K D램 개발에 성공)에 도전할 수 없다"는 결론을 내려 기술도입이 좌절됐다.

1979년 더 이상 반도체 사업을 방치할 수 없다고 판단한 이병철 회장은 당시 가전·TV 생산담당이었던 김광호(이후 삼성전자 회장을 역임) 이사를 반도체로 보내 사업정상화 특명을 내렸다. 당시 강진구 반도체 사장은 직원들에게 김광호 이사를 소개하면서 "만약 김 이사로도 삼성반도체를 살리지 못한다면 더 이상 반도체 사업을 계속할 수 없다"며 배수진을 쳤다.

강진구 회장은 삼성전자 사장(1973~1982년), 삼성전자 회장(1988 ~1992년, 1993~1998년)은 물론 한국반도체 사장(1975~1979년), 삼성반도체통신 사장(1981~1988년), 삼성GTE통신 사장(1977~1980년) 등을 역임하며 오늘날 삼성전자가 있기까지 많은 공헌을 했다.

김광호 이사는 대방동과 부천으로 나뉘어 있던 공장을 부천으로 통합하고 1980년 말 삼성반도체를 삼성전자에 인수합병시켰다. 그리고 홍콩 시계칩 시장을 집중공략, 전 세계 시계칩 시장의 50%를 차지하던 홍콩 시장 점유율을 60%로 끌어올리며 흑자회사로 변신시켰다.

1982년 2월 8일 유명한 '도쿄선언'으로 반도체 사업 본격화를 선언한 이병철 회장은 부천공장을 대체할 대규모 반도체공장 부지를 물색했는데, 후보지로 수원, 신갈저수지 부근, 관악골프장 부근, 판교 부근, 기흥이 선정됐다.

국내외 지질·수질 전문가들과 이병철 회장이 직접 헬기를 타고 조사한 끝에 12월 18일 기흥지역이 최종 낙점됐다. 하지만 당시 기흥은 절대농지에다 산림보존지역으로 공장 설립이 불가능했다. 이에 이 회장과 내무부 장관을 역임한 최치환 반도체부문 사장 등이 정부를 끈질기게 설득, 1차로 10만 평에 대한 허가를 얻어내는 데 성공했다. 수도권 공장 억제정책과 땅값 문제 등 삼성전자 반도체공장의 고민이 어제오늘의 일이 아니었던 것이다.

삼성전자의 위상이 높아지면서 삼성전자 주요 경영진들도 재계에서 주요 인사들로 우뚝 섰다.

1996년 말부터 2008년까지 삼성전자를 이끌었던 윤종용(72) 전 부회장은 국내보다 해외에서 더 유명했다. 2005년 미국 〈포춘〉 지가 선정한 '영향력 큰 아시아 기업인 1위'에 올랐고, 2012년에는 세계 100대 최고경영자 3위에 오르기도 했다.

경북 영천 출신으로 경북사대부고와 서울대 전자공학과를 졸업하고 1966년 삼성에 입사한 윤 전 부회장은 상무 시절인 1980년대 중반 잠시 네덜란드 필립스 본사로 자리를 옮기기도 했지만 이건희 회장의 부름을 받고 1988년 삼성으로 돌아왔다. VCR과 DVD를 더해 빅 히트를 친 '콤보' 제품을 탄생시킨 주역이다.

윤 전 부회장은 오늘날 삼성전자를 대표하는 반도체나 휴대전화 등을 한 번도 맡아본 적이 없고 가전부문에서 잔뼈가 굵었다. 스스로도 "나는 비전문가요 '사이비'"라고 털어놓은 적도 있다. 하지만 1998년 7월 한 달에만 무려 1,700억 원의 적자를 냈던 삼성전자를 오늘날의 글로벌 톱 기업으로 만든 데 윤 부회장의 역할을 빼놓을 수 없다.

윤 전 부회장을 대표하는 경영 키워드는 '스피드'이다. 윤 전 부회장은 "초밥이든 휴대전화든 모든 부패하기 쉬운 것은 속도가 생명이다"는 말로 핵심을 잘 설명한다. 스피드에 대한 윤 전 부회장의 애착은 "돌다리를 두드려 보고도 남이 건너간 뒤에야 건넌다"던 이병철 회장과 달리 "돌다리가 아니라 흙다리라도 있으면 건넌다"는 지론에서 잘 드러난다. 윤 전 부회장은 "우리는 지금 초일류로 가느냐, 추락하느냐의 중대한 기로에 서 있다"며 직원들을 다그치는 등 기회 있을 때마다 '위기'를 강조했다.

윤 전 부회장은 2011년부터 국가지식재산위원회 위원장을 맡고 있으며, 아들 태영(42) 씨는 탤런트로 활동 중이다.

이윤우(70) 비상임고문은 경북 월성 출생으로 경북고와 서울대 전자공학과를 졸업했다. 기흥공장장으로 일하던 1980년대 중반 일본업체의 덤핑공세와 반도체 경기 침체기에도 과감하게 256K D램과 1메가 D램 양산 체제를 갖춰 삼성반도체 신화를 이뤄냈다.

1968년 삼성전관(삼성SDI)으로 입사했다가 1976년 삼성반도체 생산과장으로 반도체와 인연을 맺었다. 반도체총괄 사장과 대외협력담당 부회장, 기술총괄(CTO)을 거쳤다. 최형인(67) 한양대 연극영화과 교수가 부인이다.

황창규(63) KT 회장도 삼성전자 출신이다. 16메가 D램 개발팀장을 맡았고 세계 최초로 256메가 D램 개발에 성공하는 등 탁월한 연구개발 능력에 언변까지 화려하다. 엔지니어 출신 사장들이 커뮤니케이션에 약한 것과 대조된다. 딱딱한 주제인 반도체로 강연하면서도 5분 간격으로 수강생들의 웃음보를 터뜨릴 정도로 센스가 좋고 클래식 음악에도 조예가 깊다.

같은 삼성전자 사장 출신인 진대제 정보통신부 전 장관과 마찬가지로 핵심을 정리하는 브리핑 능력도 탁월한 것으로 알려졌다. 2001년 당시 낸드플래시의 강자였던 도시바가 전략적 제휴를 제의해 온 것에 대해 그룹의 의견이 반반으로 갈리자 이건희 회장에게 반대 논리를 펼쳐 결국 제휴를 무마시켰다.

부산 출생으로 부산고와 서울대 전기공학과를 졸업하고 매사추세츠대에서 박사학위를 받았다. "반도체의 집적도는 1년 반 만에 2배로 증가한다"는 인텔 창업자 고든 무어의 법칙을 깬 '황의 법칙'(반도체의 집적도는 1년에 2배씩 증가한다)으로도 유명하다. 황창규 회장은 2007년까지 이 이론에 맞춘 제품을 생산하면서 자신의 이론을 입증했다.

2009년 삼성전자를 떠나 서울대 물리천문학부 초빙교수, 지식경제부(현 산업통산자원부) 지식경제 R&D 전략기획단장으로 재직하다 2014년 1월 KT로 자리를 옮겼다.

이기태(68) 정보통신총괄 전 부회장은 세계에서 가장 감각적인 디자인을 자랑하는 삼성 휴대전화를 책임지는 사령관답지 않게 '불도저'라는 별명을 얻었다. 휴대전화를 벽에 집어던져 삼성 제품의 튼튼함을 확인시키는 것으로 해외 바이어와의 협상을 시작했다는 일화는 유명하다. 1995년 3월 구미사업장에서 벌어진 무선전화, 팩시밀리 등 15만 대의 '불량제품 화형식'을 지켜보면서 다져진 오기 덕분이다.

대전 출생으로 보문고와 인하대 전자공학과를 졸업했다. 1973년 삼성전자 라디오과에 입사한 뒤 줄곧 제조 쪽에서 일하다가 1990년 화상무선기기사업부로 옮기면서 휴대전화와 인연을 맺었다.

승부욕이 강하기로 둘째가라면 서러워할 정도며 사표도 두어 차례

냈지만 이건희 회장의 돈독한 신임을 받았다. 삼성전자 기술총괄 부회장과 대외협력담당 부회장을 거친 뒤 2010년부터 연세대 공과대 교수로 재직 중이다.

## 삼성물산, 제일모직, 호텔신라

"삼성물산의 역사는 삼성그룹의 역사입니다."

고 이병철 회장이 28세였던 1938년 3월 1일 대구시 서문시장 인근 수동(현 인교동)에서 250여 평 규모로 출발한 삼성상회가 삼성물산의 전신이다. 이 회장은 앞서 경남 마산에서 정미소 사업으로 큰돈을 벌었지만 '부동산 투자'에서 다 날리고 자본금 3만 원으로 상회를 시작했다. '삼성'(三星)의 '삼'은 우리 민족이 가장 좋아하는 숫자로 크고 많고 강한 것을, '성'은 밝고 높고 영원히 깨끗하게 빛나는 것을 의미한다고 한다.

첫 사업은 대구 일대에서 생산되는 사과 등 청과물과 포항의 건어물 등을 만주와 중국으로 수출하는 일이었다. '라면부터 미사일까지' 취급한다는 종합상사의 70년 전 버전인 셈이다.

삼성물산은 삼성의 대표기업답게 거쳐 간 인물들의 면면이 화려하다. 초창기 삼성상회의 지배인으로 영입된 이순근 씨는 이병철 회장의 와세다대 동문이다. 그는 정계에 투신했다가 월북해 농림상까지 지낸 것으로 알려졌다. 이 회장은 거의 모든 경영을 이순근 씨에게 맡겼는데 오늘날 '전문경영인' 체제를 일찌감치 시험한 것이다.

서울로 거처를 옮긴 지 1년 만인 1948년 종로2가 '영보빌딩' 근처 2

층 건물에 '삼성물산공사'로 간판을 걸 당시에는 효성그룹 창업주인 조홍제 회장이 전무를, 김생기 씨가 상무를 맡았다. 1949년 11월 마른오징어 3만 근을 배에 싣고 홍콩으로 떠난 조홍제 씨가 교포무역상과 찬넬양행으로부터 오징어를 담보로 각각 면사 50근을 외상매입한 것이 국내 최초의 D/P(Document against Payment Base) 거래로 꼽힌다. 조홍제 회장은 1962년 삼성을 떠나 효성물산과 한국타이어를 경영하면서 효성그룹을 이끌었다. 김생기 씨도 삼성에서 독립, 영진물산·영진식품·혜성개발 등을 일궈 냈다.

삼성물산 창립멤버로 1960∼1961년 사장을 지낸 허정구 씨도 눈에 띈다. LG그룹 구인회 창업주의 사돈인 허만정 씨의 장남인 허 씨는 이후 삼양통상을 설립했다. 허남각 삼양통상 회장, 허동수 GS칼텍스 정유 회장, 허광수 삼양인터내셔널 회장의 아버지다.

1970년에 대표이사를 지낸 정상희 사장은 3·5대 국회의원과 삼호무역 회장을 역임했고 신세계 이명희 회장의 남편인 정재은 명예회장의 아버지다.

신현확 전 국무총리는 1986년 홍진기 〈중앙일보〉 회장이 작고하자 이병철 회장의 요청으로 삼성물산 회장으로 영입됐다. 홍 회장의 공백을 메우며 이건희 회장 체제가 자리를 잡은 1991년까지 물산 회장과 삼성미술문화재단 이사장을 지냈다.

이필곤 전 부회장도 삼성물산 대표이사를 두 차례(1985∼1993년, 1995∼1997년) 나 지낸 대표적인 '물산맨'이다. 이 부회장은 삼성의 자동차사업 진출을 진두지휘하다 사업진출 차질에 대한 '책임'을 지고 중국으로 물러난 뒤 삼성을 떠났다. 서울시 부시장을 거쳐 현재 알티

전자 회장과 삼성 CEO 출신들의 모임인 '성대회' 회장을 맡고 있다.

삼성물산은 2001~2004년 배종렬 사장을 끝으로 건설과 상사부문 공동대표체제가 굳혀졌다.


1954년 9월 설립된 제일모직은 삼성상회, 제일제당(1953년)에 이은 삼성의 세 번째 회사다. 긴 역사만큼이나 숱한 인재들을 배출했는데 이학수 구조조정본부장, 김인주 구조본 차장, 최도석 삼성전자 경영총괄 사장, 김징완 삼성중공업 사장, 안복현 삼성BP화학 사장, 유석렬 삼성카드 사장 등이 제일모직에서 잔뼈가 굵었다.

현재 제일모직에는 이건희 회장의 차녀 서현 씨가 사장으로 재직 중이다.

제일모직과 삼성물산은 2015년 7월 19일 합병했다. 두 회사의 합병 결의는 이재용 삼성전자 부회장의 그룹 지배력 굳히기로 평가된다. 이 부회장은 합병회사(삼성물산)의 최대 주주(16.5%)로서 삼성그룹의 핵심 계열사인 삼성전자에 대한 지배력을 한층 강화하게 됐다.

삼성그룹은 지난해 5월 이건희 회장 와병 이후 이 부회장의 승계 당위성을 확보하고 지배력을 강화하기 위한 지배구조 개편작업에 박차를 가해 왔다. 삼성SDI와 제일모직 소재부문을 합병했고, 화학·방산부문을 한화그룹으로 매각하는 '빅딜'을 단행했다. 삼성은 전자, 생명 등 거점 회사를 중심으로 관련 계열사들을 합치는 식의 지배구조 개편을 통해 이 부회장의 지배력 강화에 주력하고 있다.

이는 당분간 지주회사를 만들거나 형제들 간 계열분리를 하지 않겠다는 의미이기도 하다. 오너 일가가 힘을 모아야 그룹 내 지배력을 강화할 수 있는 데다 이부진 호텔신라 사장의 신라호텔이나 이서현 사장의 제일기획 등도 삼성의 울타리 안에 있는 편이 훨씬 이득이기 때문이다. 삼성 관계자는 "계열분리는 이재용 형제들의 자제들이 성년이 된 뒤 분가할 때쯤 검토해도 늦지 않다"고 말했다.

사업 구상 이후 무려 7년이 지난 1979년 개관한 호텔신라는 초기 경기 하락과 오일쇼크까지 겹쳐 적자에 허덕였다. 이병철 회장은 《호암자전》에서 "홍진기 회장의 총 지휘하에 손영희 사장이 경영을 맡고 장녀 인희가 고문이 돼 음식조리 등 안살림을 챙기고 나서부터야 경영이 호전됐다"고 회고했다.

## 삼성생명

삼성의 금융계열은 전자계열과 함께 그룹의 양대 축이라고 불린다. 그도 그럴 것이 전자계열은 과거 현대, LG 등과 수위를 다퉈 왔지만, 금융계열은 업계 1위 자리를 독보적으로 유지하며 그룹의 위상을 높여 왔다. 규모 면에서 보더라도 금융계열의 맏형인 삼성생명은 총자산이 223조 원(2015년 3월 기준)에 이르러, 시중 은행과 견줘 결코 뒤지지 않는다. 삼성화재와 삼성카드, 삼성증권 등 금융계열사를 합치면 그 규모가 더욱 커진다.

금융계열의 대표 기업인 삼성생명은 1957년 강의수를 비롯한 7명이 세운 동방생명이 전신이다. 영업 개시 직후부터 가파르게 실적이 상승해 설립 1년 6개월 만인 1958년 10월 업계 선두로 뛰어올랐다.

그러나 1963년 창립 주역인 강의수 사장이 사망하면서 큰 동요를 겪게 됐고, 그해 7월 삼성그룹의 일원으로 새출발하였다. 당시 삼성은 생명보험이 사회보장 기능뿐만 아니라 저축수단으로도 활용될 수 있다는 점이 사업보국(事業報國)을 이념으로 한 경영철학의 연장선상에 있다고 판단, 동방생명을 인수하기로 결정했다. 이후 전문경영인 체제를 도입함으로써 국내 생명보험회사로는 최초로 소유와 경영이 분리된 선진체제를 구축하며 보험업계를 선도해 왔다.

삼성생명은 1980년대만 해도 고 이병철 회장이 매년 여성 영업소장을 초청해 간담회를 가질 정도로 그룹 내 위상이 높았다.

고 이병철 회장뿐만 아니라 이건희 회장의 애착도 깊다. IMF 직후인 1997년 12월 미국 골드만삭스와 삼성의 구조개혁 방법을 논의할 때는 "삼성전자와 핵심 전자 계열사, 삼성생명을 제외하고 그 어떤 회사를 처분해도 좋다"라고 했으며, 2008년에는 "삼성전자와 삼성생명이 현재 가장 중요한 회사"라고 얘기하기도 했다.

삼성전자의 글로벌화로 인해 2000년대 들어 그룹 내 비중이 줄어들긴 했지만, 그룹의 지배구조를 지탱하는 대들보로서 여전히 중심축을 형성하고 있다는 게 그룹 내외부의 평가다.

반세기가 넘는 역사를 거쳐 온 만큼 유명인도 많다. 내무부 장관, 법무부 장관을 역임한 이호 씨는 1962~1963년에 2대 사장을 지냈고, 경제 부총리, 국회의원 등을 지낸 김만제 전 포스코 회장은 1991~1992년에 회장을 맡았다. 이수창 현 생명보험협회장은 2006~2010년 5년 동안, 박근희 삼성사회봉사단 부회장은 2011~2013년 3년 동안 각각 대표를 지냈다.

이수빈 회장도 빼놓을 수 없다. 1965년 입사, 13년 만에 제일모직 대표이사로 초고속 승진한 이 회장은 이후 제일합섬, 제일제당, 삼성생명, 삼성증권 등을 맡아 '직업이 사장'이라는 얘기를 들은 인물이다. 삼성생명 대표 시절에는 1989년 동방생명의 사명을 삼성생명으로 바꾸고 고객섬김 경영의 원조였던 보험품질보증제도를 도입하는 등 삼성생명 발전의 견인차 역할을 했다. 아울러 IMF 당시에는 사업부문별 8인의 전문경영인으로 구성된 그룹 구조조정위원회의 수장을 맡아 각종 현안을 조율하기도 했다.

## 초창기 사업동지 이병철·조홍제

세간에는 삼성 창업주인 이병철 회장과 효성 창업주인 조홍제 회장이 경남 진주의 지수보통학교를 다녔고 삼성을 공동 창업한 것으로 알려져 있다. 하지만 조 회장은 지수보통학교를 다니지 않은 것으로 확인됐다.

1910년생인 이 회장은 서당을 다니다 1922년 3월 지수보통학교 3학년에 편입했다. 이 회장의 고향은 의령군 중곡면 중교리지만 진주시 지수면과는 인접해 있다. 지수에는 이 회장의 둘째 누이 분시 씨가 결혼해 살고 있었다. 알려진 것과 달리 이 회장은 지수보통학교를 졸업한 것이 아니라 그해 9월 서울의 수송보통학교로 전학했고 1925~1929년에는 중동학교를 다녔다.

1906년생으로 이 회장의 형인 이병각 씨와 동갑인 조홍제 회장은 서당에서 한학을 배우다 상경, 1922년 중동학교 초등과 1, 2, 3학년

과정을 이수하고 이듬해 협성실업학교 초등과 4, 5, 6학년 과정을 마쳤다.

효성 관계자는 "언제부터인지 선대회장과 삼성 이병철 회장, LG 창업주인 구인회 회장이 지수보통학교 동문으로 소개됐지만, 이는 사실과 다르다"고 말했다.

이병철 회장은 1929년 도일, 1930년 와세다대 전문학부 정경과로 입학했고, 조홍제 회장은 1927년 와세다대 공업전문학부에 입학했지만 1929년 일본 호세이(法政) 대 경제학부에 다시 입학한다.

둘의 동업관계에 대한 회고도 조금씩 다르다.

이 회장은 자서전 《호암자전》에서 1948년 서울 종로2가에 삼성물산공사를 세울 당시 전무가 조홍제 회장, 상무가 김생기 전 영진약품 회장이었으며, 설립자본금의 75%는 이 회장이, 나머지 25%는 조 회장, 김 회장, 이오석, 문철호, 김일옥 씨가 분담했다고 밝혔다.

반면 조 회장의 회고록 《나의 회고》에는 1948년 말 평소 안면이 있던 이 회장이 명륜동 조 회장의 집을 찾아와 사업 애기를 하던 차에 조 회장이 사업자금 800만 원을 빌려 준 것으로 나온다. 2개월 뒤쯤 조 회장은 200만 원을 더 투자해 1천만 원을 채웠다. 이 회장이 이미 투자한 돈은 700만 원이었다고 주장했다.

한국전쟁으로 잠시 헤어졌던 두 사람은 1951년 이 회장이 당시 가족이 피난 가 있던 마산에 들렀다가 조 회장을 만나 부산에 새로 차린 삼성물산에 와서 일하기를 권하면서 다시 이어졌다. 조 회장 역시 이와 비슷하게 기억했다.

《호암자전》은 또 조 회장과의 결별에 대한 별도 언급 없이 1963년

3월 2일 효성물산과 한국타이어, 한일나일론을 양도했다고만 명시했다. 조 회장의 《나의 회고》에는 1960년 3월 초 일본 도쿄에서 골프를 치던 도중 이 회장이 결별 의사를 밝혔다고 소개됐다. 이날 두 사람은 서로의 지분에 대해 언쟁을 했다.

둘의 재산분배는 1962년 8월 이 회장의 자택에서 다시 논의됐다. 조 회장은 "내 지분이 삼성 전체의 3분의 1쯤 되니 제일제당을 떼어달라"고 제의하고 이 회장도 이를 받아들였다고 회고했다. 하지만 이 후에도 지분 문제는 쉽게 해결되지 않고 갈등이 점점 커지다 1964년에야 결론이 났다.

조 회장은 자신이 분배받은 재산(한국타이어와 한일나일론의 삼성 지분 50%, 효성물산)은 3억 원 정도로 자기 몫의 10분의 1도 안 됐다고 밝혔다. 분가 과정의 불화는 한동안 재계 인사들의 입에서 회자됐다.

그러나 1984년 먼저 세상을 떠난 조홍제 회장의 빈소를 이병철 회장이 찾아와 한참동안 머물며 '앙금'이 없었음을 내외에 알렸다. 3년 뒤인 1987년 이 회장도 영면했다.

# CJ그룹

## 설탕회사를 문화기업으로 탈바꿈 시킨 '리틀 이병철'

CJ그룹 본사가 있는 서울 중구 소월로 2길 1층 로비에는 창업자인 고 이병철 삼성그룹 회장의 좌상이 벽면 부조로 조각돼 있다. 또 CJ그룹 식품계열사들이 모여 있는 서울 중구 쌍림동 CJ제일제당 건물의 1층 로비에도 이병철 회장의 흉상 홀로그램이 있다. CJ그룹이 삼성그룹과 계열분리됐더라도 이재현(55) CJ그룹 회장이 이병철 회장의 장손이라는 그룹의 정통성을 강조하는 의미가 담겨 있다.

삼성그룹의 모태인 제일제당의 오랜 '역사와 전통'이 고스란히 녹아 있는 CJ그룹은 이병철 삼성그룹 창업주의 장손인 이재현 회장이 이끌고 있다.

1953년 설탕회사로 출범, 제일모직·삼성전자·삼성생명 등 현재 삼성그룹의 기업적 '젖줄'이 되었던 제일제당은 1995년경 삼성그룹으로부터 계열분리했으며, 2002년 '제일제당'이라는 기존 사명을 CJ로 바꾸고 적극적인 사업 다각화에 나섰다.

삼성으로부터 분리선언 후 얼마 지나지 않은 1995년 CJ는 제일제당 내 '엔터테인먼트&미디어 관련 사업부'를 처음 만든 것을 시작으로 1997년 음악전문채널 '엠넷'을 인수하고 1998년에는 국내 최초 멀티플렉스 극장 '강변 CGV'를 오픈했다.

훗날 대한민국에 오디션 열풍을 몰고 온 '슈퍼스타K', 케이블 드라마의 성공 사례를 보여 준 '응답하라 시리즈', '미생', 한국 영화 역사상 최다 관객인 1,760만 명을 동원한 영화 〈명량〉이 탄생할 수 있었던 것은 이처럼 미래를 내다본 선제적 투자가 바탕이 됐기 때문이다.

CJ그룹은 또 1998년 GLS로 물류 사업에 첫 진출한 이후 2000년 39쇼핑(현재 CJ오쇼핑)을 인수했고, 2002년에는 CJ올리브영을 만들면서 국내 최초로 헬스&뷰티 스토어 사업에 뛰어들었다. 이어 2011년에는 물류업계 1위인 대한통운을 인수했다.

단순한 식품회사를 넘어서겠다는 이재현 회장의 비전은 이 같은 과정을 거치면서 식품&식품서비스(CJ제일제당, CJ푸드빌, CJ프레시웨이), 바이오(CJ제일제당 바이오부문, CJ헬스케어), 신유통(CJ오쇼핑, CJ대한통운, CJ올리브영), 엔터테인먼트&미디어(CJ E&M, CJ CGV, CJ헬로비전) 등 4대 사업군으로 완성됐다. 삼성 분리 당시 연매출 1조 5천억 원에 불과했던 제일제당은 2014년 기준 총 자산 24조 1,210억 원, 계열사 73개 사, 국내 14위 기업그룹으로 성장했다.

설탕으로 시작한 식품기업이 수많은 문화콘텐츠를 생산해 내는 글

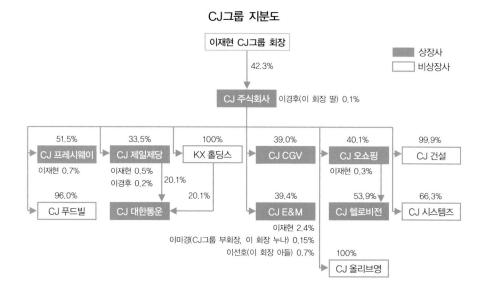

**CJ그룹 지분도**

이재현 CJ그룹 회장

42.3%

■ 상장사
□ 비상장사

CJ 주식회사　이경후(이 회장 딸) 0.1%

| 51.5% | 33.5% | 100% | 39.0% | 40.1% | 99.9% |
| CJ 프레시웨이 | CJ 제일제당 | KX 홀딩스 | CJ CGV | CJ 오쇼핑 | CJ 건설 |

이재현 0.7%　　이재현 0.5%
　　　　　　　이경후 0.2%　20.1%
　　　　　　　　　　　　　　　　20.1%

이재현 0.3%

| 96.0% | | | 39.4% | 53.9% | 66.3% |
| CJ 푸드빌 | CJ 대한통운 | | CJ E&M | CJ 헬로비전 | CJ 시스템즈 |

이재현 2.4%
이미경(CJ그룹 부회장, 이 회장 누나) 0.15%
이선호(이 회장 아들) 0.7%

100%

CJ 올리브영

로벌 생활문화기업으로 거듭나고 있는 것이다.

## 불모지에 가까운 문화산업 개척, 글로벌 도약이 과제

4대 사업군 가운데서도 문화사업에 대한 CJ그룹과 이재현 회장의 열
정은 특히 남다르다.

CJ가 엔터테인먼트&미디어 분야 사업에 처음 진출하던 때 30대
젊은 총수였던 이재현 회장이 스티븐 스필버그, 제프리 카첸버그 등
과 청바지 차림에 피자를 먹으며 직접 협상에 나선 일화는 아직도 구
전된다.

1993년 당시 33세로 제일제당(현 CJ그룹) 상무였던 이재현 회장은
삼성그룹과 떨어지고 난 다음의 그룹 앞날을 고민 중이었다. 제일제

당은 국내 최고의 식품기업이었지만 이것만으로는 그룹의 미래를 감당하기 어려웠기 때문이다. 제일제당을 중심으로 한 식품기업으로서의 뿌리는 지키되 사업 다각화가 필요하다고 생각했다.

이런 고민 끝에 선택한 게 문화사업이었다. 할아버지인 이병철 삼성그룹 회장이 평소 "문화 없는 나라도 없다"며 장손에게 강조한 것도 한몫했다.

이재현 회장은 국내에서 제대로 된 콘텐츠를 만들기 위해 먼저 해외 유명 엔터테인먼트 사의 노하우를 배워야겠다고 결심했다. 무작정 시작하기에는 국내 제작 인프라가 너무 보잘것없었고, 경험도 부족했기 때문이다.

마침 1994년 미국의 유명 영화감독이자 제작자인 스티븐 스필버그(69)와 월트 디즈니 스튜디오 사장 제프리 카첸버그(65), 음반업계의 실력자 데이비드 게펜(72)이 함께 만든 '드림웍스'가 외부 투자 30%를 받겠다는 소식이 전해졌다. 국내외 수많은 기업들이 투자 의사를 밝혔고 CJ도 예외는 아니었다.

이재현 회장은 미국으로 직접 가 스필버그 감독의 개인 스튜디오인 '앰블린'을 찾았다. 잘 알려지지 않은 아시아의 한 기업인이지만 문화사업을 추진하는 만큼 딱딱해 보이지 않도록 청바지에 티셔츠, 운동화 차림으로 가서 피자를 주문해 스필버그 감독과 함께 먹으며 사업계획을 논의했다.

1995년 4월 29일 제일제당이 드림웍스에 3천억 원을 투자한다는 기사가 〈뉴욕타임스〉에 실렸다. CJ그룹이 엔터테인먼트 사업에 본격적으로 진출하는 순간이었다. 이재현 회장, 당시 제일제당 멀티미디어사업부 이사였던 이미경(57) CJ그룹 부회장이 드림웍스 경영에 참여하고 드림웍스로부터 CJ에 영상 관련 기술지원과 아시아 지역 영화배급권(일본 제외)을 받는 조건이었다.

이제는 국내 대표 문화기업으로 성장했지만, CJ의 문화사업을 기업가의 관점에서 보면 이해하기 어려운 측면도 있다. 지난 20년간 투자금액은 3조 원에 육박하는 반면, 여전히 만성 적자구조이기 때문이다. 오죽하면 "설탕・바이오(CJ제일제당)에서 번 돈을 E&M(엔터테인먼트&미디어)으로 날린다"는 말이 나왔을까.

실제 2014년에 CJ E&M은 영화 〈명량〉, 드라마 '미생', 예능 프로그램 '꽃보다~' 시리즈 등 많은 히트작을 내고도 매출 1조 2,327억 원에 영업손실 126억 원을 기록했다. 2년 연속 적자에 적자 폭도 2011년 이후 최대였다.

그럼에도 '문화를 산업화해야 한다'는 이재현 회장의 확신과 의지로 CJ의 문화산업 투자가 계속 이어지고 있다. 이재현 회장은 평소 "제조업의 주도권이 중국으로 이동하는 가운데 우리가 최소 20년 이상 중국을 앞설 수 있는 산업은 엔터테인먼트와 미디어가 유일하다"며 "문화산업화를 통해 아시아를 넘어 전 세계에서 수익을 창출해 국가경제에도 기여해야 한다"고 강조한다고 한다.

문화산업은 콘텐츠를 통한 직접 수익뿐 아니라 연관 산업에 파급효과가 커 국가경제에 기여하는 바가 크다는 것이다. 영화 〈명량〉을 예로 들면, CJ E&M은 100억 원 내외의 수익을 얻는 데 그쳤지만, 이 영화 한 편으로 파생되는 경제유발효과는 4,364억 원, 일자리 창출효과는 2,048명에 이르는 것으로 분석되고 있다.

CJ는 적자를 헤어나기 어려운 국내 문화산업 해법을 글로벌 시장에서 찾고 있다. 2014년 중국과 베트남에서 각각 공동 제작한 〈20세여 다시 한 번〉, 〈마이가 결정할게 2〉가 현지에서 흥행에 성공했다. 이 같은 성공 경험은 향후 CJ의 해외 문화콘텐츠 합작 및 직접 진출 기회를 더욱 확대시켜 줄 것으로 기대된다.

## 삼성가 장손의 시련

이재현 CJ그룹 회장의 아버지는 창업주 이병철 회장의 장남 이맹희 씨 (84)다. 이맹희 씨는 부인 손복남(82) 씨와의 사이에 2남 1녀를 뒀다.

이맹희 씨는 코흘리개인 네 살 때 이미 "아이들이 자라면 혼인을 시키자"는 양가 어른의 언약이 인연이 돼 손 씨와 결혼했다. 이화여대 교육학과 출신인 손 씨의 부친은 경기도지사와 농림부 양정국장을 지낸 손영기 씨다. 손복남 씨가 부친을 모시고 병원에 가는 것을 먼발치에서 지켜보고 난 뒤 맹희 씨는 결혼을 결심했다고 한다.

손 씨는 삼성가의 맏며느리로서 겉으로는 화려해도 남편이 풍상을 겪자 말 못 할 마음의 고통을 삭이며 살아 왔다. 서울 장충동 집에서 시부모를 모시며 3남매를 키웠다. CJ가의 명실상부한 '안주인' 역할을 묵묵히 해오고 있는 것이다. 경영에는 일절 관여하지 않았으나 제일제당의 최대주주로 있다가 주식 증여를 통해 경영권을 장남인 이재현 회장에게 넘겼다.

동생에게 삼성의 경영권이 넘어간 이후 주로 해외를 떠돌며 대중의 기억 속에서 잊혀 가던 이맹희 씨는 2012년 2월 다시 목소리를 내며 세간의 주목을 받았다. 자신의 누나이자 이병철 회장의 차녀인 이숙희(80·구자학 아워홈 회장 부인) 씨 등과 함께 "아버지가 유산으로 남긴 차명재산인 4조 849억 원 상당의 주식과 배당금을 돌려 달라"며 이건희(73) 삼성그룹 회장을 상대로 주식 인도 등 청구소송을 제기하면서부터다.

당시 법원에서 이맹희 전 회장 등의 주장이 받아들여지면 이건희 회장의 삼성생명 지분이 넘어가 삼성그룹의 지배구조에 영향을 줄 수 있다는 이유로 관심이 집중됐다. 한쪽에서는 재벌가 유산 소송이라며 눈살을 찌푸리기도 했다.

이맹희 전 회장은 1, 2심에서 패소한 뒤 대법원에 상고하지 않아 사건은 비교적 싱겁게 끝났다. 이맹희 전 회장 측은 "재산보다 더 중요한 것은 가족 간 관계"라고 상고 포기 이유를 밝혔다. 이맹희 전 회장은 2005년 현재 폐암으로 일본에서 투병 중이다.

삼성가 장손인 이재현 회장은 어릴 때 할아버지로부터 각별한 사랑과 함께 엄격한 교육을 받았다. 체격 등 외모, 사고나 행동방식까지 조부와 비슷해 '리틀 이병철'이라고도 불린다. 이재현 회장은 결혼 후 "나가서 신혼살림을 하라"는 부모님의 얘기에도 "할머니를 모시고 살겠다"며 고집을 피워 2001년 1월 할머니 박두을 씨가 별세할 때까지 서울 장충동 집에서 모셨다. 지금도 모친 손 여사와 함께 장충동 집에서 산다.

경복고, 고려대 법대 출신인 이재현 회장은 "누구 덕을 본다는 이야기를 듣기 싫다"며 1983년 씨티은행에 취직, '탈 삼성행'을 시도하기

# 이재현 CJ그룹 회장 가계도

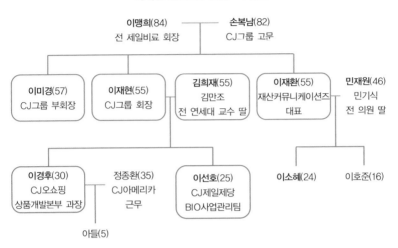

이맹희(84)
전 세일비료 회장 ─── 손복남(82)
CJ그룹 고문

이미경(57)
CJ그룹 부회장

이재현(55)
CJ그룹 회장

김희재(55)
김만조
전 연세대 교수 딸

이재환(55)
재산커뮤니케이션즈
대표

민재원(46)
민기식
전 의원 딸

이경후(30)
CJ오쇼핑
상품개발본부 과장

정종환(35)
CJ아메리카
근무

이선호(25)
CJ제일제당
BIO사업관리팀

이소혜(24)

이호준(16)

아들(5)

**이맹희**
전 제일비료 회장

**이미경**
CJ그룹 부회장

**이재현**
CJ그룹 회장

**김희재**
김만조 전 연세대 교수 딸

**이경후**
CJ오쇼핑
상품개발본부 과장

**이선호**
CJ제일제당
BIO사업관리팀

도 했다. 하지만 조부인 이병철 회장이 "재현이에게 왜 남의집살이를 시키냐"는 불호령을 내려 결국 1985년 삼성의 주력 계열사였던 제일제당 경리부 평사원으로 입사했다. 이후 1988년 경리부 차장, 1989년 기획관리부장으로 승진했다. 1992년부터 1년 정도 삼성전자 전략기획실 이사대우로 일하기도 했다. 1993년 이사로 제일제당에 복귀해 1997년 부사장, 1999년 부회장을 거쳐 2002년 회장 자리에 올랐다.

CJ맨들이 보는 이재현 회장은 '꿈과 비전, 열정이 큰 이상주의자이면서 미래를 예측하고 대비하는 치밀함을 겸비한 합리적 경영자'다. 이재현 회장은 남들이 제조업과 수출에만 매달려 있던 20년 전에 이미 문화산업의 미래를 내다보고 투자에 나섰으며, 단기 적자에 연연하지 않고 큰 그림의 사업방향을 제시하며 그룹의 도약을 이끌었다.

이 회장은 회사의 실적을 보고받으면 "최소한 얼마는 돼야 하는데, 회사가 좀더 커야 한다"며 아쉬움을 토로하는 한편, 사원들과 격의 없는 대화를 즐기며 회사의 경영 방침과 철학에 대한 공감대를 넓혀 가길 즐겨했다고 한다. CJ 관계자는 그러한 행보를 두고 "오너라기보다는 유능한 최고경영자(CEO)로 평가받고 싶어 한다"고 말했다.

이재현 회장은 제일제당이 삼성그룹으로부터 분리된 이후 적극적인 사업다각화에 나서 오늘날 CJ그룹을 일군 '제2의 창업자'로 평가받지만, 그 과정이 순탄한 것만은 아니었다.

삼성과의 결별을 앞둔 1994년 10월 삼성 측은 제일제당에 이학수 당시 삼성화재 부사장(나중에 삼성 구조조정본부장)을 파견해 분리작업을 지휘하도록 했다. 이 때문에 삼촌 이건희 회장과 조카 이재현 회장 사이에 신경전이 벌어져 제일제당이 삼성본관에서 1995년 4월 중구 쌍림동 사옥으로 이사 오기까지 6개월간 계속됐다. 제일제당이 보유한 부동산과 삼성생명 주식에 대한 평가방법을 놓고 양측이 치열한 공방을 벌인 끝에야 제일제당은 '독립'을 선언할 수 있었다.

삼성그룹에서 분리될 당시의 제일제당은 삼성의 전자 및 중공업 위주의 우선투자전략에서 밀려 성장한계를 보인 상황이었다. 식품회사라는 고정된 이미지도 그룹 성장의 걸림돌로 작용했다.

그러나 1995년 독자경영을 시작한 이후 이 회장 주도로 식품 등 기존의 사업을 다지면서 미디어·영상·물류·케이블방송·홈쇼핑 등 다각화된 사업으로 포트폴리오를 짰다. 식품·정보통신·화장품·음료사업 등 매년 수십억에서 수천억 원의 적자를 내는 비주력사업은 과감히 매각했다.

2013년에는 이재현 회장이 배임·탈세 등의 혐의로 구속 기소되면서 그룹이 총수 부재의 위기상황을 맞았다. 이 회장은 항소심에서 징역 3년의 실형을 선고받았으며 대법원에 상고한 상태다. 총수의 부재에 따른 경영 공백도 공백이지만 이 회장의 건강이 걱정되는 상태다. 이 회장의 건강상태는 구속되면서부터 공개된 바 있다. 만성신부전증을 앓는 이 회장은 2013년 8월 부인인 김희재(55) 씨의 신장을 이식받았지만 수술 후 면역거부반응과 바이러스 감염 등 다양한 부작용을 겪고 있다. 또 말초신경과 근육이 점차 소실되는 삼성가의 유전병으로 알려진 CMT(샤르코-마리-투스)도 심해지는 것으로 알려졌다.

그룹의 미래는 이 회장과 부인 김희재 씨 사이에서 낳은 1남 1녀에 달려 있다. 자녀들의 나이도 어리고 이 회장도 경영자로서 젊기에 후계구도를 말하기엔 이르다. 하지만 이 회장의 건강이 예사롭지 않아 자녀들은 향후 승계를 위해 현업에서 경영수업을 받고 있다. 이 회장이 '사원-대리-과장-부장' 등 대부분의 직급을 거친 것처럼 자녀들도 사원부터 시작해 현장 중심으로 차근차근 단계를 밟고 있다.

딸 이경후(30) 씨는 미 컬럼비아대에서 불문학을 전공했고 같은 대학원에서 조직심리학 석사학위를 딴 뒤 2011년 7월 CJ주식회사 사업팀으로 입사했다. 사업팀은 각 계열사의 사업전략 수립 및 관리, 신사업 기획 등을 추진하는 부서다. 이 씨는 사업 전반에 대해 익힌 뒤 CJ오쇼핑으로 자리를 옮겼고, 2013년 과장으로 승진했다. 남편인 정종환(35) 씨는 이 씨가 미국 유학 중에 만났고 같은 컬럼비아대학원을 졸업한 후 뉴욕에 있는 씨티은행에서 근무하기도 했다. 현재 CJ그룹의 해외법인인 CJ아메리카에서 근무 중이다.

아들 이선호(25) 씨는 누나와 같은 컬럼비아대에서 금융경제학을 전공한 뒤 2013년 CJ그룹 신입사원으로 입사했다. 이선호 씨는 대학생 시절 방학 때마다 CJ그룹 주요 계열사에서 인턴을 하며 오래 전부터 그룹 일을 배워 왔다.

## 화려한 해외 인맥

이재현(55) CJ그룹 회장과 이미경(57) CJ그룹 부회장 남매의 인맥 망을 보면 무엇보다도 해외에서 화려한 인맥을 자랑한다. CJ그룹이 삼성그룹과 분리한 후 문화사업으로 다각화하는 과정에서 해외 유명인사들과 함께하는 일이 많았기 때문에 그때부터 생긴 인연이 막강한 인맥으로 이어지고 있다.

대표적인 해외 인맥으로는 1995년 CJ그룹이 드림웍스에 지분 투자를 하면서 이뤄진 스티븐 스필버그 감독과 제프리 카첸버그 드림웍스 최고경영자(CEO)와의 인연을 들 수 있다.

제프리 카첸버그 CEO는 2013년 10월 CJ 크리에이티브 포럼에 참가할 정도로 이 회장 남매와 20년 가까이 끈끈한 인연을 유지하고 있다. 그는 "CJ의 투자가 드림웍스 초기 정착에 큰 도움이 됐다"고 말할 정도로 각별한 신뢰를 보이기도 했다.

특히 이 부회장의 해외 인맥이 두드러진다. 마이클 잭슨의 '스릴러' 등을 제작한 미국의 유명 프로듀서 퀸시 존스(82)는 2011년 내한 당시 이 부회장과의 만남에서 한국 음악에 관심을 갖게 돼 한국 아티스트들의 글로벌 음악시장 진출을 지원하고 있다.

CJ그룹이 제2의 주요 사업지로 꼽는 중국 시장에서 부동산 개발업체인 소호 차이나의 장신(50) CEO와 이 부회장의 인맥도 탄탄하다. 장신 CEO는 〈포브스〉가 선정한 '전 세계에서 가장 영향력 있는 여성 100인'에 매년 이름을 올리고 있는 중국의 대표적인 여성 CEO다. CJ그룹은 소호 차이나와 함께 중국에서 CJ의 외식 브랜드가 모두 입점한 CJ푸드월드를 열기도 했다.

이 부회장은 김용 세계은행 총재와도 특별한 인연이 있다. 이 부회장이 하버드대 대학원 유학시절 한국어 강의 모임을 이끌었는데, 이때 하버드 의대에 다니던 김 총재가 모임에서 2년간 수업을 한 번도 빼먹지 않고 한글을 배운 일화도 있다. 또 이 부회장은 김 총재가 다트머스대 총장 시절 다트머스 경영대학원(MBA) 과정에서 학생들에게 한국영화에 대한 강의를 요청받아 강단에 오르기도 했다.

이미경 부회장과 김 총재의 인연은 어머니 때부터 깊다. 이 부회장
의 어머니인 손복남(82) CJ그룹 고문과 미 UCLA 한국학연구소 소장
을 맡았던 김 총재의 어머니 김옥숙(82) 여사는 경기여고 동창생으로
학창시절에도 절친한 사이였던 것으로 알려졌다.

재벌가의 후손들이면 보통 가는 해외유학 코스도 밟지 않은 '토종
파' 총수인 이재현 회장의 인맥은 경복고, 고려대(법대 80학번) 학연
으로 요약된다. 경복고는 정몽구(77) 현대차그룹 회장, 조양호(66)
한진그룹 회장, 구본준(64) LG전자 부회장, 허명수(60) GS건설 부
회장 등 재계 인사들을 많이 배출했다. 이재용(47) 삼성전자 부회장,
정용진(47) 신세계 부회장도 경복고 후배다. 이 회장은 고대 출신 경
제계 인사 등의 모임인 고대경제인회에도 꾸준히 참석한 것으로 알려
졌다. 특히 법대 출신인 이 회장은 법조계 인사들과도 교분이 깊다.
대표적으로 고대 법대 선배이기도 한 이기수(70) 전 고려대 총장은
이 회장의 장녀 이경후(30) 씨의 결혼식에서 주례를 맡기도 했다.

## CJ의 주요 대표들

총수 부재 위기상황에 맞닥뜨린 CJ그룹은 그룹경영위원회를 발족해
이를 중심으로 회사 경영을 꾸려 나가고 있다. 위원회는 이재현 회장
의 외삼촌인 손경식(76) CJ그룹 회장을 위원장으로 누나인 이미경
(57) CJ그룹 부회장, 이채욱(69) CJ주식회사 대표(부회장), 김철하
(63) CJ제일제당 공동 대표이사(사장) 등 4인으로 구성됐다.

CJ그룹의 주요 계열사 대표들을 살펴보면, 그룹경영위원회의 한 축을 맡고 있는 이채욱 CJ주식회사 대표는 GE코리아 회장, 인천국제공항공사 사장 등을 지낸 전문경영인이다. 해외사업 경험이 높은 점을 인정받아 2013년 4월 CJ대한통운 통합법인 대표이사로 취임하면서 그룹에 합류하게 됐다.

김철하 CJ제일제당 공동 대표이사(사장)는 내수 식품기업인 CJ제일제당을 글로벌 바이오기업으로 탈바꿈시켰다는 평가를 받고 있다. 이 점을 인정받아 경쟁사인 '대상'에서 영입된 지 4년 만에 CJ제일제당 대표이사 자리에 올랐다.

이해선(60) CJ제일제당 공동 대표이사(총괄 부사장)는 1982년 제일제당으로 입사해 빙그레, 아모레퍼시픽을 거쳐 2009년부터 CJ오쇼핑 대표이사를 맡다 CJ제일제당 공동 대표이사로 자리를 옮겼다.

약 6년간 CJ오쇼핑 대표이사를 맡으면서 중국, 베트남, 필리핀, 태국, 인도 등으로 홈쇼핑 사업을 진출시키는 등 CJ그룹이 역점으로 생각하고 있는 해외 진출에 큰 업적을 남겼다.

박근태(61) CJ 중국본사 대표이사(총괄 부사장)는 1984년 대우 홍콩지사 근무를 시작으로 30년간 중국 전문가로 사업을 추진하고 있는 CJ그룹 내 대표적인 중국통이다. 2006년부터 CJ 중국본사 대표직을 맡아 CJ의 중국 진출을 진두지휘하고 있다. 박 대표는 중국 내에서 친분 관계를 유지하는 핵심 인맥만 1만 명이 넘는 것으로 유명하다.

현대자동차 출신의 양승석 대한통운 대표이사 부회장은 16년가량을 중국, 인도, 터키, 러시아 등 전 세계를 무대로 활동하며 근무하는 곳마다 뛰어난 성과를 창출해 낸 글로벌 전문경영인으로, 2014년 말

## CJ그룹 주요 계열사 대표

이채욱(69)
CJ주식회사 대표(부사장)

김철하(63)
CJ제일제당
공동 대표이사(사장)

이해선(60)
CJ제일제당
공동 대표이사(총괄 부사장)

박근태(61)
CJ중국본사 대표이사
(총괄 부사장)

양승석(62)
CJ대한통운
공동 대표이사(부회장)

김성수
CJ E&M
공동 대표(부사장)

김진석
CJ 헬로비전 대표
(부사장 대우)

서정
CJ CGV 대표

CJ에 합류했다. CJ 대한통운의 합병 전 물류법인인 CJ GLS 출신 손관수 대표이사와 각자 대표를 맡아 대한민국 물류산업의 글로벌 도약을 이끌고 있다.

김성수(54) CJ E&M 대표(부사장)는 20년 동안 엔터테인먼트 분야에서 CEO를 맡아 온 전문가다. CJ E&M에서 '슈퍼스타 K', '응답하라 시리즈', '꽃보다 시리즈', '미생', 〈명량〉 등 화제의 콘텐츠를 꾸준히 생산해 내고 있다.

김진석(56) CJ헬로비전 대표(부사장 대우)는 LG데이콤 컨버전스 사업부(상무)를 거쳐 CJ헬로비전으로 자리를 옮겨 대표이사까지 오른 인물이다.

# 신세계그룹

## 평범한 주부서 유통명가 회장으로

"명희야, 일을 해보지 않겠니?"

이명희 신세계그룹 회장이 39세 때이던 어느 날, 아버지인 이병철 삼성그룹 회장이 대뜸 막내딸에게 물었다. 이병철 회장의 8남매 가운데 막내로 태어난 이명희 회장은 아버지의 사랑을 한 몸에 받은 애지중지한 딸이었다.

1967년 경기고, 서울대 공대를 졸업하고 미 컬럼비아대 대학원에서 공부했을 정도로 엘리트였던 정재은(76) 현 신세계그룹 명예회장과 중매로 만나 결혼해 1남 1녀를 낳고 줄곧 집에서 살림만 하던 주부였던 이 회장이다.

지금은 상상하기 어렵지만 이화여고와 이화여대를 졸업한 이명희

1970년대 말 국내 한 골프장에서 라운딩 도중 이명희(오른쪽) 신세계그룹 회장이 아버지인 고 이병철 삼성그룹 창업주 허리에 손을 대고 활짝 웃고 있다.

회장의 학창시절 꿈은 현모양처였다. 이 때문에 아버지에게 거절 의사를 밝혔다. 하지만 이명희 회장에게 경영을 맡겨 보려는 이병철 회장의 뜻은 완강했다.

경영인의 피를 물려받아서인지 주부에서 경영자로의 변신은 그리 어렵지 않은 일이었다. 이명희 회장은 이미 오래 전부터 부친을 따라다니며 어깨너머로 아버지의 경영방식을 익혔고 국내외 주요 인사들을 만나는 자리에도 불려가 사람 관리하는 방법과 인맥을 다져 왔기 때문에 회사 경영이 낯선 것만은 아니었다.

이명희 회장은 1979년 2월 ㈜신세계 영업사업본부 이사로서 본격적인 경영수업을 시작했다. 이병철 회장은 막내가 출근하기 하루 전날 "의심스러워 믿지 못하면 아예 쓰지 말고, 일단 사람을 쓰면 의심하지 마라"(疑人勿用 用人勿疑), "어린이가 하는 말이라도 경청하라", "알아도 모르는 척, 몰라도 아는 척하지 마라"고 충고했다.

이명희 회장은 아버지가 돌아가신 후 신세계그룹을 물려받았다. 1991년 삼성그룹으로부터 사실상 분리된 신세계그룹은 백화점과 조선호텔만 운영하는 작은 회사에 불과했다. 그런 작은 회사를 이 회장은 공기업을 제외한 재계 순위 13위, 30개 계열사를 보유한 신세계그룹으로 키워 놓았다.

이러한 성장의 비결은 이 회장이 누구보다 아버지의 경영스타일을 빼닮았다는 데 있다. 이 회장은 "선대 회장님은 이렇게 하셨는데", "메모광이었던 부친을 따라 나도 자연스럽게 메모하는 습관을 길렀다"고 말할 정도로 아버지의 영향이 절대적이었다는 점을 자주 드러낸다.

이 회장은 주요 사안만 의사결정할 뿐 전문경영인의 판단을 중시하는 편이다. 이런 경영방식도 '일을 맡긴 사람이라면 기회를 충분히 주고 끝까지 지켜본다'는 아버지의 경영방식과 충고에 따른 것이다. '나 아니면 안 된다'는 아집으로 회사를 망치기보다는 전문경영인에게 권한과 책임을 주면 회사 안팎의 환경 변화에 신속히 대응할 수 있다는 장점이 더 크다고 봤기 때문이다. 다만 믿고 맡기더라도 실수하는 경우에는 엄중하게 책임을 묻는다. 이 회장은 고희를 넘긴 나이에도 1년에 수차례씩 유럽과 미국의 유통 현장을 찾아 세계 소비 경향을 살펴보고 있다.

정재은 명예회장은 이 회장과 결혼한 뒤 삼성그룹에 입사해 삼성전자 대표, 삼성물산 부회장, 삼성항공 부회장 등을 거쳤고, 조선호텔 회장과 신세계백화점 회장을 맡기도 했다. 정 명예회장은 경영 전면에 나서거나 목소리를 내지 않지만 과거 계열사 대표를 맡으며 경영했던 경험을 살려 간접적으로 도움을 주고 있다.

아들인 정용진(47) 신세계그룹 부회장은 2007년 한 모임에서 12세 아래인 플루티스트 한지희(35) 씨를 처음 만나 2011년 5월 10일 신세계그룹이 운영하는 서울 중구 소공동 웨스틴조선호텔에서 결혼했다. 이날 결혼은 정 부회장이 배우 고현정 씨와의 이혼 이후 9년 만에 재혼하는 것이라 세간의 관심을 모았다.

부인 한 씨는 2013년 11월 말 1남 1녀 쌍둥이를 낳았다. 정 부회장은 2남 2녀의 다둥이 아빠가 됐다. 한 씨는 대한항공 부사장이었던 고 한상범 씨와 프렌치 레스토랑으로 유명한 비손의 대표 김인겸 씨의 딸로, 오스트리아 빈 국립음대 예비학교를 졸업했다.

한 씨는 한국예술종합학교와 선화예고에 출강하고, 성신여대 객원교수로도 활동하고 있다. 2014년 10월 예술의전당에서 플루트 독주회를 열었는데, 2만 원인 독주회 입장권은 전석 매진되기도 했다.

정 부회장의 여동생인 정유경(43) ㈜신세계 부사장은 신세계그룹의 디자인 경영을 맡고 있다. 2001년 경기초등학교 동창인 문성욱(43) 신세계인터내셔날 부사장과 결혼했다. 문 부사장은 미 시카고대 경제학과를 졸업하고 SK텔레콤 기획조정실과 소프트뱅크 등에서 근

정용진 부회장이 부인 한지희 씨와
함께 찍은 사진을 〈서울신문〉에
최초로 공개했다.

무하다 미 펜실베이니아대 와튼스쿨에서 MBA 과정을 밟았다.

이후 신세계 기획팀 부장, 신세계I&C 전략담당 상무, 신세계I&C 전략사업본부 부사장, 이마트 해외사업총괄 부사장 등을 지냈다.

## 재계의 마당발

정용진 신세계그룹 부회장은 '재계의 마당발'로 손꼽힌다. 경복고와 미 브라운대 경제학과를 졸업한 정 부회장은 학맥은 물론 다양한 사회공헌 활동으로 연결된 인맥도 눈에 띈다. 정 부회장은 삼성과 CJ, 현대, SK, LG, GS, 두산, 대림, 효성가의 2~3세 경영진과 두루 친분이 있는 것으로 알려졌다.

동갑내기 사촌 사이인 정 부회장과 이재용(47) 삼성전자 부회장은 경기초등학교와 청운중학교, 경복고등학교를 다녔다. 이들의 동문으로는 사촌인 이재현(55) CJ그룹 회장이 8년 선배, 정지선(43) 현대백화점 회장이 4년 후배다. 대학교도 정 부회장은 서울대 서양사학과, 이 부회장은 서울대 동양사학과에 각각 입학해 캠퍼스에서도 자주 어울렸다.

이후 정 부회장은 유학길에 올라 미 브라운대 경제학과를 졸업했다. 브라운대 출신 동문 가운데는 김준(52) 경방어패럴 사장과 조현상(44) 효성 부사장 등이 있다.

특히 1968년 동갑내기인 박진원 두산 사장, 허용수 GS에너지 부사장, 김재열 제일기획 스포츠사업총괄 사장과 윤석민(51) SBS미디어홀딩스 부회장, 홍정욱(45) 헤럴드 회장 등과는 국립중앙박물관 재계 후원회 '박물관의 젊은 친구들'(YFM: Young Friends of the Museum) 회원으로 함께 활동하면서 끈끈한 인맥을 유지하고 있다.

국립중앙박물관 후원단체 가운데 하나인 YFM은 재계의 젊은 경영인 80여 명으로 이루어진 모임이다. 2008년 결성된 이 모임은 인맥을 위한 교류를 넘어 정기적인 박물관 유물 공부모임, 후원금 모금을 위한 연말 연주회 등을 진행하고 있다.

이 밖에도 정태영(55) 현대카드 부회장, 박용만(60) 두산그룹 회장 등과도 친분이 두터운 것으로 알려져 있다. 하용조 온누리교회 목사는 2011년 5월 정 부회장의 재혼 시 주례를 맡았다.

# 정용진 부회장 인맥

경복고 인맥

**정지선**(43)
현대백화점 회장

**조현범**(43)
한국타이어 사장

브라운대 인맥

**김준**(52)
경방어패럴 사장

**조현상**(44)
효성 부사장

박물관의
젊은 친구들(YFM)
인맥

**박진원**(47)
두산 사장

**김재열**(47) 제일기획
스포츠사업총괄 사장

**윤석민**(51)
SBS미디어홀딩스 부회장

**홍정욱**(45)
헤럴드 회장

**허용수**(47)
GS에너지 부사장

# '유통사관학교'

1997년 4월 삼성그룹으로부터 공식 분리될 때까지만 해도 신세계그룹은 공기업을 제외한 재계 순위 33위, 총 자산 2조 7천억 원, 총 매출 1조 8천억 원에 불과했다. 그러나 2014년 기준으로 신세계그룹은 재계 순위 13위로 껑충 뛰어올랐고, 총 자산은 10배 오른 27조 원, 총 매출은 13배 불어난 23조 8천억 원을 기록하며, 유통 명가로서의 위치를 굳건히 하고 있다.

또 유통업계에서 최초라는 각종 기록을 세운 곳도 신세계다. 우리나라에 백화점과 대형마트, 프리미엄 아울렛을 가장 처음 선보인 신세계그룹에 자타공인 '유통사관학교'라는 말을 붙일 정도다.

그 중심에 대한민국 1등 할인점을 표방하는 '이마트'가 있다. 신세계그룹 매출의 65%가량을 차지하는 이마트는 그룹의 중심이다. 신세계그룹은 1993년 11월 국내 최초의 할인점인 이마트 창동점을 열었다. 종업원 27명으로 출발한 이마트의 첫해 매출은 450억 원이었다. 콩나물 자라듯 쑥쑥 자란 이마트는 2015년 기준 운영하는 매장만 전국 150여 개에 직접 고용인원이 2만 8천 명으로 20년 만에 1천 배 이상 늘었다. 총 매출은 창립 초기의 330배에 달하는 15조 원 규모로 급성장했다.

신세계그룹이 꿈꾸는 미래의 신세계는 준비된 경영자로 불리는 정용진 신세계그룹 부회장에게 달려 있다. 정 부회장은 2세 경영인으로 입지를 일찌감치 다진 대표적인 사례로 꼽힌다. 정 부회장은 서울대 서양사학과에 재학하던 중 미국으로 건너가 브라운대에서 경제학을

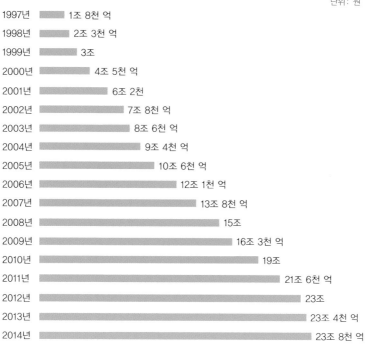

삼성그룹 분리 후 신세계그룹 매출액 추이

단위: 원

| 1997년 | 1조 8천 억 |
| 1998년 | 2조 3천 억 |
| 1999년 | 3조 |
| 2000년 | 4조 5천 억 |
| 2001년 | 6조 2천 |
| 2002년 | 7조 8천 억 |
| 2003년 | 8조 6천 억 |
| 2004년 | 9조 4천 억 |
| 2005년 | 10조 6천 억 |
| 2006년 | 12조 1천 억 |
| 2007년 | 13조 8천 억 |
| 2008년 | 15조 |
| 2009년 | 16조 3천 억 |
| 2010년 | 19조 |
| 2011년 | 21조 6천 억 |
| 2012년 | 23조 |
| 2013년 | 23조 4천 억 |
| 2014년 | 23조 8천 억 |

전공했다. 이후 27세였던 1995년 ㈜신세계 전략기획실 대우이사로 자리를 잡고 본격적인 경영수업에 돌입한다. 11년간 경영수업을 받던 정 부회장은 2006년 ㈜신세계 경영지원실 부회장에 오르며 경영 일선에 본격적으로 들어선다.

현재 그룹이 ㈜이마트와 ㈜신세계, 크게 2개 부문으로 나뉜 것은 정 부회장의 '신의 한 수'라고 평가받는다. 분할 전만 하더라도 값비싼 고급상품이나 명품을 다루는 백화점과 저렴한 가격에 생활밀착형 상품

# 신세계그룹 지배구조 현황

단위: %

| 이명희 회장 | 정용진 부회장 | 정유경 부사장 | 정재은 명예회장 |
|---|---|---|---|
| 신세계건설 9.5 | 신세계 7.3 | 신세계 2.5 | 신세계아이앤씨 2.3 |
| 조선호텔 1.1 | 이마트 7.3 | 이마트 2.5 | 신세계인터내셔날 21.7 |
| 신세계 17.3 | 광주신세계 52.1 | 신세계인터내셔날 0.4 | |
| 이마트 17.3 | 신세계건설 0.8 | | |
| | 신세계아이앤씨 4.3 | | |
| | 신세계인터내셔날 0.1 | | |

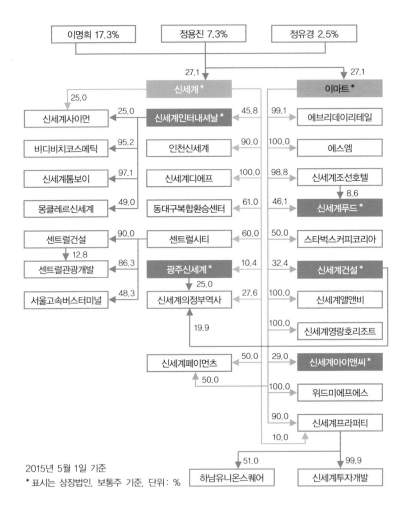

2015년 5월 1일 기준
* 표시는 상장법인. 보통주 기준. 단위 : %

96

을 대량 취급하는 대형마트를 함께 운영하다 보니 경영 효율성이 떨어졌다. 또 백화점과 대형마트는 조직 간 성향과 특성, 서로 지향하는 방향이 달라 조직이 쉽게 융합할 수 없었다.

신세계그룹은 다른 총수 일가가 거미줄 같은 복잡한 순환출자로 지배력을 유지하는 것과는 달리 지배구조가 단순한 편이다. 총수 일가가 지주회사 격인 ㈜이마트와 ㈜신세계의 지분을 확보하고, 신세계와 이마트는 계열사들에 대한 출자로 최대주주의 역할을 맡는 형태로 돼 있다.

정 부회장은 이마트 PL 상품(자체 브랜드 상품)과 해외소싱 상품에 대해 매주 상품 컨벤션을 통해 직접 평가하는 등 이마트 상품 품질에 가장 신경 쓰고 있는 것으로 알려졌다. 또 매년 5~6차례 해외 주요 박람회를 방문해 선진 소비 트렌드를 분석하고 신제품 도입 전략 및 상품 개발을 진두지휘하고 있다.

정 부회장은 과거 수많은 팔로워들이 있었던 파워 트위터리안답게 격의 없이 직원들과 잘 어울려 그룹 안팎에서 소탈하다는 평가를 받는다. 이러한 소탈한 성격 덕분에 정 부회장이 경영 일선에 나서면서 조직문화가 많이 부드러워졌다고 평가받는다. 또 대외노출이 잦아 알아보는 사람이 많은 만큼 매장을 방문할 때 고객들이 사진을 함께 찍자고 제의하면 그때마다 흔쾌히 사진을 같이 찍기도 한다.

정 부회장은 젊은 경영인 가운데 보기 드문 다둥이(2남 2녀) 아빠답게 희망장난감 도서관, 공동육아 나눔터, 아동 치료 지원 등 아동과 청소년에 관심을 많이 기울인다. 또 미국에서 공부 중인 장남, 장녀와 가끔 국내에서 봉사활동을 하기도 한다. 플루트 연주자의 남편으로서 문화예술에 대한 관심도 높고 피아노 연주도 수준급이다.

네티즌들이 외국에서 인기가 높거나 유행하는 식음료 등을 소개하며 "정용진 부회장님, 언제 들여올 거예요?"라는 글을 올릴 정도로 평소 정 부회장은 해외 인기상품을 발 빠르게 한국에 들여오고 있다. 대표적인 것으로 스타벅스 커피가 있다. 정 부회장 주도로 신세계그룹과 미국 스타벅스가 50 대 50으로 출자해 설립한 스타벅스 커피 코리아는 1999년 이화여대 1호점을 시작으로 현재 점포 수만 700여 개에 달한다.

이명희 회장의 딸이자 정 부회장의 여동생인 정유경 ㈜신세계 부사장은 전공인 그래픽디자인 분야를 살려 그룹 경영에 나서고 있다. 정 부사장은 미 로드아일랜드 디자인학교를 졸업한 뒤 1996년 조선호텔 마케팅담당 상무보로 입사했다. 조선호텔 근무 시절에는 방 열쇠, 메모지, 우산 등 고객들이 자주 쓰는 호텔 소품 디자인에서 인테리어 작업, 객실 리노베이션까지 주도하기도 했다.

정 부사장은 2009년부터 신세계백화점으로 자리를 옮겨 2012년에는 SSG청담점 개점 작업을 진두지휘했다. 2011년 강남점에 이어 2013년 부산 센텀시티점, 2014년 10월 본점에 남성전용 명품관 유치를 주도한 이도 정 부사장이다.

정 부회장이 생각하는 신세계그룹의 미래 성장동력은 교외형 복합쇼핑몰과 온라인몰이다. 신세계그룹의 교외형 복합쇼핑몰은 경기 하남시에서 짓고 있는 하남 유니온스퀘어가 있고, 고양시 삼송동, 인천 청라국제도시, 안성시에서도 앞으로 4~5년 내 착공, 완공할 계획이다. 장기적으로는 전국 광역시 인근 10여 곳에 교외형 복합쇼핑몰을 짓겠다는 계획을 세웠다.

인터넷에 관심이 많은 정 부회장답게 2013년 신세계페이먼츠를 출범해 온라인 결제시장에 진출했고, 2014년 신세계백화점과 이마트의 통합 온라인 쇼핑사이트인 SSG닷컴을 출범시켰다. 신세계그룹은 앞으로 전국에 최신식 온라인 전용 물류센터를 늘려 갈 계획이다.

## 신세계그룹의 대표들

신세계그룹은 총수 밑에 각 부문의 전문경영인이 있는 구조로, 재계에서 보기 드물게 조화가 잘 이뤄진 것으로 알려져 있다. 현재 각 부문 대표들의 특성을 보면 대체로 신세계 입사로 첫 회사생활을 시작했고 쭉 신세계에서만 일한, 누구보다도 신세계를 잘 알고 있는 전문가들이다. 다른 기업들이 외부 피를 수혈해 새로운 바람을 불러일으키기 위해 애쓴다면 신세계그룹은 일부 신사업 영역을 제외하고 내부 출신이 대표 자리에 오르는 전통을 고수하고 있다.

한번 사람을 쓰면 큰 실수가 없는 한 믿고 맡기는 이명희(72) 신세계그룹 회장이지만 실수했을 때 책임을 묻는 것은 가차 없이 이뤄진다. 신세계그룹은 2012년 말 매출 부진과 경영 악재에 대한 책임을 물어 세대교체를 한 바 있다.

정용진 신세계그룹 부회장이 2011년 ㈜이마트와 ㈜신세계로 기업 분할을 해 지금의 신세계그룹을 만들었다. ㈜이마트는 2인 각자 대표 체제로 운영되고 있다. 김해성(57) 신세계그룹 전략실장이 이마트 경

## 신세계그룹 계열사 대표들

김해성(57)
그룹 전략실장 겸
㈜이마트
경영총괄대표(사장)

장재영(55)
㈜신세계 대표이사

이갑수(58)
㈜이마트
영업총괄 대표이사

영총괄부문 대표를 겸임하고 있고 이갑수(58) 대표가 영업부문 대표
이사를 맡고 있다.

김해성 대표는 1984년 신세계백화점에 입사했고 패션사업부 해외
상품팀장을 거쳐 신세계인터내셔날 해외사업부장, 상무, 대표를 거
쳤다. 김 대표는 신세계인터내셔날을 해외패션 수입회사에서 종합패
션회사로 도약시키고, 2011년 코스피 상장까지 이끌어내는 등 큰 역
할을 했다. 2012년 그룹 전략실장(사장)에 선임됐다.

이갑수 대표는 1982년 신세계백화점에 입사한 뒤 이마트 마케팅 담
당 상무, 판매본부장, 고객서비스본부장 등 요직을 두루 거쳤다. 이
마트 매장의 장점과 단점을 누구보다도 잘 알고 있는 것으로 알려졌
다. 이 대표가 만든 대표적인 상품은 이마트 반값 홍삼, 반값 LED,
반값 비타민 등 '반값' 상품들이다.

장재영(55) ㈜신세계 대표는 1984년 입사해 미아점 점장, 마케팅
담당 상무, 고객전략본부장, 판매본부장 등을 거쳤다. 2012년 대표

에 선임된 뒤 본점 리모델링, 강남점 증축 등 굵직한 백화점 사업을
성공적으로 주도하고 있다는 평가를 받고 있다.

장 대표는 KTX 동대구역과 대구 도시철도, 고속버스와 시외버스,
지하철이 한곳에서 연결되는 국내 최초의 민자 복합환승센터인 ㈜신
세계동대구복합환승센터 대표이사도 겸하고 있다.

신세계그룹은 삼성그룹에서 계열분리한 기업들 가운데 가장 성공적인 케이스로 꼽힌다. 창업주의 5녀(막내딸)인 이명희 회장은 1991년 계열분리 작업을 시작할 때 백화점과 조선호텔만 갖고 나왔다.

그리고 그룹을 국내 최고의 유통 '명가'로 키웠다. 1997년 삼성에서 공식 분리한 지 20년도 채 안 돼 백화점과 할인점 이마트를 주축으로 한 유통사업 외에 신세계건설, 신세계푸드, 신세계조선호텔, 신세계인터내셔날 등 30개 계열사를 거느린 그룹으로 성장시킨 것이다.

이 회장은 삼성가의 전통에서 벗어나지 않는 전형적인 정중동(靜中動) 행보의 오너다. 외부에 나서지는 않지만 소리 없이 막후에서 회사의 중심을 잡으면서 방향을 제시하는 스타일이다.

이명희 회장은 창업주로부터 사랑을 가장 많이 받은 2세다. 8남매(3남 5녀) 중 막내딸이었으니 충분히 그럴 만했다. 삼성그룹 출신 인사들은 "이병철 회장은 늘 막내딸을 데리고 다녔다"고 회고한다. 이병철 회장은 회장직에서 물러난 뒤 1년에 네 차례 정도 일본 도쿄를 방문했는데, 이때 항상 이인희 고문과 이명희 회장을 동행토록 했다. 큰언니인 이 고문은 이 회장보다 열네 살 많다.

이명희 회장은 부친이 사무실에서 먹는 과일도 먼저 맛을 보고 부친이 좋아하는 정도의 당도인지 여부를 확인하고 들여보내곤 했다. 그래서 당시 이병철 회장 비서실팀 직원들은 사무실 옆 간이주방에서

신세계 가계도

이명희(72)
신세계그룹 회장

정재은(76)
신세계그룹
명예회장

정용진(47)
신세계그룹 부회장

한지희(35)
플루티스트

정유경(43)
㈜신세계 부사장

문성욱(43)
㈜신세계인터내셔날
부사장

아들(17)  딸(15)

아들(2)·딸(2) 쌍둥이

딸(13)  딸(11)

이명희
신세계그룹 회장

정재은
신세계그룹 명예회장

정용진
신세계그룹 부회장

정유경
㈜신세계 부사장

꼼꼼하게 과일을 챙기는 이명희 회장을 두고 '감독관'이라고 수군댈
정도였다.

이 회장은 1943년생으로 이화여고, 이화여대 생활미술학과를 졸업
했다. 1979년 신세계백화점 영업본부 이사로 경영수업을 시작, 1980
년 신세계백화점 상무로 승진한 뒤 1997년 부회장에 올랐다. 무려 17
년 동안이나 상무 직함을 유지한 것이다. 그룹 회장이 된 것은 1998
년 말이다.

이 회장은 1967년 정재은(76) 명예회장과 중매로 만나 결혼, 아들
정용진 신세계그룹 부회장과 딸 정유경 ㈜신세계 부사장을 뒀다.

정 부회장은 1995년 미스코리아 출신 인기 탤런트 고현정 씨와 결혼했다가 이혼해 많은 화제를 낳았다. 고 씨와의 사이에 아들(17)과 딸(15)을 뒀다.

정유경 부사장은 서울예술고, 이화여대 응용미술학과를 거쳐 미로드아일랜드대에서 그래픽디자인을 전공했다. 정 부사장은 2001년 3월 초등학교 동창인 문성욱(43) 신세계인터내셔날 부사장과 결혼해 두 딸을 두고 있다.

미 시카고대에서 경제학 석사를 받은 문 씨는 SK텔레콤 전략기획실을 거쳐 소프트뱅크 코리아의 자회사인 벤처스코리아 투자심사역(차장), 이마트 해외사업총괄 부사장 등을 지냈다. 문 씨의 부친은 아리랑TV 사업본부장을 지낸 문청 씨다.

재계에서는 "신세계가 삼성보다 더 삼성 같다"는 얘기가 나돈다. 그만큼 기업문화, 경영스타일이 닮았다는 것이다. 여기에는 창업주의 형제들 가운데 누구보다 부친을 닮으려고 애쓰는 이명희 회장의 숨은 뜻이 담겨 있다. 부친의 선견지명과 직관력이 소개된 한 일간지를 복사해 수첩에 항상 갖고 다니며 경영의 시금석(試金石)으로 삼을 정도로 이 회장은 부친을 가슴 속에 품고 산다.

신세계백화점 본사 회의실과 자신의 아들 정용진 부회장 방에도 부친의 초상화를 걸어 놓고 부친의 경영철학을 신세계 맨들에게 전파하고 있다. 그것도 모자라 신세계백화점 본점 사무실 로비에 부친의 흉상을 세우라는 지시를 내렸다. '아버지가 아니었으면 오늘의 내가 있겠느냐?'는 것이 이 회장의 생각이다.

이 회장 스스로도 자신의 경영 스승이 선친임을 신세계 2005년 1월호 사보에서 드러낸 바 있다.

"선대회장께서 가장 힘쓴 것이 인재육성이었다. 선대회장께서는 성공한 일을 다시 돌아보지 않았고 늘 새로운 것을 찾으셨다"면서 자신의 메시지를 부친의 육성에 담아 신세계 맨들에게 전했다. 이 회장이 무엇을 강조할 때 나오는 화법이 바로 "선대회장은 이렇게 하셨는데…"이다.

이명희 회장은 실제로 젊은 시절 부친이 제일모직 등 일선 현장을 방문할 때 언니인 이인희 고문과 함께 수행하며 경영수업을 쌓았다. 창업주는 국내외 주요 인사들과 회동 때 "명희야, 들어온나" 해서 늘 이 회장을 합석시켜 보고 배우도록 했다.

신현확 전 총리, 민복기 전 대법원장 등 당시 국내 정·관계의 실세를 만나 식사하거나 골프를 할 때도 항상 '명희'를 불렀다. 일본 정·관계 원로와의 회동에도 꼭 자리를 함께하도록 했다. 그러다 보니 이 회장은 부친이 교류하는 각계 주요 인사들을 거의 모두 알 정도였다.

이 회장은 경영에 일일이 간섭하지는 않는다. 부친과 마찬가지로 결재서류에 사인을 해본 적이 없다. 주요 사안이나 인사에 대해서도 사후보고를 받을 정도로 전문경영인을 믿고 맡겨 '통 큰' 경영을 한다는 얘기를 듣는다. 이인희 고문은 동생의 경영스타일을 두고 "명희는 (전문경영인에게) 다 맡기는 스타일인데도 회사가 잘된다"며 부러워했다는 얘기도 들린다.

그렇다고 해서 이명희 회장이 완전히 손을 놓고 있는 것은 아니다. 신규사업 진출, 백화점 리뉴얼, 명품 브랜드 유치 등에 꾸준히 관심을 갖고 챙기며 '방향타' 역할을 한다. 2000년 10월 신세계백화점 서울 강남점을 열 때는 매일 그곳으로 출근하는 열성을 보였다. 특히 백화점의 사각지대로 알려졌던 지하 식품매장을 일일이 다니며 꼼꼼하게 챙겼다. 덕분에 위층에서 쇼핑하다가 지하 식품매장으로 내려오는 '샤워효과'가 아니라 지하 식품매장을 방문토록 만든 뒤 위층까지 고객을 끌어들이는 '분수효과'를 톡톡히 거두었다는 후문이다.

이 회장을 아는 이들은 그가 여성스러운 섬세함과 대담함을 함께 지녔다고 평가한다. 격식을 싫어해 회사 내에 비서실은 물론 개인 비서도 두지 않고 있다. 1990년대까지 1년에 1차례 서울 한남동 자택으로 임원들을 초청, 식사를 대접하는 자상한 면모를 보이기도 했다.

큰오빠인 맹희 씨는 회고록 《묻어둔 이야기》에서 이명희 회장의 따뜻함에 대해 상세히 기술하였다. 부친으로부터 눈 밖에 나서 유랑 생활을 하던 맹희 씨는 이 책에서 "내가 경제적으로 어려워도 말을 못하고 있으면 늘 지갑을 열고 가진 돈 전부를 나에게 쥐어 준 것도 명희였다"고 고마움을 표시했다. "명희는 내가 어려운 처지에 있을 때 진심으로 나를 걱정해 주었고 늘 따뜻한 마음씨로 나를 감싸 주었다"는 게 맹희 씨의 고백이다.

이명희 회장에 이어 신세계를 이끌 후계자는 장남 정용진 부회장이다. 모친 이 회장에 이은 2대 주주로서 경영권 승계 작업의 토대를 마련해 놓았다. 삼성의 미래전략실과 비슷한 성격의 전략실 소속일 때 정 부회장은 신세계 본사와 이마트로 번갈아 출근하며 그룹 전반에 대해 공부했다. 점장회의 등 각종 회의에 참석, 업무 보고를 받는다. 조용히 듣기만 하고 거의 발언은 하지 않지만 지나가면서 던지는 질문이 날카롭다고 한다.

사원들과도 격의 없이 어울린다. 소주에 삼겹살도 먹고 이마트 오픈 시 지내는 고사에도 참석, 직원들이 건네는 막걸리를 몇 잔이고 받아 마신다. 직원들에게도 꼭 두 손으로 술을 따르며 몸을 낮춘다. 특별한 약속이 없으면 구내식당에서 직원들과 식사도 한다.

정용진 부회장은 특히 식품과 패션 분야에 조예가 깊다. 이마트 매장을 둘러볼 때도 식품의 신선도, 진열방식 등을 꼼꼼히 챙긴다. 즉석조리상품 코너를 지나치다 "소스가 안 맞는다"거나 "외국에는 이런 상품도 있는데 한번 도입해 보라"는 제안도 심심찮게 한다. 특히 초밥 등 신선식품은 꼭 포장지를 뜯어보고 "밥알이 굳었다. 신선도가 좋지 않다"는 등의 평가를 한다. 또한 명품잡지에 등장하는 모델이 입고 있는 옷들이 어느 제품인지 다 알 정도로 디자인의 흐름을 꿰고 있어 담당자들을 놀라게 한다.

그렇지만 후계자로서 영향력을 발휘하려 들지 않는다. 1990년대 후반 벤처 열풍에 인터넷뱅킹사업 등 벤처사업을 무척 하고 싶어 했지만 회사 측에서 "유통업체로서 바람직한 사업은 아니다"고 결론을 내리자 조직의 결정을 순순히 따랐다. 당시 재계 2, 3세들은 앞 다투어 IT 관련 벤처사업에 뛰어들면서 천문학적인 돈을 까먹었지만 정 부회장은 회사의 결정을 따름으로써 '화'를 면했다.

정 부회장은 자신이 추진하고 싶은 사업 아이템에 대해서도 강하게 밀어붙이지는 않는다. "검토해 주십시오"라는 수준에서 경영진에게 얘기할 따름이다. 때문에 "삼성가의 전통을 이어받아 오너로서의 역할을 잘 할 수 있도록 어머니한테 교육을 잘 받았다"는 얘기를 듣는다.

정 부회장의 여동생 유경 씨는 ㈜신세계 부사장이다. 전공을 살려 그 동안 백화점의 아트 마케팅과 인테리어 작업을 주도하는 등 고객 서비스의 품격을 한 단계 높이는 데 기여했다는 평가를 받는다. 또한 호텔업계에서는 최초로 비주얼 디자이너를 채용토록 하는 등 호텔 소품부터 리노베이션까지 비주얼 디자인 업무를 지휘해 왔다. 영국 사라 퍼거슨 전 왕세자비의 결혼 때 부케를 맡아 유명해진 꽃집 '제인파커'를 국내 최초로 조선호텔에 들여오고 신세계백화점에 입점시키며 꽃집의 명품 브랜드 시대를 열기도 했다.

명품에 관심이 많아 국내 처음으로 수입 멀티숍 바람을 일으킨 '분더샵' 도입에도 나선 것으로 알려졌다. 회사 차원에서 구입하는 각종 미술품과 캘린더 제작에도 유경 씨의 안목이 상당한 역할을 하고 있다. 사촌지간으로 나이가 비슷한 삼성 이건희 회장 장녀 이부진(45) 신라호텔 사장과 같은 호텔업계에서 선의의 경쟁을 벌이고 있다.

정재은 신세계그룹 명예회장은 부인 이명희 회장처럼 경영 전면에 나서지 않는다. 다만 이 회장과 달리 1년에 1차례 부장급 이상 간부를 신세계백화점 본점 문화홀에 모아 놓고 세계 경제 흐름, 기업의 사회적 책임, 유통 혁신 등에 대해 강연한다. 오너 일가의 일원으로서 목소리를 내기보다는 삼성 출신 경영인으로서의 경험을 살려 회사에 도움이 되고자 하는 바람에서다.

정 명예회장은 경기고, 서울대 공대를 졸업하고 미 컬럼비아대 대학원에서 수학한 엘리트다. 결혼 뒤에는 삼성그룹에서 활발한 경영 활동을 펼쳤다. 1969년 삼성전자에 입사한 이후 20여 년에 걸쳐 삼성 전자부품 부회장, 삼성물산 부회장, 삼성항공 부회장, 삼성종합화학 부회장 등 주요 직책을 두루 거쳤다.

정 명예회장은 전자공학, 산업공학 등 자신의 전공을 살려 반도체 사업에 뛰어든 장인(삼성 창업주 이병철 회장)을 물심양면으로 도왔다. 고 이병철 회장의 특명으로 당시 미국 유학 중이던 재일교포 2세 손정의(일본 소프트뱅크 사장) 씨를 만나기도 했다. 이병철 회장은 정 명예회장에게 "손 씨가 삼성에 필요한 인물인지 한번 만나 보라"고 지시한 것이다. 당시 그를 만난 정 명예회장은 특별한 점을 느끼지 못했다고 한다. 하지만 정 명예회장은 그 뒤 손 사장의 성공을 보고 선대 회장의 예지력에 감탄해야만 했다.

그렇지만 정 명예회장은 1977년 삼성전자 이사 재직 시 미국 HP사와 손잡고 HP사업부를 시작한 데 이어 1984년 삼성전자 사장 시절에는 자본금 1천만 달러를 들여 삼성HP를 설립, 현재의 삼성전자로 성장할 수 있는 발판을 마련하는 데 핵심적인 역할을 했다.

정 명예회장은 "삼성은 컴퓨터가 전무했던 시기에 컴퓨터, 의료기기, 계측기기 분야에서 HP와 인연을 맺어 기술력을 확보하고 삼성 제품이 미국에 진출할 수 있는 계기를 만들었다"고 밝혔다. 기술력이 취약한 삼성이 HP와 같은 기업과 손잡는 것이 바람직하다고 생각했던 것이다.

정 명예회장은 독서를 즐기는 학구적 면모를 보여 주위에서 "대학 교수를 했으면 잘했을 것"이라는 말을 곧잘 듣곤 했다. 경제잡지는 물론 일본 경제신문 등도 정기 구독한다. 회사 경영에 도움이 되는 책자는 임원들에게 보내고, 기사는 밑줄까지 쳐 읽어 보길 권한다. 화려한 이력과 배경 때문에 엘리트 분위기를 풍기지만 사람들과 격의 없이 사귀는 소탈한 면도 있다.

부친 고 정상희 씨는 3, 5대 국회의원과 삼호방직·삼호무역 회장을 지냈다. 정상희 씨는 삼성가와 인연을 맺은 뒤 삼성전자 사장, 삼성물산 사장, 삼성생명 사장 등 삼성그룹의 주요 계열사 사장을 역임했다.

정재은 명예회장(차남)의 맏형인 정재덕 전 신세계 고문은 경기고, 미 노스이스트 미주리주립대를 졸업한 후 경제기획원 경제협력국장, 건설부 기획관리실장을 거쳐 국제상사 사장, 연합철강 사장, 하나실업 회장 등을 지냈다. 고려대 출신인 동생 정재환(67) 씨는 삼성전기에서 중국 동관사업장 법인장 전무를 거쳐 글로벌혁신본부장으로 일한 바 있다.

# 한솔그룹

## 철저한 수익 위주 경영 이끈 '승부사'

인류 역사상 최대의 제국을 이룩한 칭기즈칸은 주치, 차가타이, 오고타이 등 자식들에게 제국을 비슷한 규모로 분할해 나눠 주면서 자신의 본류인 몽골 일대는 3남 오고타이에게 물려줬다. 때문에 역사는 오고타이칸을 칭기즈칸의 후계자로 기록한다.

장자계승 원칙이 비교적 잘 지켜지는 한국에도 3남의 법칙이 있다. 세종대왕이 태종의 3남인 것을 비롯해 이건희 삼성전자 회장은 이병철 회장의 3남, 한솔그룹을 맡고 있는 조동길 회장 역시 이인희 고문의 3남이다.

한솔은 장남 조동혁 명예회장과 차남 조동만 전 부회장, 3남 조동길 한솔그룹 회장이 1997년부터 모두 부회장을 맡아 공동으로 그룹을 이끌었다. 장남은 금융을, 차남은 정보통신을, 3남은 제지부문을 맡았다. 3형제가 각자의 관심과 능력에 따라 그룹 사업부문을 자연스럽게 떠안은 셈이었다. 창업주인 이인희 고문은 경영 조언자로서 2선에서 자식들을 지원했다.

3형제 가운데 가장 먼저 두각을 나타낸 인물은 차남 조동만 전 부회장이다. 발이 넓은 조 전 부회장은 1996년 개인휴대통신(PCS) 사업권을 따내며 물오른 경영능력을 보여 줬다. 그러나 2000년 그룹이 PCS 사업을 KT에 매각한 뒤 통신사업에서 손을 떼고 별도로 그룹에서 분가해 IT 사업을 벌였으나, 사업이 모두 실패하는 비운을 겪었다.

이인희 고문의 장남인 조동혁 명예회장은 1994년 부친의 뒤를 이어 강북삼성병원을 경영하다 1995년 한솔에 합류했다. 그는 한솔종금(당시 대아금고)과 한솔창투(동서창투) 등을 인수하며 한솔의 금융업 확대를 진두지휘했다. 그러나 한솔의 주력사업이 제지로 재편된 뒤인 2002년 그룹 명예회장으로 선임돼 현재는 한솔케미칼을 관장하고 있다. 선이 굵고 글로벌 감각이 뛰어나다는 평가를 받는 조 명예회장은 매년 다보스포럼에 참석하며 세계적인 재계 인사들과 교류를 넓히고 있다.

이 고문의 3남인 조동길 회장은 IMF 외환위기 사태를 계기로 그룹 경영 전면에 나섰다. 특히 외환위기 직후 신문용지 사업을 매각하고 팬아시아페이퍼 합작법인을 주도해 능력을 인정받았다. 또한 일본 NHK 방송은 한국 기업의 모범적인 구조조정 사례로 한솔을 소개하기도 했다.

## 조동길 한솔그룹 회장 가계도

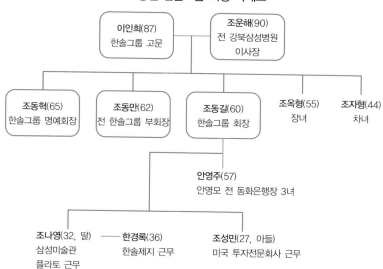

```
이인희(87)              조운해(90)
한솔그룹 고문            전 강북삼성병원
                        이사장
```

```
조동혁(65)      조동만(62)        조동길(60)      조옥형(55)    조자형(44)
한솔그룹 명예회장  전 한솔그룹 부회장  한솔그룹 회장    장녀         차녀
```

```
안영주(57)
안명모 전 동화은행장 3녀
```

```
조나영(32, 딸)  ── 한경록(36)      조성민(27, 아들)
삼성미술관          한솔제지 근무    미국 투자전문회사 근무
플라토 근무
```

이인희
한솔그룹 고문

조운해
전 강북삼성병원 이사장

조동혁
한솔그룹 명예회장

조동만
전 한솔그룹 부회장

조동길
한솔그룹 회장

사내에서 조동길 회장은 '실무를 아는 최고경영자'라는 평가를 받는다. 이는 조 회장의 다양한 경험이 큰 영향을 미쳤다. 형제들 가운데 가장 먼저 한솔에 합류해 '제지통'으로 성장했다. 삼성물산의 자금업무와 JP모건을 거친 만큼 재무감각도 남다르다. 조 회장은 '철저한 가치 극대화'와 '수익 위주 경영'이라는 조 회장의 원칙을 따라오지 못하는 사업 분야에 대해서는 과감한 구조조정을 통해 정리하는 승부사의 모습도 갖췄다. 한솔에서 진행된 대규모 구조조정은 항상 조 회장이 앞장서 실무까지 처리했다.

해외조림 사업 역시 조동길 회장의 아이디어였다. 1993년 해외진출을 놓고 갑론을박을 벌였을 때 임원회의에서 당시 한솔제지 기획이사를 맡고 있던 조 회장은 "100년 사업인 제지를 위해서는 미래를 내다보는 조림을 통해 글로벌 경쟁의 무기를 갖춰야 한다"고 주장해 관철시켰다. 이 해외조림 사업은 20년 만인 2013년부터 수익을 거두며 조 회장의 거시적 안목을 입증했다.

골프 마니아로 알려진 조동길 회장은 골프를 경영철학에도 도입하고 있다.

"골프에서 초보자가 100타를 돌파하고 어느 정도 수준까지 도달하는 것은 일반적인 노력을 기울이면 되지만, 싱글 수준에 진입하려면 엄청난 연습과 노력이 수반돼야 한다. 기업에서의 원가절감도 10~20%는 쉽지만, 그 이후 1~2%는 골프의 싱글만큼 힘들다"는 게 조 회장의 골프 경영철학이다.

테니스는 대한테니스협회장을 역임할 정도로 애착을 보이며 준 프로급의 실력으로 평가된다. 조 회장은 테니스와 경영의 공통점으로

한솔그룹 조동길 회장 가족사진. 아랫줄 왼쪽부터 이인희 고문과 조운해 전 강북삼성병원 이사장, 윗줄 왼쪽부터 조 회장과 장녀인 나영 씨, 장남인 성민 씨, 조 회장 부인 안영주 씨.

강인한 기초체력, 요행수가 통하지 않는 실력주의, 상대에 대한 배려 등을 꼽으며 테니스에 대한 남다른 철학을 밝혀왔다.

1995년 미 앨라배마리버 펄스 사 조지 란데거 회장과의 술자리에서는 서로의 테니스 실력을 자랑하며 펄프 1천 톤을 건 내기를 약속하기도 했다. 다음날 시합은 취소됐지만, 당시 가격 기준으로 8억 원을 건 테니스 내기였던 셈이다.

조 회장은 고등학교 시절부터 해외에서 지내 국내 인맥이 다른 재벌가에 비해 화려한 편은 아니다. 같은 삼성가인 삼성전자 이재용 부회장, CJ 이재현 회장, 신세계 정용진 부회장 등과 허물없이 지내는 정도다. 두산그룹의 박용만 회장과는 30년 지기로 돈독한 우정을 자랑하며 롯데 신동빈 회장, 풍산 류진 회장, 코오롱 이웅열 회장 등 동년배 총수들과 자주 교류하는 것으로 알려져 있다.

조 회장은 안영모 전 동화은행장의 딸인 안영주(57) 씨와 결혼, 나영(32) 씨와 성민(27) 씨 남매를 뒀다.

나영 씨는 미국에서 미술사학을 전공하고 현재 삼성미술관 플라토 선임연구원으로 재직 중이다. 2012년 현재의 남편 한경록(36) 씨를 만나 지난해 딸을 출산했다. 한 씨는 서울대에서 경제학을 전공하고 한솔제지에 재직 중이다. 한상호 김&장 법률사무소 변호사와 조효숙 가천대 부총장의 아들이다.

성민 씨는 미 프린스턴대에서 경제학을 전공했으며 현재 미국 투자전문회사에서 근무 중이다.

## 이인희 고문

고 이병철 삼성 선대회장의 장녀로 현재 범삼성가의 가장 큰 어른인 이인희(87) 한솔그룹 고문은 한솔그룹을 일궈 낸 장본인이다. 또한 경영 일선에서 물러난 지금도 한솔그룹에 가장 큰 영향을 미치는 존재다. 조동길 회장은 중요한 의사결정은 항상 이 고문과 상의하며 집안에서도 '어머니' 대신 '고문님'이라는 호칭을 사용하는 것으로 알려져 있다.

이러한 이인희 고문의 뛰어난 경영자적 자질은 이병철 선대회장의 철저한 교육 덕분에 자연스럽게 자리잡은 것으로 알려졌다. 이 선대회장은 딸인 이 고문의 경영자적 자질을 아낀 것으로 잘 알려졌다. 특

이인희 고문과 이병철 선대회장이 1984년 봄 경기 안양CC에서 골프 라운딩을 끝낸 뒤 벚꽃나무 앞에 다정한 모습으로 서 있다.

히 이 고문에 대해 "쟤가 아들이라면 내가 지금 무슨 근심 걱정이겠노"라고 수시로 말했다는 일화는 여전히 자주 회자된다.

실제로 이병철 선대회장은 해외 출장이나 바이어와의 골프 등 다양한 경영활동 현장에 이인희 고문을 항상 동행하면서 경영철학과 경영노하우를 직접 전수했다.

특히 이병철 선대회장은 골프 라운딩을 할 때마다 맏딸인 이인희 고문을 데리고 다녔다. 이 고문에게 인사 교류의 폭을 넓혀 주고, 경영에 관한 조언을 해주기 위해서였다. 이 고문도 부친을 기쁘게 하기 위해 남모르게 골프 연습을 많이 했다. 그는 골프도 연구하는 자세로 임했다. 골프에 관한 노트가 수십 권이나 된다. 이 선대회장의 메모하는 습관을 그대로 닮았다. 이 고문은 "라운딩 할 때마다 아버지한테서 회사를 경영하는 기법이나 노하우를 많이 배웠다"고 회상했다.

이인희 고문의 골프 스타일은 경영에서 그대로 묻어난다. 주도면밀하게 연구한 뒤 한번 결정하면 그대로 밀어붙인다. 이런 경영 스타일은 정보를 중요하게 여긴 이병철 선대회장의 경영관과 다르지 않다. 이 고문은 "골프는 연습한 만큼, 그리고 노력한 만큼 거두는 운동이며 기업 경영도 이와 다르지 않다"고 강조했다.

이인희 고문이 한솔그룹에서 가장 애착을 갖고 있는 사업분야는 1996년 직접 건립을 주도한 오크밸리를 비롯한 종합레저부문이다. 골프코스 건설 당시에는 직접 잔돌멩이를 고르는 데 힘을 보태기도 했고, 지금도 오크밸리에서 나무와 화초를 손질하거나 휴지조각을 직접 치우는 이 고문을 종종 만날 수 있다.

2006년 오크밸리에 스키장 '스노우파크'를 개장했을 당시에는 '미스터리 쇼퍼'를 자청, 스키장을 찾는 고객의 입장에서 리프트 시설과 부대시설을 점검해 직원들에게 전달하기도 했다. 당시 평가에는 스키장의 어묵 같은 간식거리에 대한 개선방안까지 들어 있었다. 한솔그룹 관계자는 "오크밸리 직원들 사이에서 여성 CEO의 강점이 새롭게 부각됐던 일화"라고 소개했다.

이인희 고문은 또 직원들에게 보이지 않는 배려와 관심을 쏟았다. 공장을 방문하면 식당에 어떤 꽃을 갖다 놓으라든지, 직원 유니폼 선정 등을 일일이 챙길 정도다. 한번은 한 사원이 사옥 로비에서 인사를 드리자 이 고문은 사원 이름을 불러 감동을 주기도 했다.

이인희 고문은 최근 음식 만들기에 푹 빠져 지내고 있다. 음식이야말로 뿌린 만큼, 정성을 들인 만큼 그 맛이 돌아오는 '정직의 상징'이라는 것이다. 오크밸리 클럽하우스에서 나오는 메밀국수는 이 고문이 직접 개발한 음식이다. 이 고문은 이 메밀국수에 대해 "깔끔한 것을 즐겼던 아버지께 직접 해드리고 싶은 음식이었다"고 직원들에게 소개했다. 이 고문은 2009년부터는 오크밸리 내 농장에 서리태를 직접 재배하고 있기도 하다. 오크밸리표 된장을 만들어 고객의 식탁에 올리기 위해서다. 이 된장은 오크밸리 방문객들 사이에서 '담백하고 진한 맛'으로 호평을 받고 있다.

이인희 고문은 재계에서 손꼽히는 대표적 미술 애호가로 '국내 여성 아트컬렉터 1호'로 잘 알려져 있다. 2013년 오크밸리 내 부지에 조성된 '뮤지엄 산'은 이 고문 필생의 역작이다. 세계적인 건축가 안도 다다오가 설계해 개관 전부터 화제가 됐고, '빛의 마술사'로 불리는 제임스 터렐의 작품(겐지스필드, 웨지워크, 호라이즌, 스카이스페이스)이 아시아 최초로 4개나 설치됐다. 영국〈파이낸셜타임스〉가 '다른 곳에는 없는 꿈 같은 뮤지엄'이라고 극찬하기도 했다.

이인희 고문은 40여 년에 걸쳐 수집한 300여 점의 소장품을 영구 기증했고, 다다오와 설계 과정부터 끊임없이 소통하며 자신의 의견을 개진했다. 자존심이 세기로 유명한 다다오에게 '슬로 뮤지엄'이라는 콘셉트를 제시해 관철시키기도 했다.

이인희 고문의 골프 사랑도 유명하다. 1962년 이병철 선대회장이 "여자도 집안 살림이 안정되면 사회 활동에도 참여하고 운동도 해야 한다"고 권해 골프를 시작한 이 고문은 여전히 드라이버 거리가 여성으로는 장타인 평균 230야드에 이른다. 세계적 제지회사인 일본의 오지제지 다나카 회장은 이 고문이 슬라이스나 훅 없이 라운딩 내내 볼을 똑바로 보내자 '똑바로 레이디'라는 별명을 붙여 주기도 했다.

이인희 고문의 남편인 조운해 전 이사장은 경상도 명문가 한양 조씨 일문인 조범석가(家)의 3남 1녀 가운데 막내로 태어났다. 부친인 조범석 씨는 일찍이 금융계에 투신, 대구금융조합연합회 회장을 역임했다. 당시 조씨 가문은 경북 영양에서 의사와 학자, 판·검사를 두루 배출한 경북 일대의 명문 집안으로 유명했다. 해방 이후 박사만 14명이나 배출했다. 시인 조지훈(본명 조동탁)도 이 집안 인물이다. 조 전 이사장의 초등학교 동창인 김집 전 체육부 장관은 어린 시절 조 전 이사장의 집안에 대해 부러움을 많이 느꼈다고 술회하곤 했다.

조운해 전 이사장은 1948년 11월 박준규 전 국회의장의 중매로 이 고문을 아내로 맞았다. 박 전 의장은 이건희 삼성 회장의 모친인 고 박두을 여사의 조카다. 박 여사는 맏딸인 이 고문의 배필을 박 전 의장에게 부탁했고, 박 전 의장은 경북중학교 1년 후배인 조 전 이사장을 추천한 것이다.

조 전 이사장은 경북대 의대(옛 대구의전)를 졸업하고 일본 도쿄대학원에서 소아과 의학 박사학위를 받았다. 이후 경영과 거리가 먼 서울대학교병원 근무를 시작으로 의사활동을 시작했다.

이인희 고문은 이화여대 3학년 때 양가 집안의 합의로 결혼함으로써 이대 학칙상 학업을 끝내지 못했다. 그 후 이 고문은 이화여대를 위해 많은 공헌과 후원을 해왔으며, 특히 전문여성 양성을 위한 두을장학재단 초대 이사장을 맡아 우리나라 여성인력 육성에 큰 기여를 하고 있다.

## 한솔그룹의 전문경영인들

한솔그룹의 2인자는 그룹 경영 전반을 책임지고 있는 전문경영인 선우영석(71) 부회장이다. 서울에서 태어나 경복고와 연세대 경영학과를 졸업했으며 1993년 한솔그룹으로 자리를 옮기기 전까지 제일모직과 삼성물산 해외부문, 기획 등을 거친 삼성맨 출신이다.

선우 부회장은 삼성물산 시절 캐나다 몬트리올, 미국 뉴욕지사 등에 근무하며 국제적인 안목을 넓혔다. 그는 한솔그룹 설립 초창기 대외업무의 틀을 마련하고 시스템 구축을 주도했다. 그 결과 한솔제지는 삼성그룹에서 독립한 지 4년이 되지 않은 1995년 국내 제지업체 최초로 1억 달러 수출탑을 수상했고, 1998년에는 5억 달러 수출탑을 받았다.

선우 부회장은 전형적인 현장형 CEO로 꼽힌다. 조정자로서의 선우 부회장의 능력을 보여주는 사례도 있다. 선우 부회장은 1998년부터 2001년까지 한솔제지가 외국계 회사들과 제휴를 맺고 출범시킨 팬아시아 페이퍼 코리아 대표이사를 맡았다. 당시 각기 다른 입장과 문화를 가진 한솔, 노스케스코그, 아비티비 등 3개 사 사이에서 탁월한 조정능력을 보였다.

한솔의 핵심사업을 맡고 있는 이상훈(63) 한솔제지 대표이사는 화학업계에서 잔뼈가 굵었다. 서울대 화공과를 졸업한 뒤 LG화학, 한국바스프 화학·무역사업부문 사장, 태광산업 대표이사 등을 거쳤다. 조동길 회장이 제지업계 경험이 전혀 없던 이 대표를 발탁한 것은 화학업계에서 그가 보인 탁월한 경영능력과 꾸준한 뚝심 때문인 것으

## 한솔그룹의 전문경영인들

**선우영석**(71)
한솔그룹 부회장

**이상훈**(63)
한솔제지 대표이사

**이재희**(52)
한솔그룹 경영기획실장

로 알려져 있다. 이 대표는 한솔제지가 진행하는 '행복나눔 115운동' 의 아이디어를 직접 내기도 했다. 이는 한 주에 한 번 착한 일을 나누고, 한 달에 한 권씩 좋은 책을 공유하고, 하루에 다섯 번 주위에 감사를 나누자는 운동이다.

한솔홈데코 이천현(55) 대표이사는 성균관대 경영학과를 졸업하고 전주제지에 입사, 한솔제지 경영지원본부장과 한솔아트원제지 대표이사를 거쳐 2015년부터 한솔홈데코 대표이사를 맡고 있다. 이 대표는 재무통이면서도 고객과의 소통과 공감을 강조하는 현장 중심의 경영철학으로 현장에서 발생하는 문제 및 개선사항을 직접 파악하여 신속한 의사결정을 내리고 있다.

한양대 경영대학원을 졸업한 한솔케미칼 박원환(61) 대표이사는 정통 한솔맨이다. 평소 직원복지 향상과 업무환경 개선을 최우선으로 꼽는다.

전유택(49) 한솔개발 대표이사는 고려대 경제학과를 졸업하고 전주제지에 입사했다. 사내에서는 강력한 카리스마와 추진력을 가진 기획통이자 혁신의 전도사로 불린다.

민병규(60) 한솔로지스틱스 대표이사는 삼성그룹과 제일제당, CJ 등을 두루 거쳤다. 재계의 대표적인 물류통으로 알려진 민 대표는 대표를 맡은 직후 사명을 한솔CSN에서 한솔로지스틱스로 변경하는 등 회사 전반에 걸친 혁신작업을 주도하고 있다.

한솔홀딩스 경영기획실 이재희(52・부사장) 실장은 IMF 사태 이후 격동의 시절을 보낸 한솔그룹에서 조동길 회장을 꾸준히 보좌해 온 그룹의 실세로 평가된다.

## 종이왕국 한솔그룹

삼성그룹 창업주인 이병철 회장이 경영의 가장 큰 모토로 '인재제일'을 꼽았다는 사실은 잘 알려져 있다. 이를 위해 교육, 문화, 언론, 출판 등이 활성화돼야 한다는 이병철 회장의 지론은 1965년 새한제지 인수로 이어졌다. 사명을 전주제지로 바꾼 1968년 본격적인 신문용지 생산과 판매를 시작했고, 후발주자임에도 단기간에 국내 최대 제지회사로 발돋움했다.

1991년 대기업 분리에 대한 사회적 여론이 높아지자, 이병철 회장의 장녀인 이인희 고문은 전주제지를 삼성그룹에서 분리해 사명을 한솔제지로 바꿨다. '크다'는 뜻을 가진 '한'과 '소나무와 우두머리'를 상징하는 '솔'의 합성어인 한솔의 사명은 국내 대기업 중 유일하게 순 우리말로 지어진 이름이다.

이 고문은 강력한 리더십으로 한솔을 키워 나갔고, 구성원들의 신분과 처우 역시 삼성과 동등하게 보장하며 사기를 북돋웠다. 이후 한솔은 인쇄용지, 산업용지, 특수지 분야로 진출하며 종합제지회사로 성장했다. 또한 제지산업 분야의 수직계열화 확대를 통해 원료 생산에서 제품 판매까지 국내에서 독보적인 위상을 쌓았다.

한솔은 한때 19개의 계열사를 거느리며 재계서열 11위(자산규모 9조 3,970억 원)까지 올라 '리틀 삼성'으로 불렸다. 계열분리 당시 매출액은 3,400억 원에 불과했지만 금융과 정보통신, 제지의 3개 부문을 축으로 삼아 급성장하며 대학생들이 가장 입사하고 싶은 기업에 뽑히기도 했다.

하지만 한솔그룹에도 위기의 시기는 있었다. 1998년 IMF 외환위기의 파고에 휩싸이며 '곁가지'를 잘라내는 아픔을 겪은 것이다. 1999년 4조 5천억 원을 기록했던 매출액 또한 큰 폭으로 떨어지며 한동안 자존심에 작지 않은 상처를 입었다. 이때 구원투수로 나선 이가 이인희 고문이다. 이 고문은 다시 전면에 나서 신문용지 사업부문을 매각하고 PCS 018 사업자였던 한솔엠닷컴을 KT에 넘기는 등 과감한 구조조정을 진두지휘했다. 4~5년간의 위기 국면이 마무리되자 이 고문은 2002년 3남인 조동길 회장을 그룹 대표로 내세웠다.

조동길 회장 체제의 한솔은 '조용하고 안정적인' 것으로 평가된다. 조 회장이 그룹 경영을 책임진 이후 한솔그룹은 조용하지만 지속적인 체질 개선을 통해 2002년 조 회장 취임 당시 2조 원대였던 연 매출액을 5조 원까지 끌어올렸다.

조동길 회장은 제지산업을 기업구조의 중심으로 하여 제지시장의 지배력을 강화하면서 다른 분야 진출을 모색하는 방식으로 사업을 이끌어 가고 있다. 현재 한솔그룹의 핵심은 여전히 한솔제지와 한솔아

**한솔그룹 지주사 전환 후 지배구조**

트원제지, 한솔페이퍼텍 등 제지사업이다.

　한솔그룹은 이 밖에 친환경 건축자재 기업 한솔홈데코, 첨단 화학 소재 기업 한솔케미칼, IT 부품 및 소재 기업 한솔테크닉스, 플랜트 전문기업 한솔EME, 발전보일러 전문기업 한솔신텍, 제3자 물류 전문기업 한솔로지스틱스, 종합레저업체 한솔개발, 종이류 유통업체 한솔PNS, 종합 IT 솔루션 기업 한솔인티큐브 등으로 구성돼 있다.

　한솔그룹은 2015년을 '제3의 창업 원년'으로 삼고 있다. 창립 50주 년을 맞아 지주회사로 전환하여 지배구조 개선을 통해 기업가치와 주 주가치를 높이겠다는 각오다. 이를 위해 지난 1월 핵심 계열사인 한 솔제지를 투자회사와 사업회사로 인적 분할하는 방식으로 그룹 지주 회사인 한솔홀딩스를 출범시켰다.

　한솔홀딩스는 자회사 사업 관리, 브랜드·상표권 관리 등 지주회

사의 역할과 함께 투자사업을 영위한다. 신설 사업회사인 한솔제지
는 기존 인쇄용지, 산업용지, 특수지 등 각종 종이류 제조업을 계속
한다.

현재 한솔그룹은 지주회사 전환을 통한 지배구조 단순화 작업을 진
행하고 있다. 이 작업이 완료되면 한솔그룹은 '지주회사 → 자회사 →
손자회사'의 3단계라는 단순한 지배구조를 갖추게 된다.

# 현대자동차그룹

현대차그룹, 다시 쓰는 현대 신화

재계 1위 현대그룹(현재 범현대가)은 2000년 왕자의 난을 겪으면서 2세인 '몽'자 돌림 형제에 의해 6개의 소그룹으로 계열분리됐다. 정몽구 회장의 현대자동차그룹, 정몽근 회장의 현대백화점그룹, 정몽헌 회장의 현대그룹(현재는 부인 현정은 회장), 정몽준 전 새누리당 의원의 현대중공업그룹, 정몽윤 회장의 현대해상화재보험그룹, 정몽일 회장의 현대기업금융이다. 현재는 정몽일 회장의 현대기업금융은 현대중공업그룹 계열로 흡수돼 모두 다섯 개의 기업집단만 남아 있다.

아산(峨山) 정주영 회장의 영면과 함께 무너지는 듯했던 현대 신화를 다시 쓴 이는 차남이자 현존하는 형제들 중 큰형님인 정몽구 회장이 이끄는 현대차그룹이다. 삼성 신화에 가려 스포트라이트가 비교적 덜한 편이지만 현대차그룹은 명실상부한 재계 2위다. 5남인 정몽헌에게 현대가를 위임한다는 아버지의 육성 메모에 쓸쓸히 자동차부문만 들고 떠난 정몽구 회장의 뒷모습을 생각하면 와신상담이다.

현대차그룹은 2010년에 시가총액 100조 원을 기록하는가 하면 2014년 매출 165조 원, 당기순이익 12조 6천억 원을 넘어섰다.

3남 정몽근 현대백화점 명예회장은 왕회장 아들 중 처음으로 명예회장 직함을 달았다. 그룹도 단단해졌다. 2003년 신용카드 대란 이후 최대 위기를 맞았지만, 구조조정을 거친 끝에 2013년 매출 5조 6천억 원을 기록하며 재계 순위 23위에 올랐다. 보수적인 경영 덕에 기업의 부채비율은 38.3%로 대기업 가운데 비교 대상을 찾기 어려울 정도로 낮다. 현재는 장남인 정지선 씨가 회장, 정교선 씨가 부회장이다.

가장 다사다난한 풍파를 겪은 곳은 현대그룹이다. 과거 현대가의 영광을 찾기 어렵다. 2001년 자금난에 빠지면서 채권단의 공동관리를 받아 오던 현대건설은 결국 범현대 계열에서 계열분리됐다.

2010년 6월 채권단에 의해 현대건설 매각작업이 재개됐고, 우여곡절 끝에 2011년 1월 정몽구 회장의 현대차그룹에 인수됐다. 범현대가의 모태가 현대건설이라는 점을 고려하면 현정은 회장으로서는 가장 아픈 기억으로 남게 됐다. 현대종합상사와 현대오일뱅크 역시 유동성 위기 때문에 범현대 계열에서 분리된 후 최근 현대중공업그룹의 품에 다시 안겼다.

1988년 정몽준 전 의원이 무소속으로 정치계에 발을 들인 후 전문경영인 체계를 다진 현대중공업 역시 지난 10년간 굴곡이 많았다. 2002년 현대삼호중공업을 시작으로 2008년 하이투자증권, 2009년 현대종합상사, 2010년 말 현대오일뱅크를 계열사로 편입하는 등 승승장구했다. 하지만 경기침체 여파에 2014년 2분기 1조 원대의 영업손실에 이어 3분기에도 2조 원대의 영업손실이 났다. 어닝쇼크 수준의 충격에 사촌동생인 정몽진 KCC 회장이 현대중공업을 살리고자 주식 3천억 원어치를 사들이겠다고 나섰을 정도다.

정치인 정몽준 역시 위기의 계절이다. 2005년 대선 좌절에 이어 2014년 4월 서울시장 선거에서 낙선하면서 정치인생 제2의 위기를 겪고 있다.

시대 흐름과 경기의 파고 속에 현대가의 품을 떠난 기업도 있다. 외환위기 당시 LG반도체를 인수할 정도로 덩치를 불렸던 현대전자(현 SK하이닉스)는 뿔뿔이 흩어졌다. 사명을 '하이닉스'로 바꾼 반도체부문은 2012년 SK그룹에 인수됐으며, 정보통신부문은 팬택에, LCD 사업부는 중국 기업에 매각됐다. 한때 건설업계 10위를 달렸던 고려산업개발은 두산그룹에 인수돼 사명을 두산건설로 바꿨다. 해수(海水) 담수화 세계 1위 기업인 현대양행은 한국중공업(현 두산중공업)에 합병돼 역시 두산의 품에 안겼다.

## 세계가 주목한 개혁

1998년 10월 30일 밤 미국 CBS 방송. 토크쇼 진행자인 데이비드 레터맨은 "우주에서 장난칠 수 있는 것 10가지가 무엇일까?"라는 문제를 냈다. 10가지 답 중 하나는 "우주선 계기반에 현대차 로고를 붙이라"는 것. 고장 잘 나는 현대차 로고를 보면 우주비행사가 지구로 귀환하지 못할 거라 걱정해 깜짝 놀랄 것이라는 부연 설명까지 곁들였다.

레터맨은 다른 회차 방송에서도 "현대차를 80마일 이상으로 달리게 하는 방법은 절벽에서 밀어 떨어뜨리는 것뿐"이라고도 했다. 뼈 있는 농담에 미국인은 포복절도했다. 그만큼 한국차는 자동차 선진국인 미국에서 저가의 차로 인식됐고 조롱의 대상이었다.

2000년대 초까지만 해도 미국에서 현대차는 아시아 변방국가가 만든 싸구려 차였다. 심지어 '1회용 차'라는 수치스러운 별명도 따라다녔다. 가진 것이라곤 가격 경쟁력밖에 없었다. 그나마 구매 소비자층은 가난한 흑인이나 히스패닉계 이민자들이었다.

1999년 당시 미국을 방문한 정몽구 회장에게 현지 딜러들은 "차가 좋지 않아 못 팔겠으니 좋은 차를 만들어 달라"고 거세게 요구하기도 했다. 참담한 혹평만 듣고 귀국한 정 회장은 바로 컨설팅기업인 JD파워에 품질과 관련된 자문을 하라고 지시했다. 생산라인은 중단됐고 신차 출시 일정을 무기한 미뤘다.

이른바 현대차가 내세우는 '품질경영'의 시작이다. 제품 보증기간을 획기적으로 늘리는 모험도 감행했다. 미국 시장에 내건 '10년 10만 마일 보장'에 당시 토요타나 혼다 등 잘나가는 일본차 업계는 "미친 짓"이라며 비웃었다. 당시만 해도 '2년 2만 4천 마일 보장'이 일반적이었다.

그러나 현대차는 흔들리지 않고 계획을 밀고 나갔다. 결과는 '대성공'이었다. 비웃던 경쟁회사들이 오히려 현대차를 따라왔다. 자신들의 보증조건을 '3년 3만 6천 마일'로 늘리더니 마침내 '5년 6만 마일 보장'을 조건으로 내거는 회사도 생겨났다.

개혁은 쉽지 않았다. 품질에 대한 소비자들의 불만은 곧 회사 이미지 실추와 판매 급감으로 이어진다는 위기의식은 있었지만 고쳐야 할 것들이 너무 많았다. 현대차 직원들은 미국, 유럽 등 세계를 돌며 소비자의 불만이 무엇인지를 꼼꼼히 체크해 생산에 반영했다.

정 회장은 생산과 영업, 애프터서비스 등 부문별로 나뉘어 있던 품질관련 기능을 묶어 품질총괄본부를 발족시키고 매달 품질 및 연구개발, 생산담당 임원들을 모아 놓고 품질관련 회의를 주재했다. 임원들과 시중에 판매 중인 차를 다시 뜯어 재조립하며 품질 개선방안을 하나하나 지시했다.

불가능할 것만 같았던 변화는 예상보다 일찍 왔다. 현대·기아차는 채 10년도 지나지 않아 미국에서 '올해 가장 주목받는 브랜드'로 선정됐다. 신차 품질조사만 하면 늘 하위권이던 차가 2009년 일반 브랜드 순위에서 최고 자리에 오르자 미국인들은 긴장했다. 2010년 1월 미국 경제전문지 〈포춘〉은 "자동차업계 최고 강자"라는 제목의 표지 기사를 통해 현대차의 성공을 극찬했다. 〈포춘〉은 "현대차의 발전은 속도위반 딱지를 뗄 정도"라며 발전 속도에 놀라움을 표시했다. 또 이런 성공 뒤에는 정 회장의 품질·기술 중심 경영전략과 꾸준한 투자가 있었다고 분석했다.

달라진 시선은 매출에 반영됐다. 선진국 시장에서의 위상 변화는 남미와 동남아 등 신흥시장에서 시장 점유율을 끌어올리는 초석이 됐다. 1999년 세계 판매순위 10위였던 현대·기아차는 2000년대 들어 자동차업체 중 가장 빠른 성장을 이어 가며 세계 5위 자동차메이커로 올라섰다.

## 현대자동차그룹 주요 연혁

| 연도 | | 내용 |
|---|---|---|
| 1999년 | 3월 | 정몽구 회장, 현대자동차 이사회 의장 겸 대표이사 선임 |
| 2000년 | 9월 | 자동차부문 계열 분리 및 자동차전문그룹 출범 |
| | 12월 | 현대·기아차 양재동 사옥 이전, 자동차 산업 신 메카 출범 선언 |
| 2001년 | 4월 | 공정위, 현대차그룹 30대 규모 기업집단 공식 지정 |
| 2002년 | 4월 | 현대차 미국공장 기공 |
| | 10월 | 현대차 중국공장(베이징현대) 설립 |
| 2003년 | 5월 | 현대·기아차 남양종합기술연구소 출범(경기도 화성) |
| 2004년 | 7월 | 현대차 누적 수출 1천만 대 달성 |
| | 10월 | 현대제철 한보철강 당진공장 인수합병 |
| 2005년 | 5월 | 현대차 미국공장 가동 |
| 2006년 | 6월 | 현대차 JD파워 신차 품질조사 첫 1위(일반차) |
| 2007년 | 4월 | 기아차 슬로바키아공장 준공 |
| | 10월 | 현대차 독자개발 디젤엔진 풀 라인업 구축 |
| 2008년 | 1월 | 현대차 제네시스 출시 |
| | 11월 | 현대차 체코공장 가동 |
| 2009년 | 1월 | 현대차 최초로 제네시스, 북미 올해의 차 선정 |
| | 6월 | 글로벌 톱 100 자동차부품업체 19위 진입 |
| 2010년 | 2월 | 기아차 미국공장 준공 |
| | 4월 | 현대제철 일관제철소 준공(1, 2고로 가동) |
| | 9월 | 현대차 러시아공장 준공 |
| 2011년 | 4월 | 현대건설 인수 |
| 2012년 | 1월 | 아반떼, 북미 올해의 차 선정 |
| | 11월 | 현대차 브라질공장 준공 |
| 2013년 | 2월 | 세계 최초 수소연료전지차 양산 |
| | 9월 | 현대제철 제3고로 완공 |
| 2014년 | 4월 | 현대제철, 당진 특수강 공장 착공 |
| | 9월 | 현대차·기아차·현대모비스·한전부지 인수 계약 |
| | 10월 | 아반떼, 글로벌 판매 1천만 대 돌파 |

내부 변화도 적지 않다. 2000년 국내 최초의 자동차 전문그룹을 표방한 현대차그룹은 업종의 수직계열화를 통해 그룹 전체의 경쟁력을 획기적으로 향상시킨다는 전략을 세우고 2000년부터 현대모비스를 중심으로 부품의 모듈화와 전문화를 추진했다. 그 결과 현대모비스는 2008년 세계 부품업체 20위권 안에 진입한 데 이어 2014년에는 6위까지 올랐다.

공작기계와 첨단부품을 생산하는 현대위아, 변속기 전문업체 현대파워텍, 전자제어시스템 전문업체 현대케피코 등 계열사는 시시각각 변하는 글로벌 시장의 트렌드에 발 빠르게 대응할 수 있는 자산이 됐다. 여기에 현대제철이 최근 동부특수강을 인수함으로써 현대차는 쇳덩이부터 부품, 자동차까지 수직계열화를 이룬 세계에서도 몇 안 되는 자동차그룹의 위상을 완성했다.

범현대가의 장자로서의 위상도 굳건하다. 그 예로 현대제철 확장과 현대의 모태인 현대건설 인수를 꼽을 수 있다. 사실 제철사업은 아버지인 정주영 명예회장의 꿈이기도 했다. 정주영 명예회장은 생전에 여러 차례 제철소 건설을 위해 그룹의 역량을 쏟았지만, 번번이 고배를 마셨다. 2011년 4월 현대가의 상징인 현대건설 인수가 갖는 상징성 역시 말할 나위가 없다. 국내 위상도 과거 현대가의 명성에 접근했다.

현대·기아차가 주축이 된 한국의 자동차 산업은 국가경제에서 차지하는 비중이 막중하다. 국내총생산(GDP)의 3.3%, 총 고용의 7.3%를 차지하는 핵심 산업으로, 단일 산업으로는 가장 큰 규모의 경제기여도다. 고용 면에서는 현대차그룹은 직접고용 총 16만 8천 명

을 포함해 협력회사, 연관업체 등에 걸쳐 막대한 고용 파급효과를 창
출하고 있다.

## 세계 5위 자동차 메이커 일군 정몽구의 역발상

정몽구 현대차그룹 회장은 취임 후 경영의 주요 고비마다 업계의 허를
찌르는 역발상 경영을 통해 위기를 새로운 도약의 기회로 삼은 바 있
다. 이를 통해 현대·기아차는 전 세계 어느 자동차 제조업체보다 빠
른 성장속도를 보였다. 글로벌 판매대수는 2002년 271만 대에서 2015
년 800만 대로 약 3배 증가했다.

　정몽구 회장의 첫 작품은 기아차 인수였다. 1998년 현대차는 기아
차의 부채를 7조 1,700억 원 탕감받는 조건에 주식 51%를 인수하는
방식으로 경영권을 인수했다. 시장에서는 동반 부실을 우려하는 목
소리가 높았다. 정상화에만 최소 5년 이상 걸릴 것이라는 암울한 전
망도 나왔다.

　하지만 정 회장은 기아차의 가능성에 주목했다. 시장의 우려와는
달리 기아차는 1년 만에 흑자로 돌아섰고 불과 22개월 만에 법정관리
에서도 벗어났다.

　2008년 전 세계를 강타한 글로벌 금융위기 때도 정몽구 회장은 의
외의 한 수를 뒀다. 대규모 실직 등으로 위기를 맞은 미국시장에 오히
려 과감한 베팅을 하자고 주장했다. 실직에 대한 사회적 불안감이 마
케팅 포인트였다.

　이런 배경에서 등장한 게 2009년 초 '어슈어런스 프로그램'이다. 차

를 구매한 뒤 1년 내 실직하면 차를 되사 주는 유례를 찾기 힘든 조건의 프로그램이었다. 이를 통해 2008년 5.4%였던 현대·기아차의 미국시장 점유율은 이듬해 연 7.0%로 급상승했으며, 2010년에는 7.7%까지 올랐다.

다시 1년 뒤인 2011년 정 회장은 미국 판매법인과 딜러로부터 "차를 더 공급해 달라", "공장을 더 지어야 한다"는 요구를 쉼 없이 들었다. 동일본 대지진 여파로 토요타나 혼다 등 일본차 업체들이 생산 차질을 빚자 현대·기아차로 주문이 몰려 물량이 부족해졌기 때문이다. 현대차 미국공장 증설, 부지 물색 등 추측성 언론 보도가 잇따랐지만 결국은 모두 없던 일로 끝났다. 정 회장이 "지금은 때가 아니다"며 단호히 거부했기 때문이다. 그해 하반기 미국의 국가신용등급 하락과 유로존 위기 확산 등으로 글로벌 자동차 수요가 침체할 조짐을 보이자 설비 증설 요구는 자취를 감췄다.

같은 해 11월 정몽구 회장은 기아차 중국 3공장 건설 투자협의서를 체결하고자 장쑤 성 난징 시로 향했다. 다시 세계 경기침체의 공포가 번지는 상황에서 누구도 예상치 못한 공장 증설 카드를 꺼내 든 것이다. 중국 투자는 현재진행형이다.

현대차는 중국에서 2012년 7월 3공장을 가동한 데 이어 2015년 상반기에는 창저우에 중국 4공장을 착공하였으며, 하반기에는 충칭에 5공장을 건설한다. 기아차 역시 3공장 증설을 추진해 현대차그룹은 2016년 현대차 141만 대, 기아차 89만 대 등 총 230만 대의 생산 능력을 확보하고, 충칭공장과 창저우공장 증설까지 마무리되는 2018년 270만 대 생산체제를 구축할 계획이다.

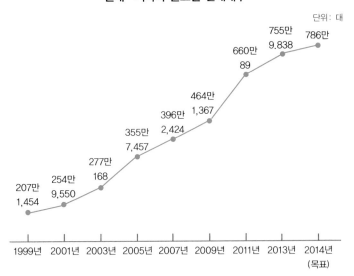

현대 · 기아차 글로벌 판매대수

단위: 대

207만
1,454

254만
9,550

277만
168

355만
7,457

396만
2,424

464만
1,367

660만
89

755만
9,838

786만

1999년  2001년  2003년  2005년  2007년  2009년  2011년  2013년  2014년

(목표)

    현대 · 기아차의 중국 진출은 늦은 편이었다. 경쟁업체인 폭스바겐
에 비해 17년 이상 늦게 중국에 진출했다. 2002년 현대차가 중국 합
작회사를 설립하자 경쟁사들은 현대차가 "레드오션에 뒤늦게 발을 담
근다"며 의아해 했다.

    하지만 정 회장은 늦은 타이밍을 빠른 속도로 극복하라고 독려했
다. 현대차는 2002년 하반기 중국 정부의 비준과 동시에 공장 전면
개보수 작업에 들어가 2개월 만에 쏘나타 1호차를 생산해 냈다. 중국
에서 '현대속도'라는 신조어가 만들어진 이유다.

    초기 중국 시장에 접근하는 각도도 달랐다. 폭스바겐, GM, 토요
타 등 대부분의 브랜드는 중국의 낮은 구매력을 고려해 한물간 구형
모델들을 판매했지만 현대차는 관용차 시장을 겨냥해 대형 고가 모델

## 현대자동차그룹 현황

단위: 원

● 계열회사 수
■ 자산총액
■ 매출액

| 연도 | 계열회사 수 | 자산총액 | 매출액 |
|---|---|---|---|
| 2004년 | 28 | 56조 390억 | 67조 80억 |
| 2005년 | 40 | 62조 2,350억 | 73조 7,690억 |
| 2006년 | 36 | 66조 2,250억 | 77조 5,550억 |
| 2007년 | 36 | 73조 9,870억 | 84조 3,510억 |
| 2008년 | 41 | 86조 9,450억 | 96조 3,040억 |
| 2009년 | 42 | 100조 7,750억 | 94조 6,520억 |
| 2010년 | 63 | 126조 6,890억 | 129조 6,430억 |
| 2011년 | 56 | 154조 6,590억 | 156조 2,550억 |
| 2012년 | 57 | 166조 6,940억 | 163조 8,010억 |
| 2013년 | 57 | 180조 9,450억 | 158조 7,980억 |

익년 4월초 공정위 대기업집단 지정 발표 기준

을 고집했다. 결과적으로 중국은 현대차의 노른자위 시장으로 탈바꿈했다. 2014년 현대차와 기아차는 중국에서 각각 112만 48대와 64만 6,036대를 팔아 최대 판매기록을 경신했으며, 2015년 상반기에는 누적 판매 1천만 대를 돌파했다.

현대·기아차는 2014년 글로벌 시장에서 사상 최초로 연간 판매 800만 대를 돌파했다. 현대차그룹은 오는 2018년까지 총 81조 원을 투자해 포스트 '800만 대 시대'를 준비하겠다고 밝혔다. 스마트카 등 미래형 자동차 개발과 핵심 부품기술 확보에 주력해 글로벌 빅 4에 한 발 더 다가선다는 전략이다.

그룹의 미래 컨트롤 타워가 될 글로벌비즈니스센터(GBC) 건립에도 속도를 낸다는 방침이다. 현대차그룹은 2014년 9월 한전 본사 부지 낙찰을 성사시켰다. 인수가에 대한 일부 논란이 있었지만 시간이 흐를수록 GBC 건립의 경제적 효과에 대한 시장의 평가는 달라지고 있다. 그룹 고위 관계자는 "결국 모든 평가는 현재가 아닌 내일의 몫"이라며 "한전 부지 인수에 대한 평가는 미래가치에 따라 결정될 문제"라고 말했다. 현대차그룹은 위기 때마다 정 회장의 역발상 경영이 빛을 발했듯이 특유의 뚝심으로 GBC 건립을 성공시켜 그룹의 위상을 한 단계 끌어올린다는 계획이다.

## 2인자 없는 현대차, 새롭게 뜨는 부회장

"후진에게 길을 열어 주겠다." 최근 이른바 'MK(정몽구 회장의 머리글자)의 사람들'이라고 불렸던 최측근들이 현직을 떠날 때마다 빠지지 않고 등장하는 이야기다.

2014년 10월 박승하(63) 현대제철 부회장이 사의를 표명하자 현대차그룹 내부는 크게 술렁였다. 때가 되면 있는 것이 인사라지만 늘 승승장구하리라고 여겨졌던 최측근이 갑자기 회사를 떠났기 때문이다. 2014년 들어서만 세 번째다. 2월에는 최한영(62) 현대차 상용차담당 부회장이 사의를 표명했고, 4월에는 설영흥(69) 현대차 중국 사업총

138

괄담당 부회장이 용퇴했다.

최한영 부회장은 2000년 정몽헌 현대아산 회장과의 현대그룹 경영권 다툼 과정에서 한양대 선배인 정몽구 회장을 보필한 것을 계기로 초고속 승진의 대표주자로 꼽혔다. 경기고-한양대 출신인 최 부회장이 홍보실장에서 부회장이 된 기간이 불과 7년이다.

화교 출신인 설 전 부회장은 직원들 사이에서 "사실은 설씨가 아닌 정씨"라는 우스갯소리가 나올 정도의 인물이다. 지금의 중국 시장을 개척한 일등공신으로 정 회장에게 직언할 수 있는 인물이다. 술자리에서 정 회장을 '형님'이라고 부를 수 있는 유일한 임원이기도 했다.

최측근이 빠진 자리는 빠르게 신진들로 채워지는 모습이다. 최근 정 회장을 보필하는 최측근으로 꼽히는 인물은 김용환(58) 현대차 전략기획담당 부회장이다. 아들인 정의선 부회장을 제외하면 가장 젊은 부회장으로 정씨 일가와는 학연이나 지연도 없고 잘나가던 현대정공 출신도 아니다.

동국대와 고려대 경영대학원을 졸업한 김 부회장은 탁월한 기획력과 성실함으로 정 회장의 눈에 들었다. 현대의 모태인 현대건설을 2010년 현대차가 인수하는 과정의 세부전략도 김 부회장의 머리에서 나왔다.

신종운(62) 현대차 부회장과 윤여철(62) 노무총괄 부회장도 정 회장의 신임이 두터운 인물들이다.

항공대 기계공학과를 졸업한 신 부회장은 1978년 현대차에 입사한 이후 줄곧 품질 관련 업무를 담당해 왔다. 고장 많은 저가차 취급을 받던 현대차가 품질경영을 통해 한 단계 도약하는 데 신 부회장의 공

## 현대차그룹의 신진 임원들

| 김용환(58) | 신종운(62) | 윤여철(62) | 양웅철(60) |
|---|---|---|---|
| 현대차 전략기획담당 부회장 | 현대차 부회장 | 노무총괄 부회장 | 연구개발총괄본부 부사장 |

이 컸다는 게 중론이다.

연세대 경영학과를 졸업한 윤 부회장은 고질적인 이슈인 현대차 노사 문제의 해결사다. 1979년 현대차에 입사해 영업운영팀 이사, 운영지원실 상무, 경영지원 부사장 등을 거쳐 2005년 현대차 사장, 2008년 부회장에 올랐다. 협상의 달인으로, 3년 연속 무분규 협상 타결과 주간연속 2교대제 실시 등은 윤 부회장이기에 가능했다는 평이 나올 정도다.

양웅철(60) 연구개발(R&D) 총괄본부 부사장은 엔지니어 출신으로 자동차업계에서 잔뼈가 굵은 이다. 1987년부터 미국 포드 연구개발센터에서 근무하다 2004년 연구개발본부 부사장으로 영입된 이후 연구개발총괄본부장(사장)을 거쳐 2011년 연구개발총괄 부회장으로 승진했다. 연구개발을 통해 현대차의 품질을 업그레이드한 일등공신으로 역시 정 회장의 신망이 두텁다.

단, 고위급 임원은 많아도 넘버 2는 없는 분위기인 현대차에서는 대놓고 "내가 2인자"라고 자처하지 못한다. 예상치 못하는 사이 누구든 짐을 쌀 수 있기 때문이다.

# 디자인·해외경영으로 체질 바꾼 기아차

2005년 기아차 대표이사에 선임된 정의선 당시 사장에게는 큰 숙제가 있었다. 1998년 부도로 쓰러졌던 기아차는 현대차가 1999년 인수한 이후 흑자로 돌아섰지만 정작 기아만의 차별성이 부족했다. 국내 레저용 차량(RV) 시장 위축과 환율 하락 등의 악재가 겹치자 다시 적자로 돌아서기도 했다. 단기적인 해법을 넘어서는 특단의 조치가 필요했다.

이를 위해 정의선 부회장이 꺼낸 카드는 '디자인 경영'이다. 현대차와 차급도 성능도 비슷하다면 '디자인'에 차별화를 둬야 한다고 판단했다. 기아차 기획실장에 취임한 이후 국내외 전문가들을 만나 의견을 나누고 해외 모터쇼와 포럼을 돌며 긴 시간 고민해 내린 결론이었다. 이를 위해 삼고초려도 마다하지 않았다.

세계 3대 자동차 디자이너로 알려진 피터 슈라이어를 영입하려고 정의선 부회장이 직접 나섰다. 유럽까지 찾아가 끈질긴 설득 끝에 그를 디자인 총괄담당 부사장으로 영입했다. 그리고 디자인에 대한 전폭적인 지원을 단행했다.

당시 기아차에서 가장 우선시된 제작 기준은 성능이었다. 아무리 디자인이 훌륭해도 설계로 구현하기 어렵거나 생산 과정에서 효율성이 떨어지면 이를 먼저 포기했다. 이 같은 과거의 전략은 전면 재수정됐다. 설계를 위해 디자인을 희생하는 것이 아니라 동등한 위치에서 디자인 원안을 최대한 유지하며 성능과 효율성을 추구했다.

슈라이어는 독자 디자인 개발에 착수했다. 국내뿐 아니라 미국, 유럼, 일본 등 해외 디자인센터를 총괄하며 별다른 특징이 없던 기아차의 얼굴에 '패밀리 룩'이라는 그림을 그렸다.

그로부터 2년 후인 2008년 6월 '직선의 단순화'를 기반으로 한 기아의 패밀리 룩이 탄생했다. 로체 부분수정 모델을 시작으로 포르테, 쏘울 등이 출시됐다. 쏘렌토R, K7, 스포티지R, K5 등 R시리즈와 K시리즈가 등장하자 기아차 영업이익은 조 단위로 상승했다. 특히 국내시장의 반응은 폭발적이었다. 박스카 쏘울은 대중적인 세단이 아님에도 출시 후 넉 달 동안 9,500대가 판매됐다. 쏘렌토R은 2009년 월평균 4,900대가 출고되며 이전 모델 대비 판매량이 10배 가까이 증가했다. 2006년 27만 대에 불과했던 국내 판매는 스포티지R과 K5가 출시된 2010년 48만 5천 대로 79% 증가했다.

정의선 부회장은 또 하나의 근본적인 체질 개선에 나섰다.

2006년 당시 기아차 적자의 가장 큰 원인은 환율이었다. 당시 환율은 900원대 초반으로 지속적으로 떨어졌다. 자연스레 기아차 이익은 급감했다. 중국을 제외하고는 해외 생산거점이 없어 해외 판매의 대부분을 국내공장에서 생산해 수출했다. 해외시장 판매 비중이 79%에 달하지만 해외생산 비중은 9%에 불과해 환위험에 고스란히 노출된 구조였다. 해외고객의 눈높이에 맞춘 차량은 생산할 수 없었다.

정 부회장은 해외공장 건설 프로젝트와 해외법인 체질 개선에 나섰다. 현대차그룹 최초로 세운 유럽 공장인 슬로바키아 공장과 미국 조지아 공장은 정 부회장이 직접 챙긴 작품이다. 공장의 설립계획 단계부터 완공 단계까지 사업을 직접 진두지휘했다.

이러한 체질 개선 전략이 궤도에 오르면서 기아차의 재무구조는 크게 개선됐다. 2008년 169.1%에 달하던 부채 비율은 2010년 92.8%를 기록하며 100% 밑으로 떨어졌다. 2008년 4조 6천억 원에 달했던 순차입금도 2010년에는 6,280억 원으로 내려갔다. 대신 보유 현금은 증가했다. 2006년 6,320억 원이었던 현금 보유액이 2010년에는 2조 2,560억 원으로 크게 늘어 재무구조가 굳건해졌다.

2009년 8월 현대차 부회장에 취임한 정의선 부회장은 또 다른 숙제를 풀고 있다. 현재 글로벌 5위를 기록하며 순항 중인 현대차그룹을 한 단계 도약시켜 지속 가능한 기업으로 만들고 미래 비전을 제시해야 하는 문제다. 이를 위해서는 현재의 브랜드 가치만으로는 부족하다는 게 업계의 공통된 지적이다.

그동안 현대차가 보급형 자동차를 만드는 회사로 인식됐다면 고급차와 고성능차도 잘 만들어 '갖고 싶은 차'를 만드는 브랜드로 한 단계 올라서야 한다. 프리미엄 시장에서 독일차와 유럽, 일본차가 치열하게 경쟁하며 글로벌 시장을 장악하고 있는 상황에서 쉽지 않은 도전이다. 또 국내시장의 높아 가는 수입차 선호현상 속에서 현대차에 대한 뿌리 깊은 '안티'도 해결해야 하는 문제다.

기아차에서 풀었던 숙제보다는 훨씬 난도가 높고, 단기간에 이룰 수 있는 과제도 아니다. 정 부회장이 이 같은 과제를 풀지 못하면 현재와 같은 미래도 보장할 수 없다는 게 업계의 공통된 시각이다. 정 부회장에게는 엄혹한 현실이 놓여 있는 셈이다.

# 현대차그룹의 사람들

현대차그룹의 사장단 인사는 예측할 수 없다. 연말연시에 맞춰 발령나는 다른 회사와 달리 수시로 방이 붙는 일이 많고, 그나마 예상을 뒤집을 때도 많다. 이런 이유로 '럭비공 인사'라는 평도 듣지만, 그만큼 어느 기업보다 임원이 갖는 긴장감은 크고 경쟁도 치열하다. 철저히 능력 위주여서 학력을 염두에 두지 않는다는 점도 특징 중 하나다.

정몽구 회장은 부회장단이, 정의선 부회장은 사장단이 보좌하는 모습을 띤다.

김충호(63) 현대차 사장은 1980년 현대차 입사 후 판매추진실장과 국내영업본부장을 역임하는 등 30년 넘게 영업전선에서만 뛰어 온 골수 영업맨이다. 거세진 수입차의 공세와 세계 경기침체 속에서도 현대차를 글로벌 5위 자리에 올리는 데 공헌한 인물로 평가된다. 현장 경험이 많아 상황 판단력이 뛰어나고 의사결정이 신속한 것으로 정평이 나 있다.

파업 장기화에 책임을 지고 물러난 이삼웅 전 사장의 후임 자리에 오른 박한우(56) 기아차 사장은 인도통이다. 1982년 현대차에 입사해 2003년부터 현대차 인도법인 재경담당 임원(이사, 상무, 전무)을 거쳐 2009년 인도법인장(부사장)으로 승진했다. 해외지역 한 곳에서 10년가량 근무하며 법인장에까지 오르는 것은 매우 드문 사례. 2012년 기아차 재경본부장을 맡아 내실 있게 안살림을 챙긴 게 인정을 받았다는 후문이다.

2013년 11월 품질 논란으로 자리에서 물러난 권문식(60) 연구개발

# 현대차그룹 주요 임원

**김충호**(63)

현대차

대표이사/국내 및
상용영업, 마케팅
담당/사장
중앙대 행정학

**박한우**(56)

기아차

대표이사/국내 생산 및
영업 담당/사장
단국대 경영학

**권문식**(60)

현대기아차총괄

연구개발본부장/사장
서울대 기계공학,
아헨공대 공학(박)

**정명철**(61)

현대모비스

대표이사/사장
고려대 금속공학

**정태영**(54)

현대카드

대표이사/사장
서울대 불어불문학,
MIT 경영학(석)

**정일선**(44)

현대비앤지스틸

대표이사/사장
고려대 산업공학,
조지워싱턴대 경영학(석)

---

**정의선**(44)

현대차

기획 및 영업 담당/부회장
고려대 경영학,
샌프란시스코대
경영학(석)

**윤갑한**(56)

현대차

대표이사/
울산공장장/사장
계명대 경영학

**이원희**(54)

현대차

재경본부장/사장
성균관대 경영학,
웨스턴일리노이대(석)

**이형근**(62)

기아차

대표이사/기아차 담당/
부회장
서울대 전기공학과

---

**안병모**(64)

기아차

미국 생산판매법인 담당/
부회장
한국외국어대 스페인어

**신종운**(62)

현대기아차총괄

품질총괄 담당/부회장
한국항공대
항공기계학과

**김용환**(58)

현대기아차총괄

기획조정 담당/부회장
동국대 무역학
고려대 경영학(석)

**윤여철**(62)

현대기아차총괄

노무 및 국내생산 담당/
부회장
연세대 경영학

---

**양웅철**(60)

현대기아차총괄

연구개발총괄/부회장
서울대 기계설계학,
UC데이비스대(박)

**정진행**(59)

현대기아차총괄

전략기획 담당/사장
서강대 무역학

**김해진**(57)

현대기아차총괄

시험 및 파워트레인/사장
연세대 기계공학,
서울대 기계공학(석)

**피터 슈라이어**(61)

현대기아차총괄

디자인총괄 담당/사장
독일 뮌헨대 산업디자인,
영국 왕립예술대(RCA)

## 현대차그룹 주요 임원 (계속)

**최싱기(64)**

현대기아차총괄

중국전략 담당/사장
고려대 경영학

**우유철(57)**

현대제철

대표이사/부회장
서울대 조선공학 동
대학원,
뉴욕주립대(박)

**김원갑(62)**

현대하이스코

총괄 담당/부회장
성균관대 경영학,
홍익대 세무대학원

**김위철(59)**

현대엔지니어링

대표이사/사장
고려대 화학공학

**윤준모(59)**

현대위아

대표이사/사장
한양대 재료공학

**정수현(62)**

현대건설

대표이사/사장
서울대 건축공학

**한규환(64)**

현대로템

대표이사/부회장
서울대 기계공학,
동 대학원
기계설비학(석)

**박상규(59)**

현대케피코

대표이사/사장
서울대 기계공학,
한국과학기술원
기계공학(석, 박)

**여승동(59)**

현대다이모스

대표이사/사장
서울대 기계설계학,
한국과학기술원
기계공학(석)

**김흥제(56)**

HMC투자증권

대표이사/사장
연세대 경영학,
시러큐스대 경영학(석)

**김경배(50)**

현대글로비스

대표이사/사장
연세대 경영학

본부장(사장)은 3개월 만에 제자리로 돌아온 경우다. 현대차 연구개발본부 선행개발실장, 기획조정실장 등을 맡았고, 현대케피코, 현대오트론 사장을 지낸 정통 엔지니어다. 2012년 연구개발본부로 자리를 옮겨 양웅철 현대·기아차 부회장을 보좌해 연구·개발(R&D) 부문을 진두지휘해 왔다.

2013년 12월 현대모비스 사장으로 선임된 정명철(61) 사장은 국내를 대표하는 자동차부품 전문가다. 앞서 현대파워텍 대표이사와 현대위아 대표를 거쳤다. 꼼꼼하고 빈틈없는 성격에 현대차 임원 중 대표적인 일벌레로 통해 그가 부임하는 회사는 비상이 걸릴 정도다.

현대차 사장단 내부에는 정 부회장을 제외한 특수 관계인도 있다.

보수적인 금융계에 파격을 던진 정태영(54) 현대카드·현대캐피탈 사장은 정 회장의 차녀인 정명이(50) 씨의 남편이다. 오너와의 특수관계로 얽힌 사장이지만 다른 기업에서 탐낼 정도의 브레인이다. 대내외 커뮤니케이션은 물론 업무 능력과 기획력이 출중하다는 평이다.

종로학원 설립자이자 한 시대를 풍미한 유명한 학원 수학강사였던 정경진 선생의 아들인 정태영 사장은 서울대 불문과를 나와 미국 MIT에서 경영학 석사를 받아 학력도 화려하다. 1988년 현대정공 도쿄지사장을 시작으로 미주·멕시코 법인장, 기아차 구매본부장 등을 거쳐 2003년부터는 현대카드·현대캐피탈 사장으로 근무 중이다.

정일선(44) 현대비앤지스틸 사장의 부친은 정주영 창업주의 4남인 정몽우 회장이다. 부친 별세 이후 정일선 사장을 돌본 이는 현대가의 사실상 장남인 정몽구 회장이었다. 정 회장은 조카 정일선이 기아차에 입사하면서부터 현대비앤지스틸 사장에 오르기까지 전폭적인 지원을 해왔다. 동갑내기 사촌인 정의선 부회장과는 고려대 89학번 동기다.

## 정의선 부회장은 누구

정의선 부회장은 1999년 현대차 자재본부 이사로 입사했다. 자동차 제조사에서 부품 조달과 자재 관리, 협력업체 관리 등은 말 그대로 ABC다. 부품과 원자재 분야에서 시작하는 경영수업은 현대 가문의 오랜 전통이기도 하다. 현대차 관계자는 "차를 제대로 알려면 작은 볼트와 너트까지 다루는 자재 부문부터 시작해야 한다는 가문의 전통 때

2005년 5월 20일 미국 앨라배마 현대차 공장 준공식 모습. 왼쪽부터 밥 라일리 현지 주지사, 첫째 사위 선두훈 이사장, 정성이 이노션 고문, 조지 H. W. 부시 전 미 대통령, 정몽구 회장, 정의선 부회장, 정태영 현대카드 사장.

문"이라면서 "정주영 명예회장도 정몽구 회장에게 같은 코스를 밟게 했다"고 말했다.

정의선 부회장은 2001년 초 상무로 승진해 구매실장을 맡았다. 2002년 초에는 전무로 승진해 국내 영업본무 영업담당과 기획총괄본부 기획담당으로 재직했다. 같은 해 하반기부터는 현대캐피탈 전무를 겸임하며 금융 분야까지 발을 넓혔다. 2005년에는 기아차 사장, 현대자동차그룹 기획총괄본부 사장, 현대모비스 사장을 겸임했고, 2009년에 부회장으로 승진했다.

처음 입사했을 당시 정 부회장과 가까이에서 일했던 사람들은 그의 인간적인 면에 높은 점수를 준다. "재벌 2세답지 않게 예의 바르고 합리적 인물"이라면서 "과묵하면서도 사람을 끌어당기는 묘한 매력이 있다"는 평을 한다. 현대가 장손답게 성격은 소탈하다. 소주를 좋아하며 특별히 가리는 음식이 없고, 냉면과 김치찌개 등을 즐겨 먹는 것도 부친을 닮았다. 늘 현장을 먼저 챙기고 부지런한 스타일은 할아버지인 정주영 창업주를 꼭 빼닮았다.

장손인 그에 대한 창업주의 애정은 각별해 어릴 때부터 청운동 본가에서 지내도록 했다. 유명한 '현대가의 밥상머리 교육'에서도 정 부회장은 매일 아침식사에 지각한 적이 없다. 특히 말년에 와병 중이던 정주영 명예회장이 정 부회장을 매일같이 본가로 불렀던 일화는 유명하다.

정의선 부회장은 1995년 강원산업 정도원 회장의 딸 정지선 씨와 결혼했다. 두 사람은 오래전부터 알고 지낸 사이였다. 정몽구 회장과 정도원 회장이 경복고 선후배 사이로 양가가 친분이 있었기 때문이다. 정도원 회장의 부친은 정인욱 강원산업 창업주이다. 정인욱 창업주는 정주영 창업주와 전경련 회장단에서 각별한 우애를 쌓았다.

친인척 중에서는 사촌인 정일선 비앤지스틸 사장과 가장 친분이 깊다. 작은 아버지인 정몽우 씨(정주영 창업주의 4남·작고)의 장남인 정일선 사장은 정 부회장과 동갑내기다. 남자 형제가 없는 정 부회장이 어려서부터 친구이자 친형제처럼 한솥밥을 먹고 자란 사이다.

최근 현대차그룹은 계열사 간 합병 작업에 분주하다. 2014년 1월 현대제철이 현대하이스코의 냉연부문을 합병한 데 이어 4월 현대엠코와 현대엔지니어링이 합병했다. 현대위아가 현대위스코와 현대메티아를 흡수합병하기도 했다.

늘 그렇듯 현대차그룹이 말하는 합병의 이유는 '계열사 간 중복된 사업영역을 정리해 경영효율성을 높이겠다'는 것이다. 하지만 시장의 생각은 다르다. 이어지는 합병은 결국 장남인 정의선 부회장의 경영권 이양을 위한 포석이라는 분석이 지배적이다.

현대차그룹의 지배구조는 현대모비스 → 현대차 → 기아차 → 현대모비스로 이어진다. 현대차 지배구조의 정점에는 현대모비스가 있다는 이야기다. 금감원 전자공시시스템에 따르면 현재 총수인 정몽구 회장의 모비스 지분율은 6.96%이다. 하지만 정의선 부회장이 가진 현대모비스 주식은 없다. 현대차, 기아차 등 그룹 주력 기업의 주식도 거의 없다고 해도 과언이 아니다.

이 같은 현실은 일찍이 자리를 준비한 삼성과 비교된다. 삼성은 이미 그룹 지주사격인 에버랜드의 지분 중 25%가량을 이건희 회장의 외아들인 이재용 부회장에게 넘겼다.

아들에게 자리를 넘겨주고픈 정몽구 회장의 입장에서는 마음이 급한 게 현실이다. 정 부회장은 현재 기아차 지분 1.74% 외에 현대글로비스(23.29%), 현대엔지니어링(11.7%), 현대오토에버(19.5%), 이노션(10%), 현대 위아(1.95%) 등의 지분을 갖고 있다.

증권가에서 보는 가능성이 큰 시나리오는 대략 두 가지다.

첫 번째는 정의선 부회장이 현대글로비스와 이노션 등의 보유 지분을 매각해 이른바 '실탄'을 마련한 뒤 현대모비스 지분을 사들이는 방식이다. 정 부회장이 현대모비스의 경영권을 행사하기 위해서는 최

## 현대차그룹 지배구조

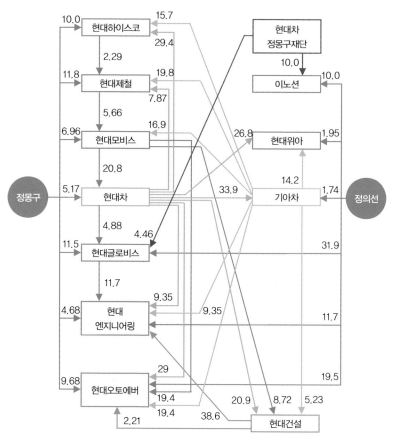

2014년 3분기 현재
자료: 전자공시시스템

소 5% 정도의 지분이 필요하다. 현대모비스 지분 5%의 시장가는 1조 2천억 원 정도다. 정 부회장이 보유한 현대글로비스 지분가치만약 3조 3천억 원인 만큼 세금을 감안하더라도 무리한 상황은 아니다.

두 번째는 현대모비스를 지주회사로 전환하는 방법이다. 현대모비스를 지주회사로 분할한 뒤 현대모비스 지주부문과 현대글로비스를합병한다는 시나리오다. 이미 보유한 지분을 매각할 필요도 없이 손쉽게 지배력을 높일 수 있지만 증손회사 지분 100%를 보유해야 하는지주회사법상 복잡한 계열사 지분 교환과정을 거쳐야 한다.

어떤 시나리오를 택하든 핵심에는 현대글로비스가 존재한다. 삼성에버랜드와 삼성SDS가 삼성에서 맡았던 역할을 담당할 가능성이 높다. 철저히 경영권 승계 입장에서 보면 '현대글로비스 주가가 오를수록, 현대모비스 주가가 안 오를수록' 유리하다는 분석이다. 실제 최근 5년간 현대글로비스의 주가는 5배가량 올랐다.

현대차 내부에서는 3세 경영을 이야기하는 것 자체가 불경스런 일이다. 2015년 현재 77세인 정몽구 회장이 여전히 청년 같은 왕성한 활동을 하고 있고 조직 장악력도 변함없다. 게다가 다른 기업에 비해 상명하복이 분명한 현대차 내부 조직문화 자체도 이를 용납지 않는다. 이런 배경에서 감히 정의선의 사람이라고 이야기할 수 있는 사람들은 없다. 다만 각자의 분야에서 맡은 소임에 따라 후계구도를 차근차근 준비 중인 이들은 있다. 다른 기업과 달리 구도가 명확한 만큼 후일을 준비하는 것 역시 정몽구 회장의 뜻이기도 하다.

정의선 부회장이 23.29%의 지분을 지닌 현대글로비스의 경우가

## 정몽구 현대차 회장 가계도

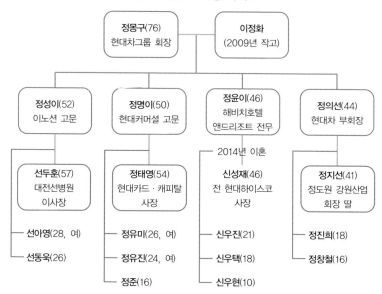

대표적이다. 현대글로비스는 2007년부터 2009년까지 2년간 5명이나 대표이사가 물갈이됐다. 현재 현대글로비스는 2009년 7월 취임한 김경배(50) 사장이 맡고 있다. 단명했던 전임 사장들과 비교하면 유례를 찾기 어려울 정도로 장기집권이다.

김 사장은 조직 내부에서도 "정 회장의 마음을 가장 잘 읽어내는 인물"로 통한다. 연세대 경영학과를 졸업한 뒤 1990년 현대차의 엘리트 코스인 현대정공으로 입사해 현대건설과 자동차, 현대모비스 등 현대와 현대차그룹의 주요 계열사를 두루 거쳤다. 취임 당시에도 사주 일가를 제외하고는 가장 젊은 나이(45)에 사장 자리에 올랐고 현재까지 이 타이틀은 유효하다.

무엇보다 김 사장은 현대차 내부에서 전무후무한 독특한 이력을 지넜다. 1990년대부터 10년 동안 정주영 명예회장의 수행비서를 거쳐 2007년에는 정몽구 회장의 비서실장을 지낸 것이다. 그렇다고 현대 가와의 긴 인연이 김 사장의 자리를 보장해 준 것만은 아니다. 물류 분야에 대한 경험 없이 현대글로비스 사장에 취임했지만 김 사장은 2009~2013년까지 평균 40%에 달하는 매출 신장세를 일궈 냈다.

같은 맥락에서 정 부회장의 지분이 14.2%인 현대위아와 11.7%인 현대엔지니어링도 눈여겨볼 조직이다. 각각 윤준모(59) 사장과 김위철(59) 사장이 담당하고 있다. 같은 나이인 두 사람 모두 전형적인 엔지니어지만 관리직에 오르면서 영업 분야에서도 두각을 나타냈다. 비교적 신진세력으로 꼽히지만 정 회장의 신임은 각별한 것으로 알려졌다. 최근 현대위아는 현대위스코와 현대메티아를, 현대엔지니어링은 현대엠코를 흡수합병했다. 단편적으로 두 사장의 과제는 각자의 사세를 키워 주가를 올리는 일이다.

# ‖ 현대그룹 창업주 정주영 회장 일가 ‖

보는 이마다 다르겠지만 현대를 삼성보다 앞세우는 사람들은 현대의 창업정신을 강조한다. 현대는 남이 일궈 놓은 기업을 인수하기보다는 밑바닥에서부터 하나하나 주춧돌을 올렸다. 건설이 그랬고, 자동차가 그랬으며, 중공업이 그랬다.

창업주인 아산 정주영 회장은 이를 평생의 긍지요, 자랑으로 여겼다. 서슬 퍼렇던 군사정권 시절, 국보위(국가보위비상대책위원회)에 끌려가서도 "사정상 어쩔 수 없었던 인천제철을 제외하고는 어느 하나 내 손으로 말뚝을 박고 길을 닦아 시작하지 않은 공장이 없다"며 기업 강제 통·폐합에 맞섰을 정도였다.

1947년 5월 25일 서울 중구 초동의 허름한 자동차 수리공장 한 귀퉁이에 '현대토건사'라는 간판을 내건 지 60여 년. 삼성보다 10년 가까이 늦은 출발이었지만 현대는 이내 1위 기업으로 우뚝 섰고, '경영권 다툼'이 일어난 2000년까지 그 지위는 차돌만큼이나 단단했다. 이때 현대그룹의 자산 규모는 87조여 원, 계열사 수만 40개가 넘었다.

형제의 난으로 그룹이 쪼개지면서 외형상 규모가 작아졌지만 경제전문가들은 '전화위복'이라고 입을 모은다. 자동차(현대차그룹), 유통(현대백화점그룹), 해운·제조(현대그룹), 조선(현대중공업그룹), 금융(현대해상화재보험그룹·현대기업금융) 등 각자 전문그룹의 길로 나서면서 경쟁력은 더 강화되고 동반 부실의 위험은 현격히 줄었기 때문이다. 현대산업개발, KCC, 한라, 성우 등 창업주의 형제들이 이끄는 그룹들도 각자 독자영역을 굳혀 가고 있다.

언뜻 봐도 느껴질 만큼 현대에 뿌리를 대고 있는 기업들은 유난히 굴뚝업종이 많다. 고용된 인원과 딸린 부품·협력업체가 많다는 얘기다. 국민경제 기여도로 따지면 현대가 여전히 1위라는 말은 그래서 나온다.

또 한 가지 현대를 얘기하면서 빼놓을 수 없는 것이 있다. 바로 '현대정신'이다. 현대에는 일단 해보자며 덤비는 정신, 밀어붙이는 힘이 있다. 때로는 비합리성을 낳기도 하지만 현대맨들은 이를 "맨바닥에서부터 기업을 일군 현대만의 저력"이라고 자부한다. 이헌재 전 경제부총리는 이를 "진정한 기업가(起業家) 정신"이라고 불렀다. 제각각 '마이 웨이'를 걷고 있는 오늘날의 현대가를 묶는 보이지 않는 끈이기도 하다.

## 담담(淡淡)한 혼맥, 후한 연애결혼

다른 재벌가에 비해 현대의 혼맥은 의외로 소박하다. 낭만을 즐겼던 창업주가 자식들의 연애에도 너그러웠던 영향이 가장 크다. '왕회장'이라는 별칭으로 더 자주 불렸던 그 자신, 강원도 통천의 평범한 고향 처녀(변중석)와 결혼해 평생을 함께했다. 슬하에 9남매(8남 1녀)를 두고 동생이 일곱(한 명은 어려서 사망)이나 됐지만 눈에 띄는 혼사는 손가락을 꼽는다.

직계가족 중에 군이 꼽자면 5남 몽헌(MH) 씨와 6남 몽준(MJ) 씨

1995년 열린 정의선 현대차 부회장 결혼식에서 오너 일가가 기념사진을 찍었다.
맨 오른쪽은 정몽구 현대차 회장, 왼쪽 첫 번째가 정 회장의 부인 고 이정화 씨다.
왼쪽 세 번째가 정의선 부회장, 뒤쪽이 고 정주영 현대그룹 명예회장.

를 들 수 있다. 몽헌 씨는 신한해운 현영원 회장의 딸 현정은 씨와, 몽준 씨는 김동조 전 외무부 장관의 막내딸 김영명 씨와 각각 결혼했다.

오랜 세월 재계를 주름잡았던 현대의 위상에 견줘 혼맥이 조촐한 것은 창업주의 성공과정과도 무관치 않다. 가난한 농군의 아들로 태어나 부두 막노동꾼을 거쳐 대기업 총수에 오른 정주영 회장은 살아생전 "세상에 공짜란 없다"며 담담(淡淡)한 마음을 갖자고 입버릇처럼 강조하곤 했다. 권력이나 부(富)를 결코 싫어하지 않았지만 굳이 혼삿줄까지 대가며 공짜를 탐할 이유 또한 없었던 것이다. 정략결혼의 흔적이 적은 대신에 유난히 많은 손(孫)과 맞닥뜨리는 게 현대라는 집안이다.

이런 현대가 대(代)를 건너뛰면서 LG, 롯데, 한진, 이건, 비비안 등 내로라하는 그룹들과 사돈을 맺은 점은 흥미롭다. 현대가의 2세들이 '몽'(夢)자 돌림이라면 3세들은 딸이 '이'(伊), 아들은 '선'(宣)자 돌림을 쓴다. 4세는 '진'자(딸), '창'자(아들) 돌림이다.

## 현대의 핵심 축 아들들

### 장남 몽필, 쌍용가와 인연

정주영 창업주의 큰아들 몽필 씨는 나이 50도 안 돼 교통사고로 세상을 떠났다. 국영 적자기업 인천제철을 인수해 정상화에 여념이 없던 1982년 4월 어느 날, 울산에서 서울로 올라오던 고속도로에서 그가 탄 승용차가 트레일러를 들이받았다. 이때가 49살. 수도여대 출신의 부인 이양자 씨와 두 딸 은희·유희 씨는 망연자실했다.

몽필 씨가 떠난 지 한 달 뒤, 정주영 회장은 동서산업 공장장이던 이영복 씨를 사장으로 파격 승진시켰다. 이 씨는 몽필 씨의 처남, 즉 이양자 씨의 친동생. 졸지에 가장을 잃은 장남 가족에 대한 배려였다. 하지만 이양자 씨마저 1991년 위암으로 눈을 감고 말았다. 큰딸 은희 씨는 최근 미국에서 귀국했다. 둘째 딸 유희 씨는 김석원 쌍용양회 명예회장의 장남 지용 씨와 결혼해 두 아들(진석·진하)을 두었다. 지용 씨는 현재 용평리조트 상무를 맡고 있다.

## 차남 몽구, 글로벌 현대차그룹 리더

몽필 씨의 죽음으로 사실상 집안의 장남 역할을 도맡아 한 이는 둘째 아들 몽구(MK) 씨였다. 유희 씨가 결혼할 때 부모 역할을 대신 한 사람도 몽구 씨 부부였다. 현대정공(현 현대모비스) 사장 시절 '갤로퍼 신화'를 만들어 낸 몽구 씨는 기아차마저 인수해 2000년 자동차전문그룹으로 출범한 현대차그룹을 몇 년도 안 돼 세계 6위의 반열에 올려놓았다. 출범 당시 10개였던 계열사 수는 28개로 불어났다. 그룹의 2015년 매출 목표액은 2014년보다 17% 늘어난 85조 원. 세계 최고 권위를 자랑하는 미국의 소비자 보고서 〈컨슈머리포트〉는 최근 현대차의 뉴쏘나타를 세계에서 가장 결함이 적은 차로 선정했다. 갤로퍼 신화 때부터 MK가 강조해 온 '품질경영'의 힘이다.

MK는 평범한 집안의 딸 이정화 씨와 결혼해 3녀 1남을 두었다. 큰딸 성이 씨는 저명한 정형외과 의사이자 영훈의료재단을 설립한 고 선호영 박사의 아들 두훈 씨와 결혼했다. 둘째 딸 명이 씨는 정경진 종로학원장의 아들 태영 씨와, 셋째 딸 윤이 씨는 미국 MBA 출신인 신성재 씨와 결혼했다. 둘째 사위와 셋째 사위는 그룹 계열사인 현대카드·캐피탈 사장, 현대하이스코 사장을 각각 맡고 있다.

막내이자 외아들인 의선 씨는 기아차 사장, 현대자동차그룹 기획총괄본부 사장 등을 거쳐 2009년 현대차그룹 부회장으로 승진했다.

## 정주영 회장의 '빈대론'

창업주 정주영 회장은 '해당화가 찬란하고 눈(雪)이 많은' 강원도 통천군 송전면에서 1915년 6남 2녀의 장남으로 태어났다.

"죽어라고 일해도 콩죽을 면할 길이 없는 농군이 진절머리 나게 싫고 지겨워"(첫 번째 자서전 《시련은 있어도 실패는 없다》에서) 소학교를 졸업한 14살 무렵부터 줄기차게 가출을 시도했다.

무작정 길을 나서 보기도 하고, 아버지의 소 판 돈을 훔쳐도 봤다. 그러기를 4번째. 19살 마지막 가출에 성공해 인천부두 막노동꾼으로 새 삶을 시작했다.

한 푼이 아까워 몸을 기댔던 곳이 노동자 합숙소. 뼈가 으스러지는 중노동으로 누가 떠메고 가도 모를 만큼 고단했지만 좀체 잠을 잘 수가 없었다. 빈대들의 공격 때문이었다. 궁리 끝에 밥상 위에 올라가 잠을 잤다. 빈대들의 공격이 잠시 뜸해지는 듯싶었다. 하지만 이내 밥상다리를 타고 기어 올라와 온 몸을 물어뜯었다.

다시 머리를 써야 했다. 무릎을 탁 칠 만한 묘안이 떠올랐다. 밥상다리 네 개를 물 담은 양재기 넷에 하나씩 담근 뒤 그 위에 올라가 잔 것이다. 빈대를 밥상다리로 유도해 양재기 물에 익사시키자는 계략이었다. 쾌재를 부른 것도 이틀여. 빈대들은 또다시 물어뜯기 시작했다. 도대체 어떻게 양재기 물을 건넌 것일까.

자다 말고 벌떡 일어나 불을 켜본 젊은 정주영 회장은 기겁을 하고 말았다. 빈대들이 밥상다리 대신 벽을 타고 천장으로 올라가 사람을 겨냥해 뚝 떨어져 목적 달성을 하고 있었던 것이다.

이후 역경에 부딪칠 때마다 정주영 회장은 '빈대의 노력'을 떠올렸다. "난관은 극복하라고 있는 것이지, 걸려 넘어지라고 있는 것이 아니다"라든지 "빈대만도 못한 놈"이라는 단골 지청구는 모두 여기서 비롯됐다.

아무것도 없는 백사장(울산 염포리) 사진 한 장 달랑 들고 조선소 투자금액을 유치할 때나, 20세기 최대 역사(役事)로 꼽히던 중동 주베일 산업항 공사 입찰전에 뛰어들 때나, 직원들이 불가능하다고 도리질 칠 때면 "이봐, 해봤어?"라고 불호령을 친 것도 빈대의 집요한 노력을 떠올리면서였다.

"자본가가 아니라 부유한 노동자일 뿐"이라고 스스로를 정의했던 정주영 회장은 근검과 노력을 평생의 신조로 삼았다.

"시간은 누구에게나 주어지는 평등한 자본금."

"한강에 기적은 없다. 성실하고 지혜로운 노동이 있을 뿐."

"고선지부지설(苦蟬之不知雪: 여름철 서늘한 나무 그늘에 앉아 노래만 하다 겨울이 오기 전에 없어지는 매미는 한겨울 펑펑 쏟아지는 눈을 알 수 없다)."

《아산 정주영 어록》에 실려 있는 정주영 회장의 유명한 말들이다.

## '현대가 대모' 변중석 여사

열여섯 살에 얼굴 한 번 본 적 없는 여섯 살 연상의 고향 총각 정주영에게 시집온 변중석 씨는 현대가의 산 증인이다. 젊어서 남편이 사준 재봉틀 하나를 자신 소유의 유일한 재산으로 여긴 그녀는 한결같은 근검과 후덕함으로 '현대가의 여자'라는 상징 이미지를 만들어 냈다.

정주영 회장이 매일 새벽 5시의 '밥상머리 교육'을 통해 동생들과 자식들에게 근검을 가르쳤다면, 변 씨는 새벽 3시 반부터 손아래 동서·며느리들과 아침 준비를 함께하면서 "언제나 조심스럽게 행동하고 겸손하라"고 일렀다.

가혹하리만치 자식 교육에 엄격했던 정주영 회장이 아이들을 자가용으로 등교시키는 며느리들을 보고 "젊었을 때 콩나물 버스에 시달려 봐야 나중에 자가용을 샀을 때의 기쁨을 안다"며 역정을 내자, "손주 녀석들 키우는 문제에까지 시아버지가 잔소리를 할 거냐"며 막아 준 이도 변 씨였다.

칭찬에 인색했던 정주영 회장도 아내를 가리켜 "늘 통바지 차림에 무뚝뚝하지만 60년을 한결같고 변함이 없어 존경한다"고 자서전에서 고백했을 정도다. "아내를 보며 현명한 내조는 조용한 내조라는 생각을 굳혔다"고도 했다.

그러나 자식을 먼저 땅에 묻는 참척(慘慽)의 고통과 여자로서의 마음고생을 거치면서 '살아있는 보살'도 탈이 났다. 거동이 불편해 10년 넘게 병원(현대아산병원) 생활을 하다 2007년 타계했다.

## 현대가의 여자들

현대가의 딸이나 며느리들은 '소리'가 나지 않는다. 이화여대(정경희, 이양자, 현정은, 김혜영, 정유희 등) 출신에 해외유학(김영명, 정지선, 황서림, 허승원 등)까지 다녀온 재원들이 적지 않지만 경영에 참여하거나 대외활동에 나서는 사람이 거의 없다. 하다못해 남편을 따라 공식 행사에 모습을 드러내는 일도 드물다. 유일한 경영자인 현정은 회장도 남편이 갑자기 세상을 떠나기 전까지는 '전업주부'였다.

오너 일가를 가까이서 들여다본 한 관계자는 "지금도 명절 때면 청운동 집(정주영 회장이 생전에 오랫동안 살던 집)에 몇 대에 걸친 며느리들이 모두 모여 도란도란 얘기를 나누며 음식을 직접 장만한다"면서 "옷차림들도 수수하고 인상이 소박해 언뜻 봐서는 재벌가 며느리란 느낌이 전혀 들지 않는다"고 전했다. 그러면서도 한결같이 미인들이다. 어떤 이는 그 이유를 '유난히 많은 연애결혼'에서 찾는다.

현대가의 며느리들은 4월을 '제사의 달'이라고 부른다. 시아버지(정주영 회장)가 생전에 워낙 제사를 중시한 데다 온갖 제사가 몰려 있어 4월에는 아예 청운동 시댁 부엌에서 살다시피 했다. 시아버지의 독특한 '밥상머리 교육' 때문에 새벽마다 시댁으로 가 아침식사도 직접 준비해야 했다.

한 며느리는 "새벽 3시 반에 갔다는 항간의 얘기는 다소 과장이고 이를 때는 4시 반, 보통 때는 5시나 5시 반쯤 갔다. 시아버님이 대선에 출마했을 때 새벽마다 수행원들 몫까지 김밥을 엄청나게 쌌던 기억이 난다"고 털어놓았다.

언젠가 한번은 아들들이 꾀가 나 아침식사 회동에 몇 번 빠졌다. 대로한 왕회장이 "모두 들어와 살라"고 불호령을 내려 1년간 청운동 시댁 주변에 모두 모여 산 적도 있다고 한다. 여자들이 나서는 것을 극도로 싫어한 왕회장이지만 말년에는 겸상 식사도 허용했다고 한다.

만며느리 이양자 씨는 수도여대를 나와 한때 아나운서로 활동했다. 이 씨가 1991년 암으로 세상을 뜨면서 실질적 만며느리 역할을 해온 둘째 며느리 이정화(정몽구 현대차그룹 회장 부인) 씨는 당시 명문으로 꼽히던 숙명여고를 나왔다. 빼어난 미모로 유명했던 넷째 며느리 이행자 씨는 한양대 출신으로 세간에 알려졌지만 실제로는 숙명여대에서 발레를 전공했다.

유난히 여대 출신이 많은 데는 이유가 있다. "여자는 여대를 가야한다"는 왕회장의 보수성 때문이었다. 이화여대에 수석 입학해 화제가 됐던 손녀 유희 씨(몽필 씨 딸)도 원래는 연세대 원서를 다 써놓은 상태에서 할아버지에게 '보고'했다가 된통 혼이 난 뒤 여대로 틀었다고 한다.

며느리든 딸이든 해외유학까지 다녀오고도 회사 경영이나 사회활동에 참여하는 이가 거의 없는 것도 유교적 가풍 탓이다.

왕회장은 "살림에만 신경 쓰라"며 며느리들에게 골프도 치지 못하게 했다. 현정은 회장은 이 말을 곧이곧대로 듣고 골프장 근처에는 얼씬도 하지 않았다고 한다. 나중에서야 시아버지 몰래 살짝살짝 친다는 동서들의 얘기를 듣고 뒤늦게 골프를 배웠다. 하지만 영 재미가 붙지 않아 골프장에 딱 3번 나가 본 뒤 관뒀다고 한다.

## ‖ 현대맨과 가신들 ‖

"내가 하면 우리나라에서 제일 먼저 시도하는 것이고, 세계에 한국을 들이미는 일이었다. 그런 생각으로 다들 덤볐고, 그랬기에 자부심 또한 대단했다. 번듯한 직장과 두둑한 월급도 중요했지만 국가경제에 끼쳤던 절대적 영향력이 없었다면, 제 아무리 왕회장이 무서워도 그렇게 무모하리만큼 청춘을 불사르며 죽어라 달려들지는 않았을 것이다."

25년을 현대에서 부대낀 이계안(63) 전 의원은 자신을 포함한 현대맨들에 대해 이렇게 표현했다.

기자는 짐짓 딴죽을 걸어 보았다. "그렇지만 세상에는 당신들을 가신이라 부르며 곱지 않게 보는 시선도 있다."

말이 끝나기가 무섭게 대답이 돌아왔다.

"물론 오너(창업주 일가)와의 친분으로 사장이 된 사람도 있다. 또 내부 세력 다툼에서 촉발된 경영권 분쟁이 있었던 것도 사실이다. 그러나 대부분은 치열한 경쟁을 뚫고 정상에 오른 사람들이다. 정주영 회장과 함께 건설, 자동차, 중공업 등 국가 기간산업을 무에서 일으킨 사람들이다. 부분적인 그림자가 있다고 해서 '경제인 정주영'과 현대맨들이 흘렸던 땀과 노력을 평가절하해서는 안 된다."

현대에는 여느 그룹처럼 구조조정본부가 없다. 그렇다고 비서실 인맥이 뚜렷한 것도 아니다. '회장님'(정주영)과 '현대맨', 두 가지 구

분법만이 있을 뿐이다. 이 같은 독특한 구조 때문에 '가신그룹'이라는 부정적 단어도 생겨났지만 오늘날의 현대를 일궈낸 데는 현대맨들의 열정과 우직한 노력을 빼놓을 수 없다.

## 현대, 현대맨, 현대스타일

현대맨들에게는 이른바 '현대 스타일'이라고 하는 공통점이 있다.

첫째, 부지런하다. "부의 원천은 근검"이라며 새벽 6시에 출근해 7시에 임원회의를 소집한 정주영 회장의 스타일에 적응하다 보니 근면이 아예 몸에 배어 버렸다. 정주영 회장이 세상을 뜨고 그룹이 뿔뿔이 쪼개진 지금도 현대라는 간판을 단 회사의 직원들은 오전 7시면 출근한다.

둘째, 저돌적이다. 이 역시 "이봐, 해봤어?" 하는 정주영 회장의 윽박지름에 오랜 세월 단련된 결과다. 이 때문에 때로는 거칠고 무모하다는 평가도 받지만 일단 '문제'에 달려들어 해보려는 의지가 남다르다.

셋째, '정주영 마니아'다. 어느 그룹이나 창업주에 대한 직원들의 존경심은 대단하지만 현대맨들의 정주영 회장에 대한 경외심은 일반인의 상상을 넘어선다. "그분의 부지런함, 하면 된다는 의지, 집요한 노력을 곁에서 보고 있노라면 나도 모르게 가슴 밑바닥에서부터 뭔가가 끓어오른다." 정주영 회장과 함께했던 현대맨들의 한결같은 고백이다.

그룹의 모태인 현대건설에 대한 창업주의 애착은 남달랐다. 때문에 현대건설 출신이 아니면 그룹에서 성장하기 어려웠고, 건설 스타일이 아니면 적응하기도 어려웠다.

건설 인맥의 맏형은 훗날 그룹 상임고문까지 지낸 이춘림 전 회장이다. 1957년 현대건설에 입사해 1977년 1월 사장을 지낼 때까지 직장생활의 대부분을 건설에서 보냈다.

그 뒤를 잇는 이는 이명박 전 대통령이다. '현대맨의 전형'으로 불리는 이 전 대통령은 1965년 현대건설 공채로 입사해 5년 만에 이사, 12년 만에 사장이 됐다. 이후 1991년까지 현대건설 회장으로 장수하며 '샐러리맨 신화'를 만들어 냈다. 하지만 정작 이 전 대통령은 자서전 《신화는 없다》에서 이렇게 말한다.

"세간에서 나를 신화의 주인공이라고 한다. 그러나 신화는 명명하는 사람들, 밖에서 보는 사람들에게만 신화일 뿐, 안에 있는 사람에게 그것은 겹겹의 위기와 안팎의 도전으로 둘러싸인 냉혹한 현실이다. 시련이라는 험한 파도 앞에서 나는 우회하지 않고 정면돌파를 시도했다."

서울시장 재임 중에 밀어붙인 청계천 복원과 교통체계 개편은 그가 건설 출신의 현대맨임을 단적으로 보여 준다. 일각에서는 그에 대한 일화가 지나치게 과장됐다는 지적도 있다. 현대의 한 고위 임원은 "태국 근무 때 강도에게서 회사 금고를 지켰다는 일화 등 일부 얘기는 다소 부풀려졌다"면서 "정주영 회장과도 막판에는 사이가 벌어졌다"고 밝혔다.

이명박의 뒤를 잇는 이내흔 회장은 1990년대의 현대건설을 키운 주역이다. 1970년 현대건설에 입사해 1991년 11월부터 7년 가까이 현대건설 사장을 지냈다. 100% 국산 기술로 원자력발전소(영광 3·4호기)를 지어 우리나라 원전 건설사에 새 장을 열었다. 이 공로로 금탑산업훈장을 받기도 했다. 정주영 회장이 말년에 가장 애착을 가졌던 서산간척사업의 토대도 그가 닦았다. 옛 현대전자에서 분사된 홈네트워크시스템 전문구축업체 현대통신을 인수해 현재 대표이사 회장을 맡고 있다.

또한 잠시 대학 강단에 섰다가 '친정'으로 돌아온 이지송 현대건설 사장은 2004년 사상 최대의 이익을 달성하며 옛 영광 재현에 나서기도 했다.

박세용 전 INI스틸 회장과 심현영 전 현대산업개발 사장도 현대건설 출신이다. 박세용 전 회장은 비자금 문제에 연루돼 중동에서 옥고를 치르면서도 단 한마디도 입을 열지 않아 정주영 회장의 두터운 신임을 얻어 냈다. 외환위기 때는 그룹 구조조정본부장을 맡았다. 대학(연세대) 선후배라는 인연까지 더해져 정몽헌(MH) 회장의 믿음도 컸다. 이 때문에 그가 1999년 12월 31일 현대차 회장으로 발령 나자 'MH계의 자동차 접수'라며 MK(정몽구 현대차 회장) 진영의 반발을 샀고, 결국 형제 간 다툼의 시초를 제공했다.

## 왕회장의 그림자 인맥

정주영 회장의 최장수 비서를 지낸 이병규 전 비서실장(현 〈문화일보〉 회장)이 단연 첫 손에 꼽힌다. 1977년 1월부터 1991년 12월까지 무려 14년을 회장 비서실에서만 근무했다. 1992년 정주영 회장이 통일국민당을 창당했을 때도 당으로 옮겨 정 회장을 '모셨다'. 이 기간까지 포함하면 꼬박 15년이다.

정치자금 관리 혐의로 1년 8개월 동안 '5평짜리 아파트에서 연탄을 직접 갈며' 숨어 지내면서도 단 한 번도 불편한 내색을 내비치지 않아 "가신을 넘어 분신"이라는 평을 들었다. 정주영 회장 장례식 때 조사를 읽은 사람도 그다.

육군 중위 출신의 김영일 전 현대백화점 사장도 통일국민당 사무부총장을 맡아 정주영 회장을 그림자처럼 보좌했다. 이 공을 인정받아 1994년부터 5년간 금강개발산업(현 현대백화점) 사장을 지냈다. 김 전 사장이 금강개발산업으로 발령 나자 셋째 아들인 몽근(현 현대백화점 회장) 씨 진영은 '왕회장의 친정체제 구축'으로 이어질까봐 바짝 긴장하기도 했었다. 지금은 리츠칼튼CC 등 골프장 운영업체인 애머슨 퍼시픽 부회장을 맡고 있다.

이진호 전 고려산업개발 회장도 빼놓을 수 없다. 스스로를 '명예회장의 지팡이'라고 불렀을 정도다. 미 연방수사국(FBI) 출신으로 1992년 대선 때 정주영 회장의 경호 책임을 맡았다. 그러나 고려산업개발이 부도나기 직전인 2000년 말에 현대를 떠나면서 씁쓸한 인상을 남겼다. 정몽우(정주영 회장의 4남) 씨의 부인 이행자 씨의 친오빠이기도 하다.

정주영 회장이 전국경제인연합회장을 10년간 역임할 때 통역을 담당했던 박정웅 씨도 '인간 정주영'을 가까이서 들여다본 인물이다. 이때의 일화를 엮어 《이봐, 해봤어?》라는 제목의 책도 냈다. 책에 나오는 한 대목. "호칭을 보면 회장님의 기분상태를 알 수 있었다. 기분이 좋으면 '김 이사' 식으로 아랫사람들의 직책을 불렀지만 기분이 나쁘면 '그치'라고 불렀다."

책을 본 현대산업개발 정세영 명예회장은 "제목을 정말 잘 지었다"며 무릎을 쳤다고 한다. 생전에 정주영 회장은 아랫사람들이 불가능하다며 고개를 저을 때면 "이봐, 해보기나 했어?"라며 다그치곤 했다.

칭찬에 인색했던 정주영 회장이 드물게 아랫사람들을 칭찬한 적이 있다. 독일 바덴바덴에서 88서울올림픽을 유치했을 때다. 정주영 회장은 자서전 《시련은 있어도 실패는 없다》에서 "프랑크푸르트 지점전 직원과 그 부인들까지 혼연일체가 돼 한 가지 목표(올림픽 유치)를 향해 뛰었다"며 올림픽 유치의 숨은 공로를 현대건설 프랑크푸르트 지점 식구들에게 돌렸다.

재료가 변변찮은 이국땅에서 30~50명분의 한국음식을 매일같이 해 나른 사람이 채수삼 당시 프랑크푸르트 지점장이다. 그 열정과 노력을 인정해 정주영 회장은 1993년 그를 '그룹 통합구매실장'으로 불러들였다. 이후 광고계열사 금강기획 사장을 맡았다. 퇴직 이후에는 〈서울신문〉 사장을 지내기도 했다.

그룹 '7인 회의' 멤버였던 김형벽 전 현대중공업 회장, 그룹 종합기획실 인맥의 대부로 불리는 이현태 전 현대석유화학 회장, '포니 정'

(정세영)과 함께 현대차의 기반을 닦은 박병재 전 현대차 부회장, 현대종합상사를 일군 김고중 전 현대아산 부사장도 빼놓을 수 없는 현대맨들이다.

## MK 인맥의 전면부상

MH 쪽에 김윤규 - 이익치 - 김재수가 있었다면, MK 쪽에는 유인균 - 이계안 - 정순원이 있었다. 세 사람 모두 MK의 고등학교(경복고) 선후배다. 가장 선배인 유인균 전 INI스틸 회장은 보는 이에 따라 시각이 엇갈리기는 하지만 '의리파'로 통한다. 김익환 전 기아차 사장이 세 싸움에서 밀려 쉬고 있을 때 "유능한 후배를 놀려서는 안 된다"며 앞장서 불러들였다.

이계안 전 의원은 1976년 현대중공업으로 입사해 2004년 총선에 출마할 때까지 20년 넘게 현대에 몸담았다. 현대 시절의 가장 큰 보람으로 이 의원은 기아차 인수를 꼽았다. "기아차를 인수하자고 하니까 그룹 내에서 다들 겁먹고 물러서며 반대했다. 찬성한 사람은 오직 정몽구 회장 한 사람뿐이었다." 이 의원은 '규모의 경제'를 내세워 결국 기아차를 성공적으로 인수했다. 이 일로 MK의 신뢰를 굳혔지만 MK 인맥 내 세 싸움에서 밀려나 현대를 떠났다는 관측도 있다.

정순원 현 로템 부회장은 경제학 박사 출신답게 학자 스타일이다. 현대차그룹의 구조조정본부격인 기획총괄본부장을 오랫동안 맡았다.

현대차써비스 출신의 윤명중 전 현대하이스코 회장, 자타가 공인하는 해외영업통 김뇌명 전 기아차 부회장, '영업의 귀재' 김수중 전

기아차 사장, 현대정공(현 현대모비스) 창립 멤버인 박정인 현대모비스 회상 등도 MK 인맥의 핵이다.

유인균 - 박정인 - 김동진(현대차 부회장)으로 이어지는 '현대정공 인맥'은 저돌성과 로열티(오너에 대한 충성심) 면에서 '건설 인맥'과 매우 흡사하다는 평을 듣는다.

현대에는 출신 성분(입사 계열사) 못지않게 대학을 연결고리로 한 인맥이 있다. 이현태 - 박세용 - 김재수 등으로 이어지는 연세대 인맥과, 정세영 - 이명박 - 김호일(전 현대해상 사장) 등으로 이어지는 고려대 인맥이다. 두 인맥은 오랜 세월 견제와 갈등 관계를 지속해 왔다. 고려대 인맥은 MK의 외아들인 정의선 부회장으로 연결된다.

팔순을 바라보는 어느 전직 현대 사장의 얘기다. "어느덧 창업주의 2, 3세들이 그룹을 각자 나눠 이끌고 있다. 부디 아무것도 없던 데서 조국경제를 일으켰던 왕회장의 헝그리 정신과 초심을 도도히 되살려 정주영가의 영광과 거기에 젊음을 불살랐던 현대맨들의 긍지를 재현했으면 하는 바람이다."

# 현대그룹

## 현정은 회장의 승부사 기질

2003년 10월, 현정은(60) 현대그룹 회장의 취임은 혼란 속에 이뤄졌다. 그룹 전체가 유동성 위기에 빠졌고, 갑작스러운 남편 정몽헌 회장의 타계로 그룹은 구심점을 잃었다. 설상가상으로 시숙부인 정상영 KCC 명예회장의 경영권 공격도 있었다. 현 회장은 당시 "어금니가 빠질 정도로 극심한 스트레스를 받았다"고 회상했다.

그리고 10년. 경영권 방어에 성공한 현 회장은 몇 번의 위기를 더 이겨내야 했다. 그때마다 현 회장은 사업가였던 부모로부터 물려받은 승부사적 기질을 여지없이 드러냈다. 현 회장은 현영원(2006년 작고) 신한해운 회장과 김용주 전방 창업주의 외동딸인 김문희(87) 용문학원 이사장 슬하의 딸 넷 중 둘째다.

173

현정은 회장이 2013년 7월 22일 정몽헌 회장 10주기 추모 사진전 개막식에서 임직원
1만여 명의 사진으로 만들어진 정몽헌 회장의 대형 모자이크 사진 가운데 마지막 한 조각을
끼우고 있다.

현 회장에게 2013년은 특히 위기의 한 해였다. 해운업 침체로 현대
그룹은 주력 업종이 직격탄을 맞았고 그룹 경영에 비상이 걸렸다. 현
회장의 선택은 선제적 자구안이었다. 현 회장은 주 채권은행인 산업
은행과 3조 3천억 원 규모의 자구안을 마련해 위기 탈출을 선언했다.
당초 계획에도 없던 물류계열사 현대로지스틱스의 지분 매각이라는
고강도 자구책도 꺼내 들었다.

먼저 현 회장은 핵심자산이던 현대상선 LNG 운송사업부문을 당초
자구안보다 4개월여 빠르게 매각하는 데 성공했다. 2014년 2월 LNG
운송사업부문 매각 우선협상자로 IMM컨소시엄을 선정했고 이후 두
달여 동안 실사를 거쳐 2014년 4월 30일 최종 계약을 체결했다. 자구
안을 발표한 지 5개월도 지나지 않아 모든 계약을 완료한 셈이다.

현대로지스틱스가 당초 계획했던 대로 기업공개(IPO)가 아닌 지분 매각의 길을 간 데도 현 회장의 과감한 결정과 순발력이 결정적인 역할을 했다는 게 회사 관계자들의 전언이다.

　　2014년 9월에는 꾸준한 문제로 지적돼 왔던 그룹의 순환출자 구조를 단번에 해소하며 명실상부 현정은의 현대그룹을 만들었다. 현대로지스틱스 지분 매각대금 440억 원을 활용해 현대상선이 보유한 현대글로벌 지분을 매입하여 순환출자 구조를 단선 구조로 바꾼 것이다.

　　이전까지 ‘현대글로벌 → 현대로지스틱스 → 현대엘리베이터 → 현대상선 → 현대글로벌’ 구조로 이어진 그룹의 순환 고리가 이제는 ‘현정은 회장 일가 → 현대글로벌 → 현대엘리베이터 → 현대상선’ 구조로 이어져 있다. 현대글로벌 지분은 현 회장이 91.3%, 장녀 정지이 현대유엔아이 전무가 7.9%, 차녀 정영이 현대상선 과장이 0.2%, 막내 정영선 씨가 0.6%를 가지고 있다.

　　현대그룹은 2003년 현정은 회장 취임 이후 10년 만에 자산규모가 4배, 매출이 2배 이상 늘어나며 견실한 기업으로 탈바꿈했다. 그룹 자산은 2003년 8조 원에서 2013년 30조 원으로 증가했으며 매출은 같은 기간 5조 원에서 12조 원으로 늘어났다. 이제 현 회장의 꿈은 현대그룹의 새로운 먹거리 창출과 해외시장 확대에 있다.

　　계열사 가운데 가장 눈에 띄는 건 현대엘리베이터의 급성장이다. 업계 유일의 토종기업인 현대엘리베이터는 7년 연속 국내 승강기시장 점유율 1위를 발판으로 2013년 매출 1조 662억 원을 기록해 ‘매출 1조 클럽’에 가입했다. 제조업 분야에서는 드물게 영업이익률 10%를 나타냈다.

## 현대그룹 지분구조

단위 : %

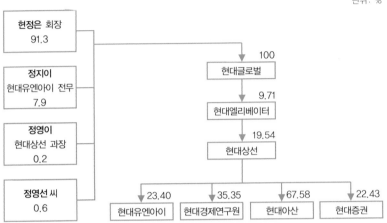

## 현대그룹 매출 증가 추이

단위 : 원

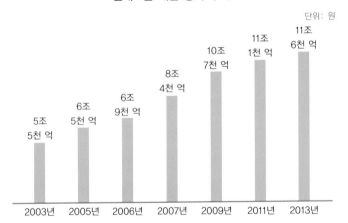

현대엘리베이터는 해외시장 확대에도 박차를 가하고 있다. 2014년 1월 중국 현지법인인 '상해 현대전제제조유한공사'의 지분 100%를 확보해 본격적인 중국시장 공략에 나섰다. 2014년 4월에는 연 생산 3천 대 규모의 브라질 공장을 완공해 남미시장 진출 거점을 마련했다. 공장 완공에 앞서서는 브라질올림픽 선수촌아파트 승강기 159대를 전량 수주하는 성과를 거두기도 했다.

현대상선도 2014년 1만 3,100TEU(1TEU는 20피트 분량 컨테이너 한 대분)급 신조 컨테이너선 5척을 아시아~유럽 노선에 추가 투입하는 등 적극적인 해외 공략에 나서고 있다.

이처럼 불가능을 가능으로 만든 데는 현 회장이 취임 이후 착실히 다져 온 내실경영의 힘이 컸다. 현 회장은 영업을 최우선시하는 '슈퍼 세일즈 이니셔티브'를 추진해 '영업의 현대'를 만드는 데 역점을 둬왔다.

2009년 현대아산 직원 억류사건 때도 현 회장은 2박 3일 일정으로 방북 길에 올라 5차례나 북한 체류 일정을 연장하는 등 끈질긴 기다림 끝에 김정일 국방위원장과의 면담을 성사시켰다. 면담 결과 북측 조선 아시아태평양평화위원회와 이산가족 상봉 등 5개 항에 합의하는 성과도 일궈 냈다.

물론 끈질긴 승부사의 모습이 현 회장의 전부는 아니다. 현 회장은 안으로는 직원들을 살뜰히 챙기는 것으로도 유명하다. 한여름 복날 전 직원에게 삼계탕을 보내기도 했다. 임직원들에게는 자녀 교육에 지침이 되는 책이나 수험생 자녀를 위한 목도리, 여직원들에게는 여성 다이어리 등을 선물하는 등 세심함을 보이기도 한다.

## 현정은 회장의 인맥

현정은 회장의 인맥은 정계, 재계, 학계, 여성계 등 각계를 망라한다. 우선 집안이 화려하다. 현 회장의 할아버지인 무송 현준호 씨는 해방 전까지 호남에서 손꼽히는 갑부로 불렸다. 일제 때 호남은행을 세워 일제의 자본수탈에 대항했지만 강제 해산 당했다. 현 회장의 아버지인 현영원 신한해운 회장은 바로 무송 현준호의 셋째 아들이다.

어머니 김문희 용문학원 이사장은 현정은 회장이 현대그룹을 맡고 경영하는 과정에서 묵묵히 버팀목 역할을 해준 것으로 알려져 있다. 김문희 이사장은 김창성 전 한국경영자총협회 회장과 김무성 새누리당 대표의 누나다. 김창성 회장과 김무성 대표는 현정은 회장에게는 외삼촌들이다.

현정은 회장은 또한 경기여고와 이화여대 출신으로 막강한 인맥을 자랑한다. 경기여고 출신으로는 강금실 전 법무부 장관, 장영신 애경그룹 회장, 홍라희 리움미술관장, 김영란 전 대법관, 이미경 CJ엔터테인먼트 부회장 등이 있다. 이화여대(사회학과) 동문 출신으로는 이명희 신세계그룹 회장, 한경희 한경희생활과학 대표, 한명숙 전 총리, 전효숙 전 헌법재판관, 정명금 한국여성경제인협회 회장 등이 있다. 서울과학종합대학 최고경영자과정 동기로는 문국현 한솔섬유 대표, 김신배 SK텔레콤 부회장 등이 있다.

북한과의 인연도 남다르다. 2005년 7월 원산에서 백두산 개성 시범관광을 논의하기 위해 김정일 국방위원장을 만나는 등 모두 세 차례나 김 위원장과 독대할 정도의 깊은 인연을 과시했다. 현 회장은 이

178

밖에도 2013년 11월 대한상의 서울상공회의소 부회장에 선임된 이후 재계 인맥을 넓히는 데 힘을 쏟고 있다.

인맥 관리는 주로 이메일을 이용하는 것으로 알려져 있다. 현 회장은 연말이면 e카드에 감사함을 담은 어구를 넣어 보낸다. 그가 부친상을 당했을 때 조문객들에게 하나하나 감사의 편지를 보낸 일화는 유명하다.

## 현대그룹의 3세들

장녀 정지이(38) 전무는 현재 계열사인 현대유엔아이에 재임 중이다. 정 전무는 이화여자외국어고등학교, 서울대 고고미술사학과를 졸업하고 연세대 대학원에서 신문방송학을 전공했다.

현대그룹에는 2004년 현대상선 재정부 사원으로 입사하였으며, 2005년 대리를 거쳐 회계부 과장을 지낸 뒤 2006년 IT 회사인 현대유엔아이 기획실장(상무), 2007년 전무로 승진했다.

정 전무는 사내에서 상당히 호의적인 평가를 받는다. 항상 밝은 모습을 잃지 않으며 전무라는 직급을 앞세우기보다는 직원들에게 먼저 다가가 격의 없는 담소를 나누는 등 소탈함을 보인다는 게 회사 관계자들의 얘기다.

업무에서도 꼼꼼함과 치밀함을 지녔다는 평이다. 기획력과 추진력, 우수한 어학 실력까지 겸비한 재원으로 릴레이 마라톤 대회, 경복궁 돌보기 운동 등 사내외 행사에 적극적으로 참여할 뿐만 아니라 직원들과의 회식에도 스스럼없이 동참한다.

## 현대그룹 가계도

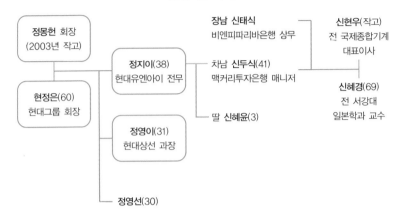

정몽헌 회장
(2003년 작고)

현정은(60)
현대그룹 회장

정지이(38)
현대유엔아이 전무

정영이(31)
현대상선 과장

정영선(30)

장남 신태식
비엔피파리바은행 상무

차남 신두식(41)
맥커리투자은행 매니저

딸 신혜윤(3)

신현우(작고)
전 국제종합기계
대표이사

신혜경(69)
전 서강대
일본학과 교수

**정몽헌**
전 현대그룹 회장

**현정은**
현대그룹 회장

**정지이**
현대유엔아이 전무

**정영이**
현대상선 과장

정 전무는 2011년 9월 외국계 투자금융그룹 맥커리투자은행 매니저로 일하고 있는 신두식(41) 씨와 결혼식을 올렸다. 이날 결혼식은 범현대가 친·인척과 정·재계 관계자 500여 명이 참석한 가운데 비공개로 치러졌다.

신두식 씨는 2011년 초 암으로 세상을 떠난 신현우 전 국제종합기계 대표와 신혜경(69·여) 전 서강대 일본학과 교수의 2남 중 차남이다. 집안끼리는 알던 사이였고 친구 소개를 통해 연인 관계로 발전한 것으로 알려져 있다. 신 씨 집안은 독실한 기독교 집안으로 결혼식도

180

기독교식으로 치렀다. 아버지 신현우 전 대표는 생전 지구촌교회 장로였고 어머니 신혜경 전 교수는 권사였다. 신두식 씨는 초등학교와 고등학교를 모두 일본에서 나온 것으로 알려졌다.

신혜경 전 교수는 1978년 남편과 함께 일본으로 유학을 떠나 조치(상지) 대에서 사회언어학을 전공하고 석·박사를 취득한 일본학 권위자다. 2014년 8월 말 정년퇴임했지만 현재 명예교수로 활동하며 일본문화 연구와 후학 양성에 참여하고 있다. 정 전무와 신 씨 사이에는 딸 혜윤(3) 양이 있다.

정지이 전무는 주요 대북사업 때마다 현정은 회장과 함께 방북하며 현 회장을 그림자처럼 보필해 왔다. 2005년 7월 북한 원산에서 이뤄진 김정일 국방위원장과 현 회장 간의 면담에 동행해 김 위원장으로부터 "안경만 쓰면 아버지와 똑같이 생겼겠다. 희망을 잃지 말고 힘내라"고 격려받기도 했다.

정 전무는 2005년 8월 실시된 개성 시범관광 때도 현 회장과 함께 개성을 찾았고, 2006년 5월 실시된 내금강 남북한 공동답사 때도 현 회장 곁에 함께했다. 2007년 10월 현정은 회장이 김정일 위원장을 평양에서 다시 만났을 때도 정지이 전무는 김 위원장 바로 옆자리에 앉았다.

차녀 정영이(31) 과장은 미 펜실베이니아대에서 경영학을 전공하고 유학을 마친 뒤 2012년 6월 현대유엔아이에 입사했다. 서울 상명여고 1학년 재학 당시 혼자서 미국으로 유학을 떠났을 만큼 당찬 성격이다. 현재는 현대상선 경영기획팀 과장으로 재무와 회계 관련 업무를 맡아 업무 감각을 익히고 있다. 보스턴 근교에 위치한 사립고교 쿠

싱 아카데미를 졸업했다.

셋째인 장남 정영선(30) 씨는 국내 대학을 거쳐 군 복무를 마친 뒤 현재 미국에서 유학 중이다. 총 쏘는 것을 좋아하고, 쾌활한 성격에 친구도 많다. 아버지 장례식 때는 당시 고3 수험생이었는데도 많은 친구들이 빈소를 찾아 화제가 됐다.

현대그룹 측은 "3세들이 아직 어려 그룹의 후계구도를 논하는 것 자체가 시기상조"라는 입장을 밝히고 있다. 현 회장의 나이가 만 60세이고 그룹을 맡은 지 10여 년밖에 되지 않았기 때문이다.

## 현대그룹의 대표들

현대그룹 계열사 대표들은 선이 굵고 통이 큰 편이다. 주요 계열사 대표들을 살펴보면 추진력과 열정을 중시하는 현대식 문화를 엿볼 수 있다. 2014년 제2기 신경영 선언에서 수익성 강화와 함께 글로벌 경쟁력 강화에 방점을 찍은 만큼 대범하게 위기를 극복하고 해외시장에서 영업력을 발휘할 수 있는 인물들이 눈에 띈다.

이백훈(59) 현대상선 대표는 2014년 9월부터 현대그룹의 핵심 계열사인 현대상선을 진두지휘하고 있다. 홍익고, 연세대 사회학과를 졸업했으며 SK해운을 거쳐 2007년부터 현대상선 WET벌크영업 및 인사담당(CHO) 임원을 지낸 인사통이다. 그룹 내부에서는 최근 몇 년간 유례없는 해운업 장기 불황으로 경영의 어려움이 심화된 가운데 과감한 자구 추진 등으로 조기 경영정상화를 구축할 수 있는 최적임자로 평가받고 있다.

## 현대그룹 계열사 주요 CEO

**이백훈**(59)
현대상선 대표(부사장)
홍익고, 연세대 사회학과

**윤경은**(53)
현대증권 대표(사장)
경성고, 한국외대 영어학과

**한상호**(59)
현대엘리베이터 대표(사장)
춘천 제일고,
연세대 중어중문학과

**조건식**(63)
현대아산 대표(사장)
서울고, 서울대 정치학과
경남대 북한대학원
북한학 석사,
경남대 대학원 정치학 박사

**이진우**(55)
현대유엔아이 대표(전무)
보성고,
성균관대 이과대학 수학과

　윤경은(53) 현대증권 사장은 세계 금융시장에 조예가 깊은 경영자로 통한다. 특히 증권업계에서 손꼽히는 국제영업력과 파생상품 전문지식을 갖춘 인물로 평가받는다. 경성고, 한국외대 영어학과를 졸업한 뒤 제럴드 한국지사, 파리바은행 등 외국계 투자금융(IB)에서 근무했다. 신한금융투자 트레이딩그룹 부사장, 솔로몬투자증권(현 아이엠투자증권) 대표를 지냈다.

　최근 사상 최대 실적을 쏟아 내고 있는 현대엘리베이터는 한상호 (59) 사장이 이끈다. 강원도 양양 출신으로 국내 기업인 중에서도 손에 꼽히는 중국통이다. 춘천 제일고, 연세대 중어중문학과 출신인 한 사장은 1984년부터 LG상사, LG오티스 등에 재직하며 중국 본토는 물론 대만, 홍콩 등 범중화권에서 두루 경력을 쌓았다. 공군 정보장교 출신인 한 사장은 전형적인 덕장형 리더로 알려져 있다.

2008년 금강산 관광 중단 이후 현대아산을 이끌었던 조건식(63) 사장은 일선에서 물러난 뒤 4년 만인 2014년 3월 재취임했다. 대통령비서실 통일비서관, 통일부 교류협력국장, 통일부 차관을 역임한 조 사장은 자타가 공인하는 남북관계 전문가다. 현대아산에 다시 돌아온 조 사장의 취임 일성은 "금강산 관광 재개의 물꼬를 트자"였다.

조 사장은 취임 이후 관광 재개를 위해 분주히 움직이고 있다. 2014년 8월 금강산 방문에 이어 11월 18일에는 현정은 회장과 북측 조선아시아태평양 평화위원회 원동연 부위원장이 참석한 가운데 남북 공동으로 '금강산 관광 16주년 기념식'을 가졌다. 이 자리에서 현대아산과 북측은 관광 새개를 위한 결의를 다졌다.

이진우(55) 현대유엔아이 대표는 전무급으로 그룹 내에서 선망받는 IT 리더다. 보성고, 성균관대 수학과 출신으로 한국HP, 시스코코리아 등 유수의 글로벌 IT 기업 임원을 거쳤다.

특히 '상하 간의 격의 없는 소통'과 '현장경영'을 중시하는 경영철학을 바탕으로 호프데이, 주니어 보드 등 다양한 의사소통 채널을 열어 새로운 조직문화 형성에도 크게 기여했다는 평가를 받고 있다.

## ‖ 정몽헌 전 회장과 현정은 회장 ‖

‘비운의 황태자’ 몽헌 씨는 1998년 그룹 공동회장으로 취임하면서 화려한 비상을 시작했다. 1983년 현대전자(현 하이닉스반도체)를 설립해 4년 만에 흑자로 돌려놓으면서 아버지 정주영 회장의 두터운 신임을 끌어냈다. 2000년에는 형들을 제치고 그룹 단독회장에 추대되기도 했다. 하지만 ‘대북 송금’ 사건에 연루돼 검찰조사를 받던 중, 2003년 8월 4일 타계했다.

“믿겨지지 않았다.”

2003년 8월 4일 새벽. 그룹 비서실에서 걸려온 전화 한 통을 받아든 현정은 현대그룹 회장은 훗날 지인에게 “처음엔 애 아빠(정몽헌 회장)의 죽음을 믿을 수 없었다”고 털어놓았다.

그러나 현정은 회장은 남편의 죽음을 제대로 슬퍼할 겨를도 없었다. 시숙(정상영 KCC그룹 명예회장)에게서 그룹을 지켜야 했다. 경영 전면에 나섰다. 21살에 현대가로 시집와 30년 가까이 살림만 했는데 세상에 나오는 것이, 그것도 시아버지(정주영 명예회장)가 평생을 일군 그룹을 덜컥 떠맡는 게 두렵지 않았을까.

지인의 얘기다. “나도 그 점이 궁금해 언젠가 한번 물어봤다. 그랬더니 그때는 (경영권 분쟁으로) 상황이 너무 다급해 두려워할 겨를조차 없었다고 하더라.”

금강산 관광은 1998년 11월 18일
금강호가 826명을 태우고 북한
장전항에 입항하며 시작됐다.
같은 해 12월 현정은 회장 가족이
금강산 구룡폭포 앞에서 찍은
가족사진이다.
왼쪽부터 고 정몽헌 회장,
차녀 정영이 현대상선 과장,
장녀 정지이 현대유엔아이 전무,
막내 정영선 씨. 현정은 회장.

그렇게 현대가의 '조용한' 며느리에서 그룹 회장으로 취임한 때가 2003년 10월 21일. 그로부터 1년여. 주력 계열사인 현대상선은 '관리 종목'의 악몽에서 벗어나 2004년 사상 최대 순익(4,279억 원)을 올렸다. 금강산 관광사업을 주도하는 현대아산 역시 소폭이나마 첫 흑자(8억 원)를 기록했다. 현대엘리베이터(839억 원), 현대증권(580억 원 추정치), 현대택배(74억 원), 현대경제연구원(3억 원)도 2004년 흑자로 돌아섰거나 흑자를 지켰다. 그룹 경영을 맡은 지 불과 1년 만에 6개 계열사 모두를 흑자로 돌려놓은 것이다.

어떤 이는 이를 두고 '운'이라고도 말한다. 그러나 왕회장(정주영 명예회장) 시절부터 현대에 몸담아 온 한 임원의 해석은 다르다.

"운이 좋았던 것도 사실이다. (현 회장 취임 후) 해운 경기가 살아나면서 그룹의 주축인 현대상선이 살아났으니까…. 그러나 그것만으로는 설명이 안 되는 부분이 있다. 전에 비해 그룹의 방향이 매우 뚜렷해졌다. 현 회장은 한번 결정을 내리면 단호하다. 흔들리지 않는다. 배포와 결단력은 오히려 몽헌 회장(MH)을 능가한다는 게 임원들의 공통된 평가다."

이와 관련해 또 다른 임원의 말이 재미있다. "현 회장을 보고 있으면 사업가 유전자라는 게 따로 있는 것 같은 생각이 든다."

현대가의 며느리 가운데 손아래 동서 김영명(정몽준 현대중공업 대주주의 부인·김동조 전 외무부 장관의 딸) 씨와 더불어 친정이 가장 화려한 편이다. 현정은 회장은 그룹 홈페이지에 올린 '나의 삶, 현대의 길'에서 "기업가 집안의 엄격한 가정교육 속에서 세상의 흐름과 변화에 대한 시각을 조금씩 키워 나갔다"고 어린 시절을 회고했다. 임원의 해석처럼 '유전자'까지는 아니더라도 사업가 집안의 가풍이 자연스럽게 몸에 밴 것만은 분명해 보인다.

흥미로운 점은 현 회장의 자매들 이름이다. 언니가 일선 씨, 여동생이 지선 씨다. 현 회장의 시조카들과 이름이 똑같다. "정씨 집안과의 혼사는 숙명"이라는 우스갯말이 나올 만도 하다. 언니 일선 씨는 수입 침장(沈臟) '쉐르단'으로 유명한 홈텍스타일코리아 유승지 회장과 결혼했다. 유 회장은 유일한 유한양행 창업주의 친동생이자 유유산업 창업주인 유특한 씨의 아들. 현 유유산업 유승필 회장의 친동생이다. 동서지간인 유 회장과 생전의 MH는 나이가 같아 유난히 친했다고 한다. MH가 작고하기 직전 가족들과 외식할 때도 유 회장이 함께했었다.

대학(이화여대 사회학과) 4학년 때인 1975년 1월 어느 날. 현 회장은 아버지를 '졸라' 울산의 현대중공업 선박 명명식에 따라갔다. 당시 아버지는 사업관계로 잘 알고 지내던 홍콩 행정장관(C. H. 퉁)이 방한하자 때마침 열린 선박 명명식에 '모시고' 갔다. 애초 맏딸만 데려갈 생각이었지만 둘째 딸의 성화에 딸 둘을 대동하고 나섰다.

몇 달 뒤 현대그룹 정주영 회장 쪽에서 넌지시 연락이 왔다. "군대간 아들이 마침 휴가 나왔는데 한번 만나보는 게 어떻겠느냐"고. 선박 명명식에서 '참한 인상의 늘씬한 재원'을 처음 본 정 회장이 단박에 며느릿감으로 점지한 것이다. 이때가 1975년. 현 회장과 MH와의 첫 만남은 그렇게 이뤄졌다.

언젠가 현 회장이 사석에서 털어놓았다는 MH의 첫인상이다. "요샛말로 필이 꽂히거나 그렇진 않았다. 군인이라 머리도 짧았고…. 그래도 듬직해 보였다." 첫 데이트 장소는 '군인 커플'답게 서울 태릉 사격장. 이듬해 7월 두 사람은 결혼했다.

현 회장은 결혼 후 첫딸을 낳고도 남편과 함께 미국 유학길에 올라 페어리 디킨슨 대학원에서 인간개발론을 전공했다. 귀국해서 아이들 키우고 살림하는 동안에도 짬짬이 걸스카우트연맹(이사), 대한적십자사(여성봉사 특별자문위원) 등에서 '표 안 나게' 사회활동을 했지만 사업가로 나서게 되리라고는 그 자신 상상도 못했다.

현 회장을 가까이서 지켜본 임원의 얘기다.

"한 가지 확실한 것은 현 회장이 배포가 여간 아니라는 점이다. 경영 참여를 결심한 것도, 8개월에 걸친 경영권 분쟁을 버텨 낸 것도 이같은 배포가 있었기에 가능했다. 겉으로 보면 전형적인 현대가의 조용한 며느리인데 어디에 그런 배포가 숨겨져 있는지 모르겠다. 본인 스스로도 '내게 이런 속배짱이 있는 줄 몰랐다'며 웃더라. 지금이야 웃으면서 얘기하지만 (경영권 분쟁 때의) 그 지독했던 마음고생은 당해 보지 않은 사람은 모른다. 의지력도 대단하다. 더러 확신이 서기까지 결단을 늦추는 경향이 있어 답답한 느낌을 주기도 하지만 일단 확신이 서면 무섭게 밀어붙인다. 번복하는 일도 없다."

현정은 회장의 단호함을 보여 주는 일화 한 가지. 2004년 8월 그룹 비전을 선포할 때의 일이다. 당시는 경영권 분쟁을 매듭짓고 새로운 도약을 다짐하던 때라 사내외에 선언할 '비전'이 매우 중요했다. 현 회장은 '용기와 자부심의 현대'라고 직접 쓴 쪽지를 내밀었다. 임원들의 반응은 시큰둥했다.

그러나 현 회장은 지금이야말로 창업주 정주영 회장의 용기와 '재계 1위 현대'에 대한 자부심이 절실한 때라며 고집을 꺾지 않았다. 결국 선언문에는 이 문구가 그대로 들어갔다. 시간을 지체해 물 건너갔다고 생각했던 가신그룹(김재수 당시 경영전략팀 사장 등)에 대한 인사도 그해 말 전격 단행해 임직원들을 다시 한 번 놀라게 했다.

현 회장은 취임하자마자 다른 사람도 아닌 시삼촌과 길고 지루한 싸움을 벌여야 했다. 정상영 명예회장이 2003년 8월 현대엘리베이터 주식을 사들이면서 본격화된 경영권 분쟁은 이듬해 3월 30일 현대엘리베이터 주총에서 현 회장이 승리할 때까지 8개월 가까이 이어졌다. 이 과정에서 현 회장은 정세영 현대산업개발 명예회장, 정몽구 현대차그룹 회장 등 집안 어른들에게 도움을 요청했지만 "비즈니스가 얽혀 있어 개입할 수 없다"는 말만 들어야 했다.

# 현대중공업그룹

## 현대중공업 최대주주 정몽준

"정몽준 후보는 대기업 대주주와 서울시장을 겸직할 수 있다고 봅니까?"

새누리당 6·4지방선거 서울시장 예비후보 선거의 2번째 TV토론이 열린 2014년 4월 9일. 당시 경쟁후보이던 김황식 전 국무총리는 정몽준 후보를 향해 날 선 질문을 던졌다. 현대중공업 대주주인 정 의원이 서울시장에 당선된다면 그가 보유한 10. 15%의 회사 지분을 처분해야 하는데 그럴 수 있느냐는 공격이었다.

현행 공직자윤리법에는 국회의원과 장·차관을 포함한 1급 이상 고위공직자, 기획재정부와 금융감독원의 4급 이상 공직자는 본인과 배우자, 직계존비속이 보유한 주식의 총액이 3천만 원을 초과하면 안

전행정부 산하 주식백지신탁 심사위원회의 결정에 따라 직무와 관련된 주식을 매각하거나 수탁기관에 위탁해야 한다. 당시 정 후보는 "법과 절차에 따르겠다"는 말로 김 후보의 질문을 피해 갔다. 이후 '백지신탁 공방'은 경선 내내 이슈가 됐지만 정 후보는 당시 확실한 입장을 밝히지 않은 채 "네거티브 전술"이라며 가능한 한 말을 아꼈다.

대권을 꿈꾸는 정치인 정몽준에게 그가 보유한 현대중공업 주식 10.15%는 양날의 칼이다. 굴지의 기업을 경영한다는 자부심이자 남의 돈에 의지해 정치를 안 해도 되는 든든한 배경이다. 하지만 현행법상 더 높은 곳을 오르려면 결국 그 끈을 놔야 할지도 모른다. 만약 시장이나 대통령에 당선된다면 자녀도 백지신탁의 대상인 만큼 주식을 증여하는 방법도 불가능해진다.

일각에서는 같은 맥락에서 매사추세츠공대(MIT) 경영대학원을 마친 둘째딸 정남이 씨가 아산나눔재단 기획팀장으로 근무하게 된 것을 두고 미래를 위한 포석으로 보기도 한다. 만약 정치인 정몽준이 향후 선거에서 다시 유리한 고지에 올랐을 때 본인 보유의 현대중공업 주식을 그룹 내 비영리재단에 증여하는 카드를 던질 수 있기 때문이다. 이런 방식으로 재단에 주식을 넘긴다면 공직자 주식백지신탁에 대한 부담도 덜고 현대중공업의 지배권도 유지할 수 있다.

사실 현대중공업은 소유와 경영이 분리된 국내 기업의 대표적인 사례다. 2002년 정몽준 전 의원이 고문직에서 물러나고 12년간 전문경영인 체제를 유지했다. 실제로 정 전 의원은 여전히 대주주의 위치에 있지만 경영에는 관여하지 않는 것으로 알려졌다. 덕분에 현대중공업은 재벌가의 가족 경영이 흔한 한국에서는 드문 모범사례로 꼽혀

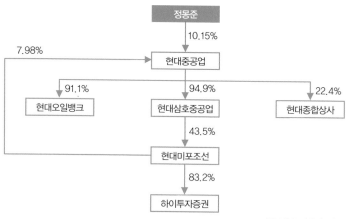

현대중공업 그룹 지배구조

정몽준

10.15%

7.98%

현대중공업

91.1%

94.9%

22.4%

현대오일뱅크

현대삼호중공업

현대종합상사

43.5%

현대미포조선

83.2%

하이투자증권

2014년 4분기 기준

왔다. 하지만 2013년 장남 정기선 씨가 회사로 복귀하면서 사내는 물론 재계에서는 모범사례가 깨질 수도 있다는 얘기가 나온다. 이른바 장남 후계구도다.

여전히 대선을 꿈꾸는 아버지의 야망을 고려하면 여론전에서 당장 득이 될 리 없는 자녀 승계 카드를 바로 꺼내들 리는 만무하다. 단, 장남의 회사 복귀와 최근 상무 승진 등을 고려하면 가능성은 언제든 열려 있다고 봐야 한다는 게 중론이다.

정몽준 전 의원은 자녀의 경영 참여를 묻는 언론의 질문에 수차례 "본인의 능력에 달린 것"이라고 밝혔다. 능력이 안 될 바에야 전문경영인 체제가 바람직하다는 뜻으로 읽힐 수도 있지만, 반대로 능력이 되면 회사를 물려줄 수 있다는 말이기도 하다.

현대중공업은 '현대중공업 → 현대삼호중공업 → 현대미포조선 → 현대중공업'으로 이어지는 순환출자 구조로 이뤄져 있다. 현대중공업이 이 고리의 한가운데 있으며, 최대주주는 지분 10.15%를 보유한 정몽준 전 의원이다. 또 아산사회복지재단과 아산나눔재단이 각각 2.53%, 0.65%의 지분을 보유하고 있다. 정 전 의원 외 특수관계인도 현대중공업 지분 21.31%를 갖고 있다.

2013년 11월 한 증권사 채권분석팀은 최대주주인 정 전 의원의 지분이 그리 높지 않다는 단점을 극복하려면 지주회사 체제 전환이 필요하다고 분석했다. 실제로 정 전 의원의 현대중공업 지분율이 비교적 낮다는 점과 자녀 승계가 이뤄지지 않았다는 점을 감안하면 장기적으로는 결국 지주사 전환을 할 것이라는 게 증권가의 분석이다.

무엇보다 이 방법을 택하면 자금 동원에 대한 부담이 적다. 이에 대해 현대중공업은 "지주사 전환은 고려 대상이 아니다"는 입장이지만 정치인인 정 전 의원의 향후 행보에 따라 상황은 얼마든지 변할 수 있다. 아직은 모든 시나리오가 가능성일 뿐이다. 결국 현대중공업의 지배구조는 정몽준 전 의원의 정치행보라는 거대 변수 아래에서 움직일 수밖에 없는 셈이다.

## 현대중공업의 3세들

정몽준 전 새누리당 의원의 장남인 정기선(33) 상무는 대일외고, 연세대 경제학과를 졸업하고 아버지처럼 학생군사교육단(ROTC) 43기로 임관해 2007년 육군 특공연대에서 군 생활을 마쳤다. 제대 직후 1년간 한 일간지의 인턴기자로 활동하기도 했다.

2009년 1월 현대중공업 재무팀 대리로 입사한 뒤 그해 8월 미국으로 유학, 스탠퍼드대에서 경영학 석사과정을 밟은 뒤 2011년 9월 보스턴컨설팅그룹 한국지사에서 컨설턴트로 일했다. 이후 2013년 6월 현대중공업에 재입사, 경영기획팀과 선박영업부 부장을 겸임하면서 사업 전반에 걸쳐 경영수업을 받아 왔다.

정몽준 대주주 가계도

정몽준(64) — 김영명(59)

기선(33)
현대중공업
상무

남이(32)
아산나눔재단
기획팀장

선이(29)
美 MIT
건축학 졸업

백종현(34)
美 건축사무소
근무

예선(19)

정몽준

김영명

정기선
현대중공업 상무

정남이
아산나눔재단 기획팀장

정선이

백종현
美 건축사무소 근무

정기선 상무는 궁금한 것은 못 참는 성격으로 의문거리가 생기면 담당 임원이나 부서장, 직원들에게 바로 질문하는 일이 많다고 한다. 현대가의 가풍처럼 성격은 소탈하고 부지런한 편이다. 현장식당에서 직원들과 점심을 하고, 저녁에는 회사 근처 재래시장에 있는 포장마차에서 소주잔을 기울이는 일도 많다. 주말에도 특별한 일이 없는 한 사무실에 출근해 주중에 미처 보지 못한 서류를 살피면서 회사 업무 파악에 힘쓴다는 점 또한 현대가의 가풍과 비슷하다.

물론 가풍과 다른 점도 있다. 조직문화에서는 상명하복 문화를 좋아하는 편이 아니다. 평소 정 상무는 "젊은 세대가 신바람 나게 일할 수 있도록 역동적이면서도 세대 간 격차를 줄일 수 있는 새로운 문화를 만들어 나가야 한다"고 말한다. 정 상무를 접해 본 사람들은 "남의 이야기를 잘 들어주는 사람으로 예의도 바르다"고 말한다. 매사에 진지하며, 핵심을 파악하는 능력이 뛰어나다는 평가를 받고 있다. 형식보다는 성과를 중시하며 추진력 또한 갖췄다는 평이다.

최근 정 상무가 심혈을 기울이는 분야는 핵심기술과 사업본부별 제품경쟁력 확보다. 일찍이 정치를 선택한 아버지와는 다른 길에서 미래를 그리는 만큼 오랫동안 전문경영인 체제로 유지돼 온 회사에 얼마만큼 융화될 수 있을지가 관건이다.

장녀인 둘째 정남이(32) 씨는 아산나눔재단 기획팀장으로 근무 중이다. 아산나눔재단은 2011년 조부인 아산 정주영 창업주의 서거 10주기를 맞아 정몽준 전 의원이 중심이 돼 약 6천억 원을 출연해 만든 공익재단이다. 정남이 씨는 연세대 철학과를 다니다 유학, 미 서던캘리포니아대 음대를 졸업하고 매사추세츠공대(MIT) MBA 과정을 마쳤다. 2012년까지 다국적 컨설팅 전문회사인 베인앤컴퍼니에 다니다 2013년 1월 아산나눔재단으로 자리를 옮겼다. 그룹 일에는 관여하지 않는 듯하지만 아산나눔재단이 현대중공업의 주식 일부를 소유한 만큼 남이 씨의 재단 근무는 지배구조 재편을 위한 포석이라는 시각도 존재한다.

셋째 정선이(29) 씨는 정몽준 의원이 미국 유학 중 워싱턴에서 태어난 딸이다. 미 MIT에서 건축학을 공부했으며 유학 중 만난 백종현(34) 씨와 열애 끝에 2014년 8월 결혼에 골인했다. 백 씨는 미국의 어느 건축사무소에 근무 중이다. 정선이 씨는 35년 전 부모가 결혼식을 올린 서울 정동교회에서 당시 어머니 김영명 씨가 입었던 드레스를 고쳐 입고 식을 올려 화제가 됐다.

막내 정예선(19) 군은 정 전 의원이 2002월드컵 유치활동 중에 얻은 늦둥이다. 둘째 누나와는 10년 터울로 평소 아버지의 사랑을 독차지했다. 하지만 2014년 4월 정 전 의원이 서울시장 예비후보였을 당시 페이스북에 세월호 추모열기를 두고 국민 정서에 반하는 글을 남겨 논란을 일으켰다. 결국 정 전 의원이 막내아들을 대신해 공식 사과하며 진화에 나섰지만, 결과는 낙선으로 이어졌다. 재수를 한 끝에 2015년 연세대 철학과에 입학했다.

# 현대중공업을 이끄는 사람들

최길선(69) 현대중공업 회장은 2014년 8월 회사를 살리기 위한 구원 투수로 돌아왔다. 퇴사한 지 5년이나 지난 그를 불러들인 것을 두고 세간에선 그만큼 현대중공업의 사정이 절박하다는 증거로 받아들였다. 전북 군산 출신인 최 회장은 업계에서 손꼽히는 조선 전문가다. 1972년 현대중공업에 평사원으로 입사해 12년 만에 임원을 달았다. 현대삼호중공업, 현대중공업, 현대미포조선 등 그룹 내 조선 3사의 최고경영자(CEO)를 모두 거쳤다. 하루에 수차례에 걸쳐 수십만 평에 달하는 작업현장을 직접 둘러볼 정도로 철저히 현장을 중요시하는 경영자다. 바쁜 일과 중에도 틈틈이 시간을 내 수영 등 스포츠를 즐겨 젊은이 못지않은 강인한 체력을 유지한다는 평이다.

2014년 9월 취임한 권오갑(64) 현대중공업 사장 역시 최 회장과 함께 영입한 구원투수다. 청소원 아줌마에게도 깍듯하고 말단 직원까지 살뜰히 살피는 권 사장의 성격은 업계에서도 유명하다. 사장 취임 후 첫 방문처도 노조 사무실이었다. 취임 후 지금까지 점심식사는 가능한 한 울산 현대중공업 내 56개 구내식당을 돌며 직원들과 함께 한다. 마라톤 풀코스를 완주한 철각의 소유자다.

1978년 현대중공업에 입사해 2007~2010년 현대중공업 서울사무소장(부사장), 2010년부터 현대오일뱅크 사장으로 근무했다. 현대오일뱅크 사장 당시 품질과 원가경쟁력을 높여 4년 연속 정유업계 영업이익률 1위를 기록한 게 이번 인사에 반영됐다는 평이다.

그룹사 임원 중에는 정주영 회장의 동생인 정신영 박사의 아들 정

## 현대중공업 주요 계열사 사장단 프로필

**최길선**(69)
현대중공업 대표이사 회장
서울대 조선공학

**권오갑**(64)
현대중공업 대표이사
한국외대 포르투갈어

**강환구**(60)
현대미포조선 대표이사 사장
서울대 조선공학

**하경진**(61)
현대삼호중공업 대표이사 사장
서울대 조선공학

**정몽혁**(54)
현대종합상사 대표이사 회장
캘리포니아대 수리경제학

**문종박**(58)
현대오일뱅크 대표이사
연세대 응용통계학

**서태환**(60)
하이투자증권 대표이사
서울대 경영학

몽혁(54) 현대종합상사 회장도 있다. 서울대 법대를 나온 정신영 박사는 〈동아일보〉 기자로 활동했고 독일 유학 중 별세했다. 정주영 창업주는 아끼던 동생이 사망하자 몹시 애통해하며 동생의 이름을 딴 언론인 기금인 '신영기금'에 거액을 출연했다.

정몽혁 회장은 1980년 서울 경복고를 졸업하고 미 캘리포니아대에서 수리경제학을 전공한 뒤 1993년 32세의 나이로 현대정유(현 현대오일뱅크)와 현대석유화학 대표를 동시에 맡았다. 정유업계 최초로 주유소 브랜드인 '오일뱅크'를 만들고, 1996년 한화에너지(현 SK에너지 인천공장)를 인수하는 등 뛰어난 경영능력을 보였지만 무리한 차입으로 경영이 악화돼 2002년 대표이사직에서 물러났다.

이후 조명기구 제조사인 에이치애비뉴앤컴퍼니 회장 등을 역임하다 2009년 12월 현대종합상사가 현대중공업에 인수되면서 현대종합상사 회장으로 취임했다. '불도저'라는 별명처럼 한번 결정하면 목표를 향해 밀어붙이는 스타일이다.

계열사 사장 중에는 현대중공업 출신의 서울대 라인이 탄탄하게 자리매김하고 있다. 강환구(60) 현대미포조선 사장은 서울대 조선공학과를 졸업한 뒤 1979년 현대중공업 입사 후 조선사업본부에서 설계와 생산을 두루 거쳤다. 역시 현 위기정국을 타파하기 위해 이사회가 꺼내 든 인물로 일처리가 빠르고 단호한 성격으로 유명하다.

하경진(61) 현대삼호중공업 사장 역시 엘리트 코스를 거친 인물이다. 서울대 조선공학과를 졸업하고 1977년 현대중공업 입사 후 설계 및 선박연구소 총괄중역을 지냈다. 2013년 현대삼호중공업 대표이사 부사장으로 자리를 옮긴 후 2014년 대표이사 사장으로 승진했다.

문종박(58) 현대오일뱅크 사장은 그룹 내 대표적인 기획·재무통이다. 연세대 응용통계학과를 졸업하고 1983년 현대중공업 재정부에 입사한 뒤 재정담당 임원, 중국법인 대표 등을 거쳤다. 2010년 현대오일뱅크 경영지원본부장으로 자리를 옮긴 후 기획조정실장 겸 글로벌사업본부총괄 부사장을 역임하고 2014년 사장으로 승진했다.

서태환(60) 하이투자증권 사장 역시 서울대 경영학과를 졸업한 뒤 1979년 현대중공업에 입사했다. 현대증권으로 자리를 옮겨 10년을 근무했지만 다시 현대중공업으로 불러들여져 기획실 재무팀장 겸 재정총괄 전무이사 등 이른바 주류 임원을 두루 거쳤다. 2008년 하이투자증권(옛 CJ투자증권)을 인수하며 CEO가 됐다.

## 현대중공업의 어제와 오늘

"이게 거북선이오. 영국보다 300년 앞선 1500년대에 우리는 이미 철 갑선을 만들었소. 쇄국정책으로 산업화가 늦었지만 잠재력은 그대로 요."

거북선이 새겨진 500원짜리 지폐 한 장을 내밀며 차관(借款)을 빌려 거대 조선소를 만든 정주영 회장의 현대중공업 창립 일화는 한 편의 소설과도 같은 실화다. 1972년 현대가 황무지나 다름없던 울산의 백사장에 세계 최대 규모의 조선소를 건설하기 전까지만 해도 우리나라 조선공업은 영세하기 이를 데 없었다. 고작 1만 7천t급 선박이 최대였고, 연간 건조량도 50만 G/T(총 톤수)로 세계 시장점유율은 1%에도 못 미쳤다.

경험도, 숙련된 기술자도 전혀 없었다. 조선업을 위해서는 천문학적 자금이 필요한 상황에서 당장 초기 비용조차 없는 회사가 초대형 조선소를 짓겠다고는 덤벼드는 모습 자체가 비웃음거리였다. 하지만 현대중공업은 무모한 도전에 나섰다. 조선소 부지로 점찍어 둔 울산 미포만의 모래사장 사진 한 장과 5만 분의 1 지도 한 장, 그리고 영국의 스코트리스고 조선소에서 빌린 26만t급 초대형유조선(VLCC) 도면 한 장을 가지고 세계를 돌았다. 결과적으로 정주영 회장은 26만t급 초대형유조선 2척을 수주하는 데 성공했고, 이를 기반으로 조선소 건설을 위한 차관도 빌려 올 수 있었다.

"수주에 성공했지만 과연 배를 만들어 줄 수 있느냐?"는 의심의 소리가 국내외에서 쏟아졌다. 믿기 어려울 정도로 싼 가격을 무기로

1974년 6월 조선소가 준공되기 전까지 수주한 초대형유조선 물량만 무려 12척에 달했다. 이렇게 세워진 현대중공업은 1983년 총 210만t (G/T) 상당의 선박을 신규 수주하며 마침내 세계 조선업계 1위에 올라섰다. 전 세계 대형선박 10대 중 1대는 현대중공업에서 생산되는 셈이었다.

신화는 계속됐다. 현대중공업은 국내 기업 최초로 '10억 달러 수출 탑'을 거머쥐었고, 1991년에는 액화천연가스(LNG)선 건조라는 오랜 숙원도 실현했다. 2012년 3월 현대중공업은 선박인도 1억 G/T라는 대기록을 달성했다. 당시 100년 이상의 오랜 역사를 지닌 영국과 일본 등의 조선소들이 근접조차 못한 대기록이다.

현대중공업은 외연 확장에도 속도를 붙였다. 2002년 2월 현대그룹에서 계열분리한 직후인 5월 삼호중공업을 인수했고, 이어 2008년 하이투자증권과 하이자산운용도 거머쥐었다. 2009년에는 현대종합상사를 인수하며 금융, 에너지 및 자원개발까지 사업 영역을 확대했다. 2010년 8월에는 현대오일뱅크를 인수하며 조선과 중공업그룹을 뛰어넘어 종합·중화학그룹의 면모를 갖추게 됐다.

하지만 결코 꺼질 것 같지 않던 현대중공업 신화는 최대 위기를 맞고 있다. 2014년 기록한 천문학적 영업손실은 단기적인 실적 부진 탓이 아니다. 현대중공업은 2014년 2분기 1조 1,037억 원의 영업손실을 봤다. 창사 이후 최대 손실이라는 악몽 같은 기록은 3분기에 다시 2조 원 가까운 적자로 이어졌다. 더 큰 문제는 실적이 좀처럼 호전될 기미를 보이지 않는다는 점이다.

최근의 실적 악화는 글로벌 금융위기 당시 진행한 저가 수주가 주된 원인이다. 중국의 추격과 일본의 견제로 선박 수주가 어려워지자 경험과 노하우가 부족한 해양플랜트 사업 등 비조선 분야에 주력했다가 큰 손해를 본 것이다. 신용등급이 하락하면서 현금이 부족해 보유 자산을 매각해야 할 정도로 상황은 심각하다.

엎친 데 덮친 격으로 노조 문제까지 발생했다. 19년째 무파업을 이어 온 현대중공업 노조는 2014년 임금 및 단체협약 교섭에서 난항을 겪자 결국 파업을 벌이기도 했다.

현대중공업은 고강도 개혁으로 위기를 돌파할 계획이다. 먼저 2014년 10월 16일 현대중공업, 현대미포조선, 현대삼호중공업 등 조선 3사의 임원 262명 중 31%인 81명을 감축했다. 회사의 체질을 개선해 경쟁력을 회복하는 게 시급하다는 판단에서 내려진 고육지책이다. 회사의 일등공신으로 여겨지던 임원들도 대거 짐을 싸야 했다.

조직 통폐합과 축소작업도 한창이다. 선박영업 강화를 위해 현대중공업과 현대삼호중공업, 현대미포조선 등 조선 3사의 영업조직을 통합한 선박영업본부가 출범했다. 현대중공업은 7개 사업본부 아래 부문 단위도 58개에서 45개로 22% 줄였다. 전체 부서도 432개에서 406개로 감소했다. 지원 조직은 축소하고 생산과 영업 중심으로 조직을 개편할 계획이다. 수익 창출이 어려운 사업과 해외법인을 원점에서 재검토하는 사업조정도 진행 중이다. 울산 백사장에서 신화를 만든 현대중공업의 자구 노력은 현재진행형이다.

## ‖ 정몽준 전 의원과 현대중공업 ‖

#1982년 5월 19일

'기업인' 정몽준 씨에게 생애 최고의 날일 것 같다. 부친인 정주영 명예회장은 이날 현대그룹 계열사 가운데 가장 덩치가 크고, 세계 최대의 조선업체인 현대중공업 사장에 그를 앉히는 파격적인 인사를 단행했다. 이때가 정몽준 씨의 나이 31세.

현대그룹 후계구도에서 형들보다 한발 늦게 출발한 몽준 씨가 가장 먼저 부친에게 인정받은 비결은 뭘까. 정주영 명예회장은 현대그룹 창립 25주년 행사에서 그 배경을 자세하게 풀어 놓았다.

"어떻게 보면 파격적이지만 길게 보면 그렇지 않습니다. 정몽준의 저서 《기업경영이념》을 읽어 보면 우리나라의 어떤 젊은 경영진보다 확실히, 모든 것을 잘 분별해서 회사를 끌고 나갈 겁니다. 우리 아이들 간에도 서열이 굉장히 낮기 때문에 가족회의를 열어 몽준 사장이 충분히 직책을 수행할 수 있다는 판단에서 결정했습니다."

정주영 명예회장은 이에 앞서 몽준 씨가 미국 MIT 석사학위 논문을 보완한 경영서적 《기업경영이념》 서문을 읽고 "정말 잘 썼다"며 "사장 자리에 앉혀도 될 것 같다"고 밝히기도 했다.

몽준 씨는 훗날 가장 아끼는 자신의 저서로 《기업경영이념》을 꼽으면서 "서문만 읽어도 충분하다"란 말을 곁들이기도 했다. 자신이 이 책을 통해 부친에게 기업가로서의 자질을 인정받은 점을 설명하는 대목이다.

#2002년 12월 18일

'정치인' 정몽준 씨에게 생애 최악의 날일지 모른다. 정몽준 씨는 이날 민주당 노무현 대통령 후보와의 공조 파기를 선언, 사실상 '백의종군'의 첫발을 내디뎠다. 정권의 공동 주인으로서 향후 5년간 막강한 정치적 실세로 자리매김할 수 있는 절호의 기회를 스스로 마다한 셈이다. 이때가 '하늘의 뜻을 알 수 있다'는 지천명(知天命)을 갓 지난 나이(51)였다.

정몽준(64). 현대가의 여섯 번째 아들. 새누리당 전 대표. 7선 의원. 대한축구협회 명예회장. 자산규모 8위(2014년 기준. 공기업 제외)인 현대중공업의 대주주(지분 10.15%).

국내 재벌가에서 정 의원만큼이나 화려한 스포트라이트를 받은 이도 드물다. 일각에서는 "잘난 집안에 태어나 순탄하게 성장한 덕분일 뿐"이라고 폄훼하기도 하지만 정 의원은 스스로를 자수성가한 사람으로 평가한다.

정 의원은 1951년 부산에서 태어났다. 생모와 관련해 여러 설(說)들이 있지만 정 의원의 죽마고우인 주수암 씨는 어린 시절을 회상하며 이렇게 말한다.

"변중석 여사가 돌 지난 몽준이를 등에 업은 빛바랜 사진을 친구들과 함께 본 적이 있습니다. 우리는 그 사진으로 볼 때 변 여사가 몽준이의 생모라고 지금도 생각하고 있습니다."

정 의원은 (생모에 대해) 때가 되면 밝히겠다는 입장이다.

정 의원은 부산에서 3년가량 살다가 서울로 올라와 장충초등학교와 중앙중·고교를 거쳐 서울대 경제학과를 졸업했다. 박근혜 한나라당 대표와 김승연 한화그룹 회장이 초등학교 동기 동창이다.

정 의원은 초·중학교 시절 놀기를 좋아하고, 장난이 심했다고 한다. 중학교 담임선생이었던 임환 씨는 "몽준이는 놀기를 좋아해 친구들과 수업을 빼먹고 야외로 놀러갔다가 종아리를 맞기도 했다"면서 "전혀 부잣집 아들 티를 내지 않았으며, 학교 도서관을 지을 때 시멘트 1만 포대를 지원받은 뒤에야 비로소 아버지가 정주영 명예회장임을 알게 됐다"고 술회했다.

정 의원의 학생 시절 별명은 '꺼벙이'다. 큰 키에 소탈하고, 겸손하지만 우유부단하다는 뜻에서다. 그러나 부친한테는 다른 형제처럼 어려워하지 않고 스스럼없이 대하곤 했다.

부친에게 '바가지' 씌운 일화 한 토막.

1970년대 초반 어느 날, 정 의원은 아버지에게 한잔 쏘겠다며 명동 생맥주 골목으로 모시고 갔다. 정주영 명예회장은 오랜만에 접하는 생음악과 젊은이들의 웃음소리에 흥에 겨워했다. 자리가 파할 무렵, 정 의원은 아버지에게 "1차는 제가 샀으니, 2차는 아버지가 사시라"고 제안했다. 정주영 명예회장도 유쾌한 기분으로 흔쾌히 응했다. 2차 행선지는 정 의원이 정한 강남의 고급 술집. 그러나 2차가 끝나고 계산서를 받은 정 명예회장은 술값에 놀랐다. 먹은 것에 비해 족히 6배의 술값이 청구됐기 때문. 그렇다고 재벌 회장이 술값을 놓고 시비를 걸기도 뭐했지만 궁금한 것은 참지 못하는 성격 탓에 종업원에게 물었다. 돌아온 답은 "아드님이 전에 드셨던 외상 술값까지 계산하라고 해서 그렇게 됐습니다". "허허 이것 참 ⋯ ." 정 명예회장은 아들에게 된통 당했다는 것을 깨달았다.

정몽준 의원은 형제들 가운데 유일하게 서울대에 진학했다. 정주영 명예회장은 너무나 기쁜 나머지 변형윤·이현재 교수 등 당시 서울대 경제학부 교수를 울산으로 초청해 크게 '한턱'을 냈다. "우리 몽준이가 혹시 사무 착오로 합격한 것 아니냐?"고 농담을 하면서 아들을 잘 지도해 달라고 수차례 부탁했다고 한다.

"나는 나의 아내가 고맙고, 때로는 자랑스럽기까지 하다. 친구들은 종종 내가 대통령 감이라기보다 내 아내가 '퍼스트레이디' 감이라고 웃으면서 이야기한다. 아내는 바쁜 나의 생활을 잘 이해해 주고, 조용히 내조하는 스타일이다. 아내는 얼굴이 알려지는 것을 싫어한다. 밖으로 나서는 것을 좋아하지 않는다."

정 의원이 자신의 저서 《꿈은 이루어진다》에서 밝힌 아내 김영명 (59) 씨에 대한 평이다.

정 의원은 1978년 여름 넷째 형수(이행자, 정몽우 현대알루미늄 회장 부인)의 중매로 영명 씨를 미국에서 만났다. 당시 두 사람의 첫 인상은 이랬다.

"우선 키(정몽준 182센티미터·김영명 174센티미터)가 커서 좋았어요. 제 키가 큰 편이라 어머니가 '너는 키 큰 신랑감이 없으면 시집도 못 갈 거다'라고 곧잘 농담을 하곤 했어요. 첫 인상은 나이 차이가 다섯 살이나 나서 그런지 듬직했어요. 믿고 의지할 수 있겠더라고요. 그리고 무엇보다 재벌가 사람답지 않게 소탈한 것도 좋았고요."

정 의원은 "약속 장소에 나갔는데 키 큰 여자들이 쭉 지나가기에 미국 사람들인가 했습니다. 그런데 모두 나에게 오더라고요"라고 당시 상황을 술회했다. 이들은 틈틈이 테니스를 치며 1년가량 연애 끝에 잠시 귀국해 서울 정동교회에서 조촐하게 결혼식을 올렸다.

영명 씨는 김동조 전 외무부 장관의 2남 4녀 중 막내딸로 태어났다. 부친의 외교관 활동 덕분에 초등학교 3학년 때부터 17년간 일본과 미국에서 살았다. 미 웰슬리대에서 국제정치학을 전공했고, 부전공으로 미술사도 공부했다. 웰슬리대는 힐러리 클린턴 미 상원의원과 매들린 올브라이트 전 미 국무장관이 나온 전통의 명문대학이다.

영명 씨는 외교관인 부친을 닮아 사교성이 뛰어나다. '88서울올림픽' 유치전에서는 정주영 명예회장을 현장에서 보좌했고, 1992년 대선 때는 변중석 여사를 대신해 시아버지의 파트너 역할을 했다. '2002 월드컵' 유치과정에서는 FIFA(국제축구연맹) 집행위원 아내들에게 일일이 편지를 보내기도 하고, 행사장에서는 미소와 화술로 친분을 쌓기도 했다. '미스 스마일 월드컵'이라는 애칭은 이때 얻었다.

이 때문인지 정 의원의 아내 자랑은 유별나다. "김영명이 없으면 오늘의 정몽준도 없다"는 우스갯말이 떠돌 정도다. 자신의 저서 《꿈은 이루어진다》에서 계속되는 자랑 하나.

"아내는 나보다 영어를 훨씬 잘한다. 유머를 곁들인 자연스러운 영어는 외국에서 처음 만나는 손님들과 이야기를 할 때 곧잘 어색한 분위기를 풀어 주곤 한다. 그동안 4남매를 키우느라 정신이 없었던 아내는 아이들이 크자, 뜻있는 분들과 함께 우리의 '옛'것을 '올'바로 알자라는 의미를 가진 '예올회'를 만들어 문화재 보존사업에 관심을 보이고 있다."

1990년대 후반 정몽준 전 의원 가족이 한자리에 모였다.
좌측부터 정 전 의원, 선이 씨, 예선 씨, 남이 씨, 김영명 씨, 기선 씨.

영명 씨가 밝힌 애처가 해프닝은 이렇다.

"첫 아이를 가졌을 때였어요. 입덧이 심했던 제가 걱정스러웠던지 남편은 며느리들만 모인 자리에 와서는 제게 '밥 먹었니?' 하고 묻는 거예요. 좀처럼 없는 일이라 모두들 눈이 휘둥그레졌고, 그 한마디 때문에 남편은 '애처가'라는 별명을 얻었죠. 그 꼬리표는 지금까지 따라다닙니다."

그도 신혼 초 시아버지인 정주영 명예회장에게 혼이 났다고 한다.

"철부지 며느리 시절, 저는 식사 중에도 어른들 말씀하시는 데 불쑥 끼어들어 참견을 하곤 했어요. 아버님이 어느 날 저에게 '밥 먹을 때 말을 많이 안 하는 게 좋은 거다'며 조용히 말씀을 하신 적이 있어요."

영명 씨는 늦둥이인 막내 임신과 관련해 병원에서 무안을 당한 경험을 털어놓기도 했다.

"임신해서 병원에 가면 의사가 초음파 검사를 하잖아요. 한번은 의사가 '아들이 없으세요. 왜 이렇게 애를 많이 낳으세요?'라고 물어 난감한 적이 있었어요."

시중에는 예선이가 1996년 애틀랜타 올림픽축구 예선전이 한창일 때 태어나서 이름을 예선이라고 지은 것으로 알려져 있지만, 정 의원은 최근 '예수님이 주신 선물'이라는 의미와 돌림자 '선'을 합쳐 예선으로 지었다고 밝혔다.

"내가 처음 국회의원이 되고자 한 것은 11대 국회의원 선거 때였고, 1984년 12대 국회의원 선거 때도 출마하려고 했다. 그런데 전두환 전 대통령이 내가 나가면 여당 의원이 떨어진다고 나가지 말라고 했다. 결국 나는 그 선거에 출마하는 것을 단념해야 했다. 하지만 공적 서비스를 하기 위해 정치에 입문했다는 생각은 내가 지금까지 흔들림 없이 지켜온 가장 기본적인 정치철학이다."

정 전 의원이 밝힌 정치 입문의 배경이다.

## 옥스퍼드 박사가 낳은 현대중공업

정주영 명예회장이 평소 즐겨 썼던 "이봐, 해봤어?"라는 말을 가장 드라마틱하게 보여 주는 것이 현대중공업의 설립 신화다. 그야말로 무(無)에서 유(有)를 창조한 고 정 명예회장의 '원맨쇼'였다.

정 명예회장은 1971년 조선소 차관 도입을 위해 영국 런던의 바클레이즈은행을 찾았다. 그러나 '듣지도 보지도 못한 한국의 작은 회사가 언감생심 어딜 넘보는 것이냐'는 바클레이즈은행의 태도에 기가 질렸다. 그렇다고 포기할 수는 없었다.

그가 기댄 곳은 당시 기술협조 계약을 맺은 영국의 A&P 애플도어 엔지니어링 사. 정 명예회장은 500원짜리 지폐로 애플도어 사의 롱바톰 회장을 감동시켰다.

"이것은 한국 지폐입니다. 여기 그려진 것이 거북선이죠. 한국은 이미 1500년대에 이런 철갑선을 만든 실적과 잠재력을 갖고 있습니다. 영국의 조선 역사가 본격적으로 시작된 게 1800년대이니 한국은 무려 300년이나 앞선 셈입니다."

정 명예회장은 롱바톰 회장의 도움으로 바클레이즈은행 부총재를 만났다. 그러나 콧대 높은 영국 은행의 부총재를 설득한다는 것은 더욱 어려운 일이었다. '옥스퍼드 박사' 일화는 여기서 나왔다.

정주영 명예회장은 바클레이즈은행 부총재의 "전공이 무엇이냐?"는 질문에 임기응변으로 "어제 제가 이 사업계획서를 들고 옥스퍼드대에 갔더니 한번 들쳐보고 바로 그 자리에서 경영학 박사학위를 주더군요"라고 말했다.

'옥스퍼드 유머'에 부총재는 껄껄 웃으며 말했다.

"옥스퍼드대 경영학 박사학위를 가진 사람도 이런 사업계획서는 못 만들 겁니다. 당신은 그들보다 훨씬 더 훌륭합니다. 당신의 전공은 유머 같소. 우리 은행은 당신의 유머와 함께 이 사업계획서를 수출보증국으로 보내겠소."

정 명예회장은 '거북선 지폐'와 '옥스퍼드 박사'로 바클레이즈은행

의 벽을 넘었지만, 아직 영국 수출보증기구(ECGD) 총재의 보증을
받아야 하는 마지막 관문이 남았다.

그러나 이것도 울산의 초라한 백사장 사진 한 장 들고 그리스 선사
인 '선 엔터프라이즈'사의 리바노스 회장을 설득, 선박 수주 계약을
함으로써 무사히 통과했다. 이로써 세계 조선 역사상 최초로 조선소
건설과 선박 건조가 동시에 진행하는 신화가 나오게 됐다. 정주영 명
예회장과 리바노스 회장이 당시 맺은 인연은 지금도 대(代)를 이어
지속되고 있다.

## 김동조 전 외무부 장관 가계도

정몽준 전 의원의 처가인 김동조 전 외무부 장관의 가계도를 보면 한
국 상류사회의 '족보'를 엿볼 수 있다.

슬하에 2남 4녀를 둔 김 장관과 송두만(93) 여사는 자식교육뿐 아
니라 혼사까지 성공한 케이스.

자녀들은 외교관 출신인 부친의 영향으로 영어와 일어 등을 유창하
게 구사하며, 외국 명문대를 졸업했다. 특히 장녀인 영애(70) 씨와
차녀인 영숙(69) 씨는 일본 최고의 여성 사립명문인 세이신대를 졸업
했다. 장남인 대영(67) 씨는 미국의 암허스트대를 졸업했으며, 차남
인 민영(61) 씨는 펜실베이니아 와튼스쿨을 졸업한 뒤 컬럼비아대에
서 경제학 박사학위를 땄다.

자녀 가운데 재계 가문으로 시집간 이는 3녀인 영자(65) 씨와 막내
인 영명(59) 씨. 영자 씨는 GS그룹의 허씨가인 허광수(69) 삼양인터

내셔널 회장과 결혼했다. 허 회장의 형제로는 허남각(77) 삼양통상 회장과 허동수(72) GS칼텍스 회장이 있다. 또 허창수(67) GS그룹 회장과는 사촌간이다. 허 회장의 부친인 허정구 삼양통상 명예회장은 LG그룹 경영의 한 축을 맡았던 허준구 LG건설 명예회장의 맏형이다. 허정구 명예회장은 일찌감치 삼성물산의 창립멤버로 참여, LG

## 정몽준 대주주 장인 고 김동조 외무부 장관 가계도

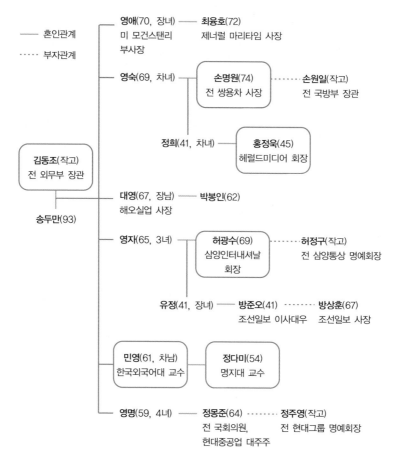

구씨가와 손잡은 허준구 명예회장과는 다른 길을 걸었다.

영닝 씨는 정몽준 의원과 1979년 결혼, 현대가의 일원이 됐다. 이로써 김동조 장관의 집안은 국내 대재벌인 삼성과 현대, LG, GS가와 특별한 인연을 맺었다.

차녀인 영숙 씨는 초대 해군참모총장과 국방부 장관을 지낸 손원일 제독의 장남인 손명원(74) 씨와 결혼했다. 손 씨는 30대 초반에 '손컨설팅 엔지니어링'이라는 회사를 설립했으며 현대미포조선과 쌍용자동차, 맥슨전자에서 CEO(최고경영자)를 역임했다. 손 씨는 현재 스카이웍스솔루션 코리아 고문이다.

장녀인 영애 씨는 자수성가한 국제금융계의 거물급 인사로 미국 모건스탠리 부사장이다. 남편인 최융호(72) 씨는 해양 관련 비즈니스를 하는 제너럴마리타임 사장이다.

장남인 대영 씨는 부친인 김동조 장관의 아호인 해오(海吾)를 딴 해오실업을 경영하고 있으며, 차남인 민영 씨는 한국외국어대 무역학과 교수로 재직 중이다. 김민영 교수의 부인인 정다미(54) 씨도 명지대 교수다.

김동조 장관 집안은 또 언론계와도 각별하다. 손녀사위들이 언론계에 몸담고 있다. 셋째 사위인 허광수 회장의 장녀 허유정(41) 씨는 〈조선일보〉 방상훈 사장의 아들인 방준오(41) 씨와 결혼했다. 둘째 사위인 손명원 고문의 차녀인 도예가 손정희(41) 씨는 1999년 헤럴드미디어 회장인 홍정욱(45) 씨와 화촉을 밝혔다.

# 현대백화점그룹

## 현대백화점그룹, '명품 백화점' 공식 만들다

40여 년 전 현대백화점그룹은 현대가 주요 계열사의 지원 역할에 불과했다. 하지만 주위의 만류를 뿌리치고 강남의 노른자 땅에 그룹 최초의 백화점을 지으면서부터 상황은 달라졌다. 다른 유통기업이 대중화된 백화점을 세워 쉴 틈 없이 확장에 나섰다면 현대백화점의 전략은 달랐다. 강남 제일 비싼 땅인 압구정동에 그룹의 시작인 본점을 세운 만큼 차별화된 고급화 전략으로 강남 사모님들의 마음을 사로잡았다. 현대백화점 하면 '명품 백화점'이라는 공식을 만든 주인공은 정몽근 (73) 현대백화점그룹 명예회장이다.

정몽근 명예회장은 정주영 현대그룹 명예회장의 9남매(8남 1녀) 가운데 3남으로 태어났다. 작고한 정몽필 전 인천제철(현 현대제철) 회

215

장을 제외하고 현대가에서 두 번째로 큰형님이다. 하지만 정 명예회장은 정몽구 현대자동차그룹 회장, 정몽헌 현대그룹 회장, 정몽준 현대중공업 대주주 등 3형제가 MK, MH, MJ 등 영문 이니셜로 불리며 유명세를 떨친 것과 달리 눈에 띄는 행보를 자제했다.

현대백화점의 전신인 금강개발산업주식회사는 1971년 설립 당시에는 현대그룹 주력사인 현대건설이 진출하는 국내외 현장에 식품과 의복 등 잡화류를 공급하는 작은 회사에 불과했다. 서울 용산구 동부이촌동 등 6곳에서 금강슈퍼마켓을 운영할 뿐이었다. 그러한 금강개발산업주식회사가 성장하기 위한 물꼬를 트게 된 것은 1985년 현대백화점 압구정 본점을 지으면서부터다.

1970년대 중반 이후 서울 강남구 압구정동에 대규모 현대아파트단지가 들어서면서 건축법상 근린상가를 의무적으로 지어야 했다. 현대아파트의 건설 주체인 한국도시개발(현 현대산업개발)은 롯데, 신세계 등 유통 대기업에 백화점 진출 의사를 타진했다. 그러나 당시만 해도 아파트만 있고 황량했던 그 땅에 무모하게 백화점을 세울 기업은 찾아보기 어려웠다.

이때 나선 것이 정몽근 명예회장이었다. 정 명예회장은 아버지 정주영 명예회장에게 백화점을 지어야 한다고 강력하게 주장했다. 주변에서는 현대가 백화점 사업에 성공하기는 어려울 것이라고 고개를 절레절레 흔들었다. 하지만 정 명예회장의 뚝심으로 1985년 현대백화점 압구정 본점을 성공적으로 개점했다.

현대백화점 압구정 본점은 다른 백화점과 달리 명품 백화점이라는 이미지를 구축하며 성공을 거뒀다. 본점 성공에 따른 이윤으로 1988

년 무역센터점을 지으면서 본격적인 백화점 사업 확장이 이뤄졌다.

현대백화점의 성공 비결은 다른 백화점과 차별되는 고급화 전략에 있다. 1997년 외환위기로 기업들이 쓰러지면서 유통업계도 큰 타격을 입었다. 이에 유통업체들은 구조조정을 하면서 신규 출점을 자제하고 저가 정책으로 고객 확보에 나섰다. 이럴 때 현대백화점은 정반대의 전략을 펼쳤다.

1998년 부도 위기에 놓인 서울 신촌 그레이스백화점을 인수해 현대백화점 신촌점으로 바꿨고 울산 주리원백화점 두 곳을 인수해 울산점으로 재탄생시켰다. 서울 천호점을 연 데 이어 서울 미아점(2001년), 목동점(2002년), 부천 중동점(2003년) 등 매년 1개 점포의 문을 열면서 남들이 쉴 때 공격적인 경영을 펼쳐 나갔다.

2003년 정몽근 명예회장의 바통을 이어받아 경영 일선에 나선 장남 정지선 현대백화점그룹 회장은 2009년부터 본격적인 점포 확장을 이어 갔다. 2009년 현대백화점 신촌유플렉스, 2010년 8월 현대백화점 킨텍스점을 개점했다. 이어 2011년 대구점, 2012년 충청점의 문을 열었다. 2015년에는 현대프리미엄아울렛 김포점과 현대백화점 디큐브시티를 열었고, 판교점, 현대아울렛 가든파이브점(가칭), 동대문점(가칭)을 개점할 예정이다. 또한 2016년에는 현대프리미엄아울렛 송도점, 2017년에는 대전에 프리미엄아울렛을 오픈할 예정이다.

백화점 성공을 바탕으로 현대백화점그룹은 그룹의 뼈대인 백화점 사업과 관련된 영역으로 사업을 확장했다. 2001년 홈쇼핑 시장에 이어 2002년 지역케이블 방송사업(HCN)에 진출했으며, 2009년 종합식품 전문기업인 현대그린푸드를 출범시켰다. 2012년과 2013년에는

2012년 현대백화점
사회공헌 고객감사제에 참석한
정지선(왼쪽) · 황서림(오른쪽)
현대백화점그룹 회장 부부가 고객들과
함께 김장김치를 담그고 있다.

의류·패션기업 한섬과 가구회사 리바트를 잇달아 인수해 유통뿐만
아니라 생활 전 영역에 현대백화점그룹이 진출했다. 또한 2015년에
는 현대렌탈케어를 설립해 렌탈시장에도 나섰다.

현대백화점그룹의 총수이자 3세 경영인인 정지선 회장은 경복고를 졸
업하고, 연세대 사회학과와 미 하버드대 스페셜스튜던트 과정을 수료
했다. 정 회장은 고교 동창의 소개로 황서림(43) 씨를 만나 결혼해 1
남 1녀를 두고 있다. 황 씨는 황산덕 전 법무장관의 손녀로 서울예고
를 졸업하고 서울대 미술대학과 대학원에서 시각디자인을 전공했다.

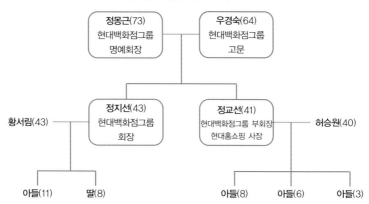

현대백화점그룹 가계도

정몽근(73)
현대백화점그룹
명예회장

우경숙(64)
현대백화점그룹
고문

황서림(43)

정지선(43)
현대백화점그룹
회장

정교선(41)
현대백화점그룹 부회장
현대홈쇼핑 사장

허승원(40)

아들(11)　딸(8)

아들(8)　아들(6)　아들(3)

　정몽근 명예회장의 차남이자 정지선 회장의 동생인 정교선 현대백화점그룹 부회장은 경복고를 졸업하고 한국외국어대에서 무역학을 전공했다. 정 부회장은 2004년 대원강업 허재철 부회장의 2녀 가운데 장녀인 허승원(40) 씨와 결혼했다. 허 씨는 이화여대를 졸업한 뒤 미 컬럼비아대 치과대에 재학했다. 둘 사이에는 3남이 있다.

　정교선 부회장은 현대백화점 경영관리팀장을 시작으로 그룹 경영의 중심이 되는 기획조정본부 이사, 상무, 전무를 거쳐 2009년 사장 자리에 올랐다. 이 밖에도 현대홈쇼핑 사장을 맡아 현대홈쇼핑의 중국 상하이 진출 등을 진두지휘하기도 했다. 2013년 그룹 부회장으로 승진해 형과 함께 그룹을 이끌고 있다.

　형제 사이는 매우 돈독한 것으로 전해진다. 각자 다른 승용차를 이용해 사업소를 방문했다가도 떠날 때면 정 부회장이 형의 승용차에 같이 타 함께 경영 이야기를 나눈다고도 한다.

　이처럼 현대백화점그룹의 경영권 승계는 범현대가에서 가장 먼저

220

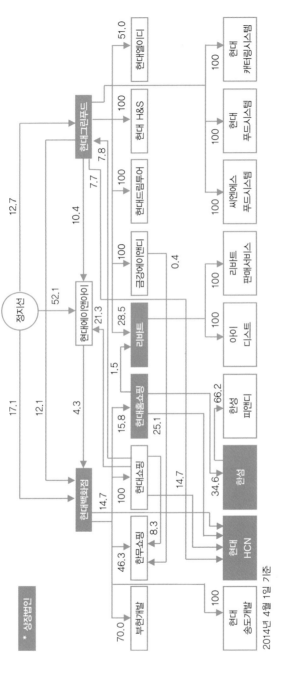

현대백화점그룹 지분도

단위: %, 보통주 기준

* 상장법인

| 정지선 |

현대그린푸드 — 51.0 → 현대엘이디
현대그린푸드 — 100 → 현대 H&S → 100 → 현대캐터링시스템
현대 H&S — 100 → 현대 푸드시스템
현대 H&S — 100 → 씨엔에스 푸드시스템
현대드림투어 100
현대드림투어 — 현대드림투어
금강에이엔씨 100
현대에이엔아이
리바트 28.5
리바트 → 100 → 리바트 판매서비스
리바트 → 100 → 아이 디스트
현대홈쇼핑 15.8
현대홈쇼핑 66.2 → 한섬 피앤디
현대쇼핑 100
현대쇼핑 25.1
한무쇼핑 46.3 → 8.3
한무쇼핑 → 한섬
부현개발 70.0
부현개발 → 100 → 현대 송도개발
현대 HCN 34.6
12.7, 17.1, 12.1, 4.3, 52.1, 10.4, 7.7, 7.8, 21.3, 1.5, 0.4, 14.7, 14.7

2014년 4월 1일 기준

성공적으로 이뤄졌다. 정몽근 명예회장은 2006년 정 회장 형제에게 현대백화점 등 계열사 지분을 증여하며 경영에서 손을 뗀 상태다. 2015년 현재 정 명예회장은 현대백화점 2.6%, 현대그린푸드 2.0% 등의 지분을 가지고 있다. 정지선 회장은 현대백화점 17.1%, 현대 그린푸드 12.7%, 정교선 부회장은 현대그린푸드 15.3%, 현대홈쇼핑 9.5%의 지분을 보유 중이다.

## 정지선 회장의 양궁 사랑

정지선 현대백화점그룹 회장은 다른 그룹 오너처럼 대외활동이 활발하거나 눈에 띄는 행보를 보이지는 않는다. 하지만 재계 3세 가운데 가장 젊은 나이에 그룹의 총수가 된 데다 현대가의 일원인 만큼 물밑에서는 가맥(家脈)과 학맥(學脈) 등 다양한 인맥을 유지하고 있다.

현대가에서 정 회장과 가장 친분이 두터운 사람은 정의선(44) 현대차그룹 부회장이다. 정 회장과 정 부회장의 사촌 관계가 돈독하다는 것은 두 사람의 '양궁 사랑'으로 확인된다.

현대백화점그룹이 양궁단을 창단한 것은 2005년 대한양궁협회장으로 취임한 정의선 부회장이 2011년 "현대백화점에도 양궁단을 만들어 보는 게 어떻겠느냐?"고 정 회장에게 제안하면서부터다. 이때 정 회장은 사촌형의 제안을 흔쾌히 받아들여 양궁단을 창단했다.

이렇게 만들어진 현대백화점 양궁단은 큰 성과를 거두고 있다. 2014년 인천아시안게임 개인전과 단체전 금메달을 따내 2관왕에 오른 정다소미(25) 선수는 현대백화점 소속이다. 정 회장은 동생인 정

2011년 12월 현대백화점 양궁단 창단식에 참석한 정의선(오른쪽) 현대자동차그룹
부회장(아시아양궁연맹 회장)과 정지선(왼쪽) 현대백화점그룹 회장이 악수를 하고 있다.

교선 부회장, 가족과 함께 인천아시안게임 양궁 결승전을 찾아 정 선
수를 응원하기도 했다.

　전통적인 재계 인맥의 산실인 경복고 인맥도 탄탄하다. 경복고 주
요 재계 인사로는 이재용(47) 삼성전자 부회장, 정용진(47) 신세계그
룹 부회장, 이재현(55) CJ그룹 회장 등이 있다. 특히 정용진 신세계
그룹 부회장은 정 회장의 고교 4년 선배이지만 같은 유통업계에 종사
하는 라이벌로서 선의의 경쟁을 하는 사이다.

## 정지선 회장의 경영방식

2003년 정지선(43) 현대백화점그룹 회장은 당시 31세의 나이에 그룹 총괄 부회장 자리에 올랐다. 이후 5년이 지난 2008년 정지선 회장은 36세에 부회장에서 회장이 됐다. 재계 3세 가운데서도 가장 먼저 최연소 나이에 그룹 총수가 됐다. 다른 대기업 총수에 비해 이른 나이에 거대 그룹 경영을 책임지게 됐지만 주변의 기우와 달리 정지선 회장의 경영은 성공적이었다.

객관적인 지표가 평가를 대신한다. 2003년 5조 6천억 원이었던 그룹 매출액은 2013년 12조 5천억 원으로 123% 성장했다. 경상 이익도 2003년 2,009억 원에서 2013년 8,211억 원으로 308% 증가했다. 부채비율은 2003년 150%에서 2013년 37%로 5분의 1 수준으로 떨어졌다. 이런 결과는 2014년 말 기준 자산 5조 원 기업집단 가운데 자산 기준 22위, 매출액 기준 29위, 순이익 기준 9위를 기록했다.

이런 성과를 이룬 정지선 회장의 경영방식을 보면, 다른 재계 총수와 달리 공식행사 이외에 외부에 나서는 것을 자제한다. 정 회장은 현대백화점그룹 창업주인 할아버지 정주영 현대그룹 명예회장과 아버지 정몽근 명예회장으로부터 평소 겸손하고 성실하라는 조언을 귀가 따갑게 들었다고 전해진다. 때문에 외부에 나서기보다는 조용히 경영에 몰두하는 스타일이다.

겉으로 보이는 이미지와 달리 회사 내에서는 직원들과 소통을 잘하는 편이다. 정 회장은 매년 사업소별 업무보고가 끝나면 해당 사업소의 과장급 이상 전 직원과 함께 삼겹살과 소주로 회식을 하며 소통에

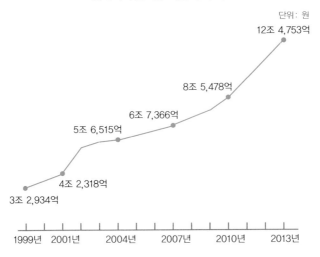

현대백화점그룹 매출액 추이

단위: 원

12조 4,753억

8조 5,478억

6조 7,366억

5조 6,515억

4조 2,318억

3조 2,934억

1999년  2001년  2004년  2007년  2010년  2013년

나선다. 또 신입사원부터 대리급에 이르는 주니어 사원들과 과장에서 부장급에 이르는 중간간부들과 매월 정기모임을 갖는다.

반면 현대백화점그룹이 백화점과 홈쇼핑이라는 양대 축을 중심으로 굴러가고 있지만 다른 유통 대기업들이 백화점 이외에 마트, 편의점 등에 진출한 것과 비교해서는 유통 채널이 약하다는 지적도 있다.

이런 약점을 의식한 정 회장은 2007년 회장직에 오른 뒤 내실 경영에 치중하던 그간의 방식을 공격적인 경영으로 바꿨다. 정 회장은 2010년 6월 회사의 미래 방향인 '비전 2020'을 발표했다. 비전 2020은 기존 유통업을 넘어 금융, 건설, 환경, 에너지 등에서 신성장 동력을 찾겠다는 것이다. 이로써 2020년 매출 20조 원, 경상이익 2조 원, 현금성 자산 8조 원을 확보한다는 계획이다.

구체적인 계획과 성과는 다양한 분야에서 나타나고 있다. 먼저 그룹과 관련된 업종의 인수·합병(M&A)에서 소기의 성과를 거두고 있다. 현대백화점그룹은 2013년 6월 리바트를 인수했다. 현대리바트의 2014년 누적 매출액은 6,428억 원으로 2013년과 비교해 16% 증가했다. 누적 영업이익도 342억 원으로 2013년과 비교해 166% 신장했다.

정 회장은 또한 M&A 추진 막바지에 의류·패션업체 한섬의 정재봉 당시 사장을 직접 만나 담판을 지어 회사를 인수했다. 한섬은 2012년 인수 이후 실적이 꾸준히 개선돼 2014년 매출액은 2013년과 비교해 11.5% 늘어난 5,249억 원을 기록했다. 특히 해외 브랜드 사업부문은 신장률이 50%를 넘었다. 한섬은 매년 100억 원 규모의 투자로 2017년 매출 규모를 1조 원대로 키울 계획이다.

그룹의 중추인 백화점 사업에 대한 확장도 진행하고 있다. 현대백화점은 2015년 8월 경기 성남시 판교 알파돔시티 복합쇼핑몰에 수도권 최대 규모인 판교점을 선보일 계획이다. 또 아울렛 사업을 프리미엄 아울렛과 도심형 아울렛이라는 두 방향으로 운영하고 있다. 2015년 2월에는 현대백화점의 첫 프리미엄 아울렛인 현대프리미엄아울렛 김포점이 문을 열었다. 김포점은 전체 MD(상품화계획)에서 해외패션 MD의 비중을 30% 이상으로 대거 유치해 현대백화점이 최고급 명품 백화점이라는 이미지를 아울렛에서도 이어간다는 방침이다. 도심형 아울렛은 기존 현대아울렛 가산점 외에 서울 송파구 문정동 가든파이브에 아울렛 진출을 추진하고 있다.

그룹의 성장 모태인 압구정 본점도 1985년 개점 이래 30년 만에 증축할 예정이다. 현대백화점 압구정 본점은 지하 2층, 지상 5층으로 수요에 비해 규모가 턱없이 작은 편이다. 이를 7층으로 증축해 연매출 1조 원내의 점포로 키울 방침이다.

이 밖에도 현대백화점은 면세점 사업 진출을 위해 중소·중견기업들과 합작법인을 설립해 시내면세점 입찰에 참여했다. 또한 1조 6천억 원에 달하는 현금성 자산을 이용해 백화점과 홈쇼핑 등 그룹 내 기존 사업부문과 시너지를 낼 수 있는 부문에 대해 지속적으로 M&A를 추진하기로 했다.

정지선 회장은 이처럼 그룹이 성장하기 위해서는 무엇보다도 내부 체질 개선이 시급하다고 보고 다른 유통기업에 비해 강력하게 조직문화를 개선하는 데 집중하고 있다. 2014년에는 기업문화 지침서인 〈패셔니스타〉를 발간해 그룹 전 임직원 7천여 명에게 전달했다. 다른 기업들이 이 지침서를 참고하기도 한다.

정지선 회장은 또한 조직문화 개선을 위해 2013년 백화점, 홈쇼핑 임원 및 팀장 인사평가에서 조직문화 개선 노력도를 핵심 요소로 평가하고 이를 반영할 것을 주문하기도 했다. 현대백화점 본사는 오후 6시, 점포는 오후 8시 30분에 자동으로 컴퓨터 전원이 꺼져 정시 퇴근을 유도하는 PC오프제는 정 회장의 아이디어다.

## 현대백화점그룹 대표들

현대백화점그룹의 경영은 정지선(43) 회장과 정교선(41) 부회장 형제를 중심으로 각 계열사 전문경영인들이 대표를 맡아 책임경영을 펼치는 게 특징이다. 때문에 성과와 부진에 대한 책임이 명확한 편이다.

현재 각 계열사 대표들은 현대백화점에서 커온 인물들로 회사에 대해 정통한 편이다.

이동호(59) 현대백화점그룹 기획조정본부 사장은 기업 경영의 핵심인 기획 및 재무통이다. 1984년 입사한 이래 줄곧 기획 및 재무 관련 업무를 맡아 왔다. 경영기획팀장, 기획조정본부 이사 등을 거쳐 2011년 기획조정본부장으로 근무하면서 계열사 간 조정 역할을 수행하고 있는 것으로 알려졌다.

김영태(61) 현대백화점 사장은 영업통이다. 상품본부 명품팀장과 패션상품사업부장을 거쳐 본점장, 대구점장, 영업본부장을 맡은 뒤 올해 대표이사 사장직에 올랐다.

오홍용(62) 현대그린푸드 사장은 2010년부터 대표직을 맡고 있다. 현대백화점 관리담당 상무와 영업전략실장, 현대H&S 대표 등을 두루 거쳤고 현대그린푸드에서 해외급식시장 진출 등 사업 다각화에 힘쓰고 있다.

현대홈쇼핑은 강찬석(54) 대표가 이끌고 있다. 강 대표는 현대백화점 사업개발팀장과 기획담당 상무를 거쳐 2011년 현대홈쇼핑으로 자리를 옮겨 영업본부장을 맡았다.

현대HCN 유정석(53) 대표는 10년 가까이 현대HCN에서 일한 케이블 전문가다. 유 대표는 현대HCN 경영지원실장, 전략기획실장, 영업본부장을 두루 거쳐 2015년 공동대표에 선임됐다.

김형종(55) 한섬 대표는 1985년 현대백화점에 입사한 뒤 목동점장, 상품본부장을 거쳐 2012년 한섬으로 자리를 옮겨 대표이사직을 맡고 있다.

김화응(56) 현대리바트 대표는 H&S 법인사업부장, H&S 대표 등을 역임한 뒤 2013년 현대리바트 대표이사로 선임됐다.

# 현대산업개발그룹

## 현대산업개발을 이끄는 사람들

현대산업개발에는 정몽규 현대산업개발그룹 회장의 일가친척은 근무하지 않는다. 1인당 보유 주식도 1% 미만이다. 26개의 계열사를 이끌고 가는 힘은 바로 전문경영인 체제다.

김재식(63) 현대산업개발 대표이사는 1978년 현대그룹으로 입사해 1993년부터 현대산업개발에서 근무했다. 법무팀장 시절 10여 년에 걸친 한국중공업 영동사옥 부지 소유권 소송을 승소로 이끌어내 지역 랜드마크로 자리잡은 삼성동 아이파크의 초석을 마련했다.

이후 법무감사실장, 영업본부장 등을 거쳐 2012년 CFO · 경영기획본부장을 역임한 바 있다. 2013년 창사 이후 기록한 첫 연간적자를 극복하고 2014년 조기 흑자전환을 이끌어내며 뛰어난 위기관리 능력을 입증했으며, 2015년 1월 1일부로 현대산업개발 대표이사 사장에 취임했다. 그룹 전반의 포트폴리오 관리와 미래 성장전략에 중점을 두고 경영을 펼쳐 가고 있다.

김세민(60) 아이서비스 대표이사는 고려대 경영학과를 졸업했으며, 현대자동차에 입사해 회사생활을 시작했다. 현대산업개발에 입사한 이후 관리본부장 및 기획본부장 등을 역임하며 건설 부동산 분야에 대한 전체적인 기획 및 실무 경험을 쌓았다. 이를 바탕으로 2013년 부동산 관련 토털 서비스를 제공하는 아이서비스에 대표이사로 부임하였으며, 부동산 종합관리, 인테리어, 조경사업 등을 키워 나가고 있다.

정현(58) 아이콘트롤스 대표이사는 경기고, 서울대 전기공학과를 졸업한 정보통신 분야 전문가다. 아이콘트롤스 기술연구소를 이끌며 지능형 빌딩 시스템, 홈네트워크시스템 등의 개발을 주도했다. 최고기술경영자(CTO)로 사업을 총괄하고 신규사업을 성공적으로 이끌며 아이콘트롤스의 성장과 수익 창출에 기여했다는 평가를 받고 있다.

현계홍(54) 영창뮤직 대표이사는 재무, 외주, 구매, 인사, 감사 등 다양한 분야를 거친 경영인이다. 영창뮤직이 실적을 개선하고 세계 최고의 종합음악기업으로 발전하는 데 기여할 것이라는 기대를 받고 있다. 제주대 경영학과를 졸업했다.

양창훈(56) 현대아이파크몰 대표이사는 현대백화점 출신의 유통전문가로 2005년부터 복합쇼핑몰로서 현대아이파크몰의 입지를 다지는 데 기여해 왔으며, 2010년 대표이사 취임 이후 2012년 영업이익 흑자전환을 달성하는 등 해마다 경영성과를 높여 오고 있다. 2015년

## 현대산업개발그룹의 전문경영인들

**김재식**(63)
현대산업개발 대표이사

**김세민**(60)
아이서비스 대표이사

**정현**(58)
아이콘트롤스 대표이사

**현계흥**(54)
영창뮤직 대표이사

**양창훈**(56)
현대아이파크몰 대표이사

**강창균**(55)
현대EP 대표이사

**조영철**(57)
아이앤콘스 대표이사

**이성용**(50)
호텔아이파크 대표이사

창립 10주년을 맞는 현대아이파크몰은 실적 안정을 바탕으로 면세점 사업 진출 등을 포함한 '비전 2020'을 선포하며 본격적인 발전을 준비하고 있다.

강창균(55) 현대EP 대표이사는 고려대 재료공학 박사 출신으로, 제일모직에서 회사생활을 시작해 1996년 현대산업개발에 입사했다. 2001년 현대EP 상무로 부임해 해외지사 및 법인 설립을 주도하며 해외사업을 확장하고 각종 기술개발을 이끌었다. 회사의 초고속 성장을 이끈 주인공이기도 하다. 2000년 분사 당시 386억 원이었던 매출은 2013년 7,956억 원을 기록하여, 지난 10여 년간 20배가 넘게 성장했다.

조영철(57) 아이앤콘스 대표이사는 한양대 경영학과를 졸업했으며 현대산업개발에서 서울지사장, 남부지사장을 지내는 등 풍부한 현장 경험을 가신 영업통이다. 아이파크스포츠 대표이사를 거쳐 현대산업 개발의 종합건설기업인 아이앤콘스 대표이사로 취임했다.

이성용(50) 호텔아이파크 대표이사는 정몽규 회장의 모교인 용산 고, 고려대 후배다. 이 대표이사는 고려대 독어독문학과를 졸업한 뒤 미국 피츠버그대에서 석사과정을 마쳤다. 2005년 호텔아이파크로 부임한 뒤 파크 하얏트 서울, 파크 하얏트 부산 등을 론칭하는 데 혁혁한 공로를 세웠다.

## 현대산업개발의 역사

정몽규(53) 현대산업개발 회장의 부친은 정주영 현대그룹 창업주의 넷째 동생인 정세영 현대산업개발 명예회장이다. 1974년 국내 최초의 고유 자동차 모델이자 자신의 애칭이 된 포니(PONY)를 개발하고 1976년 수출에 나선 정세영 명예회장은 한국 자동차 신화의 주인공이다. 1928년 강원 통천에서 태어나 보성고, 고려대 정치학과를 졸업한 뒤 미국 마이애미대에서 정치외교학 석사학위를 받았다.

정세영 명예회장은 1967년 미국 포드 사와의 합작을 이끌어내며 현대자동차 초대 사장에 취임한 뒤 32년 동안 한국 자동차 산업의 역사를 써나갔다. 정세영 명예회장의 장남이자 외아들인 정몽규 회장은 1996년 당시 34살의 세계 최연소 나이로 완성차업체(현대자동차) 회장 자리에 올랐다.

자동차에 올인 했던 부자는 1999년 현대차 경영권을 둘러싼 논란이 불거지면서 위기를 맞았다. 큰형인 정주영 현대그룹 창업주가 장자인 아들 정몽구 현대차 회장(현 현대차그룹 회장)에게 자동차 기업을 넘겨주기 위해 정세영 명예회장에게 자동차에서 손을 떼라고 통보한 것이다. 형으로부터 청천벽력 같은 소리를 들었지만 정세영 명예회장은 한마디 반박도 하지 않고 아들 정몽규 회장과 함께 낯선 건설 분야인 현대산업개발로 넘어왔다.

1999년 4월 취임한 정몽규 회장은 건설에 대해서는 문외한이었지만 본사와 150곳의 현장을 일일이 발로 뛰며 실태 파악에 나섰다. 70% 이상인 주택사업 비중을 50%선으로 낮추는 대신 토목, 플랜트, 사회간접자본(SOC) 등 신규사업을 확대했다. 단순 시공 수준이 아닌 어려운 부동산 개발사업에 뛰어들어 활로를 모색하며 현대산업개발을 건설업계 '톱5' 반열에 올려놨다.

대한민국 최고급 브랜드로 꼽히는 2004년 서울 삼성동 아이파크는 정몽규 회장의 첫 작품이다. 외환위기 여파 속에 최고급 아파트에 대한 반대와 우려를 뚫은 역발상이란 평가를 받았다.

정몽규 회장은 2001년 현대아파트 브랜드를 더 이상 사용하지 않겠다며 현대그룹으로부터의 완전 독립을 선언했다. 이후 정 회장은 현대산업개발을 그룹으로 발전시켰다. 1999년 취임 당시 2개에 불과하던 계열사는 현재 26개로 늘어났다. 이 중 주력 계열사는 10개 규모다.

건설 및 유관 서비스를 제공하는 아이앤콘스와 아이서비스, 아이콘트롤스, 현대PCE 등과 더불어 엔지니어링 플라스틱 소재 회사인 현대EP, 유통 분야의 현대아이파크몰, 호텔을 운영하는 호텔아이파크, 종합음악회사인 영창뮤직, 자산운용회사인 HDC자산운용 등 다양한 분야에서 사업을 벌이며 독자적으로 그룹의 면모를 갖춰 가고 있다. 취임 첫해인 1999년 2조 1,115억 원이던 그룹 전체 매출 규모는 2014년 말 기준 4조 4,773억 원으로 2배 이상 증가했다.

2013년 현대산업개발은 장기적으로 이어진 건설경기 침체의 영향으로 1,479억 원의 영업손실을 기록하며 위기를 맞았지만, 정몽규 회장은 과감한 결단을 이어 나가며 위기를 기회로 바꾸는 승부사의 모습을 보여 줬다.

현대산업개발이 연간 영업이익 적자를 기록한 것은 1988년 이후 25년 만이자 1999년 정몽규 회장 취임 이후 최초였다. 2014년 5월 정 회장이 임직원들에게 보낸 이메일에는 과감한 결단이 담겨 있었다.

이메일에서 정 회장은 "지난해(2013년) 실적악화에 대한 엄중한 책임과 나부터 변하겠다는 굳은 의지로 보수를 회사에 반납하겠다"고 약속했다. 또한, 정몽규 회장은 "경쟁력과 기업의 가치를 높이는 코스트 혁신"을 강조하며 "발상의 전환과 과감한 체질 개선을 통해 밸류엔지니어링(Value Engineering)을 실현"할 것을 임직원들에게 주문했다. 이를 위해 복잡한 의사결정 구조, 기능별 조직의 한계 등을 개선하여 책임과 권한이 분명한 조직체계와 역동적인 기업으로 거듭날 것임을 선언했다.

'무보수 경영'에 앞서 단행한 선제적 판단도 주목할 만하다. 현대산업개발의 2013년도 적자 대부분은 장기 미착공 상태에 있던 PF 사업지를 사업화하며 발생한 것이다. 이를 통해 확보된 유동성을 기반으로 현대산업개발은 신규사업 용지를 매입하고 우수한 사업을 수주하는 등 우량자산에 재투자할 수 있었다. 단기적으로 적자전환이란 역경을 피할 수는 없었지만, 시장 분위기에 한발 앞서 분양 공급함으로써 대부분의 사업지에서 '100% 분양완료' 성과를 이어 나가고 있다.

위기의 순간에 던진 승부수는 눈에 띄는 경영성과로 나타나고 있다. 2013년 말 1조 7천억 원이던 현대산업개발의 시가총액은 4조 6,436억 원(2015년 4월 14일 기준)으로 3배 가까이 급등했다. 특히 이러한 상승세는 정 회장의 결단이 있었던 2014년 5월 이후 더욱 두드러졌다. 28,600원으로 완만한 상승세를 유지하던 주가는 정몽규 회장의 '무보수 경영' 선언 이후 급등하기 시작해 61,600원(2015년 4월 14일 기준)을 기록했다.

부동산 시장의 온기와 정부의 부동산 대책도 현대산업개발에 더욱 호재로 작용하고 있다. 현대산업개발 매출의 평균 50% 이상이 국내 주택부문에서 발생하고 있다는 점, 현대산업개발이 부동산 개발사업의 전통적 강자라는 점, 해운대 아이파크, 삼성동 아이파크 등에서 입증된 탁월한 기획력과 상품개발력 등의 이유로 향후 더 많은 매출과 수익이 기대된다.

또한, 현대산업개발은 신중히 해외사업 재개의 발판을 마련한 후 해외시장 다변화를 추진하고 있다. 2014년 9월 볼리비아와 인도에서 '바네가스 교량 건설사업', 'RNA 메트로폴리스 아파트 신축공사'를 각각 착공했다. '바네가스 교량 건설사업'은 EDCF(대외경제협력기금) 사업으로 재원이 안정적이며, 'RNA 메트로폴리스 아파트 신축공사'는 주요 자재 및 장비를 발주처가 지급하도록 하는 등 해외사업 리스크를 최소화하고 있다. 주요 대형건설사들이 해외사업발 악재로 실적에 어려움을 겪는 것과 대조적이다.

현대산입개발온 해외뿐만 아니라 면세점 사업 등 신시장 진출에도 적극적이다. 2015년 1월 시내면세점 사업 진출을 선언한 현대산업개발은 국내 전통의 면세사업자인 호텔신라와 손잡고 공정거래위원회에 법인 설립을 위한 기업결합 신고를 하고 시내면세점 사업 공동진출에 나선다고 밝혔다. 양사는 공동출자를 통해 'HDC신라면세점㈜'을 신규 설립하고 용산 아이파크몰을 사업지로 선정해 서울 시내면세점 사업권을 취득한다는 계획이다.

서울 도심 한복판에 한국을 대표하는 글로벌 경쟁력을 갖춘 대형 면세점을 설립해 국내를 넘어 중국의 '하이난'과 일본의 '오다이바', 대만의 '금문도'와 경쟁할 수 있는 요우커 관광의 세계적 명소로 자리잡을 것으로 기대를 모으고 있다.

## 정몽규 회장의 남다른 축구사랑

"축구 산업을 키우는 게 제가 해야 할 일입니다."

2013년 3월 제52대 대한축구협회장으로 취임한 정몽규 현대산업개발그룹 회장의 일성이다. 정 회장은 프로축구단 현역 최장수 구단주다. 정 회장은 축구 종주국인 영국에서 유학했다. 옥스퍼드대 재학 시절 축구의 매력에 흠뻑 빠진 것으로 전해졌다. 또한 재벌가 자제들의 문란한 외국 생활을 경계한 아버지의 엄명이 있어 공부 이외에는 축구에만 관심을 가졌다.

현대자동차 부사장 시절 울산 현대 구단주(1994~1996)로 나선 건

236

스포츠 마케팅을 통한 기업 브랜드 홍보의 일환이었다. 현대차 회장 재임 시절인 1997~1999년 전북 현대 다이노스 구단주를 거쳐 2000년 1월에는 부산 아이파크의 구단주를 맡았다. 2011년 1월부터는 곽정환 전 프로축구연맹 총재의 뒤를 이어 연맹 수장을 맡았으며 2013년에는 대한축구협회장으로 취임했다.

정 회장의 남다른 축구 사랑은 단순 그룹 홍보 차원을 넘어섰다. 정 회장은 2011~2013년 프로축구연맹 총재를 지내는 동안 사외이사 도입을 통해 폐쇄적 이사회 구조를 개편하고 K리그 승강제 등의 성과를 냈다. 오랜 시간 축구계에 몸담기 위해 자신이 구상한 아이디어를 제안하고 추진한 것이다. 이후 축구협회장에 출마하면서 한국 축구의 국제 경쟁력 강화, A매치 대신 K리그와 아마추어 리그가 중심이 되는 축구문화 육성, 유소년축구 및 여자축구 저변 확대 등을 공약하기도 했다.

정 회장의 축구 사랑 덕분에 축구계는 잇단 대회 유치 성공으로 국제경기 운영 경험을 차곡차곡 쌓아 가고 있다. 특히 정 회장이 취임한 후 우리나라는 '2017년 20세 이하(U20) 남자월드컵'을 유치했다. 이로써 대한민국은 FIFA의 주요 4개 대회인 월드컵, 컨페더레이션스컵, U20 월드컵, U17 월드컵을 모두 개최하는 기록을 세우게 됐다.

## 현대산업개발의 혼맥

'포니 정' 정세영 현대산업개발그룹 명예회장과 아들 정몽규 현대산업개발그룹 회장은 집안에서 배필을 정해 준 정략적 결혼 대신 소개팅으로 만나 교제 후 결혼한 낭만파 '연애결혼' 부자다. 그러나 정 명예회장의 두 딸이자 정 회장의 누나, 여동생의 결혼과 함께 포니 정 일가는 학계·정계·재계·언론까지 사돈 팔촌으로 확장되는 가맥을 형성하게 됐다.

정세영 명예회장은 오랜 유학 기간을 보내고 현대건설에 바로 입사해 일에 파묻혀 지내느라 서른이 넘도록 결혼하지 못했다. 보성고, 고려대 정치학과를 졸업한 정 명예회장은 뉴욕에서 함께 지내던 친구의 소개로 단발머리 여학생 박영자(80) 여사를 만났다. 당시 23세이던 박 여사는 부산에서 올라와 이화여대 정치학과 3학년에 재학 중이었다.

정세영 명예회장은 "첫눈에 반해 세 번째 만나던 날 바로 프러포즈를 했다"면서 "아버지와 다름없던 큰형님(정주영 현대그룹 명예회장)과 형수에게 인사를 시켰는데 모두 마음에 들어 했다"고 자서전에 적었다. 명문대가를 따지지 않는 현대가의 결혼관을 엿볼 수 있는 대목이다. 정 명예회장은 부산으로 내려가 박 여사 부모의 허락을 받은 뒤 만난 지 100일이 안 돼 약혼하고 곧바로 결혼식을 올렸다. 1958년 정 명예회장의 나이 31세 때 일이다.

정몽규 회장의 만남도 순수하다. 지인의 소개로 김나영(50) 씨를 만나 반 중매 반 연애로 결혼에 골인했다. 나영 씨는 연세대 수학과를

고 정세영 현대산업개발 명예회장이 가족들과 1990년대 후반 서울 성북동 자택에서 찍은 사진.
뒷줄 왼쪽부터 시계 방향으로 장남 정몽규 회장, 차녀 유경, 정세영 명예회장, 부인 박영자 씨,
외손자 인영, 사위 노경수, 장녀 숙영, 손자 원선, 준선, 운선, 며느리 김나영 씨.

나온 재원으로 키도 크고 미인이었다. 정 회장은 첫 만남부터 김 씨에게 반했지만 표현이 서툴러 김 씨와의 인연이 이어지지 못할 뻔했다. 정 회장은 김 씨를 소개시켜 준 친구에게 전화를 걸어 "키도 크고 집안도 좋고 미인인 데다 마음까지 곱다. (아까운데) 친구 중 누구 소개시켜 주면 안 될까?"라며 쑥스러움을 에둘러 표현했다는 후문이다. 다행히 두 사람의 인연은 이어져 슬하에 준선(24), 원선(22), 운선(18) 등 세 아들을 두고 있다. 준선 씨와 운선 씨는 영국 체류 중이다. 준선 씨는 명문 이튼스쿨을 나와 현재 옥스퍼드대 박사과정을 밟고 있다.

정몽규 회장의 부인 김나영 씨는 당시 대한화재보험 김성두 사장의 딸이었다. 하지만 당시 대한화재는 사세가 기울어 가는 회사였다. 정략결혼이었다면 잘나가는 집안과 결혼했을 터지만 현대 집안에서는 이들의 결혼을 반대하지 않았다. 역시 정씨 일가의 결혼관이 드러나는 대목이다. 정세영 명예회장은 현대그룹 회장 시절 사돈인 대한화재를 살리기 위해 도움을 주려고 했지만 공정거래위원회로부터 위장계열사 혐의로 조사를 받고 중점관리대상으로 지정돼 별다른 힘이 되지 못했다. 이 회사는 이후 대한생명(현 한화생명)으로 인수됐다.

정 회장의 큰누나 정숙영(57) 씨는 노신영 전 국무총리의 장남 노경수(62) 씨와 결혼했다. 노 씨는 서울대 행정대학원 교수로 국제정치 전문가다. 미 하버드대 국제정치학과를 졸업한 뒤 정 회장이 수학했던 영국 옥스퍼드대에서 정치학 박사학위를 받고 1994년부터 서울대에 재직 중이다. 두 사람 사이에는 딸 노희진(33), 노인영(32) 씨가 있다.

정몽규 회장의 매형(노경수 교수)의 동생이자 노신영 전 총리의 차

# 포니정 정세영 현대산업개발 명예회장 가계도

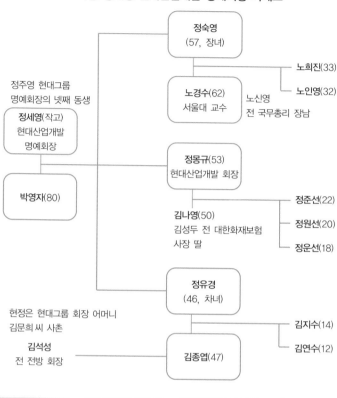

정주영 현대그룹
명예회장의 넷째 동생

**정세영**(작고)
현대산업개발
명예회장

**박영자**(80)

**정숙영**
(57, 장녀)

**노경수**(62)
서울대 교수

노신영
전 국무총리 장남

┌ **노희진**(33)
└ **노인영**(32)

**정몽규**(53)
현대산업개발 회장

김나영(50)
김성두 전 대한화재보험
사장 딸

┌ **정준선**(22)
├ **정원선**(20)
└ **정운선**(18)

**정유경**
(46, 차녀)

현정은 현대그룹 회장 어머니
김문희 씨 사촌

**김석성**
전 전방 회장

**김종엽**(47)

┌ **김지수**(14)
└ **김연수**(12)

정세영 명예회장

박영자 씨

정몽규 회장

정숙영 씨

노경수 교수

정유경 씨

김종엽 씨

남 노철수 애미커스그룹 회장(중앙영어미디어 〈중앙데일리〉 발행인)은 〈중앙일보〉 홍진기 회장의 딸 홍라영 삼성미술관 리움 총괄 부관장과 결혼했다. 홍 부관장의 언니는 이건희 삼성전자 회장의 배우자인 홍라희 삼성미술관 리움 관장이다. 홍라희 관장의 오빠는 전 주미대사였던 홍석현 〈중앙일보〉 회장이다. 현대, 삼성가와 동시에 사돈 관계를 맺은 노신영가로 인해 포니 정가는 자연스레 삼성가와 인연이 닿게 된다.

정몽규 회장의 여동생인 정유경(46) 씨는 섬유생산업체 김석성 전 전방 회장의 1남 4녀 중 막내인 김종엽(47) 씨와 결혼했다. 유경 씨는 이화여대 사학과를 졸업하고 미국 뉴욕에서 컴퓨터그래픽을 공부한 뒤 현대산업개발에서 잠시 근무했다. 역시 아는 사람의 소개로 만나 1년 동안 사귀다가 결혼하게 됐다. 두 사람은 두 아들(지수, 연수)을 뒀다.

정유경 씨의 시아버지인 김석성 전 회장은 현정은 현대그룹 회장의 어머니 김문희 씨와 사촌이다. 정 회장의 처숙부인 현대상선 김성만 부회장은 현 회장과 사돈이다. 현대그룹의 백기사라 불렸던 현대산업개발 간 가맥도 아버지 대부터 얽혀 각별한 관계를 유지해 왔다.

# 노신영 전 국무총리 가계도

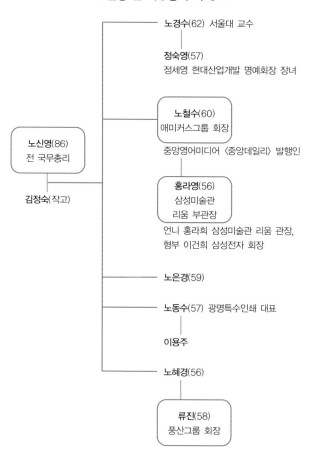

노경수(62) 서울대 교수

정숙영(57)
정세영 현대산업개발 명예회장 장녀

노신영(86)
전 국무총리

김정숙(작고)

노철수(60)
애미커스그룹 회장

중앙영어미디어 〈중앙데일리〉 발행인

홍라영(56)
삼성미술관
리움 부관장

언니 홍라희 삼성미술관 리움 관장,
형부 이건희 삼성전자 회장

노은경(59)

노동수(57) 광명특수인쇄 대표

이용주

노혜경(56)

류진(58)
풍산그룹 회장

# ‖ 고 정세영 명예회장과 정몽규 회장 ‖

현대산업개발 고 정세영 명예회장과 정몽규 회장이 자동차에서 건설로 배를 갈아탄 것은 1999년이다.

자동차를 운영하던 경영인이 과연 건설을 잘 이끌겠느냐는 우려에도 불구하고 현대산업개발은 빠르게 새 뿌리를 내렸다는 평가를 받고 있다. 다른 형제들은 일찌감치 정주영 현대그룹 회장으로부터 떨어져 나왔으나 정세영 명예회장은 현대자동차에 인생의 32년을 묶어 두는 바람에 뒤늦게 독립했다.

정주영가의 다른 형제들이 현대건설에서 땀 흘리며 가꾸던 회사를 발판으로 분가한 것과 달리 정세영 명예회장의 '왕회장' 독립은 2세 경영체계 구축과 함께 갑자기 이뤄졌다. 하지만 이들 부자는 "아파트도 자동차처럼 만들어야 팔린다"면서 '현대자동차 신화'를 건설에 접목시키기 위해 무던히 애를 썼다.

## "교수하면 배고파", 현대와 인연

정세영 명예회장이 현대와 인연을 맺은 때는 1951년 부산 피란시절이다. 고려대 정치학과 2학년에 재학 중이던 정 명예회장은 왕회장 밑에서 잡역부 아르바이트생으로 인연을 맺었다. 미국 유학을 떠나기 전에도 왕회장 사무실에서 일손을 도왔다. 이미 두 형님(정인영 전 한라그룹 명예회장, 정순영 현대시멘트 명예회장)은 현대건설의 핵심 멤버로 활동하고 있었다.

미국 유학을 떠난 것에는 큰형의 메시지가 작용했다. 1957년 미국 마이애미대에서 국제정치학 전공으로 석사학위를 마치고 귀국했으나 당리당략에 빠진 현실 정치에 빠져들기 싫어 정치지망생의 꿈을 접고 대신 대학교수의 길을 찾았다. 욕망은 모교 강단에 서고 싶었으나 우선 한 대학으로부터 교수 채용 사실을 통보받았다.

하지만 왕회장은 "나랑 같이 일하자"며 소매를 잡았다. 늘 그랬지만 그에게 맏형의 말은 제의나 권유가 아닌 명령이나 다름없었고 한 번도 거역한 적이 없었다.

첫 직책은 신입사원 채용위원장. 동시에 신규사업 진출을 검토하는 일도 겸했다. 왕회장이 처음 맡긴 프로젝트는 시멘트 공장 건설에 필요한 국제개발국 차관(AID)을 빌려 오는 일이었다. 둘째 형(인영 · 2006년 작고)과 함께 충북 단양의 광산을 사들이는 한편 미국과 국내에서 공장 건설을 위한 교섭을 벌여 어렵사리 성사시켰다.

하지만 그에게 가난보다 더 무서운 시련이 찾아왔다. 30대 초반인데도 건강에 이상이 감지된 것이다. 간경변증이라는 진단을 받고 병마와 씨름하느라 회사에 나가지 못했다. 아내의 정성어린 간병과 용기로 병상을 박차고 일어나 다시 일에 뛰어들었다. 새로 부임한 직책은 단양시멘트 공장 공장장이었다. 사선을 넘나들던 건강을 되찾으면서 일에 미쳤다.

1965년 대한건설협회 해외시찰단 일원으로 동남아 여러 나라를 방문할 기회를 얻는다. 마침 태국에 세계은행 자금으로 고속도로를 건설한다는 정보를 캐낸 정세영 회장은 이 사실을 서울 큰형님에게 보고했다.

정세영 회장은 왕회장으로부터 "태국에 그대로 눌러앉아 공사 진행 상황을 조사하라"는 지시를 받고 방문단에서 빠져 관련정보 입수에 본격 나선다. 이렇게 해서 정세영 회장은 현대건설 방콕지점장이 됐고, 파타니~나라티왓 고속도로 공사를 따내는 데 성공했다. 고속도로 건설 경험도 없었던 현대였고, 이는 국내 최초의 해외건설 공사 수주로 기록됐다.

1967년 시멘트 공장 기계를 사기 위해 미국에 있던 정세영 회장은 본사로부터 포드 자동차와 접촉하라는 전보를 받는다. 포드 자동차가 한국에 진출하기 위해 조사단이 방문했는데 서울에서 그들을 만나지 못했으니 미국에서 포드 측에 관심 있다는 뜻을 전하라는 메시지였다.

즉각 움직여 자동차 산업에 대한 현대의 관심을 전달하고, 포드 측으로부터 긍정적인 반응을 이끌어냈다. 같은 해 말 미국에서 귀국했을 때는 현대자동차 회사가 설립됐고, 초대 사장으로 임명돼 있었다. 이렇게 해서 '포니 정'의 32년 자동차 인생이 시작됐다.

자동차 산업 진출은 일사천리로 진행됐다. 포드와의 조립계약을 맺은 뒤 1968년 3월 공장 건설에 착수했다. 자동차 공장 구경도 못하고 자동차 공장을 지어야 하는 어려움을 겪으면서도 한편으로는 언젠가 우리 손으로 만든 자동차를 수출하겠다는 야무진 꿈을 키워 갔다.

본격적인 공장 건설과 함께 인재 사냥에 나섰다. 급한 대로 현대건설에서 유능한 사람을 빼오는 수밖에 없었다. 이양섭 부장 등이 대표적인 인물이다. 이 부장은 20년 넘게 현대자동차에서 근무하면서 사장까지 역임했다. 윤주원 씨도 현대건설에서 스카우트되어 사장까지 지냈다. 신동원 씨는 당시 상공부로부터 추천받은 경우다.

신입사원도 뽑기 시작했다. 이들이 오대양 육대주를 달리는 오늘의 현대차를 있게 한 일꾼들이었다. 마침내 1968년 11월 제1호 '코티나'가 나왔다. 공장을 짓고 자동차를 생산하기까지 6개월밖에 걸리지 않았다. 다음해 5월부터는 중형 승용차 포드 20M도 생산했고, 8월에는 자체 설계한 첫 버스를 출고하는 저력을 발휘하면서 쾌속 질주를 했다.

호사다마라고 했던가. 현대차의 질주를 시기하고 배 아파하는 소리도 들렸다. 경쟁사인 신진자동차와 정치권의 압박으로 숱한 시련을 겪어야 했다. 1970년 초 1차 오일쇼크에 휩싸이면서 판매도 급감했다. 할부로 판매한 자동차의 돈이 들어오지 않았다. 이때 막내 동생 상영 (KCC 명예회장 · 79) 씨가 잠시 금강슬레이트 경영을 접고 부사장으로 와서 채권회수팀을 지휘하기도 했다.

언제까지 단순 조립생산에만 매달릴 수는 없었다. 포드와 50 대 50 합작회사를 만들어 엔진 공장을 짓고 기술을 이전받아 자립의 길을 찾고자 했다. 하지만 포드가 약속한 지분 50%에 대한 자본 납입을 미루고 협상이 결렬되면서 '마이웨이'를 외쳤다.

산고의 고통을 겪으면서 1974년 국산 1호차 조랑말 '포니'가 탄생했고, 이를 이탈리아 토리노 국제모터쇼에 내놓는 기염을 토했다. 모든 테스트를 마치고 1976년 2월 본격적인 생산을 시작했고 중남미를 중심으로 수출까지 이끌어냈다. 이때부터 현대자동차는 국내 기업이 아니라 세계 기업으로 커갔다.

아울러 1996년 MK가 그룹 회장을 맡을 때까지 9년 동안 왕회장을 대신해 현대호를 이끌었다. 이즈음 현대가의 2세 경영체제가 이뤄지면서 자동차 회장을 아들에게 물려주고 자신은 명예회장으로 물러앉았다. 정몽규 회장은 용산고, 고려대 경영학과, 영국 옥스퍼드대학원 정치학과를 졸업하고 1988년 현대자동차에 입사했다.

이때부터 현대자동차를 몰고 가는 드라이버는 정몽규 회장이었다. 하지만 삼성자동차 허가, 외환위기라는 거센 풍랑과 맞서 싸워야 했다. 여기에 노사분규의 시련도 덮쳤다. 젊은 정몽규 회장에게는 경영자 자질을 검증할 수 있는 시험대였다. 정 회장은 의연하게 문제를 풀어 나갔다. 이방주, 김수중, 김판곤 등의 임원이 정 회장의 훌륭한 참모 역할을 했다.

하지만 1998년 기아자동차를 인수한 뒤 경영 구도에 큰 변화가 생겼다. MK가 현대차와 기아차의 새 회장으로 오면서 정몽규 회장은 부회장으로 내려앉는다. 장차 밀어닥칠 일을 예상케 하는 대목이었다. 마침내 1999년 3월 3일 왕회장은 명예회장을 부른다.

왕회장은 "MK한테 자동차 회사를 넘겨주는 게 잘못됐어?"라는 말로 자동차에서 손을 떼라고 했다. "잘못된 것 없다"는 대답이 나오기 무섭게 "그렇게 해"라는 왕회장의 말이 이어졌다. 내 사업이라고 생각하고 이끌었던 자동차 사업이었지만 정세영 회장은 거역하지 않고 "예"라는 한마디로 32년 자동차 인생을 접었다. 아울러 왕회장의 생각과 달리 아들 몽규도 함께 자동차를 떠나 현대산업개발에 새 둥지를 틀었다.

새 사업을 가꾸고 키우는 일은 정몽규 회장과 전문경영인이 맡았다. 명예회장은 경영 자문만 맡은 정도다. 정 회장은 아파트에 자동차 제조업 경영기법을 도입했다. 사소한 하자가 나와도 불량품이 완전히 고쳐질 때까지 모든 공정을 멈추는 것이다.

또한 현장 중시와 품질경영 기치를 내세웠다. 체면 따위는 내팽개 쳤다. 경쟁사 아파트 모델하우스를 찾는 것도 꺼리지 않았다. 삼성 래미안 아파트 강남 일원동 주택전시관을 찾은 적도 있다. 아파트 이름을 'I'PARK'로 바꾸는 등 변신도 꾀했다. 무리하게 덩치를 키우지 않는 것도 다른 건설사와 다르다. 안정된 회사를 운영하기 위해 수주·매출 목표를 줄이는 것도 그에게는 창피한 일이 아니다.

정몽규 회장은 자동차에서 건설로 배를 갈아탄 지 6년 만에 부동산 박사로 탈바꿈하는 데 성공했다. 서울 강남구 역삼동 스타타워(아이타워) 사옥 매각도 정 회장의 판단이었다. 부채를 갚아 정상적인 회사를 만드는 것이 급했기 때문이다. 정 회장은 당시로는 최고의 조건으로 넘겼고, 부동산 개발회사가 특정 사옥을 고집할 필요는 없다고 설명했다.

"돈이 된다 싶으면 정든 사옥도 팔 수 있고, 부동산 회사가 개발 이익을 남기고 사옥을 옮기는 것은 결코 흉이 아니다"라고 잘라 말했다. 부동산업자는 시장 환경에 유연하게 대처하고 결단을 빨리 내려야 한다는 말도 덧붙였다.

정몽규 회장은 스포츠광이다. 못하는 운동이 없을 정도다. 선수 수준인 종목만 5개나 된다. 그 중에서도 수영은 프로급이다. 승마, 수상스키, 스키(요즘은 보드를 탄다)도 수준급이다. 수상 경력이 있는

만능 스포츠맨으로 알려진
정몽규 회장이 철인 3종경기에서
자전거를 타고 있다.

종목도 있다. 정몽규 회장은 격한 운동을 좋아한다. 철인 3종경기,
MTB (산악자전거) 마니아로, 기업인 중심으로 구성된 철인 3종경기
동호인이다. 얼마 전에는 스키장에서 보드로 스피드를 즐기다가 안
전 펜스를 뛰어넘어 어깨를 다친 적도 있다.

기계 위에서 하는 운동은 별로다. 가끔 한강변이나 남산에서 뛰기
도 한다. 정 회장은 "콧구멍이 시커메지더라도 밖에서 운동해야 직성
이 풀린다"고 말한다.

골프는 할 줄은 알지만 별로 탐탁해하지 않는다. 운동할 때는 운동
에 전념해야 하는데 골프는 그렇지 않기 때문이라는 것이 이유다. 시
간이 너무 많이 걸리는 것도 싫다.

정세영 명예회장도 30년 이상 수상스키를 즐겼다. 바쁜 일정 중에도 양수리에서 물 위를 활주하곤 했다. 이런 인연으로 수상스키협회 초대 회장을 지내기도 했으며 선수 육성과 보급에 남다른 애정을 가진 바 있다.

회사 차원에서는 프로축구단 부산 아이파크를 운영한다. 회사 차원의 지원도 대단하다. 부산에 연고를 두고 있는데, 이 지역에서 10여 곳의 재개발단지를 수주하는 데 상당한 보탬이 됐다고 한다. 대부분의 스포츠단이 그렇듯이 아이파크 축구단도 해마다 적자다. 하지만 회사에서는 적극 밀어 준다.


정세영 명예회장과 정몽규 회장은 경영수업의 첫 출발도 비슷하다. 이때 형성된 인맥은 건설이나 자동차 회사의 초석이 됐다.

정세영 명예회장은 부산 피란시절 정주영 전 현대그룹 회장이 막 벌여 놓은 현대건설 현장에서 일을 시작했다. 큰형(정주영 명예회장)과 둘째 형(정인영 전 한라그룹 명예회장)이 미군 공사를 수주해 오면 시장에 나가 현장에 투입할 인부를 모으고 자재를 사들이는 일이었다.

이때 만난 이춘림 씨는 훗날 현대건설 회장에 오른다. 이춘림 전 회장은 그래도 건축학도(당시 서울대 건축공학과 3학년생)라서 설계를 하고 공사 감독도 했지만 정세영 명예회장은 그야말로 잡역부이자 막노동꾼이었다. 막노동판에서 만난 인맥은 현대건설을 떠날 때까지 끈끈하게 유지됐다.

정세영 명예회장은 자신의 경험을 살려 외아들 몽규에게도 혹독하게 경영 훈련을 시켰다. 대학생이었던 정몽규 회장은 방학 때면 현대자동차 울산 공장에서 고된 잡일을 해야 했다. 임직원들도 모르게 했다. 땡볕 아래서 리어카를 끌고 숙식도 독신자 기숙사에서 해결하는 생활이었다. 정 회장은 울산 공장에서 아르바이트하던 것을 가장 기억에 남는 과거로 떠올린다.

# KCC그룹

## 정상영 명예회장과 KCC

정상영 (79) 명예회장은 현대그룹 창업자인 정주영 명예회장의 막내 동생이다. 정 명예회장은 형제들과 처음부터 다른 길을 걸었다. 크고 작은 기업체를 물려받은 가족이나 친지들과는 달리 창업을 통해 지금 의 KCC를 일궈 낸 것이다.

정상영 명예회장이 창업 초기부터 공장 직원들과 한솥밥을 먹으며 동고동락한 것은 잘 알려진 일화다. 1970년대 새마을운동이 한창일 당시 주택 현대화 바람을 타고 몰려드는 슬레이트 주문에 정 명예회 장은 공장에서 슬레이트를 직접 찍어 내며 직원들과 밤을 새우기 일 쑤였다고 한다.

창업 당시 정주영 회장은 막내 동생인 정상영 명예회장에게 "기왕

사업을 시작하려면 국가에도 도움이 되면서 장차 크게 성장할 사업을 해 보라"며 본인 회사에서 쓰던 자재창고를 내줬다.

창고 건물을 어떻게 활용하면 좋을지 고민하던 정 명예회장은 슬레이트를 만들어 팔기로 결심했다. 마침 공장에 방치돼 있던 낡은 슬레이트 기계가 있어 별도의 비용도 들지 않았다. 큰형이 하는 회사 사업과 겹치지 않아 금상첨화라는 생각이었다. 동생의 사업구상에 큰형인 정주영 회장이 흔쾌히 동의해 KCC 역사가 시작됐다.

이때 정상영 명예회장 옆을 지킨 사람은 부인 조은주(79) 씨다. 조씨가 정 명예회장을 만난 것은 대학 등록금 마련을 위해 현대건설 경리팀에서 근무할 때다. 조 씨는 독립운동가의 외손주이자 한국전쟁 때 전사한 군인 집안의 여식이었다. 두 사람은 당시에는 흔치 않은 연애결혼을 했다.

'젊은 공장 사장'을 남편으로 둔 덕(?)에 결혼 후 공장 안팎의 허드렛일은 조은주 씨의 몫이었다. 조 씨는 20년 넘게 슬레이트 공장 근로자들의 밥과 새참을 손수 지어 주며 정 명예회장의 사업을 도왔다. 회사 창업 멤버들은 최근에도 조 씨를 '내조의 여왕'이라고 부른다.


정상영 명예회장은 2000년부터 경영 일선에서 물러나 3형제에게 사업을 맡겼다. 장남 정몽진(55) 회장은 고려화학 입사 후 9년 만인 2000년부터 회장을 맡아 본격적인 경영에 나섰다. 정 회장은 당시 '금강'과 '고려화학'의 합병을 성공적으로 이끌어내며 능력을 인정받았다.

정몽진 회장은 고려대 경영학과를 졸업하고 미국 유학을 떠나 조지워싱턴대 국제경영학 석사(MBA) 학위를 취득한 뒤 1991년부터 고려화학 이사로 재임했다. 미국 유학시절 외국어를 배워 영어, 일어, 중국어, 러시아어 등 4개 국어를 구사할 수 있다. 틈날 때마다 직원들에게 "누구든지 외국어를 구사하는 사람에게는 호의를 보인다"며 외국어의 중요성을 거듭 강조한다.

"모르는 분야에는 절대 안 들어간다. 새로운 사업에 진출하려면 평균 5∼7년 검토 끝에 조심스럽게 들어간다"는 게 정몽진 회장의 경영철학이다. 사업을 검토할 때 돌다리를 여러 번 두드리고 건너는 신중론자로 유명하다.

정몽진 회장은 홍은진(51) 씨와 음악을 인연으로 백년가약을 맺었다. 평소 음악을 즐기던 정 회장은 사촌형인 정몽윤 현대해상 회장의 소개로 서울대 음대에서 플루트를 전공한 홍 씨를 만났다. 홍 씨는 빙그레의 전신 옛 대일유업 사장의 딸이다. 정 회장은 부인과의 사이에서 1남 1녀를 뒀다.

차남인 정몽익(53) 사장도 형 못지않은 인텔리다. 미 시러큐스대에서 경영정보시스템을 전공했으며 조지워싱턴대 국제재정학 석사학위를 4년 만에 받았다. 입사는 형보다 오히려 2년 빠르다. 1989년 당시 ㈜금강에 입사해 ㈜금강고려화학 부사장과 KCC 총괄 부사장을 거치면서 경영수업을 받았다. 골프를 비롯해 농구, 스키 등을 즐기는 만능 스포츠맨으로 고등학교 때는 승마로 금메달을 따기도 했다.

2006년 2월부터 KCC 대표이사 사장으로 형인 정몽진 회장과 함께 KCC를 이끌고 있다. 정몽익 사장은 롯데그룹 신격호 총괄회장의 외조카인 최은정(52) 씨와 결혼했다. 최 씨는 최현열 전 NK그룹 회장과 신격호 회장의 넷째 여동생 신정숙 씨의 차녀다.

2012년 7월 KCC 김천공장 신규라인 통전식에 참석한 오너 3형제의 모습.
왼쪽부터 정몽익 KCC 사장, 정몽진 KCC 회장, 정몽열 KCC건설 사장.

　3남인 정몽열(51) KCC건설 사장은 1989년 미국 FDU를 졸업한 뒤 26세의 나이에 고려화학에 입사했다. 1997년 금강종합건설 상무로 진급하면서 본격적인 건설인으로서의 행보를 시작했다. 2003년 사장으로 승진한 정 사장은 주택사업 시장에 과감히 뛰어들었다.

　정 사장은 중소기업 사장의 딸인 이수잔(45) 씨와 결혼했다. 큰동서와 마찬가지로 이 씨도 서울대에서 예술가(미술 전공)의 꿈을 키웠다. 여자들의 외부활동을 꺼리는 가풍 탓에 3명의 며느리 모두 내조에만 전념하고 있다.

　정상영 명예회장의 세 아들 부부는 한 주 걸러 일요일 오후 5시면 어김없이 아이들을 데리고 서울 이태원 본가를 찾는다. 온 가족이 저

256

### KCC 정상영 명예회장 가계도

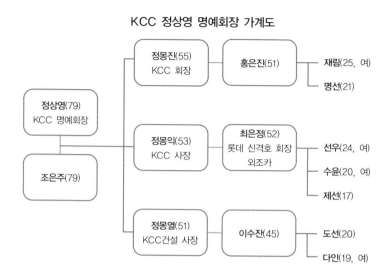

녘식사를 같이하기 위해서다. "밥상머리 교육이 중요하다"며 자식들
과 아침식사(사실상 새벽밥)를 함께했던 왕회장에 비하면 며느리들의
부담이 한결 덜하다. 음식도 각자 집에서 '주특기' 한 가지씩을 싸들
고 와 끓이기만 하면 된다.

또한 KCC는 정상영 명예회장의 '씨름꾼 경영론'으로 회자된다. "씨름
은 씨름꾼에게 맡겨야 한다"는 단순 명쾌한 논리였다. 정 명예회장은
"씨름꾼이 아닌 사람이 씨름판에서 승리하기 어렵듯 기업 간의 경쟁은
기업가에게 맡겨야 한다"며 기업 경영의 자율성을 강조했다. KCC그
룹의 사시인 '맡은 자리의 주인이 되자'도 이와 맥을 같이한다.
　　KCC그룹은 정상영 명예회장으로부터 아들 3형제에게 사실상 2세
승계 작업이 완료된 것으로 평가받는다. 그룹의 모태이자 핵심인
KCC와 관련, 이들 4부자가 36.86%의 주식을 골고루 보유하고 있

다. 눈여겨볼 대목은 정 명예회장의 세 아들에 대한 지분 승계에서 형제간의 적절한 긴장관계를 통해 경쟁을 이끌어내려는 의도가 엿보인다는 사실이다. 2015년 1분기 사업보고서에 따르면 정 명예회장 5%, 정몽진 회장 17.76%, 정몽익 사장 8.81%, 정몽열 사장 5.29%의 주식을 보유 중이다.

건설시장에서 묵묵히 명성을 쌓아 온 KCC가 세간에 크게 알려진 계기는 2003년 현대그룹 경영권을 둘러싸고 벌어진 이른바 '숙부의 난'이다. 당시 KCC는 현대그룹 계열사인 현대엘리베이터 지분을 지속적으로 매입하면서 경영권을 위협했다. 이듬해 3월 현대엘리베이터 주주총회에서 현정은 현대그룹 회장 측이 승리할 때까지 숙부와 조카며느리 간 공방은 거셌다.

　이후 현대건설이 현대차그룹으로 인수되면서 세간에서는 다시 한번 현대그룹의 경영권 분쟁이 촉발될 것으로 예상했다. 하지만 2013년 3월 현대상선 정기주총에서 현대차가 우선주 발행 확대 등 정관 변경에 반대하지 않음으로써 현대그룹을 둘러싼 범현대가와 현정은 회장의 분쟁은 사실상 종전 체제로 접어들었다는 관측이 우세하다.

## KCC의 주요 임원들

창업주 2세대 정몽진 회장과 정몽익 사장을 보좌하는 주요 인사로는 기획조정실장 김영호(65) 부사장과 생산기술본부장 신동헌(62) 부사장, 영업본부장 이윤주(59) 전무 등이 있다.

## KCC를 이끄는 주요 임원

김영호(65)
기획조정실장/부사장

신동현(62)
생산기술본부장/부사장

이윤주(59)
영업본부장/전무

김영호 부사장은 기획조정실장을 맡으며 오랜 기간 KCC 오너들과 코드를 맞춰 왔다. 정상영 명예회장의 눈빛만 봐도 어떤 생각을 하는지 감을 잡을 정도로 오너들의 성향을 잘 파악하는 것으로 알려졌다. 서울대 지질학과를 졸업하고 1982년 고려화학㈜ 기획조사실에 입사해 KCC와 처음 인연을 맺은 후 국내외 영업 분야를 두루 거치며 1998년에 해외영업 총괄을 맡았다.

뛰어난 영어 실력으로 해외사업에 두각을 나타냈으며, 2006년 개인 사정으로 사직했다가 2010년에 기획조정실장으로 재입사해 현재까지 KCC의 주요 사업에 관여해 왔다. 방대한 인적 네트워크를 기반으로 치밀한 업무 추진력을 발휘하는 등 KCC의 핵심 참모 역할을 한다는 평이다. 상대방을 압도하는 외모는 아니지만 협상이나 비즈니스 자리에서 뿜어져 나오는 카리스마가 대단하다는 후문이다.

KCC가 현재의 모습을 갖추게 된 저변에는 생산 현장과 기술을 중요시하는 경영철학이 있다. 생산과 기술이 품질을 좌우하는 가장 중요한 요소라는 판단이다.

신동헌 부사장은 생산기술본부장을 맡아 KCC 주요 제품의 생산을 총괄한다. 영남대 경영학과를 졸업한 신 부사장은 1979년 고려화학으로 입사해 원가, 제품관리, 회계 등 생산관리의 기본을 착실하게 다진 후 울산공장과 여주공장에서 관리업무를 담당하며 현장경험을 쌓았다. '생산은 현장에 모든 답이 있다'는 게 신 본부장의 경영철학이다. 신 본부장은 KCC의 주요 공장에서 생산 효율화를 위한 노력을 묵묵히 수행했다. 튀지 않게 조용히 일하면서도 늘 존재감이 부각된다는 게 주위의 평가다. 최근에는 연구·개발의 복·융합 기술 확보에 역량을 집중하고 있다.

KCC의 영업을 책임지는 영업본부장을 맡은 이윤주 전무는 동국대 정치외교학과를 졸업하고 1983년 고려화학으로 입사했다. 입사 후 천안, 수원, 울산 등 전국 영업소를 누비며 영업 현장을 발로 뛴 현장 영업통이다. 임원이 되면서부터 주요 제품 영업을 두루 총괄하며 회사 내 웬만한 제품은 이 전무의 손을 통해 판매되지 않은 게 없다는 얘기가 나올 정도다. 2013년에는 서울영업소장을 맡아 신임을 얻었고 2014년에는 KCC의 영업을 총괄하는 영업본부장 자리에 올랐다. 우직하고 저돌적인 전형적 영업맨이면서 자상한 면도 있어 부하 직원들이 많이 따르는 스타일이다.

# KCC의 어제와 오늘

치솟는 삼성그룹 계열사 주가에 요즘 함박웃음을 짓는 현대가 사람들이 있다. 우리나라 기업공개(IPO) 역사상 최고의 흥행을 기록한 제일모직 주식의 3대 주주가 된 KCC 일가다.

일반공모에 30조 원이라는 어마어마한 자금이 몰린 제일모직은 2014년 12월 18일 국내 증시에 입성했다. 현대가의 막내 격인 KCC가 제일모직(옛 에버랜드) 지분을 매입한 것은 2011년이다. KCC는 삼성카드가 금산분리법에 따라 제일모직 보유지분율을 5% 미만으로 낮추는 과정에서 내놓은 17%의 지분을 7,739억 원에 인수했다.

최근 상장 과정에서 KCC는 제일모직 보유 지분 6%가량을 구주매출 했지만, 상장 후에도 잔여지분은 10.19%에 달한다. 구주매출이란 신규상장 기업이 상장을 앞두고 일반공모를 실시할 때, 신주를 발행하는 대신 기존에 발행된 주식을 일반공모용으로 제공하는 것을 말한다. 일부 주식을 판 대가로 3년이 채 못 돼 수익률 50%를 기록한 셈이다.

KCC는 매각 차익만 1,275억 원을 벌어들였지만 여전히 10%가 넘는 제일모직 주식을 쥔 상황이다. 제일모직 주가가 뛰면 뛸수록 KCC는 초대박 혜택을 누린다.

KCC는 2015년 6월 제일모직과 삼성물산의 합병에 반대 의사를 밝힌 엘리엇 매니지먼트에 맞서 삼성의 '백기사'로 나섰다. KCC는 삼성물산의 자사주 5.76%를 매입했다. 자사주는 기존 형태로는 의결권이 없지만 KCC가 매입할 경우 의결권이 생긴다. KCC의 도움으로 삼성이 가진 물산 우호지분은 당초 13.99%에서 19.78%로 늘었다.

최근 정몽진 KCC 회장의 주가는 상한가다. 연이은 주식투자 성공으로 웬만한 자산운용사 못지않은 수익률을 올리고 있기 때문이다. 2015년 1분기 기준으로 KCC는 제일모직, 현대중공업, 현대차, 현대산업개발, 현대종합상사, 한라 등 13개 사의 상장주식을 금융자산으로 보유 중이다. 이들 중 금액 기준 상위 5개 사의 취득원가 총액은 8,789억 원이다. 판매 시점에 따라 수익률이 갈리겠지만 최근 주가로 따지면 어림잡아도 2배 장사는 했다는 게 증권가의 분석이다.

정 회장의 투자원칙은 의외로 단순하다. '잘 아는 주식을 구입해 장기 보유한다'다. '오마하의 현인' 워런 버핏의 투자와 닮은꼴이다.

KCC의 전신은 작고한 정주영 현대그룹 명예회장의 막내 동생 정상영 명예회장이 1958년 설립한 금강스레트공업주식회사이다. 동국대 법대를 다니다 창업을 결심한 22세의 대학생 정상영 씨는 직접 자재를 나르고 슬레이트(지붕에 사용되는 시멘트판)를 찍어 내며 온몸으로 회사를 키웠다.

1974년 고려화학주식회사를 설립해 유기도료 사업에 진출한 이후 석고보드, 단열재, 유리, 창호 등 유·무기 화학을 아우르며 대한민국 최고의 종합건축자재 기업으로 독보적인 위치를 다지게 된다.

KCC에 사실상 2세 경영이 시작된 때는 2000년이다. 그해 2월 정상영 회장이 명예회장으로 추대됐고, 정몽진 당시 싱가포르법인장이 새 대표이사 회장으로 선임됐다. 당시에는 ㈜금강과 고려화학㈜의 합병이라는 큰 이슈가 있었다. 정 회장은 합병 후 자칫 흔들릴 수 있

# KCC그룹 지배구조

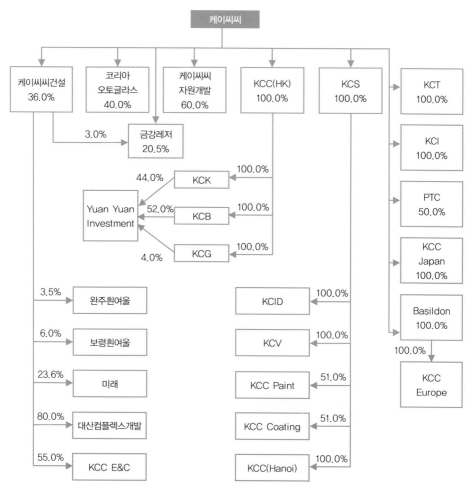

박스 안 지분은 KCC가 보유한 지분이고, 선상 지분은 각 법인이 보유한 지분임.

## KCC의 국내외 상장 및 비상장 계열사(총 27개)

| | |
|---|---|
| 상장사 | ㈜케이씨씨, ㈜케이씨씨건설 |
| 비상장사(국내) | ㈜코리아오토글라스, ㈜케이씨씨자원개발, ㈜금강레저, ㈜완주흰여울, ㈜보령흰여울, ㈜미래, ㈜대산컴플렉스개발 |
| 비상장사(해외) | KCC(HK), KCK, KCB, KCG, KCS 등 |

는 조직을 다잡으면서 KCC의 세계화에 앞장섰다는 평가를 받는다.

정몽진 회장은 또 실리콘 제조기술을 KCC의 50년을 책임질 미래 성장동력으로 보고 "세계 4대 실리콘업체가 되겠다"는 야심찬 비전을 세웠다.

2003년에는 국내 최초로 유기 실리콘 독자 개발에 성공했다. 어려움도 있었다. 2008년에는 현대중공업과 합작(KCC 51%, 현대중공업 49%)으로 태양광 사업을 위한 폴리실리콘 생산기업 KAM을 설립했으나, 글로벌 금융위기 이후 실적 악화로 사업을 중단해야 했다.

현대중공업은 지분 49%를 전량 무상소각했고, KAM은 2013년 9월 KCC로 흡수합병됐다. 그러나 KCC는 사우디아라비아 현지 신재생에너지 업체와 폴리실리콘 생산 합작법인을 설립하는 등 태양광 사업에 대한 끈을 놓지 않고 있다.

장남이 회사의 글로벌 사업과 굵직굵직한 사업들을 진두지휘한다면 차남 정몽익 사장은 관리통으로서 깐깐하게 회사 내 경영 전반을 챙긴다. 정 사장은 2006년부터 KCC 대표이사 사장을 맡고 있다.

취임 후 정몽익 사장은 꾸준히 기술 제일주의를 강조한다. 기술에서 업계를 선도하지 못하면 변화와 혁신도 없다는 생각에서다. 기술의 복·융합도 그가 던지는 화두다. 치열한 경쟁에서 살아남으려면 회사가 가진 모든 기술을 융합해 경쟁사는 상상하지 못한 기술을 개발해야 한다는 논리다.

이러한 정 사장의 노력은 매출혁신으로 이어졌다. 취임 전인 2005년 1조 8천억 원 수준의 매출액은 2014년 3조 원으로 1조 2천억 원가량 늘어났다.

정 사장은 정부가 추진하는 에너지 효율화 사업의 일환인 그린 리모델링 사업에도 사활을 걸고 있다. 그린 리모델링 사업은 건축물의 에너지 성능을 20% 이상 향상시키는 것을 목표로 창호, 유리, 보온재 등의 교체를 통해 기존 건축물 혹은 노후 건축물의 단열성능을 개선하는 사업을 말한다. 비용은 공사 후 에너지 절감액과 수익성 개선액에 기반해 연차적으로 회수하는 구조다.

3남인 정몽열 사장은 2003년 KCC건설 사장을 맡으면서 10년 넘게 독자적인 영역을 구축하는 중이다. 정몽열 사장은 1989년 KCC에서 건설부문을 분리해 설립한 KCC건설의 지분 24.81%를 보유한 2대 주주다. 사장 자리에 오른 지 2년 만에 스위첸(아파트)과 웰츠타워(주상복합) 등의 유명 브랜드를 만드는 등 형들에게 전혀 뒤지지 않는 사업수완을 발휘했다.

하지만 최근에는 건설경기 악화로 직격탄을 맞고 있다. KCC건설은 2013년 매출 1조 55억 원에 영업손실 561억 원을 기록했다. 2014년 4월 운영자금 확보를 위해 유상증자에 나섰고, 이때 KCC가 392억 원을 출자했지만 자금난은 여전히 지속되는 상황이다.

최근 재무적 투자만 보면 남부러울 것 없을 듯한 KCC에도 고민은 있다. 2011년까지만 해도 KCC는 건축자재 소재, 인테리어 사업까지 안정적인 재무구조와 사업선개로 지속적인 성장을 이뤄 낸 탄탄한 기업이었다.

그러나 2012년부터 매출액이 조금씩 감소하며 회사 내부에는 위기감이 감돌고 있다. 2011년 3조 100억 원까지 올라갔던 매출은 2012년 2조 8,700억 원, 2013년에는 2조 8,600억 원으로 5%가량 줄어들었다. 그러나 KCC는 건설경기 부진이라는 악재에도 불구하고 2014년 다시 한 번 매출 3조 원을 달성하며 성장의 끈을 놓지 않고 있다.

최근 TV광고가 한창인 '홈씨씨 인테리어'는 이런 KCC의 고민을 읽을 수 있는 사업이다. KCC가 B2B(기업 간 거래) 기업이란 이미지를 벗고 B2C(기업과 개인 간 거래) 시장에 들어갈 수 있게 하는 일종의 징검다리다.

언제까지 이어질지 모르는 건설경기 부진을 고려하면 KCC 입장에서는 B2C 시장 진출이 선택이 아닌 필수다. KCC는 2007년 '홈씨씨'라는 브랜드를 론칭하며 인테리어 상품 시장에 뛰어들었다. 미국 최대 주택용품 및 건축자재 소매체인점인 홈디포를 연상케 하는 종합건축자재 전문백화점을 전남 목포와 인천에 각각 열었다.

결과는 기대 이하였다. 인테리어 사업을 먼저 시작한 걸출한 경쟁사들이 적지 않았다. DIY(소비자가 직접 만들 수 있는 도구나 재료 판매) 문화가 활성화되지 못한 한국의 상황도 걸림돌이었다. 심지어 비슷한 콘셉트를 지닌 영국의 '비앤큐'(B&Q)는 한국 진출 2년 만인 2007년 조기 철수했다.

하지만 실패했다고 결론 내기엔 이르다는 게 KCC의 주장이다. 마케팅 조직을 신설하고 브랜드 정체성을 확고히 하기 위해 브랜드 명을 '홈씨씨 인테리어'로 바꾸며 새 사업에 대한 도전을 이어가고 있다.

아직 내수 비중이 큰 회사라는 점도 약점이다. 건축자재는 부피가 크고 취급도 까다로운 데다 물류비용까지 많이 드는 탓에 직접 수출이 어렵다. 때문에 현지화를 통한 해외사업이 주를 이룬다. 이미 진출해 있는 10여 개국에서 주 생산품목은 도료다. 장기적으로 시장을 키우고 매출을 늘리려면 현지 도료시장에서의 기술, 품질 경쟁력을 높여야 한다.

또 도료 이외의 품목까지 다각화해야 한다. 주목하고 있는 시장은 중국이다. 전체 해외법인 중 중국에만 3개의 현지법인이 있다. 그러나 정 회장을 비롯한 경영진은 해외사업보다는 기술 복·융합과 영업 체질 개선 등 내부 역량 다지기에 좀더 무게를 두는 분위기다.

# 한라그룹

## 한라그룹의 역사

한라그룹만큼 부침이 심한 역사를 지닌 기업도 찾기 힘들다. 정주영 현대그룹 명예회장의 바로 아래 동생인 정인영 한라그룹 명예회장의 별명은 '오뚝이 기업인', '재계의 부도옹(不倒翁)'이었다. 정 명예회장 은 자서전에서 "많은 사람들은 넘어진다. 나도 넘어졌고, 다만 다시 일어섰을 뿐이다"라고 밝혔다.

지금의 한라그룹이 그렇다. 한때 재계 서열 10위를 넘보던 한라그룹은 2012년 건설경기가 침체되면서 주력기업인 한라건설이 미분양 등으로 수천억 원의 영업손실을 보는 등 어려움을 겪기도 했다. 2013 년까지 2년간 계열사인 한라건설의 영업손실은 4,400억 원, 당기순 손실은 6,900억 원에 달한다. 그렇지만 한라그룹은 위기를 기회로 삼아 도약의 발판으로 만든 전례가 많은 회사다. 핵심 계열사인 만도가 같은 기간 영업이익 5,700억 원, 낭기순이익 3,400억 원을 기록하며 그룹을 굳건하게 떠받쳤다. 한라그룹은 창립 52주년인 2014년 자산 총액 8조 8천억 원으로 재계 서열 34위로 뛰어올랐다.

한라그룹은 정인영 명예회장이 1962년 10월 세운 현대양행에서 시작한다. 1920년 6남 2녀 중 둘째로 태어난 정 명예회장은 일본 아오야마학원에서 영문학을 전공한 뒤 1947년 〈동아일보〉 기자로 근무했다. 1950년 한국전쟁이 터지자 형 정주영 명예회장의 권유로 현대건설에서 일하게 된다. 현대건설 대표이사를 15년간 맡으며 굴지의 건설사로 키웠지만 1962년 창업한 현대양행에 전념하기 위해 1976년 사장직을 내려놓는다.

정인영 명예회장은 불모지나 다름없던 한국의 중공업 분야를 활성화하기 위해 현대양행에서 건설 중장비를 최초로 생산했다. 그러나 1980년 중화학공업의 난립을 재편하겠다는 신군부로부터 현대양행 창원공장(현재의 두산중공업)과 군포공장을 빼앗기는 시련을 겪었다. 정인영 명예회장은 남아 있는 현대양행 안양공장 상호를 '만도기계'로 바꾸고 재기에 성공해 10년 만에 재계 30대 그룹으로 키웠다. 만도는 '인간은 할 수 있다'(man do)와 '1만 가지 도시'(萬都)의 두 가지 의미를 지닌 이름으로, 정 명예회장이 직접 지었다.

정인영 명예회장은 1989년 과로를 이기지 못하고 뇌졸중으로 쓰러졌다. 그러나 다시는 재기가 불가능할 것이라는 주변의 우려를 잠재우고 복귀하여 "병을 이기는 것도 사업"이라며 해외시장 개척에 더욱 박차를 가했다. 1993~1995년에는 매년 250일을 넘게 해외를 누비며

정인영 한라그룹 명예회장 가족이
1983년 강원 강릉시 옥계면
한라시멘트 공장 부지를 둘러본 뒤
기념 촬영을 했다. 뒷줄 왼쪽부터
시계 방향으로 며느리 홍인화 씨,
정몽원 한라그룹 회장, 고 김월계
여사, 고 정인영 한라그룹 명예회장,
손녀 정지연(정 회장 큰딸) 과장.

국내 기업인 중 해외 출장 최장기록을 경신했다. 1996년에는 전남 영
암군 삼호면에 대규모 최첨단 조선소를 준공해 한라그룹을 재계 순위
12위로 끌어올렸다. 지역발전에 기여한 정 명예회장의 업적을 기리
기 위해 전남 영암군은 2009년 9월 월출산이 바라보이는 영암군 도서
관에, 전남 목포시는 2011년 9월 영산강 하구 문화의 거리에 각각 정
인영 명예회장 흉상을 건립해 세웠다.

  정인영 명예회장은 1997년 장남 몽국 씨가 아닌 차남 몽원 씨에게
한라그룹 경영권을 공식적으로 넘겨주면서 후계작업을 마무리 지었
다. 그러나 정 회장 취임 1년도 안 된 그해 12월 6일 한라그룹은 IMF

외환위기와 한라중공업 사업 확장에 따른 자금위기로 끝내 부도 처리됐다. 정 회장은 한라건설과 한라콘크리트 2개를 제외하고 만도기계, 한라공조, 한라펄프제지, 한라시멘트 등 전 계열사 구조조정과 매각 과정에서 정인영 명예회장 지분을 포함한 모든 주식을 처분했다.

이에 경영에서 손을 뗀 장남은 자신의 몫을 찾겠다며 2003년 정몽원 회장을 상대로 소송을 제기했다. 하지만 모두 무혐의 처리되었고, 이후 형제간의 우애를 회복해 지금은 제사도 같이 지내는 등 왕래하고 있다.

정몽원 회장은 아버지 정 명예회장이 2006년 작고하자 자신의 지배체제를 더욱 공고히 했다. 정 회장은 국내외에서 토목, 주택개발 사업, 플랜트 사업을 진행하고 도로, 철도, 공항, 항만 등 사회기반시설 사업과 '한라비발디' 브랜드로 아파트 사업도 활발히 펼쳤다.

또한 2008년에는 매각한 만도를 9년 만에 JP모건 계열 사모펀드사인 썬세이지로부터 되찾아 왔다.

만도를 되찾은 뒤 한라그룹은 본격적인 재기의 시동을 걸었다. 한라건설은 2008년 처음으로 연간 매출 1조 원, 수주 2조 원 시대를 열었으며, 중국 톈진을 중심으로 한 자체 개발사업과 베트남, 아랍에미리트, 몽골 등에서의 해외사업도 본격화했다. 2010년에는 만도가 증시에 재상장됐고, 이후 중국, 미국, 폴란드 등에 해외공장을 지속적으로 설립하여 안정적인 매출 성장과 수익을 기록하고 있다.

현재 한라그룹은 상장사인 한라홀딩스, ㈜한라, 만도를 비롯해 한라마이스터, 만도헬라일렉트로닉스, 한라스택폴, 한라아이앤씨, 한라엔컴 등 국내 계열사 23곳, 해외법인 41곳을 거느리고 있다.

## 한라그룹 전체 매출액 추이

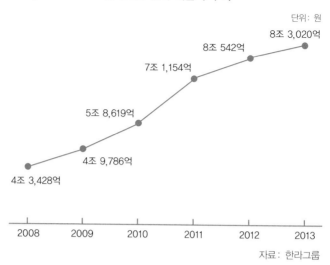

단위: 원

4조 3,428억
4조 9,786억
5조 8,619억
7조 1,154억
8조 542억
8조 3,020억

2008    2009    2010    2011    2012    2013

자료: 한라그룹

## 만도 최근 4년간 매출액 · 영업이익 추이

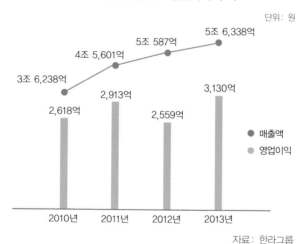

단위: 원

3조 6,238억
4조 5,601억
5조 587억
5조 6,338억

2,618억    2,913억    2,559억    3,130억

● 매출액
● 영업이익

2010년    2011년    2012년    2013년

자료: 한라그룹

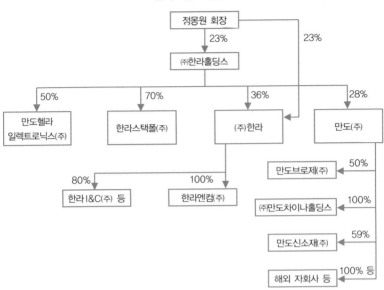

**한라그룹 지분도**

한라그룹은 2014년 9월부터 주력사 만도의 기업 분할을 통해 지주회사 체제로 전환해 순환출자 고리를 해소하고 기업 지배구조의 투명성을 높이고 있다. 이는 ㈜한라의 리스크가 만도 등 타 계열사에 번지는 것을 막으려는 조치다. 이 과정에서 정 회장의 지주회사인 한라홀딩스 지분율은 23%로 다소 낮아졌다.

정몽원 회장은 최근 "건설 비중을 줄이고 지주회사는 방향을 제시하며 사전 위험요인을 제거하는 방향으로 가고 계열사는 최고경영자 책임하에 전체 시너지를 높이는 시스템을 만들겠다"고 밝혔다. 정 회장의 이런 노력 끝에 지난 몇 년간 적자를 기록했던 ㈜한라도 2014년 흑자로 돌아섰다.

## 정몽원 회장의 인맥

정몽원 한라그룹 회장의 인맥에는 부친인 정인영 명예회장의 사람들이 상당수 차지하고 있다. 20년간 정몽원 회장이 살뜰하게 챙겨 온 아이스하키단과의 인연도 적지 않다. 정 회장은 '재벌 2세의 요람'으로 불리는 고려대 경영학과 출신이자 현 정권 들어 눈에 띄게 장관들이 많이 배출된 서울고 출신이기도 하다.

한라그룹에서 정몽원 회장과 마음이 잘 맞았던 인사는 전 한라그룹 기획경영실장을 맡았던 장충구(63) 전 한라아이앤씨 사장과 김경수(59) 만도 사장, 변정수(70) 전 한라그룹 자동차부문 총괄 부회장 등이다.

한라그룹이 운영하는 학교법인 배달학원 이사장 출신인 박성석(74) 한라그룹 고문도 측근이다. 박 이사장은 현대양행, 한라건설, 만도기계 등 핵심 계열사를 거쳐 한라그룹 부회장을 지냈다.

정몽원 회장은 건설교통부 장관을 지낸 이정무(74) 한라대 총장과 현재 안양 한라 아이스하키단장인 이석민(58) 한라인재개발원 부원장과도 각별하다. 정인영 명예회장의 생애와 기업가 정신에 대한 연구 논문을 낸 김한원(65) 경희대 경영학과 교수는 배달학원 이사다.

고려대 경영학과를 졸업한 재계 동문은 정몽규 현대산업개발 회장, 정의선 현대차 부회장, 정몽진 KCC 회장, 이웅열 코오롱 회장, 김석준 쌍용건설 회장, 구자용 E1 회장, 허창수 GS그룹 회장, 허진수 GS칼텍스 부회장 등이다. 구자열 LS그룹 회장은 대학 동문이자 고교 동문이다. 서울고 출신 관계 인사로는 서승환 국토교통부 장관, 김관진

## 정몽원 회장의 인맥

**박성석**(74)
한라그룹 고문

**이정무**(74)
한라대학교 총장

**장충구**(63)
한라그룹 고문

**임기영**(62)
한라홀딩스 대표

**성일모**(60)
만도 대표

**최병수**(60)
한라 대표

**김경수**(59)
만도 사장

**이석민**(58)
한라인재개발원 부원장

청와대 국가안보실장 등이 있다.

　소탈한 정몽원 회장은 한라그룹 계열사 임원들의 전문성과 독립성을 중요하게 여기는 스타일이다.

　성일모(60) 만도 대표이사 수석사장은 한양대 전기공학과를 졸업한 뒤 1978년 현대양행(현 만도)에 입사했다. 특유의 스킨십 경영으로 자동차업계에서는 보기 드물게 2014년까지 3년 연속 무분규 임금협상 합의에 성공했다. 해외시장 확대와 연구개발 증대에 공들이고 있다.

　대우증권 사장 출신인 임기영(62) 한라홀딩스 대표이사 부회장은 그룹의 첫 외부 금융전문가다. 2014년 2월 그룹 상임고문으로 영입됐으며 지분 정리와 체제 정립을 성공적으로 마무리했다는 평가를 받는다. 연세대 경제학과 출신으로 그룹의 금융 및 자금 분야를 총괄한다.

최병수(60) 한라 대표이사 사장은 정 회장과 고려대 경영학과 동문으로 2012년 한라건설 사장으로 취임했다. 사명을 한라건설에서 ㈜한라로 변경한 뒤 공격적인 사업구조 개선과 사업다각화를 통해 2014년 흑자전환을 이끌었다.

## 한라그룹의 가맥

정주영 현대그룹 명예회장의 첫째 동생인 정인영 한라그룹 명예회장의 가족은 대를 이어 기독교 인연으로 혼맥을 형성했다. 정인영 명예회장의 두 아들인 정몽원(60) 한라그룹 회장과 정몽국(62) 엠티인더스트리 회장은 독실한 기독교 신자인 어머니 김월계 여사의 영향으로 교회에서 배우자를 만났다. 정몽원 회장의 장녀 지연(33) 씨 또한 교회에서 짝을 찾았다. 사돈을 맺은 집안들을 찬찬히 살펴보면 비교적 소박한 편이다.

정인영 명예회장의 장남인 정몽국 회장은 평범한 가정의 이광희(61) 씨와 결혼했다. 1997년 정 명예회장은 그룹 회장 자리를 정몽국 회장의 동생인 정몽원 회장에게 넘겨주었다. 이후 정몽국 회장은 우여곡절 끝에 그룹 경영에서 완전히 손을 떼고 새 출발을 했다. 정몽국 회장은 2000년대 초반 정 명예회장이 강원도에 세운 한라대의 학교법인 배달학원 이사장을 맡으며 아내 이광희 씨를 2003년 총장에 선임하기도 했다. 둘 사이의 자녀로는 지혜(40), 태선(39), 사라(36)가 있다.

정인영 명예회장의 차남 정몽원 회장은 지인이 주선한 소개팅으로 부인 홍인화(58) 씨를 교회에서 만났다. 두 사람은 지금도 서울 종로구 종교교회에 같이 다니고 있다. 정 회장은 기독교 대한감리회 종교교회 장로이기도 하다. 이화여대 신문방송학과를 나온 홍 씨는 전 동양방송(TBC) 아나운서 출신으로 현재 배달학원 이사장을 맡고 있다.

홍 씨는 약사인 부모 밑에서 자랐으며 그녀의 어머니는 3선 국회의원인 서상목(68) 전 국회의원의 누나다. 홍 씨의 외삼촌인 서 전 의원은 김영삼 정부 시절 보건복지부 장관을 지냈고 현재 인제대 석좌교수로 활동하고 있다. 홍 씨는 남편이 끔찍이 챙기는 안양 한라 아이스하키단의 경기를 빠짐없이 관전하고 선수들의 경조사도 손수 챙기기로 유명하다. 두 사람 사이에는 지연(33), 지수(20) 두 딸이 있다.

'딸 바보'인 정 회장은 모든 행사를 '레이디 퍼스트'로 진행하며, 해마다 연말이 되면 전 임원을 부부 동반으로 초청해 식사를 함께 한다.

정몽원 회장은 작년 연말 부부동반 송년의 밤 행사에서 "진인사 대천은 진인사 대처명(盡人事 待妻命), 가화만사성은 처화만사성(妻和萬事成), 인명재천은 인명재처(人命在妻)"라고 농담을 하기도 했다.

2014년 7월 정몽원 회장은 할아버지가 됐다. 큰딸 지연 씨가 손녀를 안겨 줬다. 지연 씨는 2012년 이재성(63) 전 현대중공업 회장의 아들인 이윤행 씨와 결혼해 현재 미국 보스턴에서 남편과 함께 지내고 있다. 이재성 전 회장은 정주영 명예회장의 6남인 정몽준 전 의원의 최측근 인사로 정 전 의원과 중앙고, 서울대 경제학과 동문이다. 정몽준 전 의원은 정몽원 회장과 사촌지간이다.

지연 씨는 미국 최초 여대인 마운트 홀리오크대를 나와 뉴욕대에서

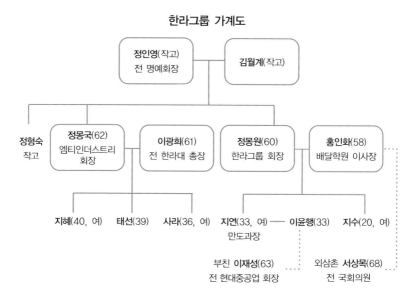

한라그룹 가계도

정인영(작고)
전 명예회장

김월계(작고)

정형숙
작고

정몽국(62)
엠티인더스트리
회장

이광희(61)
전 한라대 총장

정몽원(60)
한라그룹 회장

홍인화(58)
배달학원 이사장

지혜(40, 여)    태선(39)    사라(36, 여)

지연(33, 여) ── 이윤행(33)    지수(20, 여)
만도과장

부친 이재성(63)
전 현대중공업 회장

외삼촌 서상목(68)
전 국회의원

석사과정을 마쳤다. 남편인 이윤행 씨는 미 존스홉킨스대를 졸업하고 조지타운대 법학대학원(로스쿨)을 졸업했다. 두 사람 역시 교회에서 만나 결혼했다. 둘째 딸 지수 씨도 미국에서 유학 중이다.

정몽원 회장은 아직 젊지만 후계구도를 위한 3세 경영수업을 준비 중에 있다. 2010년 큰딸 지연 씨를 그룹 핵심 계열사인 자동차부품회사 만도에 기획팀 대리로 입사시켰다. 지연 씨는 결혼 당시 영업팀 과장으로 승진했다가 해외지사 경험을 쌓기 위해 미국 만도 주재원으로 발령났다. 이어 2014년 6월 육아휴직에 들어간 상태다.

정몽원 회장의 두 딸인 지연·지수 씨는 한라(구 한라건설) 주식을 각각 0.31%, 0.06% 정도 가지고 있다. 아직은 지분이 미미한 상태다. 기업성과 평가 사이트인 'CEO스코어'에 따르면 현재 지연·지수 씨의 그룹 자산 승계율은 0.7%로 낮은 편이다. 정 회장의 부인 홍 이

사장이 한라 주식(약 3억여 원) 일부를 보유하고 있지만 역시 규모는 작다.

2013년 5월에는 기업가치가 저평가된 만도를 위해 정 회장 자신은 물론 아내(780주), 지연 씨(475주), 지수 씨(938주)까지 나서 주식을 신규 매수하는 등 경영 공간을 자연스럽게 넓히고 있다. 물론 지금은 한라그룹의 지주사 체제 전환으로 정몽원 회장의 만도 지분을 한라홀딩스 신주로 전환하고 가족들 지분이 대부분 정리된 상태다. 업계는 앞으로 장녀 지연 씨와 사위 윤행 씨가 경영 일선에 참여할지 지켜보는 분위기다.

## 아이스하키팀의 '큰형님' 정몽원 회장

정몽원 한라그룹 회장은 2014년 12월 21일 경기 안양 실내빙상장에서 '안양 한라 아이스하키단' 창단 20주년 기념행사를 열었다. 1994년 아이스하키팀(만도위니아)을 창단한 이후 정몽원 회장의 아이스하키 사랑은 식을 줄 모른다. 대한아이스하키협회장인 정 회장은 2013년 9월 아이스하키팀의 숙원 사업이었던 평창 동계올림픽 본선 진출권을 확보하면서 한국 아이스하키의 위상을 한 단계 끌어올렸다.

아이스하키 선수들은 정 회장과 카톡을 주고받으며 여자 친구를 소개할 만큼 편안한 사이다. 선수들은 정 회장을 든든한 '큰형님'으로 부른다.

정 회장과 아이스하키의 인연은 20년 전으로 거슬러 올라간다. 당시 그룹 계열사 만도기계 사장이었던 정 회장은 김치냉장고 딤채와

정몽원 한라그룹 회장이 2014년 12월 21일 안양 실내빙상장에서 열린
안양 한라 아이스하키단 창단 20주년 행사에서 기념사를 하고 있다.

주력 제품인 위니아 에어컨을 효과적으로 홍보하기 위한 방법으로 스
포츠 마케팅을 선택했다. '시원하다'를 상징하는 에어컨과 아이스하
키는 딱 맞아떨어지는 궁합이었다. 정 회장은 비인기 종목을 왜 후원
하느냐는 반대를 무릅쓰고 아이스하키팀을 창단했다.

　하지만 외환위기로 1997년 한라그룹이 부도를 맞고 만도기계가 다
른 회사로 팔려 가자 경비를 줄이자며 팀 해체설이 나돌았다. 그러나
아이스하키팀은 1998년 한국리그 결정전에서 창단 후 첫 우승의 기적
을 만들어 냈다. 아이스하키팀의 우승 소식은 근심에 쌓여 있던 정 회
장에게 큰 용기를 줬다.

정 회장은 저서 《한라그룹 50년사》에서 "한라위니아의 우승은 별 것 아닌 것 같지만 제겐 너무나 큰 위안이 됐다"면서, "이렇게까지 선수들이 해주는데 내가 아무리 어려워도 팀을 유지해야겠다고 마음먹었다"고 밝혔다. 그러면서 "아이스하키를 통해 불가능할 것 같은 일을 가능하게 만드는 도전정신을 배웠다"고 회상했다. 정 회장은 이후 직원들과 합심해 2008년 만도를 되찾아 왔다.

정 회장은 아이스하키에서 한라를 본다고 말한다. 정 회장은 "직원들이 한마음 한뜻이 되면서 한라그룹이 재기할 수 있었다"면서, "팀의 약점을 파악하고 극복하는 노력이 기업 경영과 통한다"고 말했다. 안양 한라 아이스하키단은 2010년 아시아리그 첫 우승, 2011년에는 아시아리그 2연패를 달성했다.

정 회장은 2013년 1월 아이스하키협회장에 선출된 뒤 사재 20여억 원을 출연해 열악한 아이스하키 환경을 바꾸는 등 아낌없이 선수들을 지원하고 나섰다. 사상 첫 올림픽 출전권(평창)을 따낸 것도 정 회장이 1년 8개월간 펼친 스포츠 외교의 결실이라는 데 이의를 다는 사람이 없다. 정 회장은 "진짜 좋아서 20년간 후원해 온 것"이라면서, "4년만에 세계 랭킹이 10계단이나 상승한 한국 아이스하키팀처럼 한라도 소통, 통찰력, 의사결정의 스피드를 통해 한 단계 더 도약할 것"이라고 다짐했다.

## ‖ 한라그룹 들여다보기 ‖

한라그룹은 정주영 창업주의 바로 아래 동생인 정인영 한라그룹 전 명예회장이 황무지에서 일궈 낸 그룹이다. 형님과 함께 현대건설의 초석을 다지는 동시에 독자적으로 창업한 것이다. 소비재·경공업 제품보다는 중후장대형 기계산업 중심으로 성장했고, 한때 21개 계열사를 거느리면서 재계 12위를 기록할 정도로 성장했던 기업집단이다. 그러나 외환위기 당시 계열사 간 상호출자·지급보증이 족쇄로 작용, 그룹 전체가 한꺼번에 쓰러지는 운명을 맞으면서 계열사들이 뿔뿔이 흩어졌다.

정인영 명예회장은 14세에 무작정 상경, YMCA 야간 영어과 2년을 다닌 뒤 일본으로 건너가 고학으로 아오야마학원 대학 야간 영어과 2학년을 중퇴하고 귀국, 〈동아일보〉에 둥지를 틀었다.

운명은 한국전쟁이 갈라놓았다. 외신부 기자였던 정인영 명예회장은 형과 둘이서 피란길에 올랐다. 대구를 거쳐 부산까지 내려간 두 형제는 두 끼 먹을 밥값밖에 없어 유일한 재산이던 손목시계를 잡히기 위해 전당포에 들렀다가 미군 사령부 통역 모집광고를 접했다.

'왕회장'은 자서전 《시련은 있어도 실패는 없다》에서 동생이 미군 통역으로 들어간 과정을 자세히 기록하였다.

"인영이가 통역으로 취직하면 미군 식당에서 나오는 빵부스러기를 가져와도 먹는 것은 해결될 것이라면서 통역 취직을 했다"고 회고했

1980년대 중반 정인영 한라그룹 회장 가족이 즐거운 한때를 보낸 뒤 기념촬영을 했다.
앞줄 오른쪽부터 고 김월계 여사, 지혜, 지연, 정 회장, 사라, 태선.
뒷줄 오른쪽부터 차남 몽원 씨, 마침 방문했던 박윤수(전 한라마이스터 사장) 내외, 홍인화 여사,
장남 몽국 씨 부부.

다. 또한 "아우가 공사라도 해서 밥을 먹어야 하겠다는 일념으로 공병
대 장교 통역을 자원했는데 일이 뜻대로 잘 풀렸고, 공병대 일감을 현
대건설에 연결해 줬다"고 한다.

이것이 현대건설이 미군 공사를 휩쓸면서 기업을 키울 수 있는 발
판이 됐다. 이 인연으로 정 명예회장은 1951년 현대건설 전무로 입
사, 1961~1976년 현대건설 사장을 맡아 '왕회장'과 함께 현대건설의
초석을 다졌다.

휴전 이후에는 국내 공사 수주에도 적극 나섰다. 그러나 공사를 잘
못 수주하는 바람에 미군 공사에서 알뜰하게 벌어들인 돈을 몽땅 털
어 넣고도 모자라 '왕회장'은 자신의 집과 동생, 매제(김영주 한국프랜
지공업 명예회장·작고) 집까지 팔아 공사비를 충당했지만 엄청난 적

자를 보기도 했다. 그러나 1957년 한강 인도교 공사를 수주, 40%의 이익을 거두면서 '건설 5인조'에 들어갈 만큼 성장했다. 그 뒤 해외 건설시장에 진출, 선진국과 어깨를 나란히 할 수 있는 자신감과 경쟁력을 기르고 '세계 속의 현대건설'로 성장할 수 있었다.

한라그룹은 정인영 명예회장이 1962년 세운 현대양행에서 출발한다. 이때는 정인영 회장이 '왕회장'과 함께 현대건설의 초석을 다질 때였다. 정인영 회장은 현대건설 사장으로 일하면서도 "부존자원 없는 나라에서 중공업 개발 없이는 경제발전을 이룩할 수 없다"며 1962년 경기도 군포에 독자적으로 현대양행을 세웠다.

이후 단일 공장으로 최대 규모인 130만 평 부지에 창원종합기계공장(현 두산중공업)을 건설해 주위 사람을 놀라게 하기도 했다. 그러나 1980년 정부의 산업합리화 조치에 따라 현대양행을 포기했다.

정 명예회장이 시멘트와 건설, 조선소, 제지, 자동차부품, 중장비 등을 생산하는 기업을 잇달아 설립하면서 한라그룹은 중후장대형 산업 중심의 그룹으로 우뚝 섰다. 1996년에는 자산 6조 2천억 원, 매출 5조 3천억 원, 종업원 2만여 명을 거느린 재계 12위의 대기업으로 성장했다. 주력 기업은 만도기계, 한라중공업, 한라건설, 한라시멘트 등이었다.

정인영 명예회장이 그룹을 키우는 동안 입버릇처럼 달고 다닌 말이 있다. "기업이 사회적 책임을 완수하는 것이야말로 경영에 있어 가장 중요한 것"이라고 강조했다.

가까이서 정인영 명예회장을 본 사람들은 그가 유별난 '독서광'(讀書

狂) 이라고 말한다. 출장길이나 차 안에서도 영자 신문은 물론이고 경제경영 관련 책을 손에서 떼지 않았다. 기업 경영에 도움이 되는 것은 무엇이든 캐내 읽을 정도였다. 집무실에서도 불편한 손으로 영어 단어를 외우고 돋보기를 들이대면서까지 셰익스피어 전집에서 눈을 떼지 않았다.

정신력도 대단했다. 중풍으로 쓰러진 뒤에도 의지를 갖고 치료를 받았으며, 경영에 소홀하지 않기 위해 무진 애를 썼던 기업인으로 평가받는다. 그래서 사람들은 그에게 '휠체어의 부도옹', '오뚝이 기업인', '프런티어 기업인'이란 별명을 붙여 줬다.

명예회장 자신이 왕성하게 활동하였던 터라 2세에게는 계열사 사장을 맡기는 것으로 족했다. 그러나 뇌졸중으로 쓰러지면서 휠체어를 타고 경영에 참여하는 것이 부담스러웠고, 경영권을 2세에게 물려주기 위한 수순을 밟았다.

한라그룹이 쓰러질 때는 정몽원 회장 체제였다. 정 회장은 1997년 1월 취임하자마자 구조조정을 단행했지만 외환위기 파고 때문에 자신의 뜻을 미처 펼쳐 보지도 못하고 그룹 해체라는 상황을 맞게 됐다. 외환위기라는 복병을 만나는 바람에 아버지가 공격적으로 펼쳤던 사업을 추스르기에도 바빴다.

결국 정 회장은 어려운 결단을 내렸다. 우량 회사와 적자 회사를 가릴 것 없이 모든 계열사를 매각하거나 청산 절차에 들어갔다. 기업인으로서 사회적·도의적 책임을 통감하고 자신의 집은 물론 명예회장의 집까지 팔아치우면서 모든 것을 버렸다. 재계 12위 그룹 총수였던 명예회장은 전셋집을 전전했다.

그러나 잘나가던 만도기계, 한라건설, 한라시멘트 등을 팔고 싶어도 중공업에 서준 지급보증 때문에 매각할 수 없는 형편이었다. 그래서 발상의 전환을 했다. 외국자본을 들여와 기업을 정상화하는 방안을 찾던 중 미국계 투자은행 로스차일드가 10억 달러 정도를 투자, 주력업체를 살리는 프로그램을 내놓았고, 이를 따랐다.

결과는 대만족이었다. 사회적 파장을 최소화했다. 기아나 한보 등은 구조조정이라는 이름으로 많은 종업원들을 거리로 내몰았지만 한라는 종업원을 그대로 유지했다. 부도 이후에도 생산성이 올라갔고 기업가치도 떨어지지 않았다. 매각된 계열사들이 곧바로 정상을 되찾고 우량기업으로 태어나는 계기가 됐다.

# SK그룹

## SK그룹의 빛과 그림자

"다음은 반도체다."

최태원(55) SK그룹 회장이 반도체 공부를 시작한 건 2010년 초였다. 서울 모처에 비밀스런 자리를 마련한 최 회장은 다양한 반도체 전문가를 초빙해 공부를 시작했다. '하이닉스'를 인수하기로 마음먹은 시점이었다. 최 회장의 공부는 1년이 넘게 지속됐다. 반도체의 기본원리는 물론 역사, 기술 동향 등을 꼼꼼히 공부했다.

그리고 이듬해인 2011년 7월 9일, 최 회장은 SK텔레콤을 통해 하이닉스 인수를 전격 선언한다. 하이닉스 인수는 신중하지만 한번 내린 결단은 끝까지 밀어붙이는 최 회장의 경영 스타일을 전적으로 보여 준다. 당시 하이닉스의 전체 인수금은 3조 4,267억 원으로 당초 예상했던 인수가격보다 약 10% 가까이 늘어났지만 최 회장은 개의치 않았다. 그가 보는 하이닉스의 성장 가능성은 그 가치를 뛰어넘고도 남았다.

선택은 적중했다. SK하이닉스는 2013년 흑자전환에 성공한 기세를 몰아 2014년 사상 최대 실적을 올렸다. 인수 2년 만에 SK그룹을 이끄는 핵심 계열사로 우뚝 선 셈이다. SK하이닉스의 2014년 매출액은 17조 1,256억 원, 영업이익은 5조 1,095억 원에 달한다.

최태원 회장은 하이닉스 인수로 에너지·화학과 통신이라는 양대 성장 축에 새로운 제3의 성장 축을 더했다는 평가를 받는다. 그룹의 안정성을 꾀하는 한편 SK그룹의 미래 성장동력을 발굴한 셈이다.

50대 중반에 국내 재계 서열 3위의 그룹을 이끌고 있는 최태원 회장의 경영 DNA는 아버지 최종현 선대회장을 꼭 닮았다. 부자는 성장 정체의 고비를 겪을 때마다 과감한 기업 인수합병으로 시장의 예상을 뛰어넘는 파격적인 경영 행보를 보였다.

최종현 선대회장은 1974년 오일쇼크를 겪으며 '석유에서 섬유까지'라는 수직계열화를 완성했음은 물론 1982년 초반 SK의 장기 경영목표를 정보통신사업으로 정해 지금의 SK텔레콤을 만든 주인공이다. 최 선대회장은 1994년 한국이동통신(현 SK텔레콤) 인수 때도 주당 5만 원에 불과했던 주식을 33만 5천 원에 인수하겠다는 제안서를 써내 시장을 놀라게 했다.

최태원 회장은 글로벌 감각이 뛰어난 국제통으로 통한다. 신일고, 고려대 물리학과를 졸업한 최태원 회장은 미 시카고대에서 경제학 석·박사과정을 마쳤다. 그가 물리학을 전공한 데는 아버지 최종현

고 최종현 SK 선대회장이 1980년대 초 가족들과 찍은 사진. 왼쪽부터 최종현 선대회장, 장녀 최기원 행복나눔재단 이사장, 차남 최재원 SK 수석부회장, 부인 고 박계희 여사, 장남 최태원 SK 회장.

선대회장의 조언이 컸다. 최 선대회장은 "진로는 자신이 선택하지만 수학이든 물리학이든 과학적 사고를 키울 수 있는 학과를 선택하라"고 조언한 것으로 알려져 있다. 실리콘밸리에 있는 외국계 회사에서 1년 넘게 근무한 것도 글로벌 감각을 키울 수 있는 절호의 기회였다. 실제 최태원 회장은 1996년부터 다보스포럼 등 국제회의에 빠짐없이 참석하면서 민·관·정 거물급 인사들과의 교류를 두텁게 해왔다.

최태원 회장이 본격적으로 경영수업을 받기 시작한 것은 1991년 SK상사에 입사하면서부터다. 최태원 회장은 부장으로 입사해 1996년 SK㈜ 상무로 자리를 옮기면서 경영 전반에 본격적으로 등장하기 시작한다. OK캐쉬백 등 e-비즈니스 분야를 의욕적으로 파던 최 회장은 1998년 아버지의 별세로 38세라는 다소 이른 나이에 SK㈜(현 SK

이노베이션) 회장직에 오른다.

최종건 창업주의 2세들도 경영 일선에 나와 있는 상황에서 창업주의 남동생인 최종현 선대회장의 장남 최태원 회장이 그룹 승계자로 확정된 것은 그해 8월 가족회의에서였다. 창업주의 장남인 최윤원 SK케미칼 회장 등 다섯 사촌은 한자리에 모여 그룹 경영권을 최태원 회장에게 넘기기로 합의했다. 그러나 최 회장은 곧바로 그룹 회장직을 수락하지 않았다. 그가 "대주주라는 이유만으로 최고경영자가 되는 것이 아니라 전문경영인으로서 능력과 자질을 인정받고 싶다"며 훗날 배경을 설명한 일화는 유명하다. 당시 검증되지 않은 젊은 회장을 바라보는 안팎의 시각은 싸늘했다. 하지만 최 회장은 보란 듯 재계 순위 5위의 SK를 3위로 끌어올렸다.

SK그룹은 '따로 또 같이'라는 경영이념 아래 형제 경영을 하는 것으로 유명하다. 최태원 회장의 남동생인 최재원(52) SK 수석부회장은 미브라운대 물리학과를 졸업한 뒤 스탠퍼드대 재료공학 석사, 하버드대 경영대학원 경영학 석사를 받았다. 1994년에는 형의 뒤를 이어 경영수업을 본격적으로 시작했다. 첫 출발은 SKC 기획부장이었다. 그리고 1999년에는 SK텔레콤으로 자리를 옮겨 그룹 내 중요한 자리를 두루 지냈다. 2004년 분식회계 등 불미스런 일로 당시 SK텔레콤 부사장직을 내려놓고 퇴진했던 최 수석부회장은 2005년 SK엔론(현 SK E&S) 대표이사로 돌아왔다.

SK는 이들 형제 경영의 장기 부재 속에 새로운 분기점을 맞았다. 최태원 회장과 최재원 수석부회장은 2013년 회사 돈 수백억 원을 횡

령한 혐의로 실형을 선고받았다. 최 회장은 수감 기간 중에 《새로운 모색, 사회적 기업》이라는 제목으로 사회적 기업에 대한 책을 내기도 하고, 연봉 301억 원을 공익 목적으로 기부하기도 했다.

## 최태원-노소영 부부의 남다른 교육 철학

"자식들을 그만 좀 내버려 두세요."

노소영(54) 아트센터 나비 관장은 자녀 교육에 대한 질문을 받을 때마다 "자식을 믿어라"라고 강하게 주문한다. 이 같은 노 씨의 교육 법은 어머니 김옥숙(80) 여사의 영향이 크다. 김 여사는 인생의 결정을 스스로 할 수 있도록 자녀들에게 자율권을 많이 줬다고 한다. 최태원 회장 역시 아버지 최종현 선대회장으로부터 '스스로 고민하는 법'을 배웠다. 최 선대회장은 아들에게 "네가 고민해서 네 실력으로 해결하라"는 말을 자주 했다고 한다.

최태원 회장과 노소영 관장 부부는 슬하에 1남 2녀를 두고 있다. 경영 전반엔 아직 등장하지 않았지만 둘째 딸 최민정(24) 씨는 2014년 8월 해군 사관후보생에 합격해 화제를 낳았다. 부부는 딸의 선택을 흔쾌히 존중했다. 여기에는 '스스로 한 선택을 지지한다'는 부부의 교육철학이 녹아 있다.

큰딸 최윤정(26) 씨와 막내아들 최인근(20) 씨도 각각 미 명문대를 졸업, 재학 중인 수재다. 큰딸 윤정 씨는 베이징국제고를 졸업하고 미 시카고대로 진학해 생물학과를 졸업했다. 민정 씨는 함정병 교육 등을 받은 후 2015년 4월 정식 배치를 받았다. 민정 씨는 중국 인민대

최태원 회장 차녀 민정 씨의 해군 임관식 모습

부속중학과 베이징대 경영학과를 졸업했다. 대학 입학 후부터 편의점과 레스토랑, 입시학원 등에서 아르바이트를 하면서 용돈을 벌어 쓴 일화는 유명하다. 민정 씨는 3남매 중에 최태원 회장의 성격을 가장 닮았다는 게 주변인들의 전언이다. 아들 인근 군은 2014년 브라운대 자유전공학부에 입학해 공부 중이다.

최태원 회장의 남동생인 최재원 SK 수석부회장과 채서영 서강대 영문학과 교수 부부는 2남 1녀를 두고 있다. 장남 최성근(24) 씨, 장녀 최원정(18) 양, 차남 최동근(16) 군 모두 학생이다.

## SK그룹의 혼맥

SK그룹의 혼맥은 정·재계와 학계가 얽힌 화려함 그 자체다. 하지만 2, 3세들의 연애결혼이 유독 많다. 이는 최종현 선대회장의 영향이 컸다. 최 선대회장은 1973년 마흔여덟이라는 이른 나이에 세상을 떠난 최종건 창업주를 대신해 7남매인 조카들의 혼사를 책임졌다.

최종현 선대회장은 식이나 예물을 간소화하고 자녀들의 배우자 선택에 너그러웠다. "자식들을 정략의 희생물로 삼을 수는 없는 일"이라며 "배우자 선택은 당사자 스스로 하는 것"이라고 공개적으로 밝히기도 했다. 그룹 혼맥 가운데 가장 눈에 띄는 결합은 노태우 전 대통령, 이후락 전 중앙정보부장 등과의 사돈 관계다.

최종건 선대회장의 장남인 최윤원 SK케미칼 회장은 조달청 국장을 지낸 김이건 씨의 딸 김채헌(61) 씨와, 차남인 최신원(63) SKC 회장은 백종성 전 제일원양 대표인 백해영 씨와 결혼했다가 이혼했다. 3남인 최창원(51) SK케미칼 부회장은 변호사 집안의 치과의사 최유경(48) 씨와 결혼했다.

장녀 최정원(60) 씨는 고학래 전 〈사상계〉 고문의 아들인 고광천 씨와 결혼했고, 차녀 최혜원(58) 씨는 박주희 전 금융인의 아들인 박장석(60) SKC 전 부회장과 백년가약을 맺었다. 3녀 최지원(56) 씨는 한길수 우림산업 대표이사의 아들 한상구 씨와 결혼했지만 헤어졌다.

4녀 최예정(53) 씨는 박정희 정권의 실세였던 이후락 전 중앙정보부장의 5남인 이동욱(54) 씨와 결혼했다. 이동욱 씨의 작은형인 이동훈 제일화재 전 회장은 김승연 한화 회장의 누나 김영혜 씨의 남편이다. 이 관계는 CJ와도 연결된다. 이동훈 전 회장의 장남인 이재환 씨가 손경식 CJ그룹 회장의 장녀인 손희영 씨의 남편이다.

최종현 선대회장의 장남인 최태원 회장은 노태우 전 대통령의 맏딸인 노소영 아트센터 나비 관장과 결혼했다. 정경유착의 시선도 많았지만 둘은 1988년 미 시카고대 유학시절에 만나 연애 결혼했다. 시카고대에서 경제학 박사과정을 밟고 있던 최태원 회장과 노 관장은 테

# SK그룹 가계도

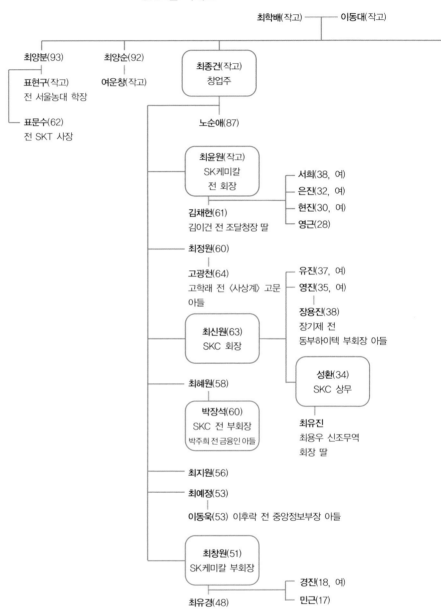

최학배(작고) —————— 이동대(작고)

최양분(93)  최양순(92)  최종건(작고) 창업주

표현구(작고) 전 서울농대 학장

여운창(작고)

표문수(62) 전 SKT 사장

노순애(87)

최윤원(작고) SK케미칼 전 회장

서희(38, 여)
은진(32, 여)
현진(30, 여)
영근(28)

김채현(61) 김이건 전 조달청장 딸

최정원(60)

고광천(64) 고학래 전 〈사상계〉 고문 아들

유진(37, 여)
영진(35, 여)

장용진(38) 장기제 전 동부하이텍 부회장 아들

최신원(63) SKC 회장

성환(34) SKC 상무

최혜원(58)

박장석(60) SKC 전 부회장 박주희 전 금융인 아들

최유진 최용우 신조무역 회장 딸

최지원(56)

최예정(53)

이동욱(53) 이후락 전 중앙정보부장 아들

최창원(51) SK케미칼 부회장

경진(18, 여)
민근(17)

최유경(48)

296

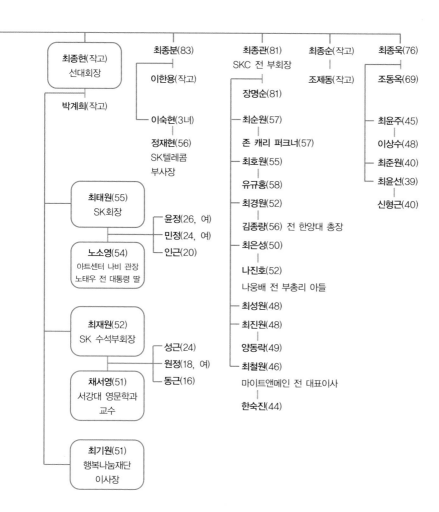

최종현(작고)
선대회장

박계희(작고)

최종분(83)

이한용(작고)

이숙현(3녀)

정재현(56)
SK텔레콤
부사장

최종관(81)
SKC 전 부회장

장명순(81)

최순원(57)

존 캐리 퍼크너(57)

최호원(55)

유규홍(58)

최경원(52)

김종량(56) 전 한양대 총장

최은성(50)

나진호(52)
나웅배 전 부총리 아들

최성원(48)

최진원(48)

양동락(49)

최철원(46)
마이트앤메인 전 대표이사

한숙진(44)

최종순(작고)

조제동(작고)

최종욱(76)

조동옥(69)

최윤주(45)

이상수(48)

최준원(40)

최윤선(39)

신형근(40)

최태원(55)
SK회장

노소영(54)
아트센터 나비 관장
노태우 전 대통령 딸

윤정(26, 여)
민정(24, 여)
인근(20)

최재원(52)
SK 수석부회장

채서영(51)
서강대 영문학과
교수

성근(24)
원정(18, 여)
동근(16)

최기원(51)
행복나눔재단
이사장

**최종건**(작고)
SK 창업주

**최종현**(작고)
SK 선대회장

**최윤원**(작고)
SK케미칼 전 회장

**최신원**(63)
SKC 회장

**최태원**(55)
SK 회장

**노소영**(54)
아트센터 나비 관장

**최재원**(52)
SK 수석부회장

**채서영**(51)
서강대 영문학과 교수

**최창원**(51)
SK케미칼 부회장

**최기원**(51)
행복나눔재단 이사장

**박장석**(60)
SKC 전 부회장

**최성환**(34)
SKC 상무

니스를 즐기며 데이트한 것으로 유명하다. 둘은 3년 뒤 청와대 영빈
관에서 결혼식을 올렸다.

평범한 혼사도 많다. 차남인 최재원 SK 수석부회장은 교사 집안의
채서영(51) 서강대 영문과 교수와 결혼했고, 장녀 최기원(51) 행복나
눔재단 이사장은 선경정보시스템 차장으로 근무하던 평범한 샐러리
맨 김준일(56) 씨와 결혼했다가 이혼했다. 이 만남은 큰오빠 최태원
회장이 주선한 것으로 알려졌다.

2010년 SKC 최유진 상무와 최유진 씨의 결혼식 기념사진. 신랑 최성환 상무 바로 위에서 왼쪽으로 순서대로 최신원 SKC 회장, 박장석 SKC 전 부회장, 최재원 SK 수석부회장. 위에서 두 번째 줄 왼쪽 첫 번째가 정재헌 SK텔레콤 부사장, 두 번째가 최태원 SK 회장, 맨 윗줄 오른쪽에서 두 번째가 최창원 SK케미칼 부회장.

# SK그룹의 후계 경영인

SK그룹 3세 가운데 유일하게 본격적인 경영수업을 받고 있는 이는 최신원 SKC 회장의 아들인 최성환(34) SKC 상무다. 최 상무는 해병대 출신으로 아버지의 권유로 2006년 입대했다.

'해병 예찬론자'인 최신원 회장 역시 선친인 최종건 창업주의 권유로 해병대에 입대한 바 있다. 큰아버지인 최윤원 SK케미칼 회장도 해병대 출신이다.

중국 명문대인 푸단대를 졸업한 최성환 상무는 2009년 SKC 전략기획실 과장으로 입사했다. 아버지로부터 강도 높은 경영수업을 받고 있는 최성환 상무는 해마다 승진을 거듭해 2014년 상무로 승진했다. 최 상무는 2010년 6월 가방 전문 수출업체 신조무역 최용우 회장의 딸인 최유진 씨와 결혼했다. 유진 씨는 음악을 전공했고 미국 유학시절 만난 것으로 알려졌다.

최신원 회장의 장녀인 유진(37) 씨는 디자인 공부를 하던 2006년 5월 미국에서 금융회사에 다니는 구본철 씨와 결혼했고, 차녀 영진(35) 씨는 2014년 8월 장기제 전 동부하이텍 부회장의 아들 장용건 씨와 결혼했다. 두 사람은 영국 유학시절에 만나 교제를 시작했으며, 영국에서 신혼살림을 시작한 것으로 알려졌다.

창업주의 장남인 최윤원 SK케미칼 회장 아래로는 서희(38), 은진(32), 현진(30), 영근(28) 등 1남 3녀가 있다. 장녀 최서희 씨는 미국에서 변호사 생활을 하고 있고, 남편은 무디스에서 근무했던 최성훈 씨다. 장남 최영근 씨는 위탁급식업체 후니드의 대주주로 이름을 올리고 있다. 후니드는 SK그룹 계열사와 주요 기업의 급식사업을 담당하고 있다.

창업주의 3남인 최창원 SK케미칼 부회장은 부인 최유경 씨와의 사이에 딸 경진(18) 양과 아들 민근(17) 군을 뒀다.

## 최종건 창업주의 형제들

그룹과 별개로 SKC, SK케미칼 등은 최종건 창업주의 차남 최신원 회장과 3남 최창원 부회장이 각각 이끈다. 창업주의 장남인 최윤원 전 SK케미칼 회장은 2000년 8월 지병으로 별세했다.

사촌 간 경영이다 보니 종종 계열분리 설이 제기되곤 하지만 최신원 회장은 그때마다 "SK는 하나의 뿌리에서 비롯됐고 최종건·종현 형제의 형제간 책임경영이라는 훌륭한 전통이 있다"면서 일축했다.

최신원 회장은 2000년 SKC 회장으로 취임했다. 당시 매출 1조 원 문턱에서 정체돼 있는 회사를 과감한 기업 인수합병과 사업조정으로 탈바꿈시킨 최신원 회장은 2001년 SK에버텍을 합병해 화학 사업을 시작하면서 한계에 봉착했던 미디어 사업과 디스플레이 사업을 각각 2005년과 2007년 차례로 분할 독립, 새로운 사업에 전력투구할 수 있는 기틀을 만들었다.

물론 매번 성공만 한 것은 아니다. 최신원 회장은 2004년과 2005년 사이 휴대전화 제조업과 배터리 생산 사업을 추진했지만 결과가 좋지 않았다. 두 사업을 과감히 정리한 최신원 회장은 '실패한 사업들은 과감히 버려야 100년 뒤에도 살아남는 기업이 된다'는 경영 신념으로 지금까지 공격적인 신사업 투자와 해외 진출을 지휘하고 있다.

최신원 회장은 배문고와 경희대 경영학과를 졸업하고 미 브랜다이스대에서 경영학 석사를 받았다. 1981년 선경합섬(현 SK케미칼)으로 입사했고, 1988년 선경인더스트리 이사로 올라서면서 경영 전반에 나섰다.

동생 최창원 부회장은 SK케미칼과 함께 SK경영경제연구소 부회장을 맡고 있다. 이론뿐만 아니라 실무에도 밝다는 게 주변인들의 이야기다. 1994년 선경 경영기획실에서 직장생활을 시작한 최창원 부회장은 전형적인 재무·기획통이다. 아이디어도 많고 추진력이 좋다는 평가다.

구조조정 전문가로도 불렸는데, 1996년 선경인더스트리에서 국내 최초로 명예퇴직제를 도입한 일은 유명하다. 최창원 부회장은 여의도고를 졸업한 뒤 서울대 심리학과를 나와 미 미시간대에서 MBA 과정을 밟았다.

## '따로 또 같이', SK그룹의 자율·책임경영

2012년 11월 26일 서울 워커힐호텔 아카디아연수원에서 열린 '2차 CEO 세미나'. 이듬해 경영방침을 정하는 자리에서 최태원 SK그룹 회장과 20여 개 SK 관계사 대표들 간에 격론이 벌어졌다.

최태원 회장은 "지주회사와 회장이 단독으로 그룹 경영을 결정할 수 있는 시대는 갔다. 새로운 성장동력원을 만들어 나가기 위해서는 그 분야에 가장 정통한 관계사가 자율적으로 판단하고, 그룹과 각 분야 전문가들이 종합적으로 검토하는 경영방식이 필요하다"고 주장했다. 집단지성을 활용한 위원회 경영의 첫 제안이었다.

대표들의 의견은 갈렸다. 방향성은 맞지만 처음 도입하는 경영방식에 대한 우려감과 우리나라 대기업 경영구조상 계열사 대표가 단독으로 결정하는 시스템이 가능하겠느냐는 우려가 교차했다.

최태원 회장은 "CEO들이 걱정하고 우려하는 대목을 잘 알고 있지만 두렵다고 해서 올바른 방향을 포기할 수는 없다. 아무도 가지 않은 길이지만 그 길이 맞다면 가야 한다. 문제점은 실행하면서 고쳐 나가면 된다"며 설득에 나섰다.

이른바 '따로 또 같이 3.0' 체제의 시작이었다. 이 체제에서 각 계열사는 자율적으로 경영행위를 판단하고 책임을 지게 된다. 그룹에서는 계열사의 판단을 도울 수 있도록 별도의 전문위원회를 구성해 지원한다. 집단지성을 발휘하는 공간으로 SK는 6개 위원회와 1개 특별위원회를 구성했다.

각 계열사는 개별 비즈니스의 이해관계에 맞춰 7개 위원회에 들어가 '따로따로'의 역량을 강화한다. '또 같이'는 복수의 계열사가 참여하거나 그룹 차원의 역량이 동원되는 주요 사업 또는 신규시장에 진출할 때 개별 위원회 또는 복수의 위원회가 나서 종합적인 검토를 진행한다.

7개 위원회 중 '전략위원회'는 그룹 차원의 전략과 목표를 설정하고 그룹의 전체성과를 관리하는 곳이다. 그룹 차원의 역량이 투입되는 주요 사업에 대해 올바른 의사결정을 내릴 수 있도록 각종 경영정보를 제공하고, 각 계열사의 비즈니스를 조정하는 역할을 담당한다.

'글로벌성장위원회'는 명칭 그대로 그룹과 관계사의 글로벌 성장을 지원하는 임무를 맡고 있다. 관계사별 사업 역량과 경험을 모아 '또 같이' 진행할 수 있는 글로벌 프로젝트 발굴을 측면 지원한다. 새로운 시장 개척을 위한 정보와 인프라를 제공하는 것도 주요 역할이다.

'커뮤니케이션위원회'는 그룹의 눈과 귀, 입이 되는 조직이다. 그룹 안팎의 다양한 상황에 발 빠르게 대응하고, 이해관계자들과의 진솔한 커뮤니케이션을 지원한다. 또한 그룹이 주력하는 경제와 사회 분야 어젠다를 성공적으로 수행할 수 있도록 하는 대외협력 업무도 담당한다.

'사회공헌위원회'는 다른 그룹에서 찾아보기 힘든 조직이다. 국내 대기업 최초로 관계사와 협력업체를 아우르는 그룹 단위의 동반성장 시스템을 만들었다. 계열사별 단편적인 지원 대신에 수혜 대상이 실질적인 경쟁력과 생존력을 갖출 수 있도록 그룹 전체가 협력하는 시스템을 도입했다.

'인재육성위원회'는 그룹이 지향하는 우수한 인재를 발굴하고 양성하는 업무를 담당하고, 윤리경영위원회는 그룹과 관계사의 감사와 법무 행정을 지원하는 조직이다.

특별위원회로 만들어진 'ICT기술성장특별위원회'는 그룹의 정보통신기술(ICT) 분야를 성장시키기 위해 관계사 간 협력을 촉진하는 역할을 맡는다.

앞서 SK그룹은 주요 분기점마다 경영의 틀을 달리했다. 2002년에는 제주 선언을 통해 각사 생존경영 중심의 '따로 또 같이 1.0'을 시작했

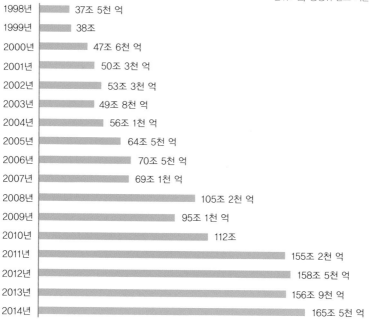

최태원 회장 취임 이후 SK그룹 매출액 추이

단위: 원, 공정위 발표 기준

| 연도 | 매출액 |
|---|---|
| 1998년 | 37조 5천 억 |
| 1999년 | 38조 |
| 2000년 | 47조 6천 억 |
| 2001년 | 50조 3천 억 |
| 2002년 | 53조 3천 억 |
| 2003년 | 49조 8천 억 |
| 2004년 | 56조 1천 억 |
| 2005년 | 64조 5천 억 |
| 2006년 | 70조 5천 억 |
| 2007년 | 69조 1천 억 |
| 2008년 | 105조 2천 억 |
| 2009년 | 95조 1천 억 |
| 2010년 | 112조 |
| 2011년 | 155조 2천 억 |
| 2012년 | 158조 5천 억 |
| 2013년 | 156조 9천 억 |
| 2014년 | 165조 5천 억 |

다. 재빠르게 부실회사의 사업조정을 마쳤고, 각 계열사는 어떤 위기에도 그룹 도움 없이 홀로 경영이 가능한 흑자 구조로 변신했다.

5년 뒤인 2007년에는 '따로 또 같이 2.0' 체제를 출범했다. 지주회사로의 체제 전환을 이뤘고, 오랜 내수기업의 이미지를 털어 내고 국내 전체 수출의 10% 안팎을 책임지는 수출형 기업으로 성장했다. 이기간 수출 규모가 급증해 2007년 20조 원에서 2012년 말 64조 원으로 3배 이상 늘었고, 같은 기간 매출은 69조 원에서 158조 원으로 증가했다.

하지만 지주회사를 중심으로 사업을 추진하는 '따로 또 같이 2.0'

체제는 관계사들이 지주회사에 의존하는 현상을 낳았다. 회장과 지주회사가 의사결성을 해야 하는 일이 빈번해지자 그룹은 2013년부터 각 관계사에 자율경영과 의사결정 권한을 대폭 이양하는 '따로 또 같이 3.0' 체제를 시행했다.

## SK그룹의 인재육성 노력

SK그룹은 '사람을 키워 국가와 사회에 보답한다'는 뜻의 인재보국(人材報國)을 경영철학으로 삼는다. 최종현 선대회장은 인재육성을 평생 과제로 삼았는데, 이 같은 철학은 대를 이어 SK가의 전통으로 자리 잡았다.

최종현 선대회장은 미 시카고대 유학시절 학비를 벌기 위해 접시닦이와 골프클럽 청소를 하면서 동양인이 겪어야 했던 불편함을 뼈저리게 경험했고, 귀국 후 국내 처음으로 해외 유학을 지원하는 '한국고등교육재단'을 설립했다. 1974년 11월의 일이었다.

최종현 선대회장은 "강인한 국력으로 일류 국가가 되는 길밖에 없다"면서 "내가 돈을 버는 이유는 인재와 학자군 양성에 있다"는 말을 즐겨 했다. 자원과 자본이 없는 이스라엘이 미국사회에서 무시당하지 않는 이유가 우수 인재에 기반한 국력에 있듯 우리도 일류 국가가 돼야 한다는 게 최 선대회장의 결론이었다.

재단은 '통 크게' 5년 치 경비를 지원했다. 지난 40년간 외환위기, 세계 금융위기 등 극심한 사회경제 변동기에도 최종현 선대회장은 "경제가 어렵더라도 인재양성은 계속되어야 한다. 재단은 내가 끝까

최태원(오른쪽 첫 번째) SK그룹 회장이 2004년 6월 한국고등교육재단이
지원하는 유학생들과 오찬 간담회를 갖고 덕담을 나누고 있다.

지 챙긴다"는 신념을 고수했다.

재단이 지원한 석학은 염재호 고려대 총장과 최장집 고려대 명예교수, 정진성 서울대 사회학과 교수, 김용학 연세대 사회학과 교수, 한국인 최초의 하버드대 종신교수인 박홍근 교수, 천명우 예일대 심리학과 교수, 한진용 UCLA 경제학과 교수, 성경륭 한림대 사회과학부 교수 등 670명에 이른다.

최종현 선대회장의 유지를 이어받은 최태원 회장은 인재양성의 철학을 글로벌 무대로 확장시켰다. 선대회장이 국내 인재양성에 주안점을 뒀다면 최 회장은 해외 석학들을 지한파로 양성하는 데 일조하는 셈이다.

최태원 회장은 특히 중국을 비롯한 아시아 지역의 발전 역시 인재양성에 기반해야 한다는 신념으로 이들 지역 학자들의 연구활동을 지원하고 있다. 재단은 2000년부터 인문, 사회, 에너지, 자연과학 분야의 아시아 국가 석학들을 초청하는 국제 학술교류를 시작했다. 2015년 현재까지 16개국 760여 명의 학자들이 방한해 국내 대학 등에서 전문분야를 연구했다.

## 수펙스추구협의회

SK의 위원회 경영을 상징하는 수펙스(SUPEX: 슈퍼 엑셀런트의 준말) 추구협의회는 SK그룹의 주요 최고경영자(CEO)들이 모여 경영방침을 논의하는 최고기구다. 의장이 6개 위원회와 1개의 특별위원회를 관할한다.

중심에는 그룹 내 최고참 CEO인 김창근(65) 수펙스추구협의회 의장이 있다. 2012년 12월 수펙스추구협의회 의장에 임명된 김 의장은 1974년 입사 이래 SK케미칼 외환과장, 자금부장, 재무담당 상무를 거친 그룹의 대표 재무 전문가로, 1999년에는 그룹 구조조정본부 재무팀장을 맡기도 했다. 김 의장은 1974년 경영기획실로 출범한 SK구조조정본부의 간판을 직접 내릴 정도로 그룹과 신산고초를 함께한 산 증인으로 꼽힌다. 연세대 경영학과를 졸업하고 미 서던캘리포니아대에서 경영학 석사(MBA) 학위를 받았다.

그룹 전체의 경영방향 설정을 지원하는 전략위원회는 2015년부터 정철길(61) SK이노베이션 사장이 이끈다. 정 사장은 그룹의 주력사업인 에너지 화학 분야와 정보통신기술(ICT) 분야를 두루 섭렵했다. SK C&C 사장으로 재직하면서 시스템통합(SI) 분야뿐만 아니라 중

## SK 이끄는 전문경영인 7인

**김창근**(65)
수펙스추구협의회 의장
인재육성위원회 위원장(겸)

**정철길**(61)
전략위원회 위원장

**유정준**(53)
글로벌성장위원회 위원장

**김영태**(60)
커뮤니케이션위원회 위원장

**하성민**(58)
윤리경영위원회 위원장

**이문석**(61)
사회공헌위원회 위원장

**임형규**(62)
ICT위원회 위원장

고차 온라인 거래와 반도체 영역으로 사업 다각화에 성공, SK C&C 의 비약적 성장을 견인했다는 평가를 받는다.

SK그룹의 웬만한 주요 사업은 모두 꿰고 있다는 정 사장은 그룹 차원의 경영전략과 목표를 설정하고, 관계사 간 이해관계를 조정해 그룹 전체의 시너지 효과를 높일 수 있는 적임자로 꼽힌다. 부산대 경영학과를 졸업한 뒤 미 조지아주립대에서 MBA 과정을 밟았다.

1기 전략위원회 위원장은 하성민(58) 전 SK텔레콤 사장이 맡았다. 하 위원장은 2011년부터 그룹의 주요 성장축인 SK텔레콤을 이끌어왔다. 그룹의 성장전략을 가장 잘 이해하는 인물이라는 게 그룹 관계자의 설명이다. 특히 하 위원장은 재무 전문가로 실적관리 등 기획 관런 업무의 이론과 실무에 모두 밝다는 평가다. 2015년부터는 그룹의 투명경영을 책임지는 윤리경영위원회 위원장을 맡고 있다. 하 위원장은 성균관대에서 경영학을 전공했다.

글로벌성장위원회 위원장은 유정준(53) SK E&S 사장이 맡았다. 유 사장은 에너지 화학 분야의 대표적인 전문가다. 유 사장은 자원개발 등 SK그룹의 미래 성장동력원을 발굴하는 G&G추진단 사장 출신으로, 최태원 SK그룹 회장이 해외사업차 출국할 때면 그를 대동하는 일이 많다. 유 사장은 SK E&S 사장으로 재직하면서 미국 컨티넨탈 리소스의 지분을 인수, 셰일가스 생산을 시작한 인물이기도 하다. 고려대 경영학과를 나와 미 일리노이대 어바나샴페인 캠퍼스에서 회계학 석사학위를 받았다.

그룹의 눈과 귀와 입이 되는 커뮤니케이션위원회는 김영태(60) 위원장이 진두지휘한다. 김 위원장은 인사, 조직관리, 기업문화 분야 전문가로 그룹 내 신망이 높다. 또한 SK㈜ 대표이사와 기업문화부문장, SK에너지 울산 CLX부문장 등을 역임해 그룹 사정을 잘 아는 인물이다. 추진력이 강해 기업과 관련된 각종 위기가 많아진 요즘 그룹 안팎의 리스크에 대응하고 그룹의 입장을 이해시켜 나가는 데 적격이라는 평가를 받고 있다. 서강대 경영학과 출신이다.

사회공헌위원회(전 동반성장위원회)는 이문석(61) 위원장이 이끈다. 이 위원장은 2014년 동반성장위원회 위원으로 부임한 뒤 김재열 전 동반성장위원회 위원장과 함께 그룹의 동반성장 활동을 챙겨 왔다. 그룹의 사회공헌과 동반성장 철학을 가장 잘 이해하는 인물이라는 점에서 김 전 위원장의 뒤를 이어받게 됐다. 경희대에서 섬유공학을 전공했다.

2014년 신설된 ICT위원회 위원장은 임형규(62) 부회장이 맡고 있다. 임 부회장은 삼성 출신으로, 삼성전자에서 메모리개발본부장(부사장), 시스템LSI사업부장(사장), 삼성전자 기술총괄 사장, 삼성종합기술원장, 신사업팀장(사장)을 지낸 국내 연구개발 분야의 대표적인 기술인재다. 서울대 전자공학과 출신으로 카이스트에서 반도체공학 석사, 미 플로리다대에서 반도체공학 박사학위를 받았다.

그룹의 인재육성을 담당하는 인재육성위원회 위원장은 김창근 의장이 겸직한다.

## SK그룹의 젊은 대표들

'새판을 짜라!'

2015년 SK그룹의 정기인사를 들여다보면 유독 젊은 대표들이 눈에 띈다. 특히 SK텔레콤, SK C&C등 주요 계열사 사장들은 계열사 부문장들보다 더 젊다. 이 같은 세대교체에는 새로운 성장동력을 발굴하라는 회사의 강력한 주문이 담겨 있다.

장동현(52) SK텔레콤 신임 사장은 통신산업을 넘어 네트워크 기반의 융합시대를 준비하라는 특명을 받았다. SK텔레콤 전략기획부문장, 마케팅부문장을 거쳐 SK플래닛에서 최고운영책임자(COO)를 지낸 장 사장은 통신 사업과 플랫폼 사업을 두루 거쳤다.

톡톡 튀는 아이디어를 사업화하는 데 탁월하다는 평가를 받는 장 사장은 SK텔레콤 마케팅부문장 시절 '4G LTE 전용요금제'를 만들어

## SK그룹의 젊은 대표들

장동현(52)
SK텔레콤 사장

박정호(52)
SK C&C 사장

LTE 가입자 1천만 명 돌파를 이끈 주역이다. SK플래닛에서는 11번 가의 글로벌 진출을 가속화하는 한편 T맵, 호핀, 틱톡 등 다양한 서 비스를 해외시장에 선보여 호평을 받았다.

SK그룹 관계자는 "(장 사장은) SK텔레콤의 핵심 요직과 자회사의 핵심 직책을 모두 경험해 누구보다 정보통신기술(ICT) 전반을 꿰뚫 고 있다"면서 "내수 위주의 소모적 경쟁 대신 블루오션을 찾아서 지속 가능한 성장을 이끌 적임자"라고 소개했다. 장 사장은 서울대에서 산 업공학과를 졸업한 뒤 같은 대학원에서 석사학위를 받았다.

박정호(52) SK C&C 신임 사장은 신성장 사업 개발과 기업 인수합 병 전문가로 정평이 나 있다. 회사는 그가 회사를 이끌 미래 동력을 발굴, 내수기업이라는 SK C&C의 기존 이미지를 벗기고 수출기업으 로의 변신을 이뤄 낼 것으로 기대하고 있다.

박정호 사장은 SK C&C 기업개발장(부사장)으로 그동안 사물인터 넷 시대에 맞춰 빅데이터·클라우드·스토리지 등 IT 신기술과 IT 서 비스를 접목한 새로운 사업영역 확장에 힘써 왔다. 박 사장은 1990년

대 한국이동통신 인수를 비롯해 하이닉스반도체 인수 과정에서 중추적 역할을 맡으면서 최 회장의 신임을 받은 것으로 알려졌다. 고려대 경영학과를 졸업하고 미 조지워싱턴대에서 경영학 석사(MBA) 학위를 받았다.

# ‖ 최종건 창업주와 최종현 선대회장 ‖

## '원조 불도저' 최종건 창업주

"윤원아, 신원아, 월요일자 신문 꼭 봐라. 우리 회사가 크게 나온다."
— 최종건 SK 창업주
"아버지, 뭔데요. 말씀해 보세요." — 최신원 SKC 회장
"그때 보면 알 수 있어, 이놈들아." — 최종건 창업주

최신원 SKC 회장이 공개한 워커힐호텔 인수 직전 부자간에 오갔던 대화다. 1973년 1월 선경(현 SK)은 정부로부터 서울 워커힐(현 쉐라톤 워커힐) 호텔을 26억 3,200만 원에 인수하며, 당당히 재벌 반열에 들어섰다. 선경이 국민과 재계에 던진 '무명의 반란'이었다. 최종건 창업주가 맨손으로 선경직물을 일으킨 지 20년 만의 일이다.

그러나 최종건 창업주는 같은 해 11월 폐암으로 별세, '섬유에서 석유까지'라는 원대한 꿈을 동생인 최종현 선대회장(당시 선경직물 부사장)에게 맡긴 채 '짧고 굵은' 인생을 살다 갔다. 그의 나이 48세였다.

최종건 창업주가 20년간 SK의 섬유를 책임졌다면, 25년간 SK를 이끈 최종현 선대회장은 '석유'를 개척하고, '이동통신'의 길을 터놓았다. 최종현 선대회장의 50년 지기(知己)인 언론인 홍사중 씨가 본 형제는 이렇다.

"형(최종건)은 좋은 의미의 '보스형'이었다. 의논할 상대가 없었던 탓도 있었지만 그는 모든 일에 혼자 결정을 내렸다. 동생(최종현)은 '리더형'이었다. 형제는 그렇게 서로의 장단점을 보완하는 좋은 짝이 었다."

소리 없이 일을 꾸미는 사람은 동생이요, 밖에서 뛰는 사람은 형이 었다. 그래서 회사 돌아가는 내용을 잘 아는 사람들은 형을 가리켜 '용장'(勇壯)이라 했고, 아우를 가리켜서 '지장'(智將)이라 했다. 형제는 그야말로 '격동의 세월'을 거치며, SK를 자산규모 재계 3위의 대그룹으로 일궈 냈다.

재계 CEO(최고경영자) 가운데 강한 추진력과 남다른 승부근성 때문에 '불도저'라 불리는 이가 적지 않다. 그러나 실상 불도저라는 애칭은 최종건 창업주가 '원조'라고 할 수 있다.

'의리파, 불같은 추진력, 강한 뚝심'은 최종건 창업주의 트레이드마크다. 그렇다고 무턱대고 밀어붙이기만 하는 것은 아니었다. 최종건 창업주는 '장비'(張飛) 같은 성격에 '조조'(曹操)의 꾀도 많았다.

이런 점을 잘 드러낸 에피소드 하나.

1966년 선경직물은 차관 도입 문제로 일본 정부와 팽팽한 줄다리기를 하고 있었다. 일본 정부는 중소기업에 불과한 선경직물의 상환능력을 의심하며 차관 제공을 차일피일 미루고 있었다.

'더 이상 안 되겠다' 싶었던 최종건 창업주는 일본대사관 관계자들을 단골 술집으로 초청했다. 그리고 약속시간보다 먼저 나가 술집 마담에게 거짓말을 해줄 것을 요청했다. 술자리가 무르익을 무렵 엄지손가락을 들어 보이며 전화가 왔다고 하라는 것.

술집 마담은 때가 되자 엄지손가락을 들어 보이며 전화가 왔다고 말을 건넸다. 최종건 창업주는 일본 관계자 앞에서 "급한 일이 있으니 잠깐 나가겠다"고 밝힌 뒤 2시간가량 단잠을 자고 돌아왔다.

그러면서 최종건 창업주는 "이거, 죄송합니다. 저 위에 좀 다녀오느라 늦었습니다"고 설명했다. 일본 관계자들은 최 창업주가 정부 최고위층의 부름을 받고 나간 것으로 모두 오해했다. 한마디 말도 하지 않고 '선경직물이 정부로부터 대단한 신임을 받고 있구나'를 암시하며, 차관 도입 문제를 깨끗하게 처리한 것이다.

최종건 창업주의 장비 같은 성격은 또 이렇다.

최종건 창업주의 지인들은 그가 다혈질인 데다 성미가 급하고, 감정을 폭발하는 일이 많았다고 한다. 화가 나면 앞뒤 생각 없이 퍼부었다. 그러나 뒤끝은 없었다. 때문에 그가 화난 얼굴로 "누구 불러오라"고 불호령을 내리면 임직원이 서울에 있으면서도 일본으로 출장 갔다고 곧잘 거짓말을 했다고 회고한다.

## 상반된 스타일의 안주인

최종건 창업주는 1926년 수원에서 최학배 옹과 이동대 여사의 4남 4녀(양분, 양순, 종건, 종현, 종분, 종관, 종순, 종욱) 중 장남으로 태어났다. 1944년 경성직업학교 기계과를 졸업하고 당시 일본인이 운영하던 선경직물에 견습기사로 취직, 사회 첫발을 내디뎠다. 24세 때인 1949년에는 교하 노씨인 노순애(87) 여사와 결혼했다. 최종건 창업주는 결혼과 동시에 다니던 선경직물을 그만두고, 자기 사업을 시작했다.

노순애 여사가 넉넉한 시골 인심을 느끼게 한다면, 최종현 선대회장의 부인인 박계희 여사는 세련된 도시 여성의 이미지를 풍긴다.

　노 여사는 시동생과 시누이 등을 거느린 대가족의 맏며느리로 시집살이를 만만치 않게 했다. 차남 최신원 SKC 회장의 얘기다.

　"100마지기 농사일에 집안 대소사를 다 챙기셨으니 고생이야 말할 수 없는 것 아닙니까. 게다가 부친은 사업 때문에 공장에서 먹고 자며, 한 달 가까이 집에 들어오시지 않은 적도 있었으니 …. 전형적인 한국 여인이었습니다."

　노 여사의 조용하고, 얌전한 태도에 반한 최종건 창업주의 누나 최양분(93) 여사는 그를 맏며릿감으로 적극 추천했다고 한다.

　박계희 여사는 박경식 전 해운공사 이사장의 넷째 딸로 1953년 경기여고를 졸업한 뒤, 미국 뉴욕 베네트칼리지를 거쳐, 칼라마주대를 졸업했다. 최종현 선대회장과 만났을 때는 시카고 미술대학에서 응용미술을 공부하던 중이었다. 박 여사는 내성적이고, 자기 의사를 좀처럼 드러내 보이지 않았지만 강단 있는 여성이었다. 그리고 이태원에 가서 1만~1만 5천 원짜리 옷을 사 입을 정도로 검소하고, 깍쟁이였다. 박 여사가 모 일간지 인터뷰에서 밝힌 내용이다.

　"내가 '이태원표' 옷을 입고 있으면 모두들 몇십만 원짜리로 아는데, 그래서 더욱 그런 데 가서 사 입어도 불편한 게 없어요."

　최종현 선대회장도 부인을 깍쟁이라고 언급한 적이 있다. 병마와 씨름하던 최종현 선대회장은 먼저 간 박 여사를 두고 "자기 성격 따라 깍쟁이처럼 죽었다"고 회고했다. 박 여사는 1997년 6월 18일 최 선대회장의 폐암 수술 경과가 좋다는 소식을 듣고, 그날 밤 조용히 숨을 거두었다.

두 '안주인'은 상반된 스타일에도 불구하고 공통점도 적지 않았다. 말수가 적고, 나서는 것을 무척 꺼려했다. 특히 가정 일에는 소홀함이 없었다. 박계희 여사는 미술관에서 일하면서도 최종현 선대회장이 일찍 퇴근하면 아무리 중요한 미술관 행사를 주재하는 중이라도 남편 뒷바라지를 위해 집으로 돌아오곤 했다.

최재원 SK 수석부회장은 "모친은 외출도 좋아하시지 않고, 조용한 성격"이라며 "두 분께서 같이 하시는 것 중에 하나가 골프였다"고 말했다.

## 최종현 선대회장의 연애론과 SK가 혼맥

최종현 선대회장의 연애론은 이렇다. 그가 죽음을 몇 달 앞두고 마지막으로 손질을 한 책 《마음을 다스리고 몸을 움직여라》에서 밝힌 내용이다.

"나는 미국에서 학교를 다닌 적이 있다. 그때 지켜본 바에 따라 나는 남녀 간의 연애과정을 이렇게 정리해 본다. 연애는 'date → steady date → I love you', 이렇게 세 단계로 진행된다. 처음에 호감을 가지고 '데이트'를 하다가, 다른 사람과는 데이트를 하지 않는 '스테디 데이트'를 하게 되고, 그것이 발전되면 '아이 러브 유'가 되어 결혼하거나, 그렇지 않으면 헤어진다. 여기서 한 단계 더 들어가면 '너 없이는 못살아'가 되는데, 이것은 병이다."

최종현 선대회장 본인의 경험 때문일까. 최씨가의 2세들은 정략이나 중매결혼이 손에 꼽을 정도로 드물다. 특히 최종건 창업주가 일찍 별세한 이후 최 선대회장이 사실상 10남매의 가장 역할을 자임했던 만큼 '큰집' 조카들도 이 같은 영향을 많이 받았다.

최신원 SKC 회장은 "숙부는 자식들 결혼과 관련해서 복잡한 것을 굉장히 싫어하셨다"면서 "예물 등도 가능한 한 안 주거나 받지 않는 주의였다"고 설명했다.

장남인 최태원 SK그룹 회장은 노태우 전 대통령의 딸인 노소영 아트센터 나비 관장과 결혼했다. 부친과 똑같이 미 시카고대에서 노소영 관장을 만나 연애했다. 차남인 최재원 SK 수석부회장의 부인은 영어교사였던 채희경 씨의 맏딸 채서영 서강대 영문과 교수다. 막내딸 최기원 이사장은 당시 ㈜선경정보시스템 차장으로 근무하던 김준일 씨와 만나 결혼에 골인했다.

'큰집'인 고 최종건 창업주 일가의 혼맥도 학계부터 권력층에 이르기까지 다양한 스펙트럼을 형성하지만 정략적인 냄새는 없어 보인다.

4녀 예정 씨의 남편인 이동욱 씨가 최종건가에서는 눈에 띈다. 현재 개인사업을 하는 이 씨의 부친이 이후락 전 중앙정보부장이다. 최종건 창업주와 이후락 전 중정부장은 서로 호형호제할 정도로 막역한 사이였다. 양가가 둘의 결혼을 일찍이 약속했고, 결혼은 최 창업주 사후에 이뤄졌다.

최종건 창업주가 각별하게 지냈던 재계 인물로는 김용산 전 극동건설 회장이 있었으며, 언론계에서는 방일영 〈조선일보〉 고문과 '형님 동생' 하는 사이였다.

방계로 넘어가면 장녀 최양분 여사는 한때 종건·종현 형제의 가정

교사였던 표현구 서울대 농대 학장과 결혼했다. 표문수(62) 전 SK텔레콤 사장이 그의 아들이다. 3녀 최종분(83) 여사는 이한용 신아포장 대표와 혼인했으며, 막내 사위인 정재현(56) 씨는 현재 SK텔레콤 부사장으로 일하고 있다. 차녀 최양순(92) 여사는 여운창 경기개발 대표와 결혼했으며, 4녀 최종순(79) 여사는 해군 중령 출신인 조제동 씨에게 시집갔다.

3남 최종관(81) 전 SKC 고문은 장명순(81) 여사와의 사이에 1남 6녀를 두었다. 이 가운데 3녀 최경원(52) 씨가 김연준 전 한양대 이사장 아들인 김종량(65) 한양학원 이사장에게 시집갔다. 또 4녀 최은성(50) 씨는 나웅배 전 부총리 아들인 나진호(52) 씨와 짝을 이뤘다. 장녀 최순원(57) 씨는 존 캐리 퍼크너(57) 씨와 국제 결혼했다. 장남인 최철원(46) 마이트엔메인 전 대표이사는 한숙진(44) 씨와 인연을 맺었다.

4남 최종욱(76) 전 SKM 회장은 조효원 전 서울대 교수 딸인 조동옥(69) 씨와 결혼했다. 조동옥 씨의 남동생이 조동성 서울대 교수다. 장남 최준원(40) 씨는 현재 SK C&C에서 근무하고 있으며, 차녀 최윤선(39) 씨도 통신·방송장비 전문업체인 SK텔레시스에서 일하고 있다.

## 섬유에서 석유, 정보통신으로

SK그룹의 모기업인 선경직물(현 SK네트웍스)은 1930년대 일본인이 조선에서 만주 일대를 대상으로 직물을 수출하던 선만주단(鮮滿綢緞)

과 일본의 교토직물(京都織物)이 합작해 설립한 회사였다. 교토직물
은 현물출자하고, 선만주단은 공장 부지를 비롯한 건물 공사비 등을
투자했다. 상호도 선만주단의 '선'자와 교토직물의 '경'자를 따서 '선
경'(鮮京)이라고 지은 것이다.

최종건 창업주는 한국전쟁으로 폐허가 된 선경직물을 재건하기 위
해 1953년 부친 몰래 빼낸 땅문서로 공장을 불하받는다. 이후 선경직
물은 나일론 생산을 계기로 본격적인 섬유기업으로 탈바꿈하였다.

SK의 성장사는 하드웨어 측면에서 보면 3단계로 나뉜다. 1단계는
아세테이트 원사공장과 폴리에스터 원사공장(현 SK케미칼) 건설, 2
단계는 유공(현 SK이노베이션) 인수, 3단계는 한국이동통신(현 SK텔
레콤) 인수다. 소프트웨어로 볼 때 최종현 선대회장의 경영 참여와 이
순석과 손길승, 김항덕 등 1세대 전문경영인의 합류 등이다.

1980년은 유공 인수로 선경의 숙원사업을 달성한 해이다. 최종건
창업주가 울산을 오가며 국내 유일의 정유사였던 유공을 넘본 지 10
년 만이다. '섬유에서 석유까지'라는 사업의 수직계열화를 위해 매진
한 결과 돌아온 보상이었지만, 당시 재계에서는 "새우가 고래를 먹었
다"는 말이 공공연히 나돌 정도였다.

선경은 유공을 손에 넣자 정보통신사업 진출을 구체화하기 시작했
다. 사실 선경이 정보통신사업 진출을 구상한 것은 1980년대 초반까
지 거슬러 올라간다. 당시 국내 어느 기업도 정보통신사업에 대해 꿈
도 꾸지 않을 때, 최종현 선대회장은 미국 방문길에서 통신사업에 진
출할 것을 결심하고, 미국 현지에 경영기획팀을 만든다. 이것이 훗날
한국이동통신 인수와 CDMA(코드분할다중접속) 방식을 세계 최초로

상용화하는 데 성공하는 밑거름이 됐다.

## SK가와 풍수지리

"집터보다 내 기가 더 세니까 염려들 말어."

국내 재벌가가 최근 서울 한남동과 이태원동에 둥지를 트는 까닭은 풍수지리와 밀접한 관련이 있다. 이곳은 남산을 베개 삼아 한강으로 다리를 곧게 쭉 뻗어 복록과 자손복이 대대로 넘치는 '배산임수'(背山臨水)의 터로 알려졌기 때문이다. 아예 재벌가 '집성촌'으로 불린다.

이처럼 집터의 풍수지리를 꼼꼼히 따지는 재벌가에서 유독 이에 무관심한 집안이 있다. SK그룹 최씨가이다.

최종건 창업주가 1968년 서울 삼청동에 새 집을 마련했을 때의 일이다. 일본 데이진 오야 사장의 부인이 풍수지리를 잘 안다면서 여러 각도에서 찍은 삼청동 자택의 지형 사진을 보내 달라고 연락해 왔다. 당시 최종건 창업주와 오야 사장은 비즈니스를 떠나 개인적으로 매우 절친한 사이였다. 오야 사장은 당시 일본 정·재계의 거물로 최종건 창업주의 호탕한 성격을 매우 좋아했다고 한다.

오야 사장 부인은 매우 까다로운 성격 탓에 한국을 방문할 때마다 잠옷만 두 박스를 가지고 왔으며, 매일 밤 우유로 목욕을 하는 습관이 있었다. 최종건 창업주는 이들이 한국에 머물 때 불편함이 없도록 배려를 아끼지 않았다.

사진을 본 오야 사장 부인은 "지형이 사나워 좋지 않다"며 "다른 집으로 이사할 것"을 권했다. 그러나 최종건 창업주는 이를 무시하고 예

고 최종건 창업주가 집터가 좋지 않다는 주변의 만류에도 불구하고 1968년 이사한
서울 삼청동 자택. 지금은 SK네트웍스 연수원인 '선혜원'으로 바뀌었다.

정대로 이사했다. 그런데 공교롭게 삼청동 자택은 화재로 가정부가
화상을 입어 숨진 데 이어 여름 장마철에 큰 물난리를 겪었다. 때문에
주변에서는 집터의 기가 세서 그런 것이니 이사 가는 게 좋다고 자주
권했다. 그래도 최종건 창업주는 "내 기가 집터보다 더 세니 염려 말
라"고 했다고 한다.

최종현 선대회장도 집터와 관련된 고집은 '그 형에 그 동생'이었다.
암 수술을 마치고 돌아온 1997년 11월. 풍수지리 학자인 최창조 전
서울대 교수가 최종현 선대회장이 사는 서울 워커힐호텔 내 빌라가
남한강과 북한강이 만나 광나루 쪽을 찌를 듯 달려드는 곳인 탓에 풍
수학적으로 좋지 않다며 이사를 권했다. 최창조 전 교수는 "그런 곳은
일시 머물며 휴식을 취하기에는 적합하지만 장기간 머물며 살기에는
문제가 많은 곳"이라고 설명했다. 두 사람의 인연은 최종현 선대회장
이 풍수지리 연구를 위해 교수직을 내던진 최창조 전 교수의 소식을

듣고, 아무런 조건 없이 연구비를 지원하면서 맺어졌다.

최종현 선대회장은 그러니 "집이란 어차피 일시 머물다 떠나는 곳"이라며 "나는 이곳이 좋기 때문에 그런 이유로 집을 옮길 수 없다"고 완강히 거부했다. 최종현 선대회장은 훗날 "형님처럼 기가 세다는 이유로 거부한 것은 아니었다"면서 "여기서 산 지가 15년이 넘었는데 그동안 행복하게 잘 살았으면 됐지, 뭘 더 바라겠느냐"며 껄껄 웃었다고 한다.

## 1세대 전문경영인 3인방

"손길승 실장은 단순히 내가 부려먹는 사원이 아니라 나의 비즈니스 파트너, 동업자입니다."

최종현 선대회장은 1995년 노태우 전 대통령의 비자금 문제로 검찰에서 조사받을 때 일개 그룹 기획실장이 거액의 정치헌금을 다룰 수 있느냐는 검사의 추궁에 이렇게 대답했다. 그가 손 전 회장을 경영참모가 아닌 동반자로서 얼마나 믿고 의지했는가를 잘 보여 주는 대목이다. 당시 정태수 한보 회장의 '머슴론'과 비교되면서 화제가 되기도 했다.

SK그룹이 오늘날 재계 서열 3위의 위상을 갖출 수 있었던 데는 뒤에서 궂은일을 마다하지 않았던 이순석 전 ㈜선경(현 SK네트웍스) 부회장과 손길승 전 SK 회장, 김항덕 고문 등 1세대 전문경영인 3인방의 역할이 컸다는 평가다.

이들의 역할은 이 전 부회장이 ㈜선경, 김 고문은 유공(현 SK이노

324

베이션), 손 전 회장은 경영기획실로 나뉜다. 특히 손길승 전 회장은 20년간 기획실에서만 근무해 직업이 '기조실장'이라고 불릴 정도였다. 이들은 공교롭게도 59학번 서울대 상대 동기 출신으로 때로는 '맞수'로 경쟁하기도 했다. 이 과정에서 이순석 전 부회장이 1995년 가장 먼저 SK를 떠났으며, 한때 '좌(左) 길승, 우(右) 항덕'으로 불렸던 전문경영인 체제도 결국 손 전 회장의 단독 체제로 마침표를 찍게 된다.

김항덕 고문은 손길승 전 회장이 당시 그룹 회장에 오를 수밖에 없었던 배경을 이렇게 설명했다.

"최종현 회장이 돌아가시고 난 뒤 그룹 회장을 누가 맡을 것인가에 대해 격론을 벌인 결과, 그룹 전반을 꿰찬 사람은 손길승 전 회장밖에 없다는 것이었어요. 명분이나 이치에도 맞았고요. 그리고 나는 사심 없이 회사를 도울 준비가 돼 있다고 했습니다."

손길승 전 회장은 1998년 그룹 회장에 취임한 뒤, 야인으로 물러났던 김항덕 고문을 회장대우 상임고문으로 영입했다. 손길승 전 회장은 회장 집무실 옆에 자신의 방과 똑같은 크기의 공간을 김 고문에게 제공했고, 경영 현안이 있을 때마다 그와 상의했다.

그러나 3인방 가운데 'SK호'에 가장 먼저 탑승한 사람은 이순석 전 부회장이다. 이순석 전 부회장은 1965년 4월 최종건 창업주의 설득에 못 이겨 선경직물에 입사했다. 수원 출신으로 최종욱 전 SKM 회장과는 초등학교 동기다. 김항덕 고문은 일본 이토추상사에서 근무하다가 1969년 선경으로 말을 갈아탔다. 김항덕 고문은 39세 때 대한석유공사 수석부사장에 올라 재계를 놀라게 했다.

이순석 전 부회장의 강력한 권유로 1965년 12월 입사한 손길승 전 회장은 40여 년간 최종현 선대회장의 평생 동지이자 경영 전도사였으며, 일을 통해 스트레스를 풀 정도로 '지독한 일벌레'였다. 손길승 전 회장은 대졸 신입사원으로 입사해 그룹 회장에 오른 최초의 전문경영인인 동시에 전국경제인연합회 회장도 역임했다.

## ‖ SK그룹의 2세경영 ‖

손길승 전 회장과 최태원 회장의 '쌍두 체제'로 포스트 재벌을 향해 순항 중이던 SK그룹은 2003년 2월 '급브레이크'를 밟는다. 이른바 'SK 사태'로 불리는 일련의 악재로 오너 가인 최 회장이 전격 구속됐기 때문이다. 2세 체제의 성공적인 착근을 바라보는 시점에서 '비상벨'이 울린 것이다. 그러나 '카운터펀치'는 이것이 다는 아니었다. 투기펀드인 소버린자산운용이 경영권 탈취를 목적으로 그룹의 지주회사인 SK㈜에 대한 공격을 감행했다. 결국 '보스'의 부재와 채권단의 압박, 소버린의 흔들기는 'SK호'의 최대 위기를 가져왔다.

한 임원은 긴박했던 당시를 이렇게 회고했다.

"시민단체의 공격과 채권단의 위협, 소버린의 가세는 그야말로 내부 구성원들을 갈팡질팡하게 만들었습니다. 심지어 시중에는 그룹 해체설까지 나돌았습니다. 또 소버린의 지분 매입 의도는 최태원 회장이 보석으로 풀려나온 뒤에나 대책이 세워질 정도로 정신이 하나도 없었습니다."

그러나 아픈 만큼 성숙해진다고 할까. 산전수전 다 겪은 최태원 회장은 '뉴 SK' 기치를 내걸고 난제를 정공법으로 하나씩 헤쳐 나가고 있다. 포스트 재벌을 지향한 지배구조 개선은 경영투명성과 윤리경영을 핵심으로 강도를 더하고 있다. 최태원 회장이 2004년 10월 SK이노베이션 창립 42돌에서 밝힌 내용이다.

"나는 재벌이라는 말이 싫습니다. 그룹이라는 말도 재벌이라는 지배구조에서 나온 것인데, 그런 지배구조가 과거엔 가능했을지 모르지만 지금은 다릅니다. 중요한 것은 기업을 이끄는 시스템입니다. 누가 주식을 얼마나 갖고 있느냐가 아니라 독립된 각 기업이 얼마나 주체적으로 판단하고, 일을 추진하는 시스템을 가졌느냐는 것입니다."

## 경영 '대표선수' 패밀리 5인방

"내 아들은 5명이다. 경영능력이 있는 대주주는 경영인으로 키울 것이다. 적임자라고 판단되면 아들이든, 조카든 가리지 않고 경영을 맡기겠다. 나는 자식들 누구에게나 밥상(경영권 승계 후보)을 차려 주겠지만, 먹는 것은 알아서 해결해야 한다."(최종현 선대회장)

최씨가에서 현재 SK 경영에 참여하는 인물은 최신원 SKC 회장과 최태원 SK 회장, 최재원 SK 수석부회장, 최창원 SK케미칼 부회장 등이다. 최씨가의 장남인 최윤원 전 SK케미칼 회장은 2000년 8월 지병으로 별세했다.

최태원 SK 회장이 그룹 승계자로 확정된 것은 1998년 8월 가족회의에서다. 최종현 선대회장이 별세하자 최씨가의 차세대 5인방인 사촌 형제들이 모여 당시 최태원 SK㈜ 부사장을 그룹의 경영권 승계자로 합의했다.

'패밀리 5인방'이 별다른 갈등 없이 신속하게 후계구도에 합의한 것은 최종현 선대회장으로부터 물려받은 지분이 많지 않아 '뭉쳐야 산다'는 묵계가 있었기 때문이다. 동생인 최재원 수석부회장과 최기원

328

이사장은 아예 상속포기각서를 썼을 정도였다. 또 연장자인 최윤원·신원 형제가 경영권에 욕심을 내지 않았을 뿐 아니라 맏이인 고 최윤원 SK케미칼 회장은 최태원 회장이 가족대표로 경영권을 승계할 수 있도록 분위기를 적극 유도했다고 한다.

그러나 최태원 회장은 가족회의 결과에도 불구하고 그룹 회장에 오르지 않았다. 최태원 회장은 훗날 "대주주라는 이유만으로 최고경영자가 되는 것이 아니라 전문경영인으로서 능력과 자질을 인정받아야 한다"고 배경을 설명했다.

SK그룹은 1998년 9월 계열사 사장단 회의격인 수펙스추구협의회에서 손길승 회장을 '그룹 회장'으로 선임하고, 최 회장은 SK㈜ 회장직을 맡았다. 국내 재벌가에서 보기 드물게 대주주와 전문경영인이 이끄는 '파트너십 체제'가 구축된 것이다.

최태원 회장의 경영 스타일은 '토론해서 분석하고, 협의해서 합의한다'로 요약된다. 합리적이며 틀에 얽매이는 것을 싫어한다. 최태원 회장은 고려대 물리학과를 거쳐 미 시카고대 경제학 박사과정을 수료했다.

최재원 SK 수석부회장은 '파이낸싱'의 귀재로 통한다. 뉴욕 월스트리트의 일본계 증권사에서 18개월가량 근무한 경력도 있지만, 최 수석부회장의 진면목을 드러낸 것은 2000년 SK텔레콤의 신세기통신 인수에서였다. 당시 신세기통신의 최대주주는 27.6%의 지분을 보유한 포항제철(현 포스코). SK가 이를 매입하려면 1조 7천억 원의 막대한 자금이 필요했다. 최재원 수석부회장은 이를 SK텔레콤 지분 6.5%와 포철의 신세기통신 지분을 교환하는 방식의 스와핑(주식 맞교환)

으로 해결했다. 최 수석부회장은 미 브라운대 물리학과, 스탠퍼드대 재료공학과 석사, 하버드대 경제학 식사 출신이다.

최창원 SK케미칼 부회장은 1994년 선경그룹(현 SK그룹) 경영기획실로 첫발을 내디뎠다. 구조조정과 사업재편에 뛰어나다는 평이다. 특히 재무구조가 좋지 않은 계열사를 일부러 찾아다니며 경영수업을 받아 왔다. 그가 1996년 선경인더스트리(현 SK케미칼) 기획관리실장으로 있을 때는 국내 최초로 명예퇴직제를 도입했으며, 쉐라톤워커힐호텔과 SK상사에서도 잇따라 명퇴를 통한 감량경영 바람을 일으켰다. 때문에 최창원 부회장은 '구조조정 리베로'라고 불렸다. 특히 그가 계열사로 내려온다는 소문이 들리면 해당 임직원들은 긴장했다고 한다. 최창원 부회장은 서울대 심리학과, 미시간대 경영대학원을 나왔다.

최윤원 SK케미칼 회장은 1990년대부터 "나는 경영에 자질이 없다"며 경영 일선에서 한 발짝 비켜섰다. SK케미칼 회장 때는 아예 회장결재란을 없애고 전문경영인에게 권한을 일임했다. 사교와 대외활동에 관심이 많았으며, 특히 그룹의 원로 경영인들을 많이 챙겼다고 한다. 최윤원 회장은 우석대와 미 엘론대에서 경영학을 공부했다.

## 최종현 선대회장의 2세 교육

"선친은 자식들이 결코 풍족하게 살 수 있도록 하지 않았습니다. 미국 유학시절에는 용돈이 항상 부족해 가정교사로 뛰고, 학교 식당에서 아르바이트도 했습니다. 한번은 중고차를 샀는데, 이것도 어떻게 구입했는지 일일이 현지 지사장으로부터 자금 출처(?)를 확인받기까지 했죠. 그리고 집도 제일 싼 곳에서 살아 일주일에 쥐를 40마리까지 잡기도 했습니다. 당시에는 쥐를 어떻게 하면 효과적으로 잡을 수 있을지 연구까지 했답니다."

차남인 최재원 수석부회장은 남들처럼 어렵게 공부한 미국 유학시절을 이렇게 회고했다. 최종현 선대회장의 자식 교육이 얼마나 엄격했는지 알 수 있는 대목이다.

최종현 선대회장은 자식들과 토론을 즐겼다. 주제는 사회·경제가 아닌 과학 분야. 가끔은 난센스 퀴즈와 같은 질문을 들이대 자식들을 곤혹스럽게 하기도 했다.

'화학도'인 고 최종현 선대회장은 아들들에게 모두 이과 전공을 권했다. 최종현 선대회장은 장남이 진학 문제로 고민할 때 어드바이스를 했다.

"자신의 진로는 자신이 선택해라. 하지만 어떤 직업을 갖든 합리적 논리를 펼 수 있는 객관적 지식을 갖춰야 한다. 경제의 기본원칙은 '합리'(合理)다. 경제를 잘 알려면 '리'(理)와 관련된 분야로 물리나 화학, 생물 가운데 하나를 공부하는 것이 좋다."

때문에 장남인 최태원 회장은 문과 지망생이었지만 선친의 뜻에 따라 물리학을 전공하게 됐다. 최재원 수석부회장도 대학에서 물리학을 공부했다.

최종현 선대회장은 또 자식들에게 최종 학력만큼은 최고를 주문했다. 최재원 수석부회장은 "선친은 최고 수준의 지적 능력을 갖추기 위해서는 대학은 아무 곳에서나 졸업해도 괜찮지만 최종 졸업장은 최고

수준의 '학벌'이 필요하다 하셨다"면서 "그래야 최고가 뭔지 경험할 수 있다"고 말했다.

## 최신원 회장의 소리 없는 카리스마

"그룹 분가요? 시기상조입니다. 여건도 성숙치 않았는데 무슨 분가입니까. 지금은 형제간에 서로 협력해서 SK를 더 키우는 것이 중요합니다. 그리고 훗날 때가 됐다고 판단되면 제가 먼저 이야기를 꺼낼 것입니다."

최신원 SKC 회장은 재계의 이슈인 'SK분가설'을 이렇게 일축했다. 이어 "형님(최윤원 SK케미칼 회장)이 돌아가신 이후 최씨가의 맏이로서 형제간의 협력과 우애를 돈독히 하는 것이 저의 책무"라며, "이를 위해 형제간에 자주 얼굴을 볼 수 있도록 모임을 자주 갖는다"고 말했다. 밖에서는 '패밀리 미팅'으로 알려진 형제간 모임은 실상 집안 제사행사인 경우가 많다. 또 해외 출장을 빼곤 형제들 모두 참석하는 게 최씨가의 오랜 전통이다.

최신원 회장은 '음지'에서 동생들을 지원하는 소리 없는 '카리스마'로 유명하다. 2004년 '소버린 사태'로 경영권을 위협받았을 때 SK㈜의 대주주인 SK케미칼 지분을 확대한 이유도 같은 맥락이다.

"형은 형답게, 동생은 동생답게 행동하면 불협화음이 나올 수 없어요. 사업이야 다들 알아서 잘하니까. 또 어려운 일이 닥치면 서로 뭉치면 되고요. 선친과 숙부께서 상호신뢰 속에서 그룹을 키워 오신 것처럼 우리 2세 형제들도 서로 협력해 SK그룹을 세계적인 그룹으로 키울 것입니다."

최신원 회장은 또 "몸은 부실해도 부친을 닮아 통뼈"라며, 선친인 최종건 창업주 이야기를 빼놓지 않았다. "선친은 언제나 돈을 버는 것보다 쓰는 것이 중요하다고 가르쳤습니다. 사실 죽으면 돈 갖고 갑니까. 살아 있을 때 좋은 일을 많이 해야죠."

최신원 회장은 앞으로 무엇이 되기보다 어떻게 살 것인가에 대한 고민이 많은 듯했다.

"제 소박한 꿈은 이렇습니다. 재단법인 '선경 최종건 재단'의 장학사업을 전국으로 확대해서 가정형편이 어려운 학생들에게 공부할 기회를 더 많이 주는 것입니다. 여건이 허락된다면 한국에 영국의 '이튼 스쿨'과 같은 명문 사립학교를 설립하고, 전문 기술학교를 세워 선친의 가르침을 실천하는 것입니다."

최신원 회장은 "선친은 평소 교육에 열정이 대단했지만 일찍 돌아가신 탓에 실천에 옮기지 못하셨다"면서 "선친의 이름으로 재산을 지속적으로 사회에 환원하는 것이 자식 된 도리"라고 설명했다.

최신원 회장은 국내 재벌가에서 보기 드문 해병대 출신이다. 부친이 내성적인 성격을 고치기 위해 해병대 입대를 권유했기 때문. 최신원 회장은 이런 경험을 살려 자신이 대표이사로 있었던 회사의 임직원은 반드시 해병대 교육을 받도록 하고 있다. 때문에 최신원 회장은 직원들 사이에서 '해병대 CEO'로 불린다.

최신원 회장은 신속하면서도 과감한 업무 추진력, 강한 리더십을 가졌다는 평이다. 이는 위기관리 능력으로 이어져, SKC 회장에 취임한 이후 최신원 회장은 한계사업의 과감한 철수와 정보통신 관련사업 진출 등 적극적인 '턴어라운드' 작업을 통해 SKC를 우량기업으로 변신시키고 있다.

## SK가의 며느리들

국내 재벌가에서 며느리들을 경영에 참여시키는 경우는 많지 않다. SK가는 이보다 한 술 더 떠 딸들까지 배제한다. 한 임원의 얘기다.

"최종현 회장이 한번은 가족회의를 열고 최씨가의 여성은 딸이든, 며느리든 경영 참여는 안 된다고 밝힌 적이 있습니다. 남자만 경영에 참여시키기로 한 거죠. 그래서 큰집(최종건가)과 작은집(최종현가)의 5남 5녀 가운데 '대표선수' 5명(윤원, 신원, 창원, 태원, 재원)만 경영에 참여하게 됐습니다. 이런 불문율은 아직도 이어지고 있고요."

큰집 조카들까지 포함해 10남매의 가장 역할을 했던 최종현 선대회장(최 선대회장은 생전에 형의 3남 4녀와 자신의 2남 1녀를 합한 '5남 5녀의 아버지'로 자처했음)이 기업 경영을 어떻게 생각했는지, 왜 며느리와 딸들을 경영에 참여시키지 않았는지 가늠할 수 있는 일화 한 토막.

최 선대회장이 병마와 막바지 씨름할 때였다. 하루는 저녁 식탁에 앉았는데 큰아들(최태원 회장)이 보이지 않자, 큰며느리(노소영 관장)에게 "오늘도 못 온대?" 하고 물었다. 노 관장은 시아버지에게 어리광 부리듯 "네~"라고 답했다. 이어 "요새 그 사람 얼굴 보기도 어려워요" 하고 말을 잇자 최 선대회장은 무뚝뚝하게 대답했다.

"사업을 한다는 게 그렇게 쉬운 줄 아니. 사업이란 장난이 아니다. 전력투구해야 한다. 사업을 위해서 희생해야 할 것이 너무나 많다."

최씨가의 맏며느리인 김채헌(최윤원 SK케미칼 회장 부인) 씨는 최씨 2세들의 구심점 역할을 하고 있다. 집안 안살림을 도맡아 할 뿐 아니라 항상 소리 안 나게 일을 처리한다는 평이다. 시동생 얘기다.

"집안을 화목하게 하는 데 형수님으로서 더 이상 좋을 수가 없습니다."

다른 시동생의 평은 이렇다. "워낙 말이 없고, 착하기만 합니다. 마음도 대단히 여리고요."

노소영 아트센터 나비 관장은 최씨가의 며느리 가운데 가장 활동적인 편이며, 사람 만나는 것을 즐긴다. 또한 국제적인 감각이 뛰어나고 예술 쪽에 관심이 많다. 최태원 회장도 노 관장의 바깥 활동에 지원을 아끼지 않는다.

한 지인은 "외국에서 오래 생활해서인지 대단히 합리적인 분"이라며 "두 분이 서로 바쁘기는 해도 주말에는 같이 시간을 보내며, 테니스를 치거나 요리를 하는 등 부부 금슬이 대단히 좋다"고 설명했다.

시아버지인 최종현 선대회장은 큰며느리를 어떻게 봤을까.

"저래도 아이들 교육은 잘 시킨단 말이야. 제 시어머니(박계희 여사)를 닮은 데도 많고…."

최종현 선대회장과 50년 지기인 언론인 홍사중 씨는 이를 이렇게 설명한다. "겉으로는 제법 쌀쌀하면서도 조금도 표리가 없고, 야무지게 집안 살림을 꾸려 나간다는 뜻으로, 최종현 회장이 며느리에게 할 수 있는 최고의 찬사"라고.

최재원 SK 수석부회장 부인인 채서영 씨는 야무지다는 평가를 받는다. 채서영 씨는 서강대 영문과 교수로 재직 중이다. 최 수석부회장은 "집 사람이 좀 바쁘죠. 그래서 저는 주말에 아이들과 함께 보내기 위해 가능한 한 골프를 치지 않으려고 해요. 집안일은 좀 거드는 편인데 ···. 와이프 눈에는 많이 부족할지 모르겠습니다. 그래도 저만 쓰는 주방용 칼이 있으면 된 것 아닙니까"라며 웃는다.

최창원 SK케미칼 부회장 부인 최유경 씨는 치과의사다. 개업은 않고 가끔씩 지인들 병원에서 일손을 거들고 있다.

# LG그룹

## 구본무 회장의 뚝심 리더십

'뚝심과 끈기'.

이 두 단어는 구본무(70) LG 회장의 경영신념으로 알려져 있다. 구 회장은 경영진에게 일단 세계 최고가 되겠다는 목표를 세우면 그 과정이 아무리 어렵고 시간이 많이 걸리더라도 중도에 포기하지 말라고 주문한다. 단기성과에 급급해 하지 않고 부단히 노력해 목표를 달성하라는 얘기다.

중대형 배터리 부문에서 세계 1위로 올라선 LG화학의 2차 전지는 뚝심과 끈기의 산물이다. 1991년 당시 부회장이던 구본무 회장은 미래 신성장동력을 고민하던 중 영국 출장길에 2차 전지를 접하게 된다. 2차 전지는 한 번 쓰고 버리는 건전지가 아니라 충전하면 여러 번

반복해 사용할 수 있는 전지다.

구본무 회장은 당시 계열사였던 럭키금속에 2차 전지를 연구하도록 지시했고, 1996년에는 럭키금속의 전지 연구조직을 LG화학으로 이전해 10년 넘게 연구에 공을 들였다.

하지만 성과는 쉽게 나오지 않았다. 1997년 LG화학 연구진이 처음 생산한 소형 전지 파일럿은 대량 생산하기에는 품질이 따라주지 않았다. 일본 선발업체들의 기술 경쟁력을 따라잡기에도 역부족이었다.

계속되는 투자에도 불구하고 가시적인 성과가 나오지 않자 그룹 안팎에서는 '사업을 접어야 하는 게 아니냐'는 의견이 터져 나왔다. 하지만 구 회장은 단호했다. "포기하지 말고, 길게 보고 투자와 연구·개발에 더욱 집중하라. 꼭 성공할 수 있다는 확신을 가지고 다시 시작하라"고 임직원을 독려했다. 2005년 2차 전지 사업은 2천억 원에 가까운 적자를 기록하기도 했다.

20여 년이 지난 현재 LG화학은 중대형 배터리 분야에서 두각을 나타내며 2차 전지 시장을 선도하는 업체가 됐다. 실제로 2013년 글로벌 시장조사업체인 내비건트리서치가 발표한 세계 전기차 배터리 기업평가 등에서 LG화학은 모두 1위를 차지했다. 특허 출원 건수에서도 앞섰다.

'통신업계'의 약자였던 LG유플러스가 롱텀에볼루션(LTE) 서비스를 통해 시장 추격자에서 LTE 시대의 선도자로 탈바꿈한 것도 구본무 회장의 과감한 투자 결정이 있었기에 가능했다. 그동안 LG유플러스는 네트워크에서도 경쟁사에 밀리고, 국제적으로 고립된 주파수를 사용해 고객의 선호도 확보에도 어려움을 겪어 왔다.

구본무 회장은 "단기 경영 실적에 연연하지 말고 네트워크 구축 초기단계에서부터 과감히 투자할 것"을 독려했다. LG유플러스는 LTE 구축에 당초 계획보다 더 많은 약 2조 원을 투자해 3년 계획이었던 LTE 전국망 구축을 단 9개월 만에 끝내고 LTE 서비스를 시작했다. 그 결과 LG유플러스는 2011년까지 17%대를 맴돌았던 점유율을 20%대까지 끌어올렸다.

구본무 회장은 최근에는 에너지솔루션 및 친환경 자동차부품 사업을 차세대 성장엔진으로 키우고 있다.

에너지솔루션 사업에서는 LG전자, LG화학, LG CNS 등 관련 계열사들을 중심으로 에너지 생산에서부터 저장, 효율적 사용에 이르는 친환경 에너지 토털 솔루션을 제공하는 것을 목표로 하고 있다. 고효율 태양광 모듈, 에너지 저장장치(ESS), 가스 및 지열 활용 냉난방 시스템, 빌딩관리시스템(BMS), 에너지관리시스템(EMS) 등 ICT와 에너지를 접목한 솔루션을 집중 육성해 나가고 있다.

친환경 자동차부품 사업에서는 LG화학의 전기차 배터리 세계 1위 경쟁력을 바탕으로 LG전자, LG디스플레이, LG이노텍 등이 전기자동차, 스마트카 등 차세대 자동차 산업을 위한 각종 부품과 솔루션을 개발해 나가고 있다.

최근 LG전자는 글로벌 완성차업체인 폭스바겐, 제너럴모터스(GM), 메르세데스 벤츠 등에 스마트카 부품을 공급하는 성과를 거뒀으며, LG디스플레이와 LG이노텍은 각각 차량용 디스플레이와 차량용 전장부품 분야에서 시장을 확대해 나가고 있다.

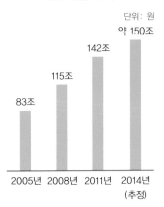

LG 매출 추이

단위: 원
약 150조

142조

115조

83조

2005년 2008년 2011년 2014년
(추정)

　구본무 회장은 인재들과의 소통 경영에도 에너지를 아끼지 않는다. 최고경영진과 인사담당 임원들을 직접 찾아 우수 인재 확보를 독려한 일화는 유명하다. 구 회장은 우수한 연구·개발(R&D) 인재를 확보하기 위해 LG전자, LG디스플레이, LG화학 등 LG 계열사들이 석·박사급 R&D 인재들을 대상으로 여는 'LG 테크노 콘퍼런스'에도 4년째 참석하고 있다. 현지에서 공부하는 유학생들을 만나기 위해 국내뿐만 아니라 미국에서 개최되는 'LG 테크노 콘퍼런스'도 직접 찾는다.

　구본무 회장은 건강을 위해 평일에는 주로 러닝머신 등의 운동기구를 활용해 걷기와 가벼운 웨이트 트레이닝으로 기초 체력을 관리하는 것으로 알려져 있다.

구본준(64) LG전자 부회장은 LG전자, LG화학, LG반도체, LG디스플레이, LG상사 등 LG 주력 계열사에서 임원과 대표를 두루 거치며 다양한 경험과 경륜을 쌓았다. 오랜 기간 전자산업 분야에 몸담아 오

340

면서 제조업의 기초인 기술력 및 제품에 대한 높은 관심, 글로벌 감
각, 시장 선도에 대한 열정이 탁월한 경영자로 평가받는다.

서울대 계산통계학과를 졸업한 뒤 미 시카고대에서 경영학 석사
(MBA) 학위를 받았다.

## LG그룹 사람들

LG그룹은 지주회사의 특성상 각 계열사가 많은 자율권을 가지고 있
다. 오너가 있긴 하지만 직접적인 플레이가 각 계열사에서 이뤄지기
때문에 LG에는 오랜 기간 업에 종사하며 사업을 키워 온 전문경영인
부회장과 사장들이 많다. 이들이 사업을 책임지는 구조라는 얘기다.

실제로 이상철(67) LG유플러스 부회장은 '통신업계의 역사'라는
수식어를 달고 다니는 통신업계 전문가다. 국방과학연구소(ADD),
KT, KTF, 정보통신부 장관, 광운대 총장까지 역임한 이상철 부회장
은 정보통신기술(ICT) 분야에서 민·관·학을 모두 거친 '통신통'으
로 유명하다. 2010년 LG유플러스 대표로 취임한 이 부회장은 서울대
전기공학과를 나와 미 버지니아 폴리테크닉주립대에서 전기공학 석
사, 듀크대에서 전기공학 박사를 받았다.

차석용(62) LG생활건강 부회장도 대학과 대학원 과정을 미국에서
마치고 미국 P&G 본사에 입사한 이래 한국 P&G, 해태제과 등 국내
외 업체들의 최고경영자(CEO)를 두루 거치며 국제감각과 경영능력
을 쌓은 글로벌 전문경영인이다. 2005년 LG생활건강 CEO 취임 후
그가 보여 준 인수·합병(M&A) 행보는 거침없었다. 2007년 코카콜

## 주요 LG 계열사 대표들

| 이상철(67) | 차석용(62) | 박진수(63) | 한상범(60) | 이웅범(58) |
|---|---|---|---|---|
| LG유플러스 부회장 | LG생활건강 부회장 | LG화학 부회장 | LG디스플레이 사장 | LG이노텍 사장 |

라 음료를 사들여 음료사업부를 새롭게 추가했고, 1년 만에 이를 흑자기업으로 탈바꿈시켰다. 2009년에는 다이아몬드샘물, 2010년에는 더페이스샵과 한국음료, 2011년에는 해태음료, 2012년에는 바이올렛드림(구 보브)과 일본 화장품업체 긴자 스테파니를 인수했다.

LG생활건강은 현재 차 부회장의 공격적인 M&A를 통해 생활용품, 화장품, 음료의 삼각 편대를 탄탄하게 갖추며 가파른 성장을 이어 가고 있다. 차 부회장은 미 뉴욕주립대에서 회계학을 전공하고 코넬대 경영대학원 경영학 석사(MBA) 학위를 받았다.

박진수(63) LG화학 부회장은 서울대 화학공학과를 나와 LG화학에 입사한 이후 15년 이상 생산 공장을 누비며 생생한 현장 감각을 익혔다. 이후에는 사업부장, 사업본부장을 비롯해 주요 화학 계열사 CEO를 두루 거치며 풍부한 현장경험과 전문지식으로 ABS, SAP(고흡수성 수지) 등 주요 사업들을 세계적인 위치에 올려놨다.

한상범(60) LG디스플레이 사장은 33년 동안 IT 핵심부품인 반도체, 디스플레이 업계에 종사하며 제품장비 개발, 생산공정, 영업, 마케팅 등 다양한 분야를 모두 경험한 IT업계 최고 전문가이자 명실공히 한국 디스플레이 역사의 산증인으로 꼽힌다. 연세대 요업공학과를 졸업한 한 사장은 미 스티븐스공과대에서 금속공학 석사, 같은 대학에서 재료공학 박사를 받았다.

이웅범(58) LG이노텍 사장은 한양대 화학공학과를 졸업하고 캐나다 맥길대에서 경영학 석사를 받았다. 2012년 LG이노텍 대표이사를 맡아 어려운 경영환경 속에서도 체질 개선을 통해 매출 성장과 11분기 연속 흑자를 달성했다. 2014년 3분기에는 사상 최대 분기 매출과 영업이익을 기록했다.

구본준 부회장이 이끄는 LG전자 밑으로는 조준호(56) 사장, 조성진(59) 사장, 권봉석(52) 부사장 등 구본무 LG그룹 회장의 신임이 두터운 경영자들이 전진 배치됐다.

조준호 사장은 LG전자의 스마트폰 사업부문을, '고졸 신화'로 통하는 조성진 사장은 냉장고, 세탁기 등의 생활가전부문인 홈어플라이언스 앤 에어솔루션(H&A) 사업본부를 진두지휘한다. 조성진 사장은 용산공고를 졸업한 뒤 산학 우수 장학생으로 LG전자(구 금성사)에 입사해 36년간 세탁기 연구에만 몰두했다. TV 등 홈엔터테인먼트(HE) 사업본부는 권 부사장이 맡았다.

형제, 자매, 동업자로 얽혀 있는 범LG가(家)는 재계 이곳저곳을 관통하는 화려한 혼맥을 자랑한다.

고 구인회 LG 창업주는 14세이던 1920년 허을수 씨와 결혼해 6남 4녀를 뒀다. 자손이 워낙 많다 보니 LG가를 '재벌 혼맥의 핵'이라고 부르지만 권력 핵심이나 정계 쪽과는 인연이 없어 세칭 '정략결혼'으로 보기는 어렵다는 평이다.

이 가운데 장남 구자경(90) 명예회장은 17세 때인 1942년 5월 고향인 경남 진주시 지수면 승산마을과 가까운 대곡면 단목리의 대지주 하순봉 씨의 장녀 하정임 씨와 혼례를 올렸다. 구 명예회장은 당시 진주공립중 4학년이었고 한 살 위인 신부는 한문에 뛰어난 소양을 갖춘 규수였다. 슬하에 4남 2녀를 둬 선대회장 못지않은 다산의 전통을 이었다. LG가에는 특히 아들이 많은데, '회'(會)자 돌림만 6명, '자'(滋)자 돌림은 23명에 달한다. '본'(本)자 돌림은 구인회 회장 직계로만 11명이다.

장남인 구본무(70) 회장은 1972년 미 애슐랜드대 유학을 마치자마자 충북 괴산의 '수재'로 불린 김태동 전 보건복지부 장관의 딸 김영식(63) 씨와 화촉을 밝혔다. 이화여대 영문과를 다니다가 구 회장을 만나 결혼한 김 씨는 미국에서 도자기를 공부하던 중 민화(民畵)에 반해 귀국 후 본격적으로 민화를 공부하기 시작했다. 2013년에는 막내딸 구연수(19) 양과 모녀전을 열기도 했다.

장녀 구연경(37) 씨는 연세대 사회복지학과를 마치고 미국 유학시

344

절 만난 윤관(40) 블루런벤처스 사장과 2006년 결혼했다. 윤 사장은 고 윤태수 대영 알프스리조트 회장의 차남이다.

일찌감치 독립한 차남 구본능(66) 희성그룹 회장은 1998년 차경숙 (49) 씨와 재혼했다. 구본능 회장은 구본무 회장이 양자로 들인 구광모(37) 상무의 친부다. 아래 구연서(16) 양을 뒀다.

3남 구본준(64) LG전자 부회장은 사업가 김광일 씨의 딸인 김은미 (58) 씨와 결혼해 1남 1녀를 뒀다. 아들 구형모(28) 씨는 디스플레이용 광학필름 등을 제조하는 지흥의 대주주로, 2014년 LG전자 대리로 입사해 서울 여의도 본사에서 경영전략 업무를 하고 있다. 미 코넬대 경제학과 출신인 구 대리는 LG전자 입사 전에는 외국계 회사에서 일했다. 장녀 구연제(25) 씨는 학업에 열중하고 있는 것으로 알려졌다.

4남인 구본식(58) 희성그룹 부회장은 조경아(55) 씨와 결혼해 딸 구연승(31), 구연진(29) 씨와 아들 구웅모(26) 씨를 뒀다.

장녀 구훤미(68) 씨는 구인회 창업주 작고 직후인 1970년 4월 김용관 전 대한보증보험 사장의 4남 김화중(작고) 씨와 결혼했다. 김용관 씨는 경방 회장과 전경련 회장을 지낸 고 김용완 회장의 동생이다. 김화중 씨는 딸은 경영에 참여시키지 않지만 사돈이나 사위는 경우에 따라 주요한 역할을 맡기는 LG 가풍에 따라 LG 방계사인 희성금속의 사장을 지냈다.

구훤미 씨의 장녀 김선혜(44) 씨는 대림산업과 인연을 이어 갔다. 김선혜 씨는 이준용(76) 명예회장의 장남인 이해욱(47) 부회장과 결혼했는데, 고모할머니인 구자혜(78) 씨에 이어 또다시 대림가와 인연을 이어 간 셈이다.

# LG가 가계도

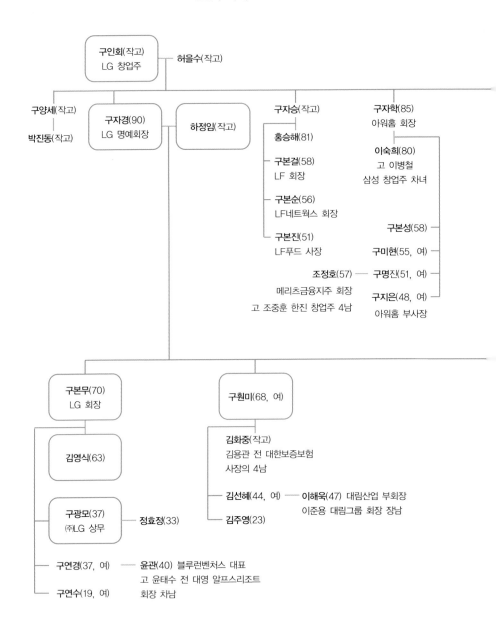

구인회(작고)
LG 창업주 ─── 허을수(작고)

구양세(작고)
박진동(작고)

구자경(90)
LG 명예회장 ─── 하정임(작고)

구자승(작고)
홍승해(81)
구본걸(58)
LF 회장
구본순(56)
LF네트웍스 회장
구본진(51)
LF푸드 사장

조정호(57) ─── 구명진(51, 여)
메리츠금융지주 회장
고 조중훈 한진 창업주 4남

구자학(85)
아워홈 회장

이숙희(80)
고 이병철
삼성 창업주 차녀

구본성(58)
구미현(55, 여)
구지은(48, 여)
아워홈 부사장

구본무(70)
LG 회장

김영식(63)

구광모(37)
㈜LG 상무 ─── 정효정(33)

구연경(37, 여) ─── 윤관(40) 블루런벤처스 대표
고 윤태수 전 대영 알프스리조트
회장 차남
구연수(19, 여)

구훤미(68, 여)

김화중(작고)
김용관 전 대한보증보험
사장의 4남
김선혜(44, 여) ─── 이해욱(47) 대림산업 부회장
이준용 대림그룹 회장 장남
김주영(23)

**구인회** LG 창업주

**구자경** LG 명예회장

**구본무** LG 회장

**구자두(82)**
LB인베스트먼트 회장

**이의숙(77)**

├ **구혜란(55, 여)**

├ **구혜선(53, 여)**

├ **구본천(51)**
　LB인베스트먼트 대표

├ **이성은(46)**
　이명박 전 대통령의 형
　이상득 전 의원 장녀

└ **구본완(49)**
　LB휴넷 대표

**구자일(80)**
일양화학 회장

**김청자**(작고)

├ **구본길(49)**

└ **구은미(48, 여)**

**구자혜(78, 여)**

**이재연(84)**
고 이재준
대림그룹 회장
동생

├ **이선용(54)**
　베어트리파크 대표

├ **이지용(52)**

└ **이혜정(47, 여)**

**구자영(76, 여)**

**이재원(78)**

└ **이욱진(46)**

**구순자(72, 여)**

**류지민**(작고)

**구자극(69)**
엑사이엔씨 회장

**조아란(64)**

├ **구본현(47)**

├ **구본우(36)**

└ **구미란(33, 여)**

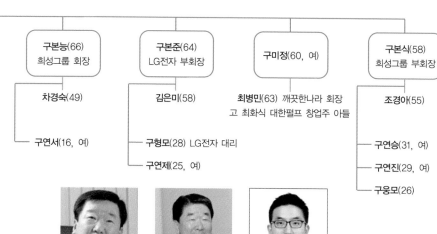

**구본능(66)**
희성그룹 회장

**차경숙(49)**

└ **구연서(16, 여)**

**구본준(64)**
LG전자 부회장

**김은미(58)**

├ **구형모(28)** LG전자 대리

└ **구연제(25, 여)**

**구미정(60, 여)**

**최병민(63)** 깨끗한나라 회장
고 최화식 대한펄프 창업주 아들

**구본식(58)**
희성그룹 부회장

**조경아(55)**

├ **구연승(31, 여)**

├ **구연진(29, 여)**

└ **구웅모(26)**

**구본능** 희성그룹 회장

**구본준** LG전자 부회장

**구광모** LG 상무

차녀 구미정(60) 씨는 대한펄프 창업주인 고 최화식 회장의 아들인 최병민(63) 깨끗한나라 회장과 결혼했다.

구자경 명예회장의 동생들도 화려한 혼맥을 이뤘다.

구인회 창업주의 차남 구자승(74년 작고) 씨는 1956년 부산에서 금성방직 전무로 있던 고 홍재선 씨의 딸 홍승해(81) 씨와 선을 본 뒤 4개월 만에 결혼했다. 홍재선 씨는 훗날 전경련 회장과 쌍용양회 회장을 지냈다. 구인회 회장과 홍재선 씨의 우애는 유명한데, 홍 씨는 훗날 구 회장이 한때 자신을 '바람둥이'로 오해해 혼사가 어려울 뻔한 적도 있었다고 회고했다. 홍 씨가 평소 안면이 있던 다방 마담과 농담을 주고받는 것을 보고 '고지식한' 구 회장이 오해한 것이다.

슬하에 구본걸(58) LF(구 LG패션) 회장 등 3남 1녀를 뒀다. 차남 구본순(56) 씨는 LF네트웍스 회장, 막내 구본진(51) 씨는 LF푸드 사장이다. LF는 2006년 LG상사에서 법인이 분리됐고 2007년에는 LG에서 계열분리됐다.

2000년 LG에서 계열분리한 구인회 창업주의 3남 구자학(85) 아워홈 회장은 삼성가와 인연을 튼 주인공이다. 구자학 회장은 1957년 고 이병철 삼성 창업주의 차녀 이숙희(80) 씨와 결혼했다. 구자학 회장은 1964년 제일제당(현 CJ) 기획부장으로 입사해 동양TV방송 이사, 호텔신라 대표이사, 중앙개발(현 삼성에버랜드) 사장 등을 거쳐 본가로 돌아와 LG반도체 회장 등을 역임했다.

구자학 회장은 이숙희 씨와의 사이에 1남 3녀를 뒀다. 장남 구본성(58) 씨는 심재석 전 장은할부 부회장의 딸 심윤보(54) 씨와 결혼했다. 구본성 씨는 처가인 삼성에서 사장까지 지낸 아버지와 마찬가지로 2000년 삼성캐피탈 부장으로 입사해 삼성경제연구소 임원까지 지냈다. 장녀 구미현(55) 씨는 이문호 서울대 의대 교수의 아들인 이영렬(60) 한양대 의대 교수와 결혼했다. 차녀 구명진(51) 씨는 한진그룹 조중훈 회장의 4남인 조정호(57) 메리츠금융지주 회장과 결혼해 한진가와 인연을 맺었다. 3녀는 구지은(48) 아워홈 부사장이다.

역시 2000년 계열분리한 구인회 창업주의 4남인 구자두(82) LB인베스트먼트(옛 LG벤처투자) 회장은 심계원(현 감사원) 심계관과 국방부 차관을 지낸 고 이홍배 씨의 딸 이의숙(77) 씨와 결혼했다. 이 혼사는 이미 사돈을 맺었던 홍재선 씨의 중매로 이뤄졌다. 이 씨는 1964년 동양TV 사장으로 일하다 삼성과의 동업파기로 물러났고, 이후 〈국제신보〉(현 〈국제신문〉) 사장에 취임했다.

삼성과 LG는 동양TV 사장에 이병철 회장의 사돈인 홍진기 씨와 구인회 회장의 사돈인 이홍배 씨를 나란히 앉혀 '공동경영'을 시도했지만 결국 파국으로 끝나고 말았다. 이홍배 씨의 장남인 이희종(82) 씨도 LG산전(현 LS산전) 사장과 부회장을 지낼 정도로 LG와 인연이 깊었다.

구자두 회장의 장남 구본천(51) LB인베스트먼트 대표는 이명박 전 대통령의 형인 이상득 전 의원의 장녀 이성은(46) 씨와 결혼했다. 재계뿐만 아니라 정계까지 이어지는 방대한 인맥도를 완성한 셈이다. 장녀 구혜란(55) 씨는 심창유 청주사대 학장의 아들 심현주(60) 씨와, 차녀 구혜선(53) 씨는 장홍식 전 극동정유 사장의 아들 장원우(54) 씨와 결혼했다. 차남 구본완(49) 씨는 LB휴넷 대표를 맡고 있다.

구인회 창업주의 5남 구자일(80) 일양화학 회장은 처음부터 LG 경영에 참여하지 않고 독립했는데, 부인 고 김청자 씨는 사업가인 김진수 씨의 딸이다. 구본길(49), 구은미(48) 씨를 자녀로 두고 있다.

유일하게 구인회 창업주가 세상을 뜬 후 결혼한 6남 구자극(69) 엑사이엔시 회장은 이화여대 조필대 교수의 딸 조아란(64) 씨와 결혼했다. LG상사 미주법인 회장을 그만두고 대주주로 있던 예림인터내셔널을 통해 전자코일, 변성기 등을 생산하는 이림테크를 인수(현 엑사이엔씨)한 뒤 스피커 전문업체인 모토조이, 성주음향의 중국 톈진공장 등을 인수하며 종합부품그룹을 키우고 있다. 장남 구본현(47) 씨와 차남 구본우(36) 씨를 두고 있다.

구인회 창업주의 장녀 구양세(작고) 씨는 15세 때 경남 남해군수를 지낸 박해주 씨의 아들로 진주고보 학생이던 박진동 씨에게 출가했다. 박 씨는 광복 후 좌·우익 투쟁 시 학병동맹본부 피습사건으로 사망했다.

구인회 창업주의 차녀 구자혜(78) 씨는 대림산업 이규덕 창업주의 장남 고 이재준 대림그룹 회장의 동생인 이재연(84) 아시안스타 회장과 결혼했다. 이재연 씨 역시 LG 가풍에 따라 럭키화학 상무로 LG에 입사, 희성산업 사장, 금성통신 사장, 금성사 사장을 거쳐 LG카드 부회장을 지냈다. 국내에 패밀리 레스토랑 'TGIF'를 처음 들여오기도 했다. 슬하에 2남 1녀를 두었는데, 베어트리파크 대표인 장남 이선용(54) 씨는 고 오세중 세방여행 회장의 딸 오은주(50) 씨와 결혼했다. 차남 이지용(52) 씨는 추경석 전 건설교통부 장관의 딸 추재연(48) 씨와 결혼했다.

구인회 창업주의 3녀 구자영(76) 씨는 제일은행장을 지낸 이보형 씨의 아들 이재원(78) 씨와 결혼했다. 구인회 창업주의 막내처남 허윤구 씨의 아들인 허남목 씨 소개로 만난 뒤 20일 만에 '초스피드'로 결혼했다. 이 씨는 자신 소유의 일성제지 회장을 지냈지만 일성제지는 1998년 당시 신호제지에 합병됐다.

구인회 창업주의 4녀 구순자(72) 씨는 고 류헌열 전 대전지법원장의 아들인 고 류지민 검사와 결혼했다. 이 혼례도 사돈인 이홍배 씨가 주선했는데, 구 씨의 혼사는 이처럼 사돈이 연결해 준 경우가 많다. 구인회 창업주는 막내 사위를 무척 아껴 골프장에 자주 데리고 다니는 등 각별한 애정을 쏟았지만 류 씨는 43세 때 요절했다.

## LG그룹의 후계자는?

"풍부한 현장경험이 기업 경영의 밑천이다."

구자경 LG 명예회장은 회장직에 오를 때까지 20년간 현장에서 실무 경험을 쌓았다. 구자경 명예회장의 현장 수련은 부친인 구인회 LG 창업주의 깊은 뜻에서 이뤄졌다. 구인회 창업주는 "대장간에서 호미 한 자루를 만들 때도 수없는 담금질로 단련한다"며, "고생을 모르는 사람은 칼날 없는 칼이나 다름없다"고 입버릇처럼 말했다고 한다.

이 같은 LG의 현장경험 중시 경영수업은 3세와 4세의 경영수업으로 그대로 이어졌다. 구본무 LG 회장이 취임 전 과장, 부장, 이사, 상무, 부사장, 부회장 등의 직위를 차례로 거치면서 주력회사인 LG화학과 LG전자의 심사, 수출, 영업, 기획 업무 등 실무 경험을 20여 년간 쌓은 것도 같은 맥락이다.

본격적인 4세 경영인의 길을 걷고 있는 구광모 ㈜LG 상무도 2006년 LG전자 재경부문에 입사한 이래 미국 뉴저지 법인, HE(홈엔터테인먼트) 사업본부, HA(홈어플라이언스) 사업본부, ㈜LG 시너지팀 등 재무, 글로벌사업, 상품개발, 기획, 현장 실무 등의 업무를 두루 경험하고 있다.

구본무 회장의 외아들 구광모 상무가 '장자 승계 원칙'에 따라 LG의 후계자가 될 것이라는 데는 이견이 없다. 그룹 안팎에서는 2015년 그가 부장에서 ㈜LG 상무로 승진한 것을 두고 구본무 회장의 대를 이을 경영수업이 본격적으로 시작됐다고 분석하고 있다.

사실 구광모 상무는 구본무 회장의 둘째 동생인 구본능 희성그룹 회장의 아들로, 2005년 7월 아들을 잃은 구본무 회장의 양자로 입적됐다. 입적은 당시 구씨가 가족회의에서 결정됐다. 구본무 회장이 슬하에 딸 2명만 둔 상황에서 장자의 대를 잇고 집안 대소사를 챙기려면 아들이 필요하다는 이유에서였다.

2004년부터 2006년까지 미국 뉴욕 주 로체스터 인스티튜트 공과대학을 다닌 구 상무는 스탠퍼드대에서 MBA 과정을 마치고 2009년 LG전자 뉴저지 법인에서 일했다. 2013년 귀국 후에는 LG전자 HE사업본부 선행상품기획팀과 HA사업본부 창원사업장에서 실무 경험을 쌓았다. 2014년 4월부터는 그룹의 지주사인 ㈜LG 시너지팀으로 옮겨 계열사 간 협력을 지원하는 업무를 시작했다.

구광모 상무는 사전 준비에 상당히 공을 들이고 실행을 중시하는 스타일로 알려져 있다. 사업의 본질과 방향성을 깊게 고민하는 등 실무진이 미처 생각지 못한 문제를 짚어 내기도 한다는 게 관계자들의 이야기다. 상당히 겸손한 성격으로 사내 평판도 좋다.

구광모 상무는 지주사 지배력도 꾸준히 키워 왔다. 친부인 구본능 회장이 2014년 넘긴 지분과 추가 취득한 지분을 더해 구 상무의 ㈜LG 지분은 4.75%에서 5.99%로 커졌다. 여기에 양부인 구본무 회장의 우호지분(11.24%)을 합치면 구 상무의 지분율은 17%를 넘어선다.

㈜LG의 1대 주주는 11.24%의 지분을 갖고 있는 구본무 회장이

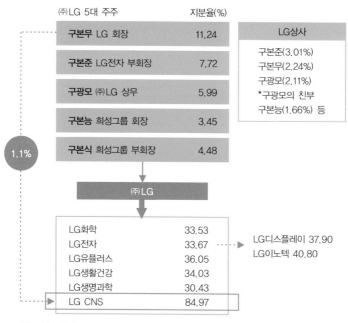

**LG 5대 주주 및 지분구조**

| ㈜LG 5대 주주 | 지분율(%) |
|---|---|
| **구본무** LG 회장 | 11.24 |
| **구본준** LG전자 부회장 | 7.72 |
| **구광모** ㈜LG 상무 | 5.99 |
| **구본능** 희성그룹 회장 | 3.45 |
| **구본식** 희성그룹 부회장 | 4.48 |

LG상사
구본준(3.01%)
구본무(2.24%)
구광모(2.11%)
*구광모의 친부
구본능(1.66%) 등

1.1%

㈜LG

| | |
|---|---|
| LG화학 | 33.53 |
| LG전자 | 33.67 |
| LG유플러스 | 36.05 |
| LG생활건강 | 34.03 |
| LG생명과학 | 30.43 |
| LG CNS | 84.97 |

LG디스플레이 37.90
LG이노텍 40.80

2015년 4월말 기준

고, 그 다음은 구본준 LG전자 부회장(7.72%) 순이다. 구 상무는 ㈜
LG의 영향 밖에 있는 LG상사 주식을 2.11% 보유하고 있다.

구 상무의 부인은 식품원료 전문기업인 보락 정기련 대표의 장녀
정효정(33) 씨다. 두 사람은 미국 유학 중에 만나 교제를 했고 2009년
9월 화촉을 밝혔다. 당시 결혼식은 구본무 회장 내외와 사돈 내외 등
양가의 가까운 가족 80여 명만 참석해 조용히 치렀다. 정 씨는 성실하
고 성격이 다정해 주변인들에게 인기가 많다는 평이다.

# ‖ LG그룹 창업주 구인회와 창업세대 ‖

2005년 3월 31일 서울 강남구 역삼동 GS강남타워(옛 LG강남타워)에서 열린 GS그룹 'CI 및 경영이념 선포식'.

"지난 반세기 동안 LG와 GS는 한 가족으로 지내며 수많은 역경과 고난을 이겨 내고 한국을 대표하는 기업으로 우뚝 섰습니다. GS가 새롭게 출발하는 것을 보니 남다른 감회로 가슴이 뿌듯합니다."

차분히 축사를 읽어 가는 구본무 LG 회장의 목소리는 담담했지만 얼굴에는 만감이 교차하고 있었다. 조부(구인회 창업주) 때부터 계속돼 온 허씨와의 57년간(1947년 락희화학 설립 기준)의 '동거'를 당대에서 마무리 짓는 순간이었다.

사돈이자 '동반자'였던 GS그룹 허창수(67) 회장과 임직원 300여 명은 축사를 마치고 행사장을 빠져나가는 구본무 회장을 기립박수로 환송했다. 행사장에 울려 퍼진 '사랑해요 LG'는 앞으로도 두 그룹이 동반자적 관계를 유지하겠다는 의지를 보여 줬다.

구본무 회장은 이에 앞서 3월 14일 당숙인 구자홍(69) 회장, 구자열(62) 부회장이 이끄는 LS그룹 출범식에도 참석, 새로운 길을 떠나는 집안 어른들을 축하했다.

연이어 열린 GS·LS그룹의 출범은 LG의 역사상 가장 큰 행사로 기록될 것이다. '동업으로 일궈 합작으로 키웠다'는 LG의 사사(社史)가 본격적으로 새로 쓰이게 됐다.

GS의 분리로 자산이 2004년 61조 6천억 원에서 50조 8,800억 원으로 줄어든 LG는 2005년 4월 공정거래위원회가 발표한 자산기준 재계 순위에서 현대자동차그룹(56조 400억 원)에 2위(한전 제외) 자리를 내주고 말았다. 1974년과 1980년에는 삼성과 현대를 제치고 재계 1위까지 올랐던 LG그룹으로서는 다소 자존심이 상하는 대목이었다.

조부 때부터 늘 확장일로를 걷던 사업을 계열분리한 구본무 회장은 당시 LG의 비전을 '요람에서 무덤까지' 책임졌던 종합그룹에서 선택과 집중을 통해 전자·화학·통신서비스 중심의 '글로벌 리딩그룹'으로 재확립했다.

## 자본금 3,800원으로 출발한 LG그룹

재계 4위 LG그룹의 역사는 1947년 락희화학(현 LG화학) 설립에서 시작되지만 그 기원은 1931년 7월 경남 진주시 진주식산은행 건너편 2층 건물에서 시작한 '구인회 상점'이다.

구인회 회장은 1907년 8월 27일 경남 진양군 지수면 승산마을(현 진주시 지수면 승내리)에서 홍문관 교리를 지낸 할아버지 만회 구연호 공의 외아들 춘강 구재서 공과 진양 하씨 사이의 장남으로 태어났다. 1921년 지수보통학교 2학년에 편입해 잠시 이병철 삼성그룹 회장과 같이 수업을 듣기도 했다. 효성그룹 창업주인 고 조홍제 회장과는 같이 학교를 다니지는 않았지만 축구로 교유관계를 쌓았다고 한다.

구인회 회장은 20세 때 서울 중앙고보 2년을 마치고 귀향, 사업에 뜻을 보였는데, 엄격한 유교 집안의 장손이 장사를 시작한다고 했을 때 조부와 부친의 반대가 이만저만이 아니었지만 결국 장손의 고집을 꺾지는 못했다.

24세에 이미 3남 1녀와 아래로 다섯 동생을 둔 집안의 가장이었던 구인회 회장은 아버지가 건네 준 2천 원과 첫째 동생 구철회 씨의 사업자금 1,800원을 더해 자본금 3,800원으로 첫 사업을 시작했다. 이병철 삼성 회장이 7년 뒤인 1938년 자본금 3만 원으로 '삼성상회'를 시작한 것에 비하면 출발은 일렀지만 규모는 작았던 셈이다.

구인회 회장의 첫 사업은 '실패'였다. 사업 첫 해 무려 500원의 손실을 본 것이다. 이듬해 고향마을의 땅을 담보로 8천 원을 빌린 구 회장은 새로운 각오로 사업을 재개했지만 그해 장마로 포목이 물에 잠기고 만다. 이후 사업이 제자리를 잡아가는 듯했지만 또다시 1936년 대홍수로 가게가 떠내려가고 말았다.

첫 시련은 가혹했지만 구인회 회장은 사업가 기질을 발휘해 '장마가 든 해에는 풍년이 들어 살기가 좋아질 것이다'는 신념을 갖고 주변 사람에게 다시 돈을 빌려 포목사업을 벌였다. 구 회장의 예측대로 그해 풍년이 들어 결혼 수요가 폭증하자 포목사업도 번창하기 시작했고 구 회장의 사업인생도 탄탄대로를 걷기 시작했다.

## 구씨 - 허씨 동업

LG의 역사를 이야기할 때 구씨-허씨 동업을 빼놓을 수 없다. 두 가문의 인연은 구인회 회장의 8대조인 구반공 시절부터 시작됐다. 구반공의 부친이 현풍현감으로 재임할 때 진주의 만석꾼인 허씨 집안으로 장가를 왔고 이후 승산마을에 뿌리를 내린 것이다.

구인회 회장 역시 14살 나던 해인 1920년 담 하나 사이 이웃인 허만식 씨의 장녀 허을수 씨와 혼례를 올렸다. 조부 만회공의 셋째 딸이 허만식 씨의 둘째 아들 허인구 씨에게 출가했지만 신랑이 요절하는 바람에 이어지지 못했던 두 집안이 다시 한 번 관계를 맺은 것이다.

이후 구씨와 허씨는 무려 8건의 겹사돈으로 맺어지며 끈끈한 관계를 이어 왔다.

구씨와 허씨는 1946년 1월 구인회 회장 장인(허만식 씨)의 재종인 허만정 씨가 셋째 아들 허준구(당시 24세)를 데리고 당시 구 회장이 살던 부산으로 찾아오면서 사돈에서 동업자 관계로 발전한다. 허만정 씨는 사업자금을 내놓으며 아들의 경영수업을 부탁했고 구인회 회장은 동경 유학생 출신의 허준구 씨를 흔쾌히 받아들였다. 허준구 씨는 첫째 동생 구철회 씨의 맏사위였으므로 이미 남도 아니었다.

잘 알려진 대로 고 허준구 씨는 LG건설·LG전선 회장 및 그룹 부회장을 지내며 LG의 역사와 함께했고, 허창수 현 GS그룹 회장, 허정수(65) GS네오텍(전 LG기공) 회장, 허진수(62) GS칼텍스 부회장, 허명수(60) GS건설 부회장, 허태수(58) GS홈쇼핑 부회장 등 허준구 씨의 아들들도 LG의 경영에 깊숙이 관여했다.

LG의 초기 역사에는 허준구 씨말고도 다른 허씨들이 많이 등장하는데, 허준구 씨의 친형인 고 허학구 씨는 락희화학 전무로 일하면서 구자경 당시 상무와 함께 부산 범일동 공장에서 먹고 자며 밤낮으로 일했다고 한다.

구인회 회장은 또 락희화학 서울사무소를 지원하기 위해 허준구 씨의 동생으로 당시 '조선통운'에 다니던 허신구 씨를 끌어들였다. 허신구 씨는 락희유지 상무 시절인 1962년 동남아 출장에서 '합성세제'를 처음 보고 구인회 회장에게 세제사업 진출을 건의, 1966년 '하이타이' 가 출범하는 데 일등공신이 됐다. 허신구 씨는 금성사 사장, 그룹 부회장, 럭키석유화학 회장 등을 역임했고, 장남 허경수 씨는 1987년 코스모그룹을 창립하며 독자경영의 길을 걷고 있다.

허만정 씨는 8형제를 뒀는데, 학구-준구-신구 씨는 LG에 발을 담은 반면, 장남 고 허정구 씨는 삼성 이병철 회장의 '창업동지'로 다른 길을 걸었다. 허정구 씨의 차남이 허동수 GS칼텍스 회장이다. 허신구 씨의 차남 허연수 씨도 GS리테일(전 LG유통) 사장으로 일하고 있고 허만정 씨의 막내인 허승조 씨는 GS리테일 부회장을 맡고 있다.

LG는 그동안 숱한 계열분리를 통해 친족 간 자산분리를 마무리지었다. 현재 LG에 남아 있는 '오너 일가'는 구본준(64) LG전자 부회장이 유일하다. 하지만 계열분리 이전만 해도 주요 계열사 사장과 임원 상당수가 구씨, 허씨일 정도로 가족경영이 활발했다. 오너 일가들이 지나치게 많다는 시각도 있었지만 LG의 창업과정에서 이들의 공을 무시하기는 어렵다.

## 가족들의 활약

앞서 언급했듯이 구인회 회장은 첫째 동생 구철회 씨와 동업으로 '구인회 상점'을 창업했다. 구철회 씨는 형과 함께 사업을 일구며 락희화학, 반도상사 등의 사장을 맡았다.

둘째 아우 구정회 씨도 경성전기학교를 마치고 형의 사업을 돕기 시작했다. 구정회 씨는 1945년 구인회 회장이 '조선흥업사'란 무역회사를 운영하고 있을 때 화장품 기술자 김준환 씨를 영입해 화장품 사업에 뛰어드는 계기를 마련했다. 처음 만든 화장품 이름을 '럭키'(LUCKY)라고 지어 '럭키그룹'의 기반을 닦은 것도 구정회 씨였다.

셋째 아우 구태회 씨는 서울대 문리대에 다니면서 창신동 집에서 '화장품 연구'에 몰입, '투명크림'을 개발하는 데 성공했다. 구태회 씨는 1950년 서울대를 졸업하자마자 락희화학 전무로 입사, 형의 사업을 돕기 시작했다. 같은 해 장조카 구자경 명예회장도 부산사범대 부속국민학교 교사 생활을 접고 락희화학 이사로 입사했다. 구태회 씨는 이후 안 깨지는 크림통 뚜껑에 목말라하던 구인회 회장을 도와 LG가 플라스틱 사업에 진출하는 데 결정적인 기여를 했다. 1953년 락희화학이 서울에 사무소를 낼 때 기반을 닦은 것도 구태회 씨였다. 태회 씨는 1958년 제4대 국회의원 선거에 자유당 후보로 고향인 진양에서 출마해 당선되면서 정치인의 길을 걷는다.

역시 서울대 문리대를 나온 넷째 아우 구평회 씨는 락희화학 지배인 시절인 1954년 멕시코에서 열린 국제청년상공인회의(JCI)에 참석한 뒤 곧바로 뉴욕으로 날아가 '콜게이트 사' 주변에 머물며 치약 제조 기법을 알아내는 공을 세웠다. 공전의 히트를 친 플라스틱으로 만드는 '훌라후프'도 구평회 씨의 제안으로 들여왔다. 5·16 쿠데타 직후인 1961년 '부정축재 기업인' 처벌 때는 형을 대신해 6개월간 감옥살이를 하기도 했다. 삼성 이병철 회장의 차남인 이창희 씨가 아버지와 형(맹희 씨)을 대신해 처벌받은 것과 같은 맥락이었다.

지난 1999년 구자경(가운데 줄 왼쪽에서 두 번째) 명예회장의 75회 생일을 맞아 가족들이 서울 성북동 구 명예회장 집에 모여 찍은 기념사진. 구 명예회장 오른쪽이 부인 고 하정임 여사다. 뒷줄 왼쪽부터 첫 번째가 3남 구본준 LG전자 부회장, 두 번째가 2남 구본능 희성그룹 회장, 일곱 번째가 구본무 LG 회장.

LG전자의 에어컨 사업은 구자경 명예회장이 락희화학 전무 시절 "고층빌딩이 계속 늘고 있어 에어컨이 앞으로 필요해질 것"이라는 아이디어를 내 시작했다. 1967년 9월 미국 GE 사와 제휴를 통해 국내 첫 에어컨 생산에 들어갔다.

미국 위시본대와 뉴욕시립대 대학원을 나온 구자두 씨는 금성사 관리부장 시절인 1962년 동남아 통상사절단을 수행하며 홍콩의 바노 사로부터 라디오 200대를 주문받아 오는 등 LG의 첫 수출 물꼬를 트는 데 기여했다. 럭키치약 광고판을 부산 연지동 공장에 세우는 등 본격적인 광고 개념을 도입한 것도 구자두 씨의 아이디어였다고 한다.

LG가문의 혼맥이 늘 주목받는 것은 구인회 회장 형제들의 혼맥이 본가 못지않게 화려하기 때문이다.

첫째 동생 구철회(1975년 작고) 씨는 부인 고 안남이 씨와의 사이에 4남 4녀를 뒀는데, 딸들의 결혼이 눈에 띈다.

장녀 구위숙(87) 씨는 허만정 씨의 3남인 허준구 LG건설 회장에게 출가했다. 차녀 구영희(84) 씨는 의학박사인 고 이호덕 씨에게, 3녀 구자애(76) 씨 역시 의사인 정승화(81) 씨에게 시집갔다. 4녀 구선희(71) 씨는 박우병 전 두산산업 회장의 장남 박용훈(73) 두산산업개발 부회장에게 시집갔다. 박우병 씨는 박두병 전 두산 회장의 동생이다.

장남인 구자원(80) LIG그룹 회장은 유영희(73) 씨와, 차남인 고 구자성 전 LG건설 사장은 이갑희(72) 씨 등 평범한 집안의 딸과 결혼했다. 3남인 구자훈(68) LIG문화재단 이사장, 4남인 구자준(65) 전 LIG손해보험 회장의 부인인 임방인(71), 이영희(63) 씨도 재계나 정·관계 집안 출신은 아니다. 다만 구자훈 회장의 3녀 구문정(40) 씨가 금호아시아나그룹 박성용 명예회장의 장남 박재영(45) 씨에게 시집가 재계 명문가의 위상을 이어 갔다.

둘째 동생 구정회(1978년 작고) 씨는 부인 고 김증문 씨와의 사이에 5남 2녀를 뒀다.

LG유통 사장을 지낸 장남 고 구자윤 씨는 정정자(72) 씨와 결혼했다. 차남 구형우(72) 전 부민상호저축은행 사장은 전 대한석탄공사 전무였던 이길주 씨의 딸 이화숙(67) 씨와 결혼했고, 3남 고 구자헌 씨는 조종렬 한일수산 회장의 딸 조원희(65) 씨와 결혼했다. LG MMA 사장을 지낸 4남 구자섭(65) 씨는 2005년 LCD 회로부품업체인 한국SMT를 갖고 LG에서 독립했다. 부인은 심영숙(61) 씨. 박정화(60) 씨와 결혼한 5남 구자민(60) 씨는 LG전자 부사장을 역임한 후 형 회사인 한국SMT 부사장으로 자리를 옮겼다. 장녀 구숙희(66) 씨는 이구종 전 대한교과서 대표의 아들 이규영(72) 씨와 결혼했고, 차녀 구명희(62) 씨의 남편은 하영준(66) 전 세원기업 사장이다.

LS그룹으로 계열분리해 독립한 셋째 구태회(92) 씨와 넷째 고 구평회 씨, 막내 동생 고 구두회 씨 일가의 혼맥은 LS그룹 편에서 별도로 다룬다.

## LG그룹 분가의 원칙

LG는 1999년 LIG손해보험을 시작으로 LB인베스트먼트, 아워홈, LS, GS그룹 등을 차례로 분리했다. 자산분배를 둘러싸고 '집안싸움'이 벌어지는 것이 예사이지만 유독 LG만은 큰 잡음 없이 대규모 분가를 마무리지었다.

이는 LG가 엄격한 유교집안으로 집안 어른이 정한 기준을 자손들이 철저히 지키는 데다 수십 년간 그룹에서 친족들의 지분을 관리해온 덕분이다. 분가에 앞서 일부 친족들이 이의를 제기하면 그동안 정리해 놓은 지분율을 근거 자료로 제시하기 때문에 큰 불만을 가질 수 없는 구조다.

계열분리의 신호탄이 된 LIG손해보험은 정부의 '5대 그룹 생명보험사 진출 금지' 정책에 맞물려 분리됐다. 한때 대한생명 인수전에 뛰어들어 손해보험 생명보험을 영위하려 했던 LG는 생명보험 사업이 좌절되면서 LIG손해보험을 독립시키려 했고, 집안회의에서 고 구철회 씨 가족들이 화재를 원해 순조롭게 분가가 이뤄졌다.

LB인베스트먼트를 갖고 떠난 구자두 씨 가족은 얼핏 '재산'이 너무 적어 보이지만 윗대인 구철회 씨 가족에 비해 가족 수가 적기 때문에 지분도 그만큼 적었다.

아워홈의 구자학 씨는 한때 삼성에서 호텔신라 사장을 지내는 등 유통·서비스 쪽에 관심이 많아 이견 없이 분배가 이뤄졌다.

2003년 말 분리된 LS그룹은 구태회·평회·두회 씨가 LG의 창업 공신인 데다 자녀들도 적지 않아 상황이 복잡했다. 게다가 LS전선은 허씨 가문의 허준구 씨가 회장을 지내는 등 오랫동안 허씨들이 경영을 맡아 애착을 보이고 있었다. 하지만 이 역시 '태평두 씨' 가족이 가진 지분과 비슷한 가치를 지닌 회사를 묶어 주면서 마무리됐다.

LG그룹의 가장 큰 지각변동은 허씨들이 갖고 간 GS그룹의 분리다. GS칼텍스, GS건설, GS홈쇼핑, GS리테일을 주축으로 한 GS그룹은 자산이 18조 7,200억 원이나 될 정도로 규모가 컸다. 때문에 일각에서는 창업주 형제들이나 구자경 명예회장 형제에 비해 허씨들의 자산이 지나치게 많은 것 아니냐는 의문을 제기하기도 했다.

이에 대해 LG 관계자는 "허만정 씨가 처음 사업자금을 댄 이후에도 허씨들은 계속 자금을 출자했고 그 비율은 일찌감치 65 대 35로 정해져 있었다"고 밝혔다.

지분비율은 정해져 있었다고 하더라도 어떤 사업을 가져갈지에 대해서는 잠시 의견이 엇갈렸던 것으로 알려졌다. 허씨 측은 전선사업에 마음이 있었고 당시 금융 관련 계열사도 내심 원하고 있었다.

하지만 구씨 측의 어른인 구자경 명예회장과 허씨 측의 대표인 허준구 회장이 이미 수년 전에 정해 놓은 '분리원칙'은 흔들리지 않았다. 2002년 허 회장이 타계했지만 두 집안의 자손들은 선대의 '약속'을 변함없이 이어 갔다.

## 필립스 "구·허씨 동업에 감명 LCD 합작"

1999년 9월 LG전자에 16억 달러를 투자하며 LCD합작사를 설립키로 한 네덜란드 필립스 사의 크리스 털리 전 회장은 합작 파트너로 LG를 택한 배경을 이렇게 설명했다.

"한국에 투자를 결정하면서 파트너를 찾기 위해 거의 모든 것을 체크했는데, LG그룹의 구씨와 허씨가 50년 이상 동업자로서 아무런 잡음 없이 경영하는 것을 보고 깊은 감명을 받았다. LG는 외국기업과의 합작이 이미 13건이나 되는데, 이는 LG가 양보와 타협, 신뢰를 바탕으로 한 기업이란 것을 말해 준다."

구본무 회장의 화답도 이에 못지않았다.

"동업은 결혼과 같은 것이다. 생각이 다르고 자라온 환경이 전혀 다른 남녀가 함께 사는 것처럼 동업자도 서로 신뢰를 바탕으로 양보와 타협을 잃지 않아야 한다."

LG의 68년 역사에는 숱한 합작사가 등장한다. 합작사만 한때 20개에 달할 정도였다. 1966년에 이미 미국 칼텍스 사와 합작으로 LG칼텍스정유(현 GS칼텍스)를 설립했고, 1968년에는 미국 콘티넨털카본 사와 합작으로 한국콘티넨탈카본을 세웠다. 1970년에는 일본 알프스전기와 합작으로 금성알프스전자를, 1971년에는 일본 포스타전기와 합작으로 금성포스타를 설립했다. 독일 지멘스, 일본 후지전기와 3사 합작으로 금성통신을 설립했고, 1974년에는 일본 NEC와 손잡고 금성전기를 세웠다.

1980년대 들어서도 합작은 계속됐는데, 1984년 다우코닝과 공동 출자로 럭키DC실리콘을 설립했고, 1984년에는 제어시스템 메이커인 미국 하니웰과 공동으로 금성하니웰을 만들었다. 이후 동업관계가 끝났지만 1987년 미국 EDS와 합작으로 만든 STM(현 LG CNS), 1996년 IBM과 맞잡은 LG IBM도 합작 역사에서 빼놓을 수 없다.

또 현재 남아 있는 LG 계열사 가운데 LG MMA는 일본 스미토모상사와 합작한 회사이며, 루셈 또한 일본 오키 사와 합작한 기업이다.

구본무(70) LG 회장이 출장길에 오를 때 계열사 사장들과 같이 가는 경우가 아니면 수행은 늘 직원 1명이 담당한다. 공항으로 임원들이 배웅이나 마중을 나오는 것도 금지한다.

구 회장은 LG 계열사 사장단과 함께 국내사업장 '혁신투어'를 나설 때에도 자신의 차량을 놔두고 대형 관광버스를 이용한다. 사업장 간 이동 중에도 사장들과 허심탄회한 대화를 나누기 위해서다. 구 회장은 2년에 한 번꼴로 버스로 전국의 사업장을 방문하고 있다.

이처럼 '격식'을 따지기보다 실용성을 강조하는 구본무 회장을 두고 "소탈한 이웃집 아저씨 같다"는 평이 따라다닌다. 사람 좋아 보이는 눈웃음 등 구 회장의 외모도 이 같은 이미지 구축에 한몫했다.

구 회장은 동국제강 창립 50주년 기념식에 이례적으로 참석할 정도로 장세주 회장과는 친분이 깊은 편이다. 장 회장의 숙부인 장상돈 한국철강 회장의 딸 장인영(37) 씨가 구 회장의 당숙인 구자은(51) LS엠트론 부회장과 결혼해 사돈지간이기도 하다. 만화가 허영만 씨와도 교류가 있는데, 허 씨는 인기작 〈식객〉에서 구 회장이 임직원들에게 맛있는 삼계탕을 사주는 일화를 소개하기도 했다.

구 회장의 부인인 김영식 씨는 이화여대 영문과를 다닌 '재원'으로 서구적인 외모의 미인이다. 시아버지 구자경 명예회장은 "보수적인 며느리를 원했는데, 맞고 보니 맏며느리는 개방적이고 아래 며느리

1982년 LG전자의 미국 헌츠빌 공장 준공식에 참석하기 위해 미국을 방문한 구자경 LG 명예회장 가족. 왼쪽부터 구본무 LG 회장의 부인 김영식 씨, 구 회장, 구 명예회장 부인 고 하정임 씨, 구 명예회장. 당시 30세였던 김영식 씨의 '맵시'가 눈길을 끈다.

들이 보수적이었다. 뒤바뀐 감도 없지 않지만 그만하면 잘 맞는 편"이라며 만족해 했다.

구본무 회장 부부는 금실이 좋기로 유명하지만 '내외'가 분명한 것으로 알려졌다. 구 회장이 주말에 곤지암에서 골프를 치다 부인이 일행들과 골프를 치는 것을 보고 나무랐다는 일화도 있다. LG 소유인 곤지암은 주말에 주로 계열사 임원들이 비즈니스 차원에서 애용하는데 '회장 부인'이 나오면 임원들이 불편해 한다는 이유다. 김 씨가 다른 그룹 회장 부인과 달리 미술관을 맡지 않은 것이나 여의도 트윈타워에 한 번도 나오지 않은 것도 LG가의 엄격한 '가풍' 때문이다.

구본무 회장의 소탈한 모습은 아버지 구자경 명예회장이나 할아버지인 구인회 창업회장으로부터 물려받은 것으로 보인다.

구인회 회장은 창업초기인 1940년대 후반 부산 서대신동 시절 활동하기 편하다며 미군 파카를 즐겨 입었다고 한다. 외출할 때를 제외하곤 공장 내에서 늘 입고 다녀 소매가 닳고 기름때가 반지르르 묻은 옷이었다. 구 회장은 또 비싼 담배와 싼 담배를 같이 갖고 다니면서 손님에게는 좋은 담배를 권하고 자신은 값싼 담배를 피웠다. "돈이란 벌 때 아껴야 하는 법"이라는 지론이다. 사돈이자 동업자인 허준구 회장도 당시 판매와 구매 일을 맡으면서 수금하러 거래처를 다닐 때 고무신을 신고 다녔다. '찰떡궁합'인 셈이다.

구자경 명예회장은 사업장이나 계열사 사무실을 즐겨 찾았는데, 어떤 때는 사전 통보 없이 불쑥 고객서비스센터 등 현장을 방문해 생생한 고객의 목소리를 듣기도 했다. 럭키증권(현 우리투자증권) 객장을 방문했을 때는 고객들이 좁은 객장에서 불편을 겪고 있는 데 반해 임원실이 한 부서보다 큰 것을 보고 "무슨 임원 방이 내 방보다 커요?" 라며 질책했다고 한다.

구자경 명예회장은 평소 자녀들에게도 "돈을 버는 것도 중요하지만 돈을 쓰는 것이 더 중요하다. 돈을 낭비하고 천하게 쓰는 것은 악덕 중 하나이다"고 강조한 것으로 알려졌다.

구본무 회장도 항상 근검절약의 정신이 몸에 배어 있어야 함을 자녀들에게 강조하는 한편 "가치 있는 일에 대해서는 돈을 쓸 줄 아는 지혜가 필요하다"고 얘기하고 있다.

## LG의 인화정신

구인회 창업회장은 포목상, 청과·어물전, 운수업 등 숱한 시행착오를 겪은 뒤 1947년 럭키크림을 시작으로 본격적인 사업인생을 걸었다. 6형제의 장남이자 6남 4녀의 아버지가 하는 사업을 돕기 위해 초기 가족들의 고생도 이만저만이 아니었다.

경영도 대부분 가족이나 사돈(허씨)들이 도맡아 했다. 1947년 락희화학 설립 당시 생산담당이었던 김준환 씨를 제외하면 구 회장, 부사장 고 구정회(둘째 동생) 씨, 영업담당 허준구(첫째 동생 철회 씨 사위) 씨 등으로 사실상 '가족기업'이었다.

이후에도 아래로 다섯 동생과 여섯 아들, 조카, 허씨들이 대거 경영에 참여했는데, LG의 '인화정신'은 이 같은 독특한 가족사와 무관치 않다. 친인척들을 잘 다독여 가며 경영하는 것이 중요했고, 이를 경영이념으로 발전시킨 것이 인화(人和)다.

창업회장부터 내려온 인화정신의 대표적인 사례는 삼성과 함께했던 방송사업. 구인회 회장은 1960년대 초반 사돈인 고 이병철 삼성회장으로부터 방송사업을 같이 해보자는 제의를 받고 50 대 50 합작으로 1964년 '라디오 서울'과 '동양TV'를 설립했다. 하지만 방송사 경영이 시원치 않은 와중에 두 그룹에서 파견된 임직원 간 알력이 심해졌고, 결국 TV는 LG가, 라디오는 삼성이 맡아서 하기로 잠정 합의를 봤다. 이후에도 TV와 라디오 사업의 정산이 제대로 이뤄지지 않자 구회장은 일본으로 건너가 이 회장을 만나 TV사업까지 삼성에 넘기기로 결정한다. LG 내부에서는 불만이 많았지만 구 회장은 사돈 간의 '불화'가 더 이상 계속돼서는 안 된다고 판단한 것이다.

1980년대에는 택배사업 진출을 계획했다가 사돈과의 정리를 생각해 포기했다. 당시 기획조정실에서는 21세기 물류산업의 꽃이라고 불리는 택배사업을 유망한 신규사업으로 선정, 일본의 택배사업을 벤치마킹하고 계획을 수립했지만 사돈인 한진그룹에서 택배(한진택배)를 하고 있다는 이유로 구자경 회장이 사업 중단을 지시했다.

LG와 한진은 구자경 명예회장의 동생인 구자학(85) 아워홈 회장의 차녀 구명진(51) 씨가 고 조중훈 한진그룹 회장의 4남 조정호(57) 메리츠금융지주 회장과 결혼하면서 사돈으로 맺어졌다.

## 구인회 창업회장의 사람들

구인회 창업회장은 할아버지 밑에서 한학을 배우다 14살 때인 1921년에야 지수보통학교 2학년에 편입한다. 1924년에는 서울로 올라와 중

앙고등보통학교를 다녔지만 19세 때인 1926년 처가에서 보내 주던 학
비가 끊기고 본인의 뜻도 있어 낙향, 사업의 꿈을 키운다.

구 회장은 사업을 키워 가면서 동생들을 뒷바라지했고, 동생들은
좋은 학교를 졸업한 뒤 형의 사업을 성심성의껏 도왔다. 한때 구씨,
허씨 일가가 너무 많이 경영에 참여하는 것이 '문제'로 지적되기도 했
지만 구씨, 허씨들 가운데는 경영능력을 갖춘 이들이 적지 않았다.
창업회장의 동생들은 초창기 외국원서를 번역해 기계 작동법을 알아
내고 수출, 기술도입 등 형이 할 수 없는 해외업무를 도맡아 했다.

첫째 동생 구철회 씨는 형과 함께 첫 사업인 포목상 '구인회 상점'을
세웠고, 둘째 동생 구정회 씨는 동경전기공업학교를 졸업하고 평안남
도청 토목과에 잠시 근무하다 형의 사업을 도왔다. 구태회 LS전선 명
예회장은 일본 후쿠오카고와 서울대 정치학과를 마쳤다. 구태회 명
예회장은 경영보다는 정치권에서 주로 활동했는데, 4대 민의원과 6,
7, 8, 9, 10대 국회의원을 지냈다. 구평회 E1 명예회장은 진주고보
와 서울대 정치학과를 마치고 1951년 락희화학 상무로 입사했다. 구
두회 예스코 명예회장은 진주고보와 고려대 상대, 미 뉴욕대 경영대
학원을 졸업하고 한일은행에서 잠시 일하다 1963년 금성사 상무로 입
사했다.

'골프 멤버'였던 사돈인 이보형 제일은행장, 홍재선 전경련 회장,
김용완 경방 회장, 조홍제 효성 회장 등도 구인회 회장과 교우가 깊
었다.

## 제2의 창업주 구자경 명예회장

구자경 LG 명예회장은 삼촌인 구평회 명예회장과 진주고보에 같이 다닌 뒤 진주사범을 마치고 고향인 지수보통학교에서 교편을 잡았다. 이후 1950년까지 부산사범대 부속국민학교에서 교사생활을 했는데, 제자들 중에는 신상우 전 국회부의장, 권근술 전 〈한겨레신문〉 사장, 이회창 전 한나라당 총재의 부인 한인옥 씨 등이 있다. 구 명예회장은 한 씨에 대해 "얼굴도 예쁜 데다 공부도 잘하는 학생이었다"고 기억했다. 신 전 부의장은 모 TV프로그램에 출연해 구 명예회장에게 '호랑이 선생님'이라는 별명을 붙여 줬다.

구 명예회장은 1950년 락희화학 이사로 입사했지만 공장에서 현장 근로자들과 같이 먹고 자며 혹독한 경영수업을 받았다. 구인회 회장은 생전에 왜 장남을 그토록 고생시키느냐는 질문에 "대장장이는 하찮은 호미 한 자루 만드는 데도 담금질을 되풀이해 무쇠를 단련한다. 내 아들이 귀하니까 저렇게 일을 가르치는 것이다"고 대답했다. 덕분에 구 명예회장은 현장에서는 모르는 것이 없을 정도의 전문가가 될 수 있었다.

1969년 12월 31일 구인회 회장이 뇌종양으로 세상을 뜬 직후인 1970년 1월 7일 열린 럭키그룹 시무식에서 구철회 락희화학 사장은 본인의 경영 퇴진과 구자경 당시 금성사 부사장의 회장 추대를 제안했고 이는 우레와 같은 박수로 통과됐다. 구자경 회장 취임 이후 1년간 그룹 기획조정실장을 맡아 준 사람은 삼촌인 구정회 사장이었다. 조카를 '보필'하는 삼촌은 LG가의 저력을 잘 말해 준다.

구자경 신임회장은 "선대회장의 유지를 받들어 인화단결과 상호협조를 통해 그룹의 부드러운 기업풍토를 조성하는 데 힘쓰고 급속한 확대보다는 내실 있는 안정적인 성장에 주력할 것"이라고 다짐했다.

락희화학, 금성사 등 11개 계열사를 갖고 시작한 구자경 회장은 1995년 2월 이임할 때까지 LG를 한 차원 끌어올렸다는 평을 받는다. 취임 첫 해인 1970년 520억 원에 불과하던 그룹 매출은 1994년 30조 원을 넘어섰고, 수출은 3,100만 달러에서 147억 달러로 474배나 늘어났다.

구자경 명예회장은 장남 구본무 회장에게 그룹 회장직을 넘겨주면서 "앞으로 여의도 본사에는 일주일에 한 번만 출근할 것이다. 모든 경영은 신임 회장에게 맡긴다"고 약속했다. 구태회·평회·두회 씨 등 창업주 형제들과 허준구·허신구 회장도 고문으로 물러났다. 충남 천안의 '천안연암대학'으로 내려간 구자경 명예회장은 버섯 재배 등에 심혈을 기울이며 20년 전 약속을 지키고 있다.

구자경 명예회장이 구순을 맞은 2014년 5월에는 창업주의 뜻을 이어받아 자신이 직접 설립한 천안연암대학과 연암공업대학이 각각 개교 40주년과 30주년을 맞기도 했다. 구자경 명예회장은 1974년 천안연암대학, 1984년 연암공업대학을 각각 설립하고 이사장을 맡아 두 대학이 소수정예 특성화 대학으로 발전할 수 있도록 설립 초기부터 전폭적인 지원과 투자를 아끼지 않았다. 1945년 진주사범학교를 졸업하고 경영에 합류하기 전까지 5년간 초등학교 교사로 재직했기에 인재육성에 남다른 관심과 애착을 갖고 있던 것이다.

1999년 여름 강원도의 한 목장에서 즐거운 한때를 보내고 있는
구자경 명예회장(왼쪽)과 구본무 회장.

천안연암대학 개교 40주년 기념 제막식에 참석해서도 "농축산은 생
명산업으로 매우 중요하지만 여러 가지로 어려운 환경"이라며 "하지
만 농축산 분야의 발전에 기여할 수 있도록 대학이 노력해 주기 바란
다"고 당부하기도 했다.

## 구본무 회장의 LG

구본무 회장은 연세대 상학과에 다니다 육군 현역으로 입대했다. 재
벌 총수 가운데 현역 출신은 쉽게 보기 어렵다. 보병으로 만기 제대 후
에는 미 애슐랜드대로 유학을 떠났다. 클리블랜드주립대 대학원에서
경영학을 전공한 구 회장은 30세 때인 1975년 럭키(현 LG화학) 심사
과(사업의 적정성을 평가하는 부서로 사업 전반을 이해할 수 있음) 과장으

로 입사했다.

당시 심사과에서 같이 근무한 직원이 구 회장의 '핵심참모'인 강유식(67) LG경영개발원 부회장이다. 강 부회장은 청주고와 서울대 경영학과를 졸업하고 1972년 럭키에 입사했다. 1997년 회장실(구조조정본부)로 소속을 옮겼고, 1999년 구조조정본부장을 맡으면서 그룹 구조조정과 지주회사 체제 전환을 진두지휘했다.

구본무 회장은 아버지처럼 '험한' 고생은 하지 않았지만 1981년에야 금성사 이사로 승진할 정도로 차곡차곡 경영수업을 받았다. 럭키 심사과장, 수출관리부장, 유지사업본부장을 거쳐 1980년 금성사(현 LG전자)로 옮겨 기획심사본부장을 맡았고, 1983~1984년에는 도쿄 주재원으로 근무했다. 입사 10년 만인 1985년에야 회장실 전무로 그룹 업무를 보기 시작했다.

1995년 회장 취임사에서 '초우량 LG'를 약속한 구 회장은 인터넷, 홈쇼핑, 이동통신, 통신 등에 잇따라 진출하며 사세를 넓혀 갔고 필립스와 합작으로 LCD 사업을 세계적인 수준으로 끌어올렸다. 하지만 '빅딜'과 'LG카드 사태'로 반도체, 금융사업에서 손을 떼는 등 어려움도 적지 않았다.

지금까지 LG그룹의 창업정신이었던 '인화'는 구본무 회장 대에 이르러 사실상 '일등 LG'로 바뀌었다. LG는 그동안 '인화정신'이 결코 '온정주의'가 아니라고 항변해 왔지만 삼성그룹에 비해 LG그룹의 분위기가 다소 느슨해 보인 것은 사실이다.

요즘 LG가 거의 매일 쏟아 내는 '도전정신', '철저함과 세밀함', '강한 실행력' 등의 경영방침은 LG가 온건하고 점잖은 문화에서 시장을 선도하는 기업으로 '환골탈태'하려는 노력으로 볼 수 있다.

　LG에서 독립한 다른 친척이나 형제와 달리 주력사인 LG전자 부회장을 맡고 있는 둘째 동생 구본준(64) 부회장 역시 일등에 대한 집념이 남다르다. 경복고, 서울대 계산통계학과, 미 시카고대 MBA를 나온 구 부회장은 한국개발연구원(KDI), 미국 AT&T를 거쳐 1986년 금성반도체에 입사했다. 반도체를 현대그룹에 빼앗기다시피 넘겨주는 것을 지켜본 뒤 1999년부터 LG필립스LCD 대표를 맡아 세계적인 LCD 업체로 키워 왔다. 2010년부터는 LG전자를 이끌고 있다.

　소탈하고 인자해 보이는 구본무 회장의 이면에는 무서울 정도의 집념과 승부욕이 도사리고 있다는 평이다.

　구 회장의 집념은 그가 하늘을 나는 모습만 보고도 무려 150여 종의 새를 구분할 수 있을 정도로 '조류학'에 조예가 깊은 것에서 잘 나타난다. 중학교 때 산에 올랐다가 우연히 다친 새 한 마리를 발견, 집에 데려와 치료해 준 인연으로 새에 관심을 갖게 된 구 회장은 2000년에는 《조류도감》을 낼 정도로 새에 관해서는 전문가다. 여의도 LG트윈타워에 둥지를 튼 천연기념물 '황조롱이'가 구 회장의 각별한 보살핌 덕에 무사히 새끼를 낳은 일화는 아직도 회자되고 있다.

　동생 구본능(66) 희성그룹 회장도 《사진으로 보는 한국야구 100년》을 발간할 정도로 야구에 대한 관심이 보통이 아닌데, 좋아하는 일에 대한 열정은 윗대로부터 물려받은 것으로 보인다.

　사람 좋아 보이는 구본무 회장이 거의 '경멸'할 정도로 싫어하는 부류가 있는데, 바로 준비하지 않는 불성실한 사람이다. 구 회장은 연습장에서 충분히 연습하지 않고 무작정 골프장에 나타나는 초보자를 무척 싫어한다고 한다. 더 싫어하는 부류는 '트리플 보기'(이븐파보다 3타를 더 치는 것)를 하고도 '히죽히죽' 웃는 사람이다. 다시는 트리플보기 같은 치명적인 실수를 하지 않겠다는 의지가 있다면 웃어서는 안 된다는 것이다. 계열사 사장들을 평가할 때도 이러한 기준이 적용된다.

구본무 회장은 운동 소질이 있는 편인데다 끈질기게 연습에 매달려 한때 핸디캡 5~6 수준까지 끌어올렸다고 한다. 지금도 핸디캡 8~9 정도를 친다.

구본무 회장은 2005년 구 명예회장 시절 선포한 경영이념인 '고객을 위한 가치창조'와 '인간존중의 경영'에 '정도경영'과 '일등 LG'를 더한 'LG Way'를 새로운 기업문화로 천명했다. 10여 년에 걸친 계열분리를 마무리지은 구 회장은 '고객이 신뢰하는 LG', '투자자들에게 가장 매력적인 LG', '인재들이 선망하는 LG', '경쟁사들이 두려워하면서도 배우고 싶어 하는 LG'를 목표로 재도약을 이끌고 있다.

## LG의 체면경영

LG화학은 한때 자회사를 통해 '비데' 사업을 하다 그룹으로부터 호된 질책을 받았다. 타일, 욕조 등 욕실 인테리어사업에 비데를 함께 취급하면 고객들에게 '원스톱' 서비스를 제공할 수 있다는 판단에서 시작했지만 구본무 회장의 생각은 달랐다. 첨단기술로 해외시장을 노리는 제품도 아닌데 돈이 된다고 해서 '품위'에 맞지 않는 제품을 팔아서는 안 된다는 것이었다.

378

삼성과 공동으로 시작한 방송사업을 넘겨준 것이나 택배사업 진출을 계획했다 직전에 포기한 것도 '사돈 간의 불화'로 세인들의 지탄을 받지 않기 위해서였다.

LG가 이처럼 '세간의 평판'을 신경 쓰는 것은 엄격한 유교가문의 장손인 구인회 창업회장의 경영철학에서 비롯됐다.

구인회 창업회장은 도박이나 술 등 사행산업은 물론 이른바 '먹고 마시는' 일과 연관된 소비성 사업, 부동산 투자도 금지할 정도로 엄격했다. 나중에야 필요에 의해 인터컨티넨탈호텔을 설립했지만 한때는 호텔사업도 LG의 '금지 리스트'에 올라 있을 정도였다. 제3공화국 당시 정부로부터 "소총을 만들어 보라"는 권유를 받았을 때도 "우리의 능력을 인정해 주는 것은 고마우나 아무리 유망한 사업이라도 무기는 만들고 싶지 않다"며 거절했을 정도다.

하지만 냉혹한 비즈니스 세계에서 이 같은 '체면경영'(정도경영)은 자칫 수익성 좋은 사업 기회를 놓칠 수 있고 공격적인 확장에도 약점이 될 수 있다는 지적이다.

LG 관계자는 "사람들에게 욕을 먹어가며 일등 할 생각은 없다"면서 "좋은 품질과 서비스를 갖추면 무리한 방법을 쓰지 않아도 고객들이 인정해 준다는 것이 구 회장의 지론"이라고 말했다.

## 구씨 3대의 반도체 인연

LG는 구인회 창업회장 생전인 1969년 미국 NSC의 기술제공으로 반도체 회사인 금성전자를 설립했다. 초대 사장은 구자두 현 LB인베스트먼트 회장이었다. 금성전자는 1차 오일쇼크 등으로 1974년 금성사에 흡수합병되면서 주춤했지만 같은 해 삼성 이건희 회장(당시 동양방송 이사)이 한국반도체를 인수한 것 등에 '자극'받아 1975년 반도체팀을 만들고 미국 AMI와 합작 공장을 설립하는 등 활기를 띠기 시작했다.

1979년에는 대한전선의 대한반도체를 인수, 금성반도체를 발족하기에 이르렀다. 초대 회장은 구자경 현 명예회장, 사장은 이헌조 전 LG전자 고문이었다. 금성반도체는 이후 1985년 미국, 일본에 이어 세계 세 번째로 1메가 롬(ROM)을 개발하는 데 성공하고 금성일렉트론으로 이름을 바꾼 뒤 1990년 1메가 D램, 1991년 4메가 D램을 잇따라 내놓으며 삼성전자와 치열한 경쟁을 벌인다.

하지만 LG는 1998년 정부의 '빅딜정책'의 '희생양'이 되면서 반도체 사업을 현대그룹에 양보하게 된다. 1999년 1월 6일 청와대를 방문한 구본무 회장은 전자사업이 주력인 LG에 반도체 사업이 얼마나 중요한지 역설했지만 이미 현대 측과 '얘기'가 끝난 김대중 당시 대통령의 귀에 구본무 회장의 '절규'가 들릴 리 만무했다.

이날 밤 이헌조, 변규칠, 성재갑 등 LG 원로들이 마련한 위로자리에서 구본무 회장은 모처럼 통음을 했다. 일부에서는 구 회장이 '통곡'을 했다고 하지만 '통한의 눈물'을 보인 정도였다는 것이 당시 관계자들의 전언이다. 서울 한남동 구 회장의 집 앞에 진을 친 기자들은 자정이 넘어 귀가하는 구 회장을 붙들고 '소감'을 물었고, 구 회장은 "다 버렸습니다"는 말로 3대를 내려오며 30년간 이어진 반도체와의 인연을 정리했다.

# GS그룹

## GS그룹, 홀로서기 10년

GS의 2015년은 창립 10주년을 맞는 특별한 해다. 반세기를 넘어서는 LG그룹과의 동반자 관계를 접고 2004년 7월 GS홀딩스(현 ㈜GS) 설립을 시작으로, 2005년 3월 새로운 그룹 기업이미지(CI)를 선포하고 GS그룹의 출범을 알렸다.

현재 GS그룹은 지주회사인 ㈜GS와 GS에너지, GS칼텍스, GS리테일, GS홈쇼핑, GS EPS, GS글로벌, GS E&R, GS스포츠, GS건설 등 주요 자회사와 계열사를 포함해 79개 기업(2015년 3월 말 기준)으로 이뤄져 있다. 2014년 말 자산 약 58조 5천억 원으로 자산규모 기준 재계 순위 7위(공기업 제외)의 기업집단으로 자리매김하였다.

출범 당시(2004년 말 기준) 매출 23조 원, 자산 18조 7천억 원이었던 그룹 외형은 2014년 매출 63조 5천억 원, 자산 58조 5천억 원으로 3배 규모로 커졌다. 세계적 기업으로 도약하기 위한 발판도 갖췄다. 2004년 GS 매출 23조 원 중 수출과 해외매출 비중은 7조 1천억 원으로 약 30%였다. 이후 수출 확대를 위해 꾸준히 노력한 결과 2014년 전체 매출 63조 5천억 원 중 수출 비중을 약 54%인 34조 3천억 원으로 끌어올렸다. 매출의 절반 이상을 해외사업과 수출로 일궈 내는 글로벌 기업으로 변모한 셈이다.

계열분리 과정에서 시끄러운 경영권 다툼이 벌어지기 일쑤인 우리나라 재계에서 거대 기업의 분리를 잡음 없이 해결했다는 점도 자랑거리다. 10년이 지났지만 허씨와 구씨 가문은 여전히 서로의 사업영역을 존중해 상대의 주력 업종에는 신사업을 추진하지 않는 아름다운 인연을 유지하고 있다.

GS는 출범 이후 그룹 차원에서 에너지, 유통, 건설 등 기존 사업의 경쟁력 강화와 함께 신성장동력 확보를 위한 인수합병(M&A)과 사업 구조조정 등을 끊임없이 모색해 왔다.

주력사인 GS칼텍스는 고도화시설 등에 대한 지속적 투자로 생산시설과 해외수출을 큰 폭으로 늘렸다. 2005년 하루 65만 배럴이던 원유 정제능력은 지속적 시설투자와 공정개선을 통해 하루 78만 5천 배럴로 늘려 단일공장 기준 세계 4위의 시설 규모로 성장하였다. 또한 총 5조 원 이상을 투자해 2·3·4중질유 분해시설을 잇달아 완공하며 고도화 처리능력을 국내 최대 규모인 27만 4천 배럴로 늘렸다.

GS리테일과 GS홈쇼핑도 사업구조 조정을 통한 미래 성장동력 확보에 적극적이다. 2010년 2월 백화점과 마트 부문을 매각했고, 이후

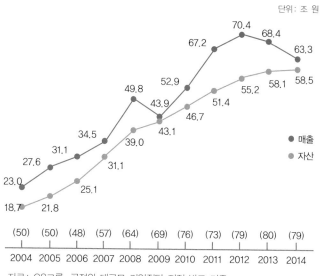

GS그룹 출범 이후 매출 · 자산 변화 추이

단위: 조 원

● 매출
● 자산

(50) (50) (48) (57) (64) (69) (76) (73) (79) (80) (79)
2004 2005 2006 2007 2008 2009 2010 2011 2012 2013 2014

매출: 23.0, 27.6, 31.1, 34.5, 49.8, 43.9, 52.9, 67.2, 70.4, 68.4, 63.3
자산: 18.7, 21.8, 25.1, 31.1, 39.0, 43.1, 46.7, 51.4, 55.2, 58.1, 58.5

자료: GS그룹, 공정위 대규모 기업집단 지정 발표 기준.
(   )안은 계열사 수

편의점과 슈퍼마켓을 중심으로 사업구조를 재편했다. GS홈쇼핑은 해외 7개국에서 취급고가 1조 원에 육박하는 글로벌 홈쇼핑 기업으로 발돋움한 데 이어, TV홈쇼핑을 넘어 모바일 커머스로 사업을 성공적으로 확장하고 있다.

다만 GS건설은 어려운 고비를 겪었다. 글로벌 금융위기 이후 건설경기 침체와 저가 수주로 말미암은 파장을 사업구조 개편을 통해 수습하고 있는 모습이다. 실제 GS건설은 주택사업과 석유화학 · 정유 플랜트 중심의 사업구조를 넘어 액화천연가스(LNG), 원자력, 담수화 개발, 해상플랜트 등 기술 · 지식 집약적 사업구조로 개편 중이다. 2005년 출범 당시 국내외 수주 잔액은 약 70억 달러에 불과했지만 10

년이 지난 2015년 약 500억 달러를 돌파하며 7배 이상의 성장을 일궈 냈다. 또한 2005년 해외 매출 비중은 15% 대에 불과했지만 2015년에는 60%에 육박할 정도로 글로벌 건설사로 탈바꿈했다.

이 같은 성장의 배경에는 GS그룹 허창수(67) 회장의 온화하면서도 단호한 지도력이 있었다는 것이 재계의 중론이다. 2004년 7월 허창수 회장은 GS 출범과 함께 허씨 가문의 추대를 받아 GS그룹 대표로 선임됐다. 허 회장은 LG그룹 공동경영 시절 다양한 계열사를 두루 거치며 풍부한 실무경험을 쌓아 왔다. 허 회장은 현장 중심의 경영과 이사회의 투명성을 늘 강조한다. 경영진의 판단이 현장을 벗어나서도 안 되며 이에 기반을 둔 경영진의 판단 역시 투명해야 한다는 판단에서다. 실제 허 회장은 바쁜 일정 속에서도 국내외 주요 계열사들의 연구, 생산, 판매시설 및 건설현장 등을 자주 찾아다닌다.

　개인 재산을 털어 사회적 책임을 실천하는 모습은 다른 기업 사주가 본받아야 할 정도다. 대부분의 대기업들은 사회공헌을 하면서 오너 일가는 생색만 내고 회사 돈으로 내는 게 다반사다. 반면 허창수 회장은 2006년 12월 사재를 출연해 남촌재단을 설립, 소외계층 환자를 위한 의료사업과 저소득 가정 자녀교육, 장학지원 사업 등을 벌이고 있다.

　재단 설립 당시 허창수 회장은 매년 GS건설 주식 등을 출연해 재단 기금을 500억 원 이상 규모로 키우겠다고 약속했다. 약속은 어김없이 지켜지고 있다. 2006년 말 GS건설 주 3만 5,800주로 시작된 기부는 9년 동안 무려 47만 주가 쌓였다. 돈으로 환산하면 약 360억 원에 달한다. 이런 모습은 대외적으로도 높은 평가를 받고 있다. 2008년 2월 미국 경제전문지 〈포브스〉는 '아시아 이타주의자 48인'에 허 회장의 이름을 올렸다.

허창수 회장은 2011년 2월 경제계 원로들의 추대로 전국경제인연합회 회장직(33, 34, 35대)을 맡아 지금까지 재계를 대표하고 있다. 취재과정에서 만난 한 재계 인사는 "허창수 회장은 가진 돈을 값지게 쓸 줄 아는 몇 안 되는 대한민국의 착한 부자"라고 말했다.

## GS그룹의 전문경영인들

서경석(68) GS 부회장은 허창수 회장의 속내를 누구보다 잘 아는 그림자형 임원이다. 허 회장의 신임이 절대적이다. 평소 허 회장은 "난 서 부회장과 생각이 전적으로 일치한다"고 스스럼없이 말할 정도다. 서 부회장은 2004년 GS홀딩스 출범과 함께 첫 사령탑을 맡아 GS의 출범과 정체성을 확보하게 한 일등공신이다. 현재는 CEO에서 물러나 그룹 경영 전반에 대한 지원 역할을 맡고 있다. 서울대 법대를 졸업하고 1971년 국세청 사무관(행시 9회)으로 공직생활을 시작해 소득세제과장, 주일본대사관 재무관을 거친 정통 경제관료로, 1991년 LG그룹 재경 상임고문으로 자리를 옮겼다. LG그룹 회장실 재무팀장, LG투자증권 사장 등을 역임하며 안살림을 챙겼다.

나완배(65) GS에너지 대표이사(부회장)는 고려대 경영학과를 졸업하고 1977년 GS칼텍스에 입사해 재무, 기획, 영업 파트를 두루 섭렵했다. 자금부문장, 종합기획실장, 정유영업본부장(대표이사 사장)

등을 지내는 등 에너지 업계에서만 38년간 재직했다. 1994년 GS칼텍스가 해외 진출과 공장 증설을 모색할 때 업계 최초로 무디스와 스탠더드앤드푸어스(S&P) 등 글로벌 신용평가회사 신용등급 인증을 시도해 자금을 모았다.

2015년부터 지주회사 ㈜GS를 새롭게 이끌고 있는 정택근(62) 사장은 경남고, 연세대 행정학과를 졸업한 뒤 1978년 LG상사에 입사해 LG그룹 기획조정실, LG상사 재경담당 상무, GS리테일 경영지원본부장(CFO)을 거쳤다. 2009년 GS글로벌 대표이사 취임 후 석유화학 제품 트레이딩 사업을 부활시키고, 자원·산업재 부문 사업을 재구축하는 등 그룹의 컨트롤타워 역할을 무난히 수행했다는 평가이다.

하영봉(63) 사장은 연세대 철학과를 졸업하고 1987년 LG그룹에 입사하여 1992년부터 LG상사에서 인도네시아 지사장, 홍콩 및 일본 법인대표, 자원·원자재 부문장 등을 거쳐 2010년 LG상사 대표이사를 역임했다. 하 사장은 GS그룹이 지난 2014년 2월 인수한 GS E&R(옛 STX에너지)의 초대 대표이사직을 맡고 있다.

이완경(61) 사장은 고려대 경영학과를 졸업하고 1979년 LG그룹에 입사한 후 LG구조조정본부 상무와 LG투자증권 부사장, ㈜GS 재무담당 부사장(CFO)을 거쳤다. 이후 GS스포츠 및 GS EPS 대표이사를 역임하였으며, 2015년 GS글로벌 사장에 선임되었다. 이 사장은 GS EPS가 LNG 복합화력발전소 1, 2호기만 운영하던 상황에서 대표이사로 취임한 후, 3호기 발전소를 완공하고 '아시아 최대 규모' 바이오매스 발전소와 4호기 발전소 건설을 추진했다.

손영기(62) 사장은 연세대 화학공학과를 졸업하고 호남정유(현 GS

## GS그룹 주요 계열사 CEO 및 임원

서경석(68)
㈜GS 부회장

나완배(65)
GS에너지 대표이사 부회장

정택근(62)
㈜GS 대표이사 사장

하영봉(63)
GS E&R 대표이사 사장

이완경(61)
GS글로벌 대표이사 사장

손영기(62)
GS파워 대표이사 사장

임병용(53)
GS건설 대표이사 사장

고춘석(60)
GS EPS 대표이사 부사장

칼텍스) 기술판매부에 입사한 이래 윤활유부문장, 가스·전력사업본부장을 거쳐 2008년부터 GS파워 대표이사를 맡고 있다. 손 사장은 에너지 사업의 전통적인 정유부문보다는 새로운 성장동력을 개발하고 포트폴리오를 다변화하는 역할에 주력해 왔다.

임병용(53) 사장은 서울대 법학과를 졸업하고 공인회계사와 사법고시에 합격한 전문가로 1991년 LG 구조조정본부에 입사해 LG텔레콤 전략기획부문장을 거쳐 ㈜GS 사업지원팀장과 ㈜GS 경영지원팀장을 역임했다. 2012년 GS건설 경영지원총괄(CFO)로 옮겼으며, 이듬해 6월 GS건설 대표이사(CEO)로 선임돼 경영정상화 선봉 역할을 담당해 왔다. 이후 임 사장은 과감한 체질 개선을 통해 2014년 7분기 만에 흑자전환을 이끌어냈다.

GS그룹의 지주회사인 ㈜GS의 최대주주는 허씨 일가다. 금융감녹원 전자공시에 따르면 허씨 49명이 약 46%를 보유 중이다. 창업세대인 허만정 씨를 기준으로 하면 '수' 자 돌림인 3세 형제들이 현재 GS그룹의 주력 계열사들을 이끌고 있으며, 그 아래 '홍' 자 돌림 4세들도 속속 경영에 참여하고 있다.

후계 구도는 아직 논의하기에 시기상조다. 허창수 회장이 여전히 건재한 이유도 있겠지만 지분이 사촌들에게 골고루 나뉘어 있는 '공동경영체제' 형태에서 4세 중 누가 전면에 등장할지 예상하기 쉽지 않다. 대대로 우애 좋은 가문이지만 이 과정에서 지분분배나 후계구도가 어떻게 변할지에 대해서는 누구도 장담하기 어렵다.

GS의 4세들은 대부분 신입사원부터 시작해 능력과 실적을 검증받으며 단계적으로 승진을 거친다. 4세들 중 현재 임원은 GS건설 허윤홍 상무, GS칼텍스 허준홍 상무, GS칼텍스 허세홍 부사장(GS그룹 입사 순) 등이 있다.

허창수 GS 회장의 장남인 허윤홍(36) 상무는 한영외국어고와 미세인트루이스대 국제경영학과를 졸업했다. 이후 귀국해 2002년 GS칼텍스에 신입사원으로 입사했다. 연수과정에서 동기들과 똑같이 주유소에서 주유원 생활을 경험하기도 했는데, 이는 현장을 중시하는 허 회장의 지론과도 맥을 같이한다. 2005년 GS건설 대리로 입사해 과장(2007년), 차장(2009년), 부장(2010년)을 거치며 현장경험을 쌓았고, 2013년 정기인사에서 상무로 승진했다.

허윤홍 상무는 GS건설 재무팀장 시절 국내 기업의 난제로 꼽히던 국제회계기준(IFRS)을 성공적으로 정착시켰다. 상무 승진 후에도 기업설명(IR)과 경영혁신을 담당했다. 2015년부터 플랜트공사담당을 맡아 해외사업 수행경쟁력 강화에 힘쓰고 있다. 직원들과 토론을 통해 의사를 결정하는 스타일로 일 처리가 상당히 꼼꼼하다는 평이다.

허남각 삼양통상 회장의 장남 허준홍(40) GS칼텍스 상무는 보성고와 고려대 경영학과를 졸업한 뒤 미 콜로라도대에서 경제학 석사학위를 취득했다. 허준홍 상무는 허만정 씨의 장남 허정구 삼양통상 명예회장의 장손이다. 허 상무는 2002년 셰브론을 거쳐 2005년 GS칼텍스 여수공장 생산기획팀에 사원으로 입사하였다. 이후 제품팀, 시장분석팀에 근무한 뒤 2010년 윤활유 해외영업팀장, 2012년 싱가포르 현지법인 원유 제품 트레이딩부문장을 거쳐 2013년 상무로 승진했다. 2015년부터 LPG사업부문장을 맡고 있다. 허 상무는 윤활유 해외영업팀장 재직 시 GS칼텍스의 첫 윤활유 해외법인인 인도법인 설립을 주도하는 등 탁월한 국제감각과 리더십도 갖추고 있다.

허동수 GS칼텍스 회장의 장남인 허세홍(46) GS칼텍스 부사장은 휘문고와 연세대를 거쳐 미 스탠퍼드대 경영대학원(MBA)을 졸업했다. 허세홍 부사장의 할아버지는 허만정 씨의 장남으로 삼성그룹 창업에 기여한 허정구 삼양통상 명예회장이다.

허세홍 부사장은 1992년 대학 졸업 후 일본 오사키전기에서 사회생활을 시작했다. 이후 뱅커스트러스트 한국지사, IBM 미국본사, 셰브론 미국본사와 싱가포르 법인을 거쳐 2007년 GS칼텍스 싱가포르 현지법인 부법인장(상무)으로 GS칼텍스에 입사해 원유제품 거래를 담당했다. 허 부사장은 2009년 싱가포르 현지법인장(전무), 2011년 여수공장 생산기획공장장을 거쳐 2013년 GS칼텍스 석유화학사업본부장(부사장)으로 승진했다. 2014년부터 석유화학·윤활유사업본부장을 맡고 있다.

**허정구**(작고)
삼양통상 창업회장

**허준구**(작고)
GS건설 명예회장

**허신구**
GS리테일 명예회장

**허완구**
승산 회장

**허승효**
알토 회장

**허승표**
피플웍스 회장

**허승조**
GS리테일 부회장

**허남각**
삼양통상 회장

**허동수**
GS칼텍스 회장

**허광수**
삼양인터내셔날 회장

**허전수**(작고)
새로닉스 회장

**허창수**
GS그룹 회장

# GS그룹 가계도

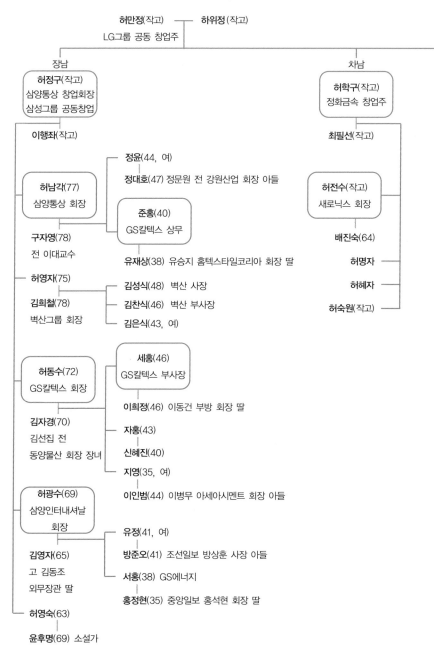

**허만정**(작고) ─── **하위정**(작고)
LG그룹 공동 창업주

장남
**허정구**(작고)
삼양통상 창업회장
삼성그룹 공동창업

차남
**허학구**(작고)
정화금속 창업주

**이행좌**(작고)

**허남각**(77)
삼양통상 회장

**구자영**(78)
전 이대교수

정윤(44, 여)
정대호(47) 정문원 전 강원산업 회장 아들

준홍(40)
GS칼텍스 상무

유재상(38) 유승지 홈텍스타일코리아 회장 딸

**최필선**(작고)

**허전수**(작고)
새로닉스 회장

**배진숙**(64)

허명자

허혜자

허숙원(작고)

**허영자**(75)
**김희철**(78)
벽산그룹 회장

김성식(48) 벽산 사장
김찬식(46) 벽산 부사장
김은식(43, 여)

**허동수**(72)
GS칼텍스 회장

**김자경**(70)
김선집 전
동양물산 회장 장녀

세홍(46)
GS칼텍스 부사장

이희정(46) 이동건 부방 회장 딸

자홍(43)
신혜진(40)

지영(35, 여)
이인범(44) 이병무 아세아시멘트 회장 아들

**허광수**(69)
삼양인터내셔날
회장

**김영재**(65)
고 김동조
외무장관 딸

유정(41, 여)
방준오(41) 조선일보 방상훈 사장 아들

서홍(38) GS에너지
홍정현(35) 중앙일보 홍석현 회장 딸

**허영숙**(63)
**윤후명**(69) 소설가

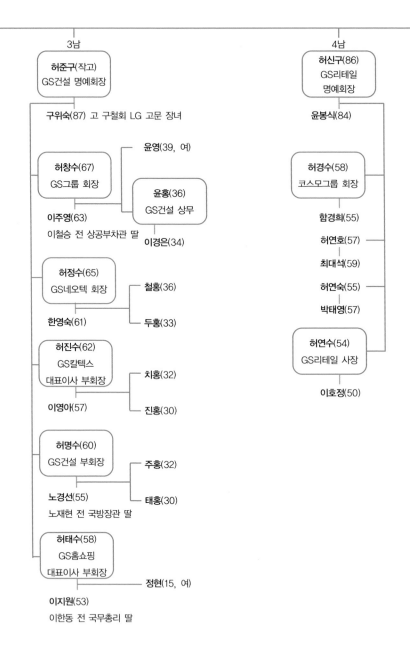

3남

**허준구**(작고)
GS건설 명예회장

**구위숙**(87) 고 구철회 LG 고문 장녀

윤영(39, 여)

**허창수**(67)
GS그룹 회장

**윤홍**(36)
GS건설 상무

**이주영**(63)
이철승 전 상공부차관 딸

이경은(34)

**허정수**(65)
GS네오텍 회장

철홍(36)

**한영숙**(61)

두홍(33)

**허진수**(62)
GS칼텍스
대표이사 부회장

치홍(32)

**이영아**(57)

진홍(30)

**허명수**(60)
GS건설 부회장

주홍(32)

**노경선**(55)
노재현 전 국방장관 딸

태홍(30)

**허태수**(58)
GS홈쇼핑
대표이사 부회장

정현(15, 여)

**이지원**(53)
이한동 전 국무총리 딸

4남

**허신구**(86)
GS리테일
명예회장

**윤봉식**(84)

**허경수**(58)
코스모그룹 회장

**함경희**(55)

**허연호**(57)

**최대석**(59)

**허연숙**(55)

**박태영**(57)

**허연수**(54)
GS리테일 사장

**이호정**(50)

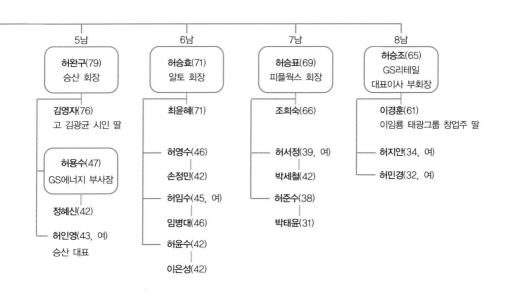

<table>
<tr><td>5남</td><td>6남</td><td>7남</td><td>8남</td></tr>
</table>

| 5남 | 6남 | 7남 | 8남 |
|---|---|---|---|
| 허완구(79)<br>승산 회장 | 허승효(71)<br>알토 회장 | 허승표(69)<br>피플웍스 회장 | 허승조(65)<br>GS리테일<br>대표이사 부회장 |
| 김영자(76)<br>고 김광균 시인 딸 | 최윤혜(71) | 조희숙(66) | 이경훈(61)<br>이임룡 태광그룹 창업주 딸 |
| 허용수(47)<br>GS에너지 부사장 | 허영수(46) | 허서정(39, 여) | 허지안(34, 여) |
| 정혜신(42) | 손정민(42) | 박세철(42) | 허민경(32, 여) |
| 허인영(43, 여)<br>승산 대표 | 허임수(45, 여) | 허준수(38) | |
| | 임병대(46) | 박태윤(31) | |
| | 허윤수(42) | | |
| | 이은성(42) | | |

| 허정수<br>GS네오텍 회장 | 허진수<br>GS칼텍스 부회장 | 허명수<br>GS건설 부회장 | 허태수<br>GS홈쇼핑 부회장 |
|---|---|---|---|
| 허경수<br>코스모그룹 회장 | 허연수<br>GS리테일 사장 | 허용수<br>GS에너지 부사장 | |

수백 년간 이어졌던 구씨와 허씨의 관계를 '인척'에서 동업관계로 바꾼 사람은 허준구 회장이다. 1946년 초 구인회 LG 창업회장 장인(허만식 씨)의 재종(6촌)인 허만정 씨가 구 회장에게 3남 준구(작고) 씨의 '경영수업'을 부탁하면서 사업자금을 내놓은 것이다. 구인회 창업회장은 귀족적인 용모의 일본 간토중학교(5년제) 출신 사돈을 반갑게 맞이했다고 한다.

당시 허만정 씨가 내놓은 자금이 얼마인지는 정확히 알려지지 않았지만 허씨가는 이후에도 고향마을(경남 진주시 지수면 승산리)의 땅을 처분한 돈으로 계속 출자를 했다. 이른바 해방정국의 '벤처캐피털'인 셈인데, 허 씨의 투자는 57년 만에 18조 원이 넘는 자산으로 돌아왔으니 '대박'이 터졌다고 볼 수 있다.

허준구 회장은 당시 가내수공업 수준을 면치 못하던 락희화학의 영업담당 이사로 발을 디뎠는데, 당시 공장에서 고생하던 구자경 이사를 부산 시내로 불러내 술을 사주며 '위로'하기도 했다. 구자경 명예회장은 "내가 '비어홀'이라는 곳을 처음 가본 것은 허준구 씨 덕분"이라고 회고했다.

허준구 회장은 반도상사(현 LG상사)·금성사 상무를 거쳐 1962년 금성사 부사장으로 승진했다. 그리고 1968년 반도상사 사장을 시작으로 1971~1982년 금성전선(현 LS전선) 사장, 1984~1995년 금성

2008년 11월 27일 서울 종로구 GS 남촌리더십센터에서 열린 고 허준구 명예회장의
흉상 제막식 모습. 허 명예회장의 다섯 형제들이 모두 모였다. 왼쪽부터 5남 허태수
GS홈쇼핑 부회장, 김갑렬 전 GS건설 부회장, 장남 허창수 회장, 차남 허정수 GS네오텍 회장,
3남 허진수 GS칼텍스 부회장, 4남 허명수 GS건설 부회장, 최철기 남촌재단 사장.

전선 회장 등을 지내며 LG그룹의 버팀목이 됐다.

　구인회 회장은 1968년 그룹 체제를 출범시키며 허 회장에게 초대
기획조정실장을 맡길 정도로 무한한 애정을 보였다. 1969년 락희화
학이 민간기업 최초로 기업공개를 실시한 것도 당시 기조실장이었던
허준구 회장의 '숨은 공로'다.

　1977년 하루 480밀리미터의 폭우가 쏟아져 금성전선 안양공장이 2
미터 가까이 침수됐을 때 허준구 회장은 예비군복에 장화를 신고 물
속을 헤치고 다니며 공장 복구를 진두지휘했다고 한다. 밤낮없이 꼬

박 두 달 동안 계속된 복구작업 끝에 안양공장은 주변 공장 중에서 가장 빨리 재가동에 들어갈 수 있었다.

2002년 7월 29일 허준구 회장이 세상을 뜨자 구자경 명예회장, 구본무 회장 등 구씨들은 '5일장' 내내 자리를 지키며 '사돈이자 동지'였던 허 회장의 타계를 안타까워했다.

허준구 회장은 구인회 회장의 첫째 동생인 구철회 씨 장녀 위숙(87) 씨와의 사이에 5명(창수·정수·진수·명수·태수)의 아들을 뒀는데, 모두 고려대 동문인 데다 대부분 해외유학파 출신이다. 특히 창수·정수·진수 씨는 학과(경영학과)까지 똑같다.

장남인 허창수 회장은 그룹 회장과 동시에 지주회사인 ㈜GS와 GS건설의 대표이사 회장을 맡고 있다. 경남고와 고려대 경영학과를 졸업한 허창수 회장은 미 세인트루이스대 경영대학원(MBA)을 마친 1977년 그룹 기조실 인사과장으로 입사했다. 1979년 럭키금성상사 해외기획실 부장으로 자리를 옮긴 뒤 홍콩지사, 도쿄지사 등 해외근무를 오래 하며 영어와 일어 실력을 쌓았다. 1988년 럭키금성상사 전무로 승진한 직후인 1989년에는 LG화학 부사장을 지냈고 1992년부터는 LG산전(현 LS산전) 부사장을 맡았다.

1995년 구본무 회장이 3대 회장으로 취임하면서 허창수 회장은 아버지가 맡고 있던 LG전선 회장을 이어받았고 2002년부터는 LG건설(현 GS건설)을 지휘하며 분가를 준비해 왔다.

허창수 회장은 특히 해외정보에 관심이 많다. 지금도 〈월스트리트저널〉, 〈비즈니스위크〉 등 해외 유수의 경제전문지를 탐독하며 국제

경제의 흐름 및 세계적 기업들의 움직임을 파악하는 한편, 새로운 경영 트렌드와 관련된 서적을 즐겨 읽는다. 필요한 기사는 직접 스크랩해서 읽어 보거나 주변 사람들에게 보여 주기도 한다.

허 회장은 또한 첨단 전자기기 등에도 관심이 많다. 평소 인터넷 서핑을 통해 스마트폰 어플리케이션, e-북, 킨들 등 첨단 멀티미디어 제품에 대한 정보를 직접 검색할 정도이며, 젊은 직원들조차 이와 관련한 질문이 나오면 진땀을 뺄 정도로 새로운 기술을 적용한 제품에 대한 지식수준이 상당한 경지에 이르렀다.

허창수 회장은 전형적인 '아침형 인간'으로, 새벽 5시면 어김없이 일어나 전날 읽은 책의 내용을 정리하고 헬스장에서 규칙적으로 운동하면서 철저히 건강을 관리한다. 걷기, 등산 등을 좋아하며, 운동량이 부족한 임원들을 위해 직접 만보기를 사서 나눠 주며 평소 걷기를 권하기도 한다. 해외 출장을 떠날 때에도 걷기 편한 신발을 준비하는 것을 잊지 않는다. 골프는 80대 중반 실력이지만 라운딩을 자주 하는 편은 아니다. 주량은 양주 반병가량이다.

늘 구본무 회장 한발 뒤에 섰던 허창수 회장은 소탈하고 겸손한 면모를 갖고 있다. 서울 강남구 역삼동 GS타워에서 지하철 한 코스 떨어진 강남역 정도는 수행비서도 없이 걸어서 다닌다. 집중이 안 될 경우 길을 걸으며 경영구상도 하고 주변을 둘러보면서 최근의 트렌드를 파악해 새로운 아이디어도 얻는다.

허창수 회장은 감성경영인으로도 유명하다. 집에서 홈시어터를 통해 오페라 DVD를 보는 것으로 망중한의 여가를 즐긴다. 또한 탁월한 외국어 실력을 지닌 데다 젊은 직원들도 따라가기 힘들 정도로 첨단기기들에 관심이 많다.

　허창수 회장은 이철승 전 상공부 차관의 딸인 부인 이주영(63) 씨와의 사이에 1남 1녀를 뒀다. 아들 윤홍(36) 씨는 GS건설 상무로 근무하고 있다.


허준구 회장의 2남인 허정수(65) 씨는 GS네오텍(전 LG기공) 지분 100%를 보유하며 회장을 맡고 있다. 고려대 경영학과 출신인 허정수 회장은 1990년대 LG전자에서 상무로 일하다 1996년 LG기공으로 자리를 옮겨 독립했다.

　당시 LG는 처음으로 계열분리를 시도하면서 구씨와 허씨 한 명씩을 분가시키기로 했는데, 구씨 쪽에서는 구정회 씨 아들인 구형우 씨가 부민상호저축은행을 갖고 독립했고, 허씨 쪽 대표로 허정수 회장이 LG기공을 맡았다. GS네오텍은 1974년 창사 이래 정보통신, 플랜트, 기전 분야에서 설계, 시공 및 운영 등의 사업을 수행하는 기업으로서 견실하게 성장하고 있다. 부인 한영숙(61) 씨와의 사이에 2남을 두고 있는데, 장남 허철홍(36) 씨는 ㈜GS, 차남 허두홍(33) 씨는 GS네오텍에 근무 중이다.

　허준구 회장의 3남인 허진수(62) GS칼텍스 부회장은 고려대 경영학과와 미 조지워싱턴대 경영대학원을 마치고 주로 호남정유(현 GS칼텍스)에서 일했다. 2001년부터 GS칼텍스 경영전략본부장, 생산본부장, 정유영업본부장 등을 거쳐 2013년부터 대표이사를 맡고 있다. 허진수 부회장은 부인 이영아(57) 씨와의 사이에 두 아들을 두고 있는데, 장남 허치홍(32) 씨는 GS글로벌, 차남 허진홍(30) 씨는 GS건설에 근무 중이다.

4남 허명수(60) GS건설 부회장은 경복고와 고려대 전기공학과를 나와 LG전자 청소기공장장, 영국 뉴캐슬 법인장 등을 거쳐 2002년 허창수 회장과 함께 GS건설로 자리를 옮겼다. GS건설에서 재경본부장, 경영지원본부장, 사업지원총괄본부장(CFO)을 역임하고 2007년부터 2013년 6월까지 대표이사를 맡아 GS건설을 업계 빅5에 진입시켰다. 현재는 경영 일선에서 물러나 대외 업무에 집중하고 있다.

허명수 부회장은 노재현 전 국방부 장관의 딸인 부인 노경선(55) 씨와의 사이에 2남을 뒀다. 노 전 국방장관은 '12·12사태'때 국방장관을 지낸 뒤 한국종합화학공업 사장, 한국비료공업협회 회장, 한국자유총연맹 총재 등을 지냈다. 장남 허주홍(32) 씨는 GS칼텍스, 차남 허태홍(30) 씨는 GS홈쇼핑에 근무하고 있다.

5남 허태수(58) GS홈쇼핑 부회장은 중앙고와 고려대 법대를 거쳐 미국 조지워싱턴대에서 MBA 코스를 밟았다. 이후 콘티넨탈은행, 어빙은행 등 금융권 경력을 살려 LG투자증권 과장, 국제금융사업부 상무를 거쳤다. 2002년 GS홈쇼핑 전략기획부문 상무, 경영지원부문 부사장을 거쳐 2007년부터 GS홈쇼핑 대표를 역임하고 있다. 허 부회장은 중국, 인도 등 해외 7개국에서 홈쇼핑 합작사업을 벌이면서 연간 해외 취급액 1조 원을 바라볼 정도의 글로벌 홈쇼핑 기업으로 발돋움시켰고, TV홈쇼핑을 넘어 모바일 커머스로 사업을 성공적으로 확장시키고 있다.

허태수 부회장은 바로 위 형인 허명수 부회장과 함께 골프 실력이 싱글 수준으로 뛰어나다고 알려져 있다. 이한동(81) 전 국무총리의 장녀인 부인 이지원⟨53⟩ 씨와의 사이에 1녀를 두고 있으며, ⟨동아일보⟩ 김재호 사장이 손아랫동서다.

허씨 일가는 우리나라를 대표하는 부자로 꼽히는 진주의 만석꾼 집안이다. 허창수 GS 회장의 조부는 일제 때 독립운동 자금을 댔던 효주(曉州) 허만정이다. 그는 독립운동 자금을 대고 진주여고를 설립했으며, 곤궁한 소작농과 주민에게는 쌀을 나눠줬다. 삼성과 LG의 창업에도 돈을 댔다. 부와 함께 세간의 존경까지 받은 집안이기에 혼사를 통해 연을 맺고자 하는 가문이 줄을 이었다.

허만정 씨의 장남 허정구 삼양통상 회장은 이병철 회장, 조홍제 효성그룹 창업주와 함께 삼성을 공동 창업했다. 보성전문 법학과 출신인 허정구 회장은 제일제당(현 CJ) 전무, 삼성물산 사장을 지낼 정도로 삼성 경영에 깊숙이 관여하다 1957년 삼양통상을 설립, 독립했다.

삼양통상은 핸드백용·신발제조용·카시트용 피혁 등을 만들고 야구글러브 등 스포츠용품을 생산하고 있다. 수입담배, 골프용품, 윤활유 판매 등을 맡고 있는 삼양인터내셔널과 남서울CC를 보유하고 있는 경원건설 등을 계열사로 두고 있다.

허정구 회장은 권투협회장, 대한체육회장, 프로골프협회장, 골프장협회장, 아시아태평양아마골프회장 등을 역임하며 체육계와 남다른 인연을 쌓았으며, 생전에 체육훈장 기린장을 받았다. 한국 골프의 기틀을 마련한 허 회장을 기려 한국 아마추어 골프선수권대회가 2003년부터 허정구배로 이름을 바꾸어 치러지고 있다.

삼양통상은 허정구 회장이 1999년 타계한 뒤 장남인 허남각(77) 회장
이 이끌고 있다. 허남각 회장의 부인은 이화여대 문헌정보학과 교수
를 지낸 구자영(78) 씨다. 허남각 회장은 보성고와 서울대 상대, 미
시카고대 대학원을 마친 뒤 1963년 삼양통상 시카고 지사장으로 경영
에 뛰어들었다.

허남각 회장의 장녀 허정윤(44) 씨는 정문원 전 강원산업 회장 아
들 정대호(47) 씨와 결혼했고, 아들 허준홍(40) 씨는 GS칼텍스 상무
로 근무하고 있다. 이로써 현대차그룹 정몽구 회장의 장남인 정의선
씨와 사돈으로 연결된다. 정의선 씨가 정문원 회장의 조카사위이기
때문이다.

차남 허동수(72) GS칼텍스 회장은 보성고와 연세대 화학공학과를
졸업하고 미 위스콘신대에서 화학공학 석·박사 학위를 받은 대표적
인 '오너경영인'이다. 허 회장은 미국 셰브론연구소의 연구원을 거쳐
1973년 호남정유(현 GS칼텍스)로 입사, 40여 년 동안 '오일맨'의 길을
걷고 있다.

허동수 회장은 아마 7단으로 바둑에 남다른 취미를 갖고 있는데,
2001년 한국기원 이사장을 맡아 GS칼텍스배 바둑대회를 신설하고,
2010년 광저우 아시안게임에서 금메달을 휩쓰는 등 바둑 활성화에도
기여했다. 젊은 시절에는 태권도 선수로도 활동했다. 2014년부터 사
회복지공동모금회 회장을 맡고 있다.

허동수 회장은 김선집 전 동양물산 회장의 장녀인 부인 김자경(70)
씨와의 사이에 2남 1녀를 두었으며, 장남 허세홍(46) GS칼텍스 부사
장은 부방그룹 이동건 회장의 차녀인 이희정(46) 씨와 결혼하여 두

딸을 두고 있다.

3남 허광수(69) 삼양인터내셔널 회장은 경기고와 고려대 상대를 졸업한 뒤 미 스탠퍼드대 대학원을 마쳤다. 삼양통상과 나이키의 합작사였던 한국나이키 대표이사를 맡기도 했다. 아시아태평양 골프연맹 부회장, 영국 로열앤드에인션트골프클럽 정회원으로 골프와 인연이 깊다. 허광수 회장은 사촌 동생(허명수·허태수)들에 못지않은 골프실력을 자랑한다. 고려대 아이스하키 대표선수로 활약할 정도로 '운동신경'이 남다르다.

허광수 회장의 부인은 김동조 전 외무부 장관의 딸인 김영자(65)씨로, 정몽준 전 국회의원의 부인 김영명 씨의 언니다. 허 회장의 외동딸 허유정(41) 씨는 방상훈 〈조선일보〉 사장의 아들인 방준오(41)씨와 결혼했고, 아들 허서홍(38) 씨는 홍석현 〈중앙일보〉 회장의 외동딸 홍정현(35) 씨와 결혼했다.

허남각·동수·광수 3형제는 GS타워 인근에 '삼정빌딩'을 갖고 있는데, 이곳에 삼양통상 본사가 입주해 있다. '삼정'은 3형제가 돈을 모아 세웠다고 해서 지은 이름이라고 한다.


허만정 씨는 8형제 가운데 허준구 씨의 경영수업을 사돈인 구인회 LG 창업회장에게 부탁했는데, 이후 허준구 씨의 형인 허학구 씨와 동생 허신구(86) GS리테일 명예회장도 LG경영에 뛰어들었다.

허학구 씨는 고향마을을 지키다 1951년 플라스틱 사업 진출을 준비하던 락희화학에 들어갔다. 부산 범일동에 공장 부지를 마련하고 사업진출을 서두르던 구인회 회장은 학구 씨를 불러들여 아들 자경 씨와 함께 공장 업무를 맡겼다. 이후 각각 전무와 상무로 승진한 뒤에도 둘은 공장이 완공돼 빗, 칫솔 등을 생산하기 시작하자 군용 슬리핑백에서 잠을 자며 현장 노동자처럼 일했다고 한다.

구자경 명예회장은 당시 함께 고생한 허학구 씨와 그의 자형인 이연두 씨 등 '지킴이 삼총사'가 일은 물론 술로도 호흡이 잘 맞았다고 회고했다. 허학구 씨는 6척 장신으로 경기고보 시절부터 농구선수로 이름을 날렸지만 부친(허만정)이 공부를 해야 한다며 진주고보로 전학을 시켰다. 하지만 진주고보에서도 농구를 시키려고 하자 일본으로 유학을 떠나야 했다고 한다. 허학구 씨는 LG전선 부사장을 지내기도 했지만 1970년 구자경 회장이 2대 회장으로 취임하자 경영 일선에서 물러났다.

허학구 씨는 최필선 씨와의 사이에서 1남 3녀를 낳았는데, 장남 허전수 씨는 코스닥 등록기업인 새로닉스 회장을 맡아 오다 2010년 5월 별세했다.

허신구 GS리테일 명예회장은 부산대 상대를 나와 해운회사인 '조선통운'에 근무하다가 사돈어른인 구인회 회장의 부름을 받고 락희화학의 서울사무소 일을 맡았다. 허 명예회장은 처음에는 장사 경험이 없다며 사돈의 제안을 거절했지만 "자네 뒷조사는 다 했다. 그만하면 일 하겠더라"며 서울행 기차표를 쥐어 주는 사돈의 청을 뿌리칠 수 없었다고 한다.

허신구 명예회장은 이후 동남아 출장에서 '합성세제' 아이디어를 얻어 럭키 '하이타이'를 탄생시키는 등 혁혁한 공을 세웠다. 금성사 사장, 럭키 사장, 그룹 부회장, 럭키석유화학 회장을 지내다 1995년 구본무 회장 취임과 함께 일선에서 물러났다.

허신구 명예회장은 윤봉식(84) 씨와의 사이에 2남 2녀를 뒀다.

장남 허경수(58) 씨는 코스피 상장기업인 코스모화학 등을 주력으로 한 '코스모그룹' 회장을 맡고 있다. 코스모그룹은 코스모앤컴퍼니 지주회사를 통해 코스모화학, 코스모신소재, 코스모산업, 코스모촉매, 코스모글로벌, 마루망코리아 등을 자회사로 거느리고 있다. 허회장은 LG전자에서 이사로 잠시 일하다 1997년 코스모산업 대표이사로 자리를 옮겼다.

동생인 허연수(54) 씨는 GS리테일 사장으로 삼촌인 허승조(65) 부회장을 보필하고 있다. 보성고와 고려대 전기공학과를 거쳐 1987년 LG에 입사한 허연수 사장은 LG상사 싱가포르 지사장을 끝으로 상사를 떠나 2003년부터 LG유통(GS리테일)에서 일해 왔다.

허완구(79) 승산 회장은 미 페이퍼대에서 경영학을 전공하고 돌아와 잠시 LG에서 일했지만 1969년 '대왕육운'이라는 물류회사를 차려 일찌감치 독립했다. 허완구 회장은 이미 LG에서 자리를 잡고 있던 형님들이 너무 많아 회사를 나왔다고 한다.

대왕육운은 이후 구씨와 허씨의 고향 이름을 따 승산으로 이름을 바꿨다. 허완구 회장은 한국올림픽위원회(KOC) 상임위원, 부위원장과 민속씨름협회장 등을 맡을 정도로 스포츠에도 남다른 열정을 보였다. 아버지 허만정 씨가 1925년에 설립한 진주여고(일신여고)에 100억 원을 쾌척, 교사를 새로 짓는 등 발전에 기여한 공로로 1996년 국민훈장 동백장을 받았다.

승산은 미국 내 계열사인 철강회사 파웨스트스틸(Farwest Steel)과 물류센터 임대사업 등을 하고 있으며, 2007년 5월 강원도 강릉시에 샌드파인 골프클럽을 오픈하고, 2012년 7월 샌드파인 골프클럽 인근에 라카이 샌드파인 리조트를 개장, 운영하고 있다.

허완구 회장은 '와사등', '추일서정' 등으로 유명한 김광균 시인의 딸인 부인 김영자(76) 씨와의 사이에 1남 1녀를 뒀다. 장남 허용수 (47) 씨는 보성고와 미 조지타운대를 마치고 뉴욕 및 홍콩 CS 퍼스트 보스턴 투자증권에서 일했다. 2003년부터 2006년까지 승산레저 대표를 역임하고, 2007년 ㈜GS 사업지원팀장 상무, 전무를 거쳐 2013년부터 GS에너지에서 부사장으로 근무하고 있다. 허용수 부사장의 여동생 허인영(43) 씨는 승산 대표이사를 맡고 있다.


허승효(71) 씨는 경남고와 경희대를 졸업하고 형님 회사인 정화금속이사와 승산 대표이사를 역임한 뒤 1985년부터 조명전문업체인 알토 회장을 맡고 있다. 알토는 아셈타워 정상회의실과 인터컨티넨탈호텔, 서울역사, 인천공항 여객터미널, GS타워 등의 조명시스템을 설계, 제작했다. 숭례문, 보신각, 비원, 동십자각 등 문화재 조명도 이 회사의 작품이다.

서울시 야간경관 개선 공로로 월드컵유공자, 모범시민상 등을 받은 허승효 회장은 한국조명디자이너협의회 회장, 한국산업디자인협회 이사, 한국전기설비조명학회 이사 등을 맡았다.

조명설계, 기구디자인, 조명기기 제조 등 조명기술 및 디자인 서비스 회사인 알토의 지분은 허승효 회장이 36.03%, 장남 영수(46) 씨가 15%, 윤수(42) 씨가 18.8%, 동생인 허승표(69) 회상이 운영하는 피플웍스프로모션이 3.84% 등을 보유하고 있다.

허승표 피플웍스 회장은 기업인으로뿐만 아니라 '축구인'으로도 잘 알려진 인물이다. 보성고와 연세대 상대, 서울은행에서 축구선수로 활약했고 1974년 한국인 최초로 영국 프로축구 3부 리그에서 뛰기도 했다. 허 회장은 1990~1992년 대한축구협회 부회장을 지냈고 1997년에는 축구협회장 선거에 나서기도 했다. 2005년에 한국축구연구소 이사장을 맡았다.

허승표 회장은 1978~1990년 형님 회사인 승산에서 근무한 뒤 1990년 방송프로그램 제작, 미디어 유통, CF 편집 등을 담당하는 미디아트 대표이사로 취임했다. 미디아트는 2009년 7월 피플웍스프로모션으로 사명을 변경하고 2014년 12월 광고대행 및 광고물제작 회사인 피플웍스커뮤니케이션과 합병했다.

허승표 회장은 부인 조희숙(66) 씨와의 사이에 1남 1녀를 두고 있다. 아들 허준수(38) 씨는 LG CNS를 거쳐 현재 피플웍스 이사로 근무하고 있으며, 딸 허서정(39) 씨는 큐레이터로 활동 중이다.

허승조(65) GS리테일 부회장은 서울고와 한양대 공업경영학과를 졸업하고 1978년 럭키금성상사에 입사해 20여 년간 해외관련 업무를 수행한 상사맨이다. 1997년 LG상사에서 운영하던 할인점 사업을 맡으면서 유통업과 인연을 맺었고, 패션본부장, 유통사업부문장, 마트부문장 등을 거쳐 2000년 LG백화점 사장을 역임했다. 2002년 LG유통, LG마트, LG백화점 3사가 통합하면서 초대 대표이사를 맡아 지금까지 이끌고 있다.

허승조 부회장은 GS리테일 대표이사 취임 후 서로를 배려하고, 새로움을 추구하며, 최고를 지향하고, 즐겁게 일한다는 의미의 조직가치인 4F(Fair-올바른, Friendly-친근한, Fresh-신선한, Fun-즐거운)를 만드는 등 유연하면서도 진취적인 조직문화를 확립했다.

허승조 부회장은 태광그룹 창업주 이임룡 회장의 장녀인 부인 이경훈(61) 씨와의 사이에 2녀를 두고 있다. 허 부회장의 처가는 장상준 전 동국제강 회장, 양택식 전 서울시장, 한광호 한국베링거인겔하임 명예회장, 신선호(롯데 신격호 회장 셋째 동생) 일본 산사스식품 사장 등과 혼사를 맺었다.

# LS그룹

## LS그룹의 사촌 공동경영

LS그룹은 경영권을 두고 '무혈 전쟁'을 벌이는 다른 재벌가와 달리 훈훈한 회장직 승계 등 사촌 간 공동경영으로 재계의 주목을 받는 기업이다. LG 창업주인 고 구인회 회장의 셋째, 넷째, 다섯째 동생인 구태회 LS전선 명예회장, 고 구평회 E1 명예회장, 고 구두회 예스코 명예회장이 2003년 LG그룹으로부터 전선과 금속 부문을 계열분리, 독립해 만든 회사다. 3형제는 구태회 명예회장의 장남인 구자홍 회장을 그룹 초대 회장으로 하고 사촌들에게 회장직을 계승하게 하는 '사촌경영' 원칙에 뜻을 같이했다.

창립 10주년을 맞은 2012년 11월 구자홍 회장은 그룹 회장직을 맡은 지 10년 만에 구평회 명예회장의 장남이자 사촌 동생인 구자열 회장에게 아낌없이 경영권을 승계하며 '사촌 간 공동경영'이라는 전통을 대내외에 과시했다.

구자홍 회장은 당시 이임식에서 "LS가 글로벌 기업으로 성장한 만큼 더 역동적이고 능력 있는 경영인이 제 2의 도약을 이뤄야 할 때"라며 "구자열 회장이 최적임자로 확신한다"고 치켜세웠다.

구자홍 회장은 현재 그룹 연수원인 LS미래원 회장에 이어 2015년부터 LS니꼬동제련 회장을 맡아 글로벌 기업으로의 도약을 이끌고 있다. 주력 계열사인 LS전선과 LS산전도 사촌지간인 구자엽 회장과 구자균 회장이 나눠 맡고 있다.

재계에서 보기 드문 사촌 간 공동경영은 실적으로 나타났다. 핵심 기술 국산화, 인수합병(M&A), 글로벌 성장 전략을 바탕으로 2003년 7조 3,500억 원이던 매출을 10년 만인 2013년 26조 9,658억 원으로 4배가량 키웠다. 재계그룹 순위도 13위(공기업 및 민영화된 공기업 제외 시)로 성장했다.

그러나 이렇게 내부 화합이 잘 다져진 LS그룹에도 2013년 원전부품 시험성적서 조작 및 담합 사건이 터지면서 위기가 찾아왔다. 원전이슈 여파는 2014년 한 해 LS그룹의 발목을 잡았다. 회사의 주력 계열사인 LS전선의 자회사 JS전선은 상장 폐지됐고, 사업정리 선언으로 매출에도 큰 타격을 입었다.

취임 첫해부터 악재가 터진 구자열 LS그룹 회장은 원전이슈 문책성 인사로 분위기 반전을 꾀하며 2014년을 '새로운 도약의 원년'으로 삼았다. 하지만 엎친 데 덮친 격으로 2014년 5월 LS니꼬동제련 공장에서 잇단 사고가 터지고 7월에는 LS전선에 대한 국세청의 세금 폭탄

(109억 원)이 떨어졌다. 글로벌 건설경기 침체까지 겹친 LS전선의 매출액은 2011년 6조 원에서 2013년 5조 원 아래로 급락해 3년 만에 4조 원 안팎으로 주저앉았다.

LS그룹의 묘책은 오너가 2·3세의 승진 인사에서 시작됐다. 능력이 검증된 차세대 경영후계자들을 대거 중용해 경영관리 역량을 대폭 강화하겠다는 일환이었다. LS그룹은 2015년 1월 구자균 LS산전 부회장과 구자은 LS전선 사장을 회장과 부회장으로 각각 승진시켰다. 구자균 회장은 초고압 직류 송전기술의 세계적 경쟁력을 확보했다는

### LS그룹 주요 연혁

| 연도 | | 내용 |
|---|---|---|
| 2003년 | 11월 | LG에서 계열분리 |
| 2005년 | 3월 | CI 선포식 |
| | 9월 | 중국 우시 LS산업단지 준공 |
| 2008년 | 5월 | LS타워 준공 |
| | 7월 | 지주회사 전환 |
| | 8월 | 북미 최대 전선회사인 수페리어 에식스 인수 |
| 2009년 | 9월 | LS미래원 개원 |
| | 11월 | LS전선, 동해해저케이블 공장 준공 |
| 2010년 | 4월 | LS산전, 부산 초고압 공장 준공 |
| 2011년 | 1월 | 경영철학 LSpartnership 선포 |
| | 5월 | LS니꼬동제련, GRM 단양공장 준공 |
| 2012년 | 4월 | LS전선/LS엠트론, 군포 R&D센터 준공 |
| | 5월 | LS산전, 그린카 부품(EV Relay)공장 준공 |
| | 10월 | LS전선, 미국 전력케이블 공장 준공 |
| 2013년 | 10월 | LS엠트론 브라질 트랙터 공장 준공 |
| | 11월 | LS 창립 10주년 / 역사관 개관 |
| | 12월 | LS아이앤디 설립 |
| 2014년 | 1월 | 준법경영 선포 |
| | 5월 | LS산전, 북당진–고덕 HVDC(초고압직류송전)변환설비 건설공사 수주 |
| | 10월 | LS전선, 세계 최초 직류 초전도 케이블 실증실험 시작 |

구자열 LS그룹 회장이 2011년 직계가족과 화목한 시간을 보내고 있다.
아래 왼쪽부터 구자열 회장, 부인 이현주 씨, 장녀 은아 씨, 사위 이우성 이테크건설 전무.
위 오른쪽부터 아들 구동휘 부장, 차녀 은성 씨.

점, 구자은 부회장은 LS전선의 위기 속에 해저·초전도 케이블 등의
핵심사업 기술력과 해외 수주를 주도했다는 점을 평가받았다.

트랙터, 전자부품 사업을 미래전략사업으로 키우기 위해 LS엠트론
을 사업부문으로 승격시켜 구자은 부회장에게 대표 자리를 맡겼다.
구두회 명예회장의 외아들인 구자은 LS엠트론 부회장은 LS니꼬동제
련 전무, LS전선 사장 등을 거쳤다. 사촌 경영이 잘 지켜진다면 차기
LS그룹 회장은 구자은 부회장이 될 가능성이 높아 재계는 그를 눈여
겨보는 분위기다.

구태회 명예회장의 차남인 구자엽 회장은 그룹의 주력 계열사인 LS

412

전선 회장을 맡고 있다. 2015년 새로운 비전을 담은 'LS전선 길(way)' 을 발표하며, 단순한 케이블 공급회사가 아닌 엔지니어링과 시공 등 종합 서비스를 제공하는 글로벌 케이블 솔루션 기업으로의 도약을 이끌고 있다.

구자열 LS그룹 회장은 2014년 9월 LS미래원에서 열린 사장단 회의 에서 '독한 승부근성과 강한 리더십'을 강조하며 비상경영을 선언했다. 2015년 신년사에서는 글로벌 선도기업 이상의 변화 주도를 강조 했다. LS그룹 전체 연간 세전이익이 실제 4천억~5천억 원대를 벗어 나지 못하는 등 2009년 이후 그룹의 성장성과 수익성이 모두 정체돼 있다는 아픈 진단을 대내외에 밝혀 정면 돌파를 선언한 셈이다.

잇단 승진으로 조금씩 활동 영역을 넓히는 구본혁 LS니꼬동제련 전무(고 구자명 LS니꼬동제련 회장 아들), 구본규 LS산전 상무(구자엽 LS전선 회장 아들), 구동휘 LS산전 부장(구자열 LS그룹 회장 아들) 등 3 세들의 활약상도 지켜볼 대목이다.

현재 51개 계열사를 산하에 둔 LS그룹은 차세대 신성장동력으로 해저케이블, 스마트그리드, 초고압직류송전(HVDC), 전기차 전장 부품, 해외자원 개발 등 그린 비즈니스를 육성하고 있다. 주요 계열 사로는 초전도·초고압 케이블 분야 세계 최고 기술을 보유한 LS전 선, 그린카·태양광 등 그린비즈니스 리더 LS산전, 국내 유일·세계 3대 동제련 기업인 LS니꼬동제련, 트랙터 등 산업 기계·부품 글로 벌 기업 LS엠트론, 국내 최초 전선회사 가온전선, 에너지 서비스기 업 E1과 예스코 등을 두고 있다.

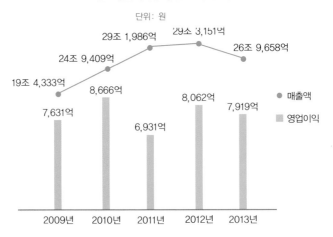

### LS그룹 매출액 및 영업이익 추이

단위: 원

29조 1,986억

29조 3,151억

24조 9,409억

26조 9,658억

19조 4,333억

8,666억

8,062억

7,919억

7,631억

6,931억

● 매출액

■ 영업이익

2009년 2010년 2011년 2012년 2013년

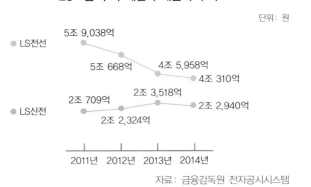

### LS그룹 주력 계열사 매출액 추이

단위: 원

● LS전선

5조 9,038억

5조 668억

4조 5,958억

4조 310억

2조 3,518억

● LS산전

2조 709억

2조 2,940억

2조 2,324억

2011년 2012년 2013년 2014년

자료: 금융감독원 전자공시시스템

414

## '태·평·두' 3세 후계구도 본격화

'태·평·두'(구태회·구평회·구두회 명예회장의 줄임말) 구씨 가문의 3세 후계 작업이 본격화되고 있다. 유교적 색채가 강한 보수적인 LS 그룹의 3세 경영수업은 철저히 아들 위주로 진행된다. 배우자는 물론 딸들도 그룹 경영에서 배제된다.

LS그룹은 2015년 1일 신년인사에서 부사장급 이상 경영 후계자들을 발탁해 중책을 맡겼다. 일부 3세들은 승진했다. 2014년 11월 작고한 구자명 LS니꼬동제련 회장 아들인 구본혁 LS니꼬동제련 상무는 전무로 승진했다. 구본혁 전무는 국민대 국제경영학과를 졸업하고 미 UCLA에서 MBA를 마친 뒤 2003년 LS전선에 입사했다. 이후 2009년 지주회사인 LS 경영기획팀에서 경험을 쌓다가 2012년 임원이 되면서 LS니꼬동제련으로 옮겼다. LS 오너 일가 3세 가운데 처음으로 임원 자리에 9년 만에 올랐다.

구자엽 LS전선 회장의 아들인 구본규 LS산전 이사는 상무로 승진했다. 구본규 상무는 원전 부품비리가 터진 2013년 연말 인사에서 오너 일가로는 유일하게 LS산전 부장에서 이사로 승진했다. 2007년 LS전선에 입사해 2010년 LS산전으로 옮겨 상무가 되기까지 6년 만에 이뤄진 초고속 승진이다. 이들은 모두 구태회 LS전선 명예회장 손주들이다.

그룹의 주력인 LS산전에서는 현재 구본규 상무 외에 구평회 E1 명예회장의 손주이자 구자열 LS그룹 회장의 외아들인 구동휘 씨가 부장으로 경영수업을 받고 있다. 2013년 11월 LS산전 차장으로 입사한 동휘 씨는 처음에는 경영전략실 전략기획부문에서 일하다 "공장 일부터 배워야 한다"는 부친 구자열 회장의 방침에 따라 바로 충북 청주의 LS산전 생산공장 생산기획팀으로 내려갔다. 아버지의 권유로 입사 전에는 2년간 우리투자증권 투자은행(IB)에서 일했다.

구태회 명예회장의 장손이자 구자홍 LS니꼬동제련 회장의 아들인 구본웅 씨는 미국에서 벤처캐피탈 회사인 포메이션8을 창업해 벤처사업가로 활동 중이고, 구자철 예스코 회장의 외아들 구본권 씨는 2012년 LS그룹에 입사해 2015년 현재 LS전선 차장을 맡고 있다. 2014년 2월과 4월에는 두 차례에 걸쳐 구자홍 LS니꼬동제련 회장, 구자엽 LS전선 회장, 구자명 회장, 구자철 예스코 회장 등 LS그룹 2세 경영진들은 자신들의 지분을 3세에게 고스란히 넘겼다.

'태·평·두' 삼형제는 LS그룹 지주사인 ㈜LS를 중심으로 LS전선, LS산전, LS엠트론, LS니꼬동제련 등 주요 계열사 지분을 33.4% 보유하고 있다. ㈜LS의 33.4%는 가문별로 구태회 명예회장, 구평회 명예회장 측, 구두회 명예회장 측이 4 대 4 대 2의 비중으로 나눠서 보유 중이다.

일각에서는 아직까지 2세 경영인이 비교적 젊은 편이어서 후계 논의를 하기에는 이르다는 지적도 나온다. 'CEO스코어'에 따르면 2014년 10월 기준으로 구자홍 회장 가문의 자식에 대한 자산 승계율은 14.7%, 구자열 회장 가문의 자산 승계율은 15.7%에 불과하다. 다만 구자은 LS 엠트론 부회장 가문은 부친인 구두회 회장이 작고한 관계로 자산 승계율이 100%다.

구두회 명예회장의 차녀인 구지희 씨는 2011년 LS 지분 8천 주를 남동생과 언니인 구자은 LS엠트론 부회장과 구은정 태은물류 사장에게 넘기고 LS그룹과의 지분 관계를 완전히 청산했다.

## LS그룹의 혼맥

LS그룹의 혼맥은 정계, 재계, 관계, 학계 등 얽히지 않은 곳이 없는, 그야말로 화려한 재벌가 '거미줄' 혼맥의 전형을 보여 준다. 생존 경쟁이 치열한 재계에서 권력과 명망 있는 인사의 집안과 사돈을 맺고 사업적 필요에 따라 동고동락하는 가문 대 가문의 혼사는 할아버지 때부터 손자에 이르기까지 꾸준히 이어진다.

구인회 범LG가 창업주의 셋째 동생인 구태회(92) LS전선 명예회장은 부인 최무 여사와의 사이에 4남 2녀를 뒀다. 장녀인 구근희(72) 씨는 이계순 전 농림부 장관의 아들 이준범(74) 씨와 결혼해 정계와 첫 혼맥을 맺었다. 이준범 회장은 합성수지업체 화인 회장으로 구근희 씨와의 사이에 미영(48), 지현(43), 재우(41) 등 3남매를 뒀다.

장남인 구자홍(69) LS니꼬동제련 회장은 구씨 가문에서 드물게 지순혜(70) 씨와 연애결혼을 했다. 두 사람은 1남 1녀를 뒀는데, 딸 구나윤(38) 갤러리 Koo 대표는 평범한 혼사를 한 반면, LS가 장손인 구본웅(36) 벤처캐피털 포메이션8 대표는 유호민 전 대통령 경제수석의 딸 유현영 씨와 결혼해 두 아들을 뒀다. 스탠퍼드대 경제학과와 경영대학원(MBA)을 졸업한 구본웅 대표는 2012년 미국에서 포메이션8을 창립해 미국 실리콘밸리의 상위 25위권 기업으로 성장시켜 재벌 3세로서 새 길을 개척했다는 평을 받고 있다.

# 구태회 LS전선 명예회장 가계도

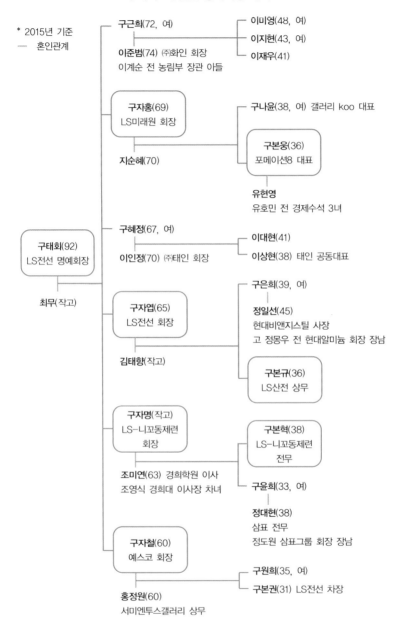

* 2015년 기준
― 혼인관계

구태회(92)
LS전선 명예회장

최무(작고)

구근희(72, 여)

이준범(74) ㈜화인 회장
이계순 전 농림부 장관 아들

이미영(48, 여)
이지현(43, 여)
이재우(41)

구자홍(69)
LS미래원 회장

지순혜(70)

구나윤(38, 여) 갤러리 koo 대표

구본웅(36)
포메이션8 대표

유현영
유호민 전 경제수석 3녀

구혜정(67, 여)

이인정(70) ㈜태인 회장

이대현(41)
이상현(38) 태인 공동대표

구자엽(65)
LS전선 회장

김태향(작고)

구은희(39, 여)

정일선(45)
현대비앤지스틸 사장
고 정몽우 전 현대알미늄 회장 장남

구본규(36)
LS산전 상무

구자명(작고)
LS-니꼬동제련
회장

조미연(63) 경희학원 이사
조영식 경희대 이사장 차녀

구본혁(38)
LS-니꼬동제련
전무

구윤희(33, 여)

정대현(38)
삼표 전무
정도원 삼표그룹 회장 장남

구자철(60)
예스코 회장

홍정원(60)
서미엔투스갤러리 상무

구원희(35, 여)
구본권(31) LS전선 차장

418

# 구평회 E1 명예회장 가계도

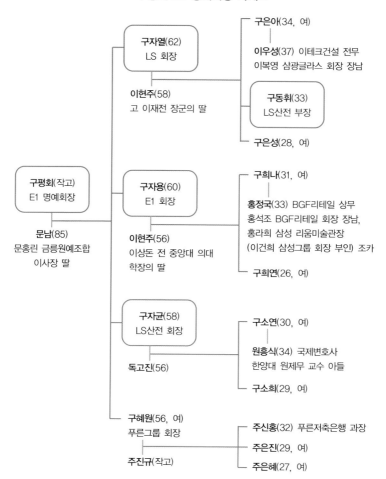

- **구평회**(작고)<br>E1 명예회장
  - **문남**(85)<br>문흥린 금릉원예조합<br>이사장 딸

- **구자열**(62)<br>LS 회장
  - **이현주**(58)<br>고 이재전 장군의 딸
    - **구은아**(34, 여)
      - **이우성**(37) 이테크건설 전무<br>이복영 삼광글라스 회장 장남
    - **구동휘**(33)<br>LS산전 부장
    - **구은성**(28, 여)

- **구자용**(60)<br>E1 회장
  - **이현주**(56)<br>이상돈 전 중앙대 의대<br>학장의 딸
    - **구희나**(31, 여)
      - **홍정국**(33) BGF리테일 상무<br>홍석조 BGF리테일 회장 장남,<br>홍라희 삼성 리움미술관장<br>(이건희 삼성그룹 회장 부인) 조카
    - **구희연**(26, 여)

- **구자균**(58)<br>LS산전 회장
  - **독고진**(56)
    - **구소연**(30, 여)
      - **원흥식**(34) 국제변호사<br>한양대 원제무 교수 아들
    - **구소희**(29, 여)

- **구혜원**(56, 여)<br>푸른그룹 회장
  - **주진규**(작고)
    - **주신홍**(32) 푸른저축은행 과장
    - **주은진**(29, 여)
    - **주은혜**(27, 여)

LS그룹 419

## 구두회 예스코 명예회장 가계도

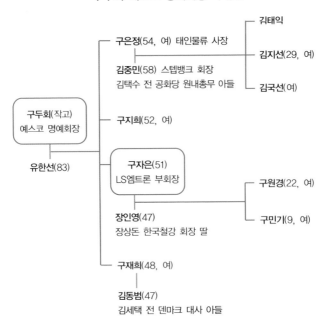

구두회(작고)
예스코 명예회장

유한선(83)

구은정(54, 여) 태인물류 사장
김중민(58) 스텝뱅크 회장
김택수 전 공화당 원내총무 아들

김태익
김지선(29, 여)
김국선(여)

구지희(52, 여)

구자은(51)
LS엠트론 부회장
장인영(47)
장상돈 한국철강 회장 딸

구원경(22, 여)
구민기(9, 여)

구재희(48, 여)
김동범(47)
김세택 전 덴마크 대사 아들

**구태회**(92)
LS전선 명예회장

**구평회**(작고)
E1 명예회장

**구두회**(작고)
예스코 명예회장

**구자홍**(69)
LS미래원 회장

**구자엽**(65)
LS전선 회장

**구자명**(작고)
전 LS-니꼬동제련 회장

**구자철**(60)
예스코 회장

**구자열**(62)
LS 회장

**구자용**(60)
E1 회장

**구자균**(58)
LS산전 회장

**구자은**(51)
LS엠트론 부회장

**구본혁**(38)
LS-니꼬동제련 전무

**구본웅**(36)
포메이션8 대표

**구본규**(36)
LS산전 상무

**구동휘**(33)
LS산전 부장

차녀 구혜정(67) 씨는 이인정(70) 태인 회장과 결혼해 대현(41), 상현(38) 두 아들을 뒀다. 현재 부친과 함께 태인 공동대표를 맡고 있는 상현 씨는 재벌가 후손답지 않게 2003년 한양대 총학생회장 비운동권 후보로 나서 당선돼 화제가 됐었다.

구자엽(65) LS전선 회장은 2012년 세상을 떠난 부인 김태향 씨와의 사이에 1남 1녀를 뒀다. 장녀 구은희(39) 씨는 정몽우 전 현대알미늄 회장의 장남이자 정주영 현대그룹 회장의 손주인 정일선(45) 현대비앤지스틸 사장과 결혼해 현대가와 사돈이 됐다. 장남 구본규(36) LS산전 상무는 미국 유학을 다녀온 뒤 평범한 집안과 혼사를 치른 것으로 전해졌다.

2014년 11월 숙환으로 별세한 3남 구자명 전 LS니꼬동제련 회장은 조영식 경희대 이사장의 차녀 조미연(63) 경희학원 이사와 혼인해 학계로도 혼맥이 이어졌다. 두 사람 사이에는 구본혁(38), 구윤희(33) 남매가 있다. 구본혁 LS니꼬동제련 전무는 2003년부터 경영수업을 받고 있으며, 구윤희 씨는 삼표그룹 정도원 회장의 외아들이자 후계자인 정대현 삼표 전무와 결혼해 재계의 주목을 받았다.

4남인 구자철(60) 예스코 회장은 홍정원 서미앤투스갤러리 상무와 결혼해 1남 1녀를 뒀다. 장녀는 구원희(35) 씨고, 아들 구본권(31) 씨는 현재 LS전선에서 근무하고 있다.


구평회 E1 명예회장은 문홍린 금릉원예조합 이사장의 딸 문남(85) 여사와 혼인해 3남 1녀를 뒀다. 서울대를 졸업하고 락희화학 지배인으로 경영에 나선 지 1년 만에 한 결혼이다.

장남 구자열(62) LS그룹 회장은 청와대 경호실 차장, 성업공사 사장을 지낸 육군 중장 이재전 장군의 딸 이현주(58) 씨와 연을 맺어 은아(34), 동휘(33), 은성(28) 씨 3남매를 뒀다. 장녀 구은아 씨는 이복영 삼광글라스 회장의 장남인 이우성 이테크건설 전무와 혼인했다. 그는 2014년 3월 사내이사로 선임되기도 했다. 이복영 회장은 글로벌 화학기업인 OCI그룹 이수영 회장과 형제지간이다.

구자열 회장과 서울고, 고려대 동문인 차남 구자용(60) E1 회장은 이상돈 전 중앙대 의대 학장의 딸인 이현주(56) 씨와 결혼해 두 딸 희나(31), 희연(26) 씨를 뒀다. 장녀 구희나 씨는 홍석조 BGF리테일 회장의 장남인 홍정국(33) BGF리테일 상무와 결혼했다. 2013년 11월 등기이사로 선임된 홍정국 상무는 서울대 경제학과, 스탠퍼드대 경제학과 출신으로 부친 홍석조 회장의 누나가 이건희 삼성그룹 회장의 부인인 홍라희 여사로 구 회장은 범삼성가와도 연이 닿는다. 2010년 11월 삼성가와 LS가의 혼사인 두 사람의 결혼식에는 홍라희 여사와 이재용 삼성전자 부회장, 이부진 호텔신라 사장 부부, 이서현 제일모직 사장 부부 등이 총출동해 눈길을 끌었다.

3남 구자균(58) LS산전 회장은 평범한 가정의 독고진(56) 씨와 결혼해 두 딸을 뒀다. 장녀 구소연(30) 씨는 2014년 한양대 원제무 교수의 아들인 국제변호사 원홍식(34) 씨와 혼사를 치렀다. 차녀 구소희(29) 씨는 2012년 학자 집안의 아들과 결혼했다가 이혼했다.

구평회 명예회장의 딸 구혜원(56) 푸른그룹 회장은 이화여대 출신으로 주진규 전 푸른상호신용금고 회장과 결혼해 신홍(32), 은진(29), 은혜(27) 3남매를 뒀다. 장남 주신홍 씨는 푸른저축은행에 근무 중이다.

구두회 예스코 명예회장은 유한선 여사와의 사이에 1남 3녀를 뒀다. 장녀 구은정(54) 씨는 김택수 전 공화당 원내총무의 아들인 김중민 (58) 스텝뱅크 회장과 결혼해 정계와 연을 맺었다. 외아들 구자은(51) LS엠트론 부회장은 장상돈 한국철강 회장의 딸인 장인영(47) 씨와 결혼해 두 딸 원경(22), 민기(9)를 두고 있다. 장상돈 회장은 고 장경호 동국제강 창업주의 아들로, LS그룹은 철강계까지 사돈지간이 됐다. 막내딸 재희(48) 씨는 김세택 전 덴마크대사의 아들인 동범(47) 씨와 결혼했다.

## 자전거 마니아 구자열 회장

구자열 LS그룹 회장은 '자전거 마니아'다. 구 회장은 서울 종로구 중앙중학교에 다니던 시절 집에서 15킬로미터 떨어진 학교까지 매일 통학했다. 서울고 2학년 때는 자전거를 타고 가다 택시에 치여 머리뼈가 함몰되는 사고를 당해 6시간의 대수술을 받기도 했다. 아버지 구평회 E1 명예회장은 자전거 금지령을 내렸지만 구자열 회장은 부친이 내다 버린 자전거 안장에 다시 올랐다.

구자열 회장은 사이클 동호회원들과 4대 강을 종주하는가 하면 2002년 7박 8일간 해발고도 3천 미터의 스위스 알프스 산맥(총 650킬로미터)을 달리는 '트랜스 알프스' 대회에 참가해 완주했다. 2009년부터 대한사이클연맹 회장직을 맡고 있는 구 회장은 임직원들뿐만 아니

구자열 LS그룹 회장이 2002년 여름휴가를 이용해 스위스
알프스 산맥을 자전거로 달리는 '트랜스 알프스' 대회에 참가해
자전거를 몰고 있다.

라 자녀들에게도 자전거를 타면서 체득한 혁신과 도전정신을 강조한
다. 달리지 않으면 쓰러지는 자전거처럼 꿈과 목표를 향해 쉼 없이 달
리고 장애물을 만났을 때 우회하지 못하면 더 세게 밟아 극복하자는
게 구 회장의 인생철학이다.

구자열 회장은 "살갗이 물러 터지는 고통을 감내하고 뼈를 깎는 혁
신을 거듭해야 목표를 달성할 수 있다"고 강조한다. 아들 구동휘(33)
LS산전 부장을 LS산전 청주사업장 생산기획팀에서 근무하며 제조업
의 기본인 현장을 배우게 한 것도 자전거 경영철학의 일환이다. 사원
부터 모든 직급을 단계적으로 밟아야 내공 있는 경영인이 될 수 있다
는 뜻이다.

구 회장은 서울고 동문인 가수 김창완 씨, 고려대 경영학과 동기인
김윤 삼양그룹 회장과 절친이다.

LG는 구인회 창업회장과 그 형제들이 함께 일군 그룹이라고 해도 무방할 정도로 형제들의 활약이 컸다. 구 회장을 중심으로 철회·정회·태회·평회·두회 6형제는 말 그대로 '한솥밥'을 먹으며 회사를 키워 왔지만 3대째 내려 온 현재는 각기 다른 '살림'을 꾸려가고 있다.

구인회 창업주의 셋째, 넷째, 다섯째 동생인 '태·평·두' 씨는 2003년 11월 LG전선그룹(현 LS그룹)을 갖고 독립했다. LG의 성장과정에서 이들 3형제의 역할을 감안하면 자산 5조 원 남짓한 전선그룹은 너무 작은 것 아니냐는 불평이 나올 만했다. 하지만 3형제는 큰 불만 없이 '가족회의'에서 결정된 사항을 묵묵히 따랐다. LG는 이후 LG산전(현 LS산전)을 추가로 넘겨주는 형식으로 3형제의 노고에 대한 보답을 잊지 않았다.

서울 강남구 삼성동 아셈타워를 '본부'로 한 LS그룹은 LS전선·LS산전·LS니꼬동제련·LS엠트론·가온전선·E1·예스코를 주축으로 50여 개 계열사를 거느리고 있다. 2015년 4월 공정거래위원회 발표에 따르면 LS그룹은 자산 21조 원으로 CJ와 비슷하며 대림, 효성, 코오롱, 동국제강보다 규모가 크다.

구태회(92) LS전선 명예회장과 구두회 예스코 명예회장은 아셈타워 21층에 나란히 사무실을 두었었고, 구평회 E1 명예회장도 같은 건물 14층 사무실을 쓰며 우애를 다졌었다.

春谷 具泰會 先生 八旬宴
2002년 6월 24일 (월) 그랜드 인터컨티넨탈 서울

2002년 LS전선 구태회 명예회장의 팔순잔치에 온 가족이 모여 기념촬영을 하고 있다.
앞줄 왼쪽부터 이인정 태인 회장·부인 구혜정 씨, 구자홍 LS그룹 회장(현 LS니꼬동제련
회장)·부인 지순혜 씨, 구태회 명예회장·부인 최무 씨, 이준범 화인 회장·부인 구근희 씨,
구자엽 가온전선 부회장(현 LS전선 회장).

　구태회 명예회장은 진주중과 일본 후쿠오카고를 마쳤는데, 학병으
로 만주로 끌려갔다 광복 후 광복군으로 귀국하는 등 '파란만장'한 젊
은 시절을 보냈다. 서울대 문리대 정치학과에 다닐 때는 창신동 하숙
집에서 '화장품 연구'에 몰입, '투명크림'을 개발하는 데 성공했다. 구
태회 명예회장은 1950년 락희화학 전무로 입사, 형의 사업을 돕기 시
작했는데, 플라스틱 사업 진출, 서울사무소 개소 등에 결정적인 역할
을 하다 1958년 고향인 진양에서 제4대 국회의원에 당선되면서 정치
인의 길을 걸었다. 이후 공화당 대변인 겸 원내총무, 무임소장관, 국
회 부의장 등 중책을 맡다 1982년 LG그룹 고문으로 돌아왔다.

장남 구자홍(69) 회장은 1973년 LG상사에 입사한 뒤 홍콩·싱가포르 지사 근무를 통해 '국제감각'을 쌓았다. 영국에서 찰스 황태자를 만났을 때 영국 사람들조차 발음과 표현에 감탄할 정도의 빼어난 영어실력을 자랑했다고 한다. 1987년 LG전자 해외사업본부 상무로 옮긴 뒤 2003년까지 18년을 전자에서 일하며 '디지털 전도사'라는 명성을 얻었다. 최근까지 LS미래원 회장을 맡아 오다 2015년 LS니꼬동제련 회장을 맡아 경영을 챙기고 있다.

구자홍 회장은 1999년 전국경제인연합회가 조사한 최고경영자(CEO)들의 경영지수 평가에서 1위를 받을 정도로 대표적인 '스타 CEO'로 GE, 모토롤라, 소니, 마이크로소프트 등 세계적 기업들의 CEO와도 교우가 깊다. 특히 빌 게이츠 회장, 리빈 주한 중국대사와는 막역한 사이라고 한다. 북미·아시아·유럽의 전직 고위관료, 기업인 등으로 구성된 TC(Triliteral Commission) 멤버로도 활동 중이다. 학창시절 쌓은 농구와 수영 실력이 수준급인 구 회장은 골프에도 남다른 재질을 보여 지금까지 모두 4차례의 홀인원을 기록했다. 요즘 핸디캡은 7 정도. 또 한국기원이 인정한 '아마 6단'의 바둑실력을 자랑한다.

그룹 회장 재임 시절인 2004년 주요 사업장을 순방하며 '분위기'를 익힌 구 회장은 'R&D 워크숍', '혁신 한마당', '테크놀로지 이벤트' 등 그룹 차원의 행사를 연이어 개최하며 초대 회장으로서 그룹 발전의 안정적 기반을 다졌다. 또한 전력망회의(CIGRE) 한국위원회 위원장을 맡으며 공식 대외활동도 펼쳤다.

구자홍 회장은 1970년대 재벌 오너 일가의 장남으로서는 흔치 않게 지순혜(70) 씨와 연애결혼했다. 구 회장은 경기고를 졸업하고 고려대에 잠깐 다니다 미 프린스턴대(경제학과)로 유학을 떠났는데, 인근 뉴저지주립대에서 식품영양학 석사과정을 밟고 있던 순혜 씨를 만나 사랑을 꽃피웠다. 순혜 씨는 이화여대 가정과를 졸업하고 미국 유학까지 떠난 엘리트 여성으로 귀국 후 이대에서 잠시 강의를 맡기도 했다.

차남 구자엽(65) LS전선 회장은 경복고와 고려대 국제대학원을 졸업하고 LG화재에서 주로 일했다. LG건설 최고재무책임자(CFO)와 사장을 지낸 뒤 2003년 희성전선(현 가온전선)으로 자리를 옮겼다.

3남인 구자명 회장은 경기고를 졸업하고 아버지와 같은 서울대 정치학과를 졸업했다. 유력 정치인의 아들이자 재벌가 자제로는 흔치 않은 학군단(ROTC) 출신으로, 포병학교를 수석으로 마치고도 전방부대 근무를 자원했다. 미 페어리디킨슨대와 조지워싱턴대에서 정치학·행정학 석사과정을 이수한 뒤 미국 셰브론 사에서 잠시 일하다 1984년 호남정유 원유수급조정과 과장으로 입사, 정유사업에서 잔뼈가 굵었다.

4남 구자철(60) 예스코 회장은 LG상사에서 잠시 일하다 일찌감치 독립 경영을 했다. 주식회사 한성 대표를 거쳐 2014년부터 모기업인 예스코 회장직을 맡고 있다.


구평회 E1 명예회장은 서울대 문리대를 졸업하고 1951년 락희화학 지배인으로 경영에 첫발을 내디뎠다. 1954년 뉴욕에서 '콜게이트 사' 주변에 머물며 치약 제조기법을 알아내 LG의 첫 해외주재원으로 기록됐다. 구 명예회장은 5·16 쿠데타 직후인 1961년 '부정축재 기업인' 처벌 때 형을 대신해 6개월간 감옥살이를 할 정도로 LG 경영의 핵심을 담당했다.

락희화학 전무 시절인 1965년에는 정유사업 진출 보고서를 형에게 제출, 오늘날의 GS칼텍스 탄생에 결정적인 기여를 했다. 1984년에는 국내 최초의 LPG 수입사인 여수에너지(현 E1)를 설립했는데, 이 인연으로 사업연관성으로 따지면 GS그룹에 넘어갔어야 할 E1이 LS그룹 몫으로 남았다.

또한 구평회 명예회장은 재계원로 가운데 독보적인 영어실력과 국제감각으로 '재계의 외교관'으로 불렸다. 한국인 최초로 태평양경제협의회(PBEC) 국제회장을 지냈고, 한·미 경제협의회장, 무역협회장 등을 역임했다. 특히 제2대 월드컵유치위원장으로 활동하며 340억 원의 유치기금을 조성하는 등 월드컵 개최에 큰 공을 세웠다. 또한 한·미 협회장을 맡아 한·미 간 우호증진에 애썼다.

구평회 명예회장은 1952년 금릉원예조합 문흥린 이사장의 딸 문남(85) 씨와 결혼해 3남 1녀를 뒀다.

장남인 구자열(62) LS그룹 회장은 서울고와 고려대 경영학과를 마치고 1978년 LG상사에 평사원으로 입사했다. 뉴욕지사와 도쿄지사, 동남지역본부장 등 오랜 해외경험으로 영어와 일어에도 능통하다. 구자열 회장은 해외경험을 살려 폭넓은 해외인맥을 자랑하는데, 2003년에는 도쿄 주재 특파원, 은행지점장, 지사장 등이 모여 만든 '동경회' 회장을 맡았다. 직전 회장은 김인진 한진 사장. 하영구 한국씨티은행장, 조정호 메리츠증권 회장 등과는 '월가(Wall Street) 회' 모임을 통해 교류를 쌓고 있다.

LG증권을 거쳐 2001년 LS전선 재경부문 부사장으로 부임한 구 회장은 2002년부터 대표이사를 맡아 2008년 북미 최대 전선회사인 수페리어 에식스를 인수하는 등 LS전선을 넥상스, 프리즈미안에 이어 세계 3대 전선 회사로 키워 놓았다.

차남인 구자용(60) E1 회장은 서울고와 고려대 무역학과를 마쳤는데, 사촌형인 구자명 회장과 마찬가지로 ROTC 장교로 복무했다. 1979년 LG전자에 입사, 주로 미주법인에서 일하다 계열분리를 앞둔 2001년 LG칼텍스가스(현 E1)로 자리를 옮겼다. 구 회장은 보수적인 구씨 집안 내에서 '분위기 메이커'로 통할 정도로 유머감각이 뛰어난데, 직원들과의 자리에서도 본인이 나서 자연스러운 분위기를 유도한다. E1이 20년 연속 무교섭 임금 타결을 이뤄낸 데는 구 회장의 이 같은 면모가 적잖이 작용했다는 후문이다.

3남 구자균(58) LS산전 회장은 중앙고와 고려대 법대를 마치고 미 텍사스주립대에서 경영학 석·박사 학위를 받았다. 국민대 경영학과 교수를 거쳐 1997년부터 고려대 국제대학원 교수로 재직하다 2005년부터 LS산전 경영을 맡아 회사를 성장시키고 있다.

'막내'인 구두회 예스코 명예회장은 고려대 상대와 미 뉴욕대 경영대학원을 마치고 경영에 뛰어들었다. 1974년 범한화재 사장을 시작으로 희성산전, 금성계전, 금성통신, 금성반도체, 호남정유 등 주요 계열사 사장을 역임한 뒤 1995년 구본무 회장 체제 출범과 함께 경영에서 물러났다. 위로 두 형과 마찬가지로 구 명예회장도 한·독 경제협력위원회, 한·중남미 협회장, 고려대 교우회장, 성북구 문화원장 등 활발한 외부활동을 벌였다. 이 같은 공로로 1978년 멕시코 정부로부터 명예영사로 임명됐으며 1994년에는 '멕시코 최고훈장'을 받았다. 2005년 고려대 100주년 기념행사에서는 '자랑스러운 고대인'으로도 선정됐다.

외아들인 구자은(51) LS엠트론 부회장은 홍익고와 미 베네딕틴대 경영학과, 시카고대 MBA를 거쳐 1990년 LG정유에 입사했다. LG전자 상하이지사 근무로 중국과 인연을 맺어 LS전선에서도 중국지역 담당, 대표이사 등을 거쳤다.

# LIG그룹

## LIG그룹의 역사

LIG그룹의 역사는 LG그룹 창업주인 구인회 회장의 첫째 동생 구철회 LG 창업고문의 장남 구자원 회장으로부터 출발한다.

구자원 회장은 1999년 LG그룹으로부터 LG화재(현 KB손해보험)를 분리해 나왔다. LIG그룹을 출범한 구자원 회장은 2004년 LG이노텍 방위산업부문을 인수해 LIG넥스원을 설립했다. 이후 LIG그룹은 LIG 시스템, 휴세코 등을 연이어 설립하며 IT, 서비스 분야로 진출했다. 하지만 사업다각화를 위해 건영과 한보건설을 인수합병해 설립한 LIG건설(현 ㈜건영)이 2011년 세계적인 경기침체로 법정관리에 들어 간 후, CP 투자자 보상재원 마련을 위해 주력계열사인 LIG손해보험 을 매각하는 성장통을 앓기도 했다.

LIG그룹은 2015년 출범 16주년을 맞이했다. 2015년 그룹의 상징과도 같았던 LIG손해보험 매각 이후 LIG 그룹은 LIG넥스원을 주력 계열사로 재편하는 새로운 청사진을 그려 가고 있다. 금융 중심에서 제조 중심의 그룹으로 성장하겠다는 계획을 세우고, 2018년까지 '방산-서비스-IT' 사업군 간 시너지를 바탕으로 '매출 3조 6천억 원, 영업이익 2천억 원'의 목표를 달성하겠다는 계획을 세웠다.

LIG그룹은 2015년 4월 기준으로 LIG넥스원을 비롯해 LIG시스템, 휴세코 등 총 3개 계열사를 보유하고 있다.

## LIG그룹의 인맥

구철회 회장의 장남인 구자원 회장은 진주고와 고려대 법대를 거쳐 독일 쾰른대에서 법학을 전공하고 1964년 락희화학에 입사, 럭키증권 사장, 럭키개발 사장, LG정보통신 부회장 등을 거쳐 1999년 계열분리와 함께 LIG그룹을 출범시켰다. 구자원 회장은 경춘관광 사장을 지낸 유기홍 씨의 딸 유영희 씨와의 사이에 장남 구본상 전 LIG넥스원 부회장과 차남 구본엽 전 LIG엔설팅 고문 등 2남 2녀를 두고 있다.

구자원 회장은 그룹 경영에서 손을 뗐으며, 두 아들인 구본상 전 부회장과 구본엽 전 고문도 LIG건설 CP 발행과 관련해 실형을 받고 복역해 현직에서 물러나 있는 상태다. LIG그룹의 주요 계열사들은 전문경영인 체제로 운영되고 있다.

차남 구자성 전 LG건설 사장은 이종구 전 산업은행 이사의 딸인 이갑희 씨와 결혼했으며, 슬하에 1남 3녀를 뒀다. 장녀 본희 씨는 정재

## LIG그룹의 경영인들

**구자원**(79)
LIG그룹 회장

**구자훈**(67)
LIG문화재단 이사장

**구자준**(65)
LIG손해보험 상근고문

**구본상**(44)
전 LIG넥스원 부회장

**구본엽**(43)
전 LIG엔설팅 고문

문 대양산업 회장의 아들인 정연준 미디어플러스 사장과 혼인했다. 차녀 본주 씨는 서울고법 부장판사를 지낸 진성규 변호사의 아들 진상범 판사와 결혼했다. 구자성 씨의 외아들 구본욱 씨는 LIG손해보험에서 전략지원담당 상무직을 역임했다.

3남 구자훈 LIG문화재단 이사장은 서울고와 고려대 경영학과를 졸업하고 1974년 금성사에 입사, 곧바로 범한화재로 자리를 옮겨 이후 30여 년간 보험업에 종사했다. LIG손해보험 회장을 역임했으며, 뛰어난 국제감각으로 한·중남미 협회 회장과 주한 우루과이 명예영사로도 활동한 바 있다. 중국 상하이 출신(우루과이 국적) 외국인 임방인 씨와의 사이에 세 딸을 뒀다.

4남 구자준 씨는 경기고를 졸업하고 미 미주리주립대를 다니다 귀국, 한양대에서 전자공학을 전공했다. 1974년 금성사로 입사, LG이노텍(현 LIG넥스원)에서 방산사업부를 이끌었으며, LIG손해보험 회장직을 역임했다. 현재 LIG손해보험의 상근고문을 맡고 있으며, 한국배구연맹 총재이기도 하다. 부인 이영희 씨와의 사이에 LIG인베니아 부사장 구동범 씨와 L-SHOP 부사장 구동진 씨를 두고 있다.

## LIG그룹 가계도

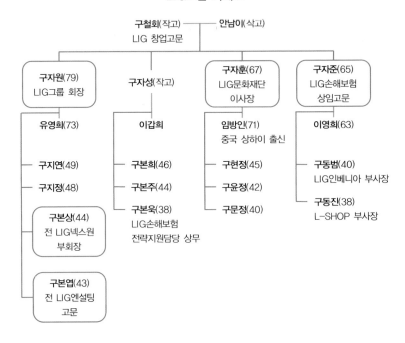

LIG그룹에서 딸들의 경영 참여는 눈에 띄지 않는다.

구철회 씨의 장녀 구위숙 씨는 허준구 LG건설 회장과 결혼, 허창수 GS 회장 등 5형제를 낳았으며, 차녀 구영희 씨와 3녀 구자애 씨는 의사와 결혼했다. 4녀 구선희 씨는 박우병 전 두산산업 회장의 장남 박용훈 휴세코 회장과 결혼해 장녀 박성연 씨를 낳았다. 박성연 씨는 이창수 전 주필리핀대사의 아들인 이주학 씨와 결혼했다. 아들 박세원 씨는 뱅크오브아메리카 이사를 역임한 바 있다.

# 롯데그룹

## '일본=장남, 한국=차남' 공식 '흔들'

"지금 롯데그룹은 더블 경영 시스템으로 가고 있다. 신격호(93) 회장
이 고령인데도 총괄회장으로서 아직도 직함을 유지하고 있고, 아버지
와 함께 일했던 사람들이 여전히 그룹에서 역할을 맡고 있다는 것은
신격호 회장의 영향력이 건재하다는 증거이다. 아들인 신동빈 회장이
조금씩 영향력을 확대하고 있고, 현재 신동빈 체제로 80% 정도 왔다
고 보면 된다."

롯데그룹에 정통한 재계 고위 관계자의 말이다.

2015년 현재 나이 93세로 현역 재계 오너 가운데 최연장자인 신격
호 총괄회장 이후 롯데그룹의 후계구도를 따졌을 때 장남인 신동주
(61) 전 롯데홀딩스 부회장이 일본 롯데그룹을, 차남인 신동빈(60)

롯데그룹 회장이 한국 롯데그룹을 각각 맡는 것으로 이해돼 왔다.

형제가 모두 일본에서 태어나고 자랐지만, 형인 신동주 전 부회장은 1987년 일본 롯데에 입사하면서 계속 일본 롯데그룹 경영에 집중한 반면 동생인 신동빈 회장은 1988년 일본 롯데상사 입사 이후 1990년 호남석유화학(현 롯데케미칼) 상무로 한국 롯데그룹에 참여한 뒤 2011년 2월 한국 롯데그룹 회장으로 승진했기 때문이다.

하지만 '일본 = 장남, 한국 = 차남'이라는 공식이 성립하지 않을 수도 있다는 관측이 2014년 말부터 강력 대두되고 있다. 일본 롯데그룹의 지주회사인 롯데홀딩스가 2014년 12월 26일 연 임시 이사회에서 신동주 전 부회장을 일본 롯데 주요 계열사인 롯데 부회장, 롯데상사 부회장 겸 사장, 롯데아이스 이사에서 해임시켰다. 이어 롯데홀딩스는 2015년 1월 8일 연 임시주주총회에서 신동주 전 부회장을 이사직에서 해임하는 내용을 결의, 승인하면서 결국 신 전 부회장은 일본 롯데그룹의 경영에서 모두 손을 떼게 됐다.

롯데홀딩스 측은 해임 이유에 대해 "기업의 기밀에 관한 것으로 답할 수 없다"고 밝혔다. 이로써 한국 롯데는 신동빈 회장이 맡지만, 일본 롯데는 신격호 총괄회장의 최측근인 쓰쿠다 다카유키(72) 롯데홀딩스 사장이 경영하는 방식으로 당분간 이뤄지게 됐다.

롯데그룹 측 그 누구도 그룹의 후계구도를 밝힐 수 없는 상황에서 롯데그룹의 향방을 읽을 수 있는 키워드는 지배구조다. 신동주 전 부회장이 경영에서 손을 뗀 것은 사실이지만 섣불리 후계구도에서 밀렸다고 단정할 수 없는 이유는 신 전 부회장이 롯데그룹 주요 계열사의 지분을 여전히 가지고 있기 때문이다.

438

지배구조의 최상위는 신격호 총괄회장이다. 일본 롯데그룹의 지주회사인 롯데홀딩스 위에는 롯데홀딩스 지분 22%를 가지고 있는 일본 '광윤사'(光潤社)가 있다. 포장재를 만드는 광윤사는 비상장사로 매출 등이 공개되지 않아 일본 롯데그룹 홈페이지에 설명된 사업내용이 전부다. 광윤사 외에도 일본 롯데그룹 계열사들이 모두 비상장사라 기업 지분구조는 베일에 감춰져 있다.

이런 광윤사의 지분 절반을 소유한 최대 주주는 신격호 총괄회장이다. 또 광윤사는 한국 롯데그룹을 지배하는 호텔롯데의 지분 5.45%를 가지고 있다. 따라서 신격호 총괄회장이 자신의 광윤사 지분을 누구에게 넘기느냐에 따라 최종 후계자가 결정되는 셈이다.

일본 롯데그룹이 이런 상황이라 한국 롯데그룹은 80개 계열사가 416개 순환출자를 하고 있어 지하철 노선도보다 더 복잡한 지배구조를 보이고 있다.

호텔롯데는 롯데알미늄 지분을 12.99% 가지고 있고, 롯데알미늄은 롯데제과 지분을 15.29% 소유하고 있다. 이어 롯데제과는 롯데쇼핑 지분을 7.86%, 롯데칠성 지분을 19.29% 보유하고 있다. 또 롯데칠성은 롯데쇼핑 지분을 3.93%, 호텔롯데는 롯데쇼핑 지분을 8.83% 가지는 형식으로 한국 롯데그룹을 형성하고 있다.

이런 가운데 신동주 전 부회장과 신동빈 회장은 각 계열사의 지분을 근소한 차이로 나눠 가지고 있다. 누가 조금만 더 지분을 가지더라도 위에 올라설 수 있다. 이 때문에 신동주 전 부회장이 지분을 계속 가지고 있는 한 후계구도가 한쪽으로 흘렀다고 단정 짓기는 어려운 상황이다.

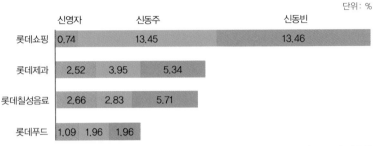

### 신영자 · 신동주 · 신동빈 남매 롯데그룹 주요 계열사 지분 현황

단위: %

| | 신영자 | 신동주 | 신동빈 |
|---|---|---|---|
| 롯데쇼핑 | 0.74 | 13.45 | 13.46 |
| 롯데제과 | 2.52 | 3.95 | 5.34 |
| 롯데칠성음료 | 2.66 | 2.83 | 5.71 |
| 롯데푸드 | 1.09 | 1.96 | 1.96 |

자료: 금융감독원

형제들의 주요 계열사 지분 보유 현황을 보면 롯데제과는 신동주 전 부회장이 3.95%, 신동빈 회장이 5.34%, 롯데쇼핑은 각각 13.45%, 13.46%, 롯데칠성은 각가 2.83%, 5.71%, 롯데푸드는 똑같이 1.96%씩 보유하고 있다.

여기에 변수는 신격호 총괄회장의 또 다른 자녀들이다. 신 총괄회장의 장녀이자 형제들의 누나인 신영자(73) 롯데장학 · 복지재단 이사장은 롯데백화점을 최고의 백화점으로 키운 탁월한 경영능력을 보였지만 신동빈 회장이 경영 전면에 등장하면서 자리를 내주고 후계 경쟁에서 벗어난 모양새를 취하고 있다.

다만 신영자 이사장이 보유한 국내 롯데 계열사의 지분을 보면 만만찮다. 신 이사장은 롯데제과 2.52%, 롯데쇼핑 0.74%, 롯데칠성 2.66%, 롯데푸드 1.09% 등의 지분을 보유 중이다. 숫자로 봤을 때는 미미하지만 의미를 따졌을 때는 크다. 신동주 전 부회장과 신동빈 회장의 지분 차이가 크지 않기 때문에 신영자 이사장이 조금이라도 지분을 넘기면 순위가 뒤바뀔 수 있기 때문이다.

신격호 총괄회장의 차녀 신유미 호텔 롯데 도쿄사무소 고문은 롯데쇼핑 0.09%, 롯데푸드 0.33% 등 지분 비율이 낮아 후계구도에서 비껴난 것으로 보인다.

고령인데도 여전히 건강한 편이고 한국과 일본 롯데그룹 최상위 회사의 지분 절반을 가지고 있다는 점에서 신격호 총괄회장의 영향력은 건재하다 못해 강력하다. 이 때문에 후계 경쟁은 현재 진행형이라는 관측이 우세하다.

## 신동빈 회장, 공격적 M&A로 매출 83조

신동빈 롯데그룹 회장은 2004년 10월 그룹 정책본부장 취임을 시작으로 그룹 경영의 전면에 나섰다. 1997년 그룹 부회장으로 승진한 이후 14년 만인 2011년 2월 그룹 정기 임원인사에서는 회장으로 올라섰다. 그룹 매출은 2004년 당시 23조 원이었지만 10년이 지난 2013년 83조 원을 넘어서며 3.6배 이상 커졌다.

과묵한 아버지 신격호 총괄회장의 피를 물려받은 영향인지 신동빈 회장은 평소 말수가 적지만 사업할 때는 누구보다도 적극적인 편이다. 롯데그룹이 재계 5위까지 올라설 수 있었던 데는 과감하고 공격적인 인수합병(M&A) 영향이 컸다. 2004년 정책본부장을 맡은 이후 하이마트, 말레이시아 타이탄케미칼, 중국 대형마트 타임스 등 국내외에서 30여 건의 크고 작은 M&A를 추진한 게 그렇다. 2006년에는 롯데쇼핑을 한국과 영국 증권시장에 성공적으로 상장시켰고, 2014년 4월에는 롯데주류에서 클라우드를 출시하며 숙원사업이던 맥주시장

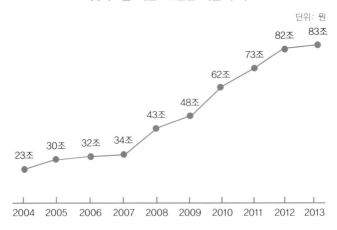

롯데그룹 최근 10년간 매출 추이

단위: 원

83조
82조
73조
62조
48조
43조
34조
32조
30조
23조

2004 2005 2006 2007 2008 2009 2010 2011 2012 2013

에도 진출했다.

신동빈 회장의 가장 큰 경영성과는 국내 최대 유통사업군을 완성했다는 점이다. 롯데그룹은 2010년 당시 유통업계 대형 매물로 손꼽히던 바이더웨이와 GS리테일의 백화점과 마트 부문을 모두 인수했다. 또한 인터넷의 발전 가능성을 보고 2000년 2월 1일 롯데닷컴을 만들었다. 2006년에는 우리홈쇼핑을 인수해 롯데홈쇼핑을 출범시키는 등 유통 채널의 수직계열화를 완성했다. 2010년에는 중국 홈쇼핑업계 3위 업체인 러키파이를 인수해 중국 본토 공략에도 나선 상태다.

새로운 유통모델을 도입하는 데도 적극적이다. 롯데백화점은 2008년 광주월드컵점과 김해점을 열며 프리미엄 아웃렛 사업에 진출했다. 2012년에는 하이마트를 인수해 가전양판 사업에도 새롭게 진출하면서 당시 329개 매장을 436개로 늘렸다.

신동빈 회장이 애정을 가지고 있는 부문은 석유화학이다. 신격호 총괄회장의 전공이 화학이며, 이런 전공을 응용해 비누와 껌을 팔면서 그룹이 시작되었다. 신 회장도 한국 롯데그룹에 첫발을 내디딘 게 호남석유화학(현 롯데케미칼)이었다는 점도 이와 무관치 않다.

신동빈 회장은 1990년부터 호남석유화학 경영에 참여했고, 2000년대 들어 롯데대산유화와 케이피케미칼을 인수한 뒤 2009년 호남석유화학과 롯데대산유화를 합병했다. 그리고 2012년에는 호남석유화학과 케이피케미칼을 합병해 현재의 롯데케미칼을 출범시켰다.

2013년 기준 매출의 41%는 유통, 다음으로 29%가 석유화학에서 나오면서 석유화학 분야는 그룹의 신성장동력으로 자리 잡았다. 관광서비스는 15%, 식품은 10% 정도다. 롯데케미칼은 석유화학업계 국내 2위로 에틸렌 생산은 국내 1위를 기록하고 있기도 하다. 롯데케미칼은 최근 국내 업계 최초로 북미 셰일가스 개발에 투자했다.

신동빈 회장은 언론에 나오는 것을 극히 꺼리지만 스키에 대해서는 남다른 애정을 보이며 적극적인 대외활동에 나서고 있다. 신 회장은 대학시절 스키 선수로 활동할 만큼 스키에 대한 애정이 남달라 2014년 11월 대한스키협회 20대 회장에 취임하기도 했다.

2015년 1월 17일에는 2018년 평창동계올림픽이 열리는 강원도 평창군 일대 스키장을 방문해 대회 준비상황을 점검했다. 이 자리에서 신 회장은 실제 경기가 이뤄지는 최고난도 코스를 막힘없이 내려와 관계자들을 놀라게 했다는 후문이다.

# 롯데 창업자 신격호 총괄회장

"롯데라는 이름은 내 일생일대의 최대 수확이자 걸작의 아이디어다."

1948년 6월 도쿄 신주쿠 허허벌판에서 당시 100만 엔의 자본금과 10명의 직원으로 주식회사 롯데가 출발했다. 한때 문학도의 길을 꿈꿨던 젊은 재일교포 사업가는 감명 깊게 읽은 소설 《젊은 베르테르의 슬픔》의 여주인공 샤를로테(샤롯데)의 애칭인 '롯데'를 따 회사명을 지었다. 그는 롯데의 모든 제품이 이 여주인공처럼 소비자들로부터 영원히 사랑받기를 원했다.

그 젊은 재일교포 사업가는 롯데를 매출 80조 원이 넘는 재계 5위(공기업 제외)의 그룹을 키운 신격호 총괄회장이다. 신 총괄회장이 일제강점기 시절 학업을 계속하기 위해 일본으로 건너가 사업을 성공시킬 수 있었던 힘은 성실함이었다.

신격호 총괄회장은 1922년 10월 4일 울산 울주군 삼남면 둔기리에서 5남 5녀의 맏이로 태어났다. 울산농업보습학교를 졸업한 뒤 1941년 일본으로 건너간 신 총괄회장은 우유 배달을 하며 학비를 벌어 와세다고등공업학교(현 와세다대 이학부) 화학과를 나왔다.

1944년 어느 날 평소 신격호 총괄회장이 성실하게 우유 배달을 하던 모습을 지켜본 하나미쓰라는 일본인 노인이 당시로서는 거금인 5만 엔을 빌려주며 "커팅오일(기계를 갈고 자르는 선반용 기름)로 사업을 해 보라"고 제안했다. 신 총괄회장은 이 5만 엔을 종잣돈 삼아 제조공장을 차려 첫 사업을 시작했다.

하지만 제2차 세계대전 중에 두 번의 폭격으로 공장이 전소되며 빚더미에 올랐다. 귀국하자는 친구들의 요청에도 신격호 총괄회장은 빚을 갚기 위해 1946년 5월 도쿄 스기나미 구의 낡은 창고에 '히카리 특수화학연구소'라는 사업장을 열었다. 신 총괄회장은 화학을 전공한 것을 밑바탕으로 커팅오일을 응용해 비누와 포마드, 크림 등을 만들 었고, 전쟁이 끝나 물자가 부족했던 시절 제품이 불티나게 팔리면서 노인에게 빌린 돈을 갚게 됐다.

당시는 간식거리가 없던 시절이라 상대적으로 저렴한 값에 오래 즐 길 수 있는 껌이 인기였다. 신격호 총괄회장은 '나에게는 화학제품을 만드는 기술이 있다. 이 기술을 발휘해 껌을 양심적으로 만들자'고 결 심했고, 비누를 만들던 가마솥 등을 이용해 껌을 만들어 이른바 대박 을 쳤다. 이런 성공을 바탕으로 1948년 6월 롯데가 정식 출범했다.

고국을 떠난 지 20여 년 만에 성공한 재일교포 기업인이 된 신격호 총괄회장은 1967년 롯데제과를 설립하며 국내에 본격 진출했다. 그 룹의 모태인 제과업을 바탕으로 호텔, 쇼핑, 나아가 외식, 중화학공 업 분야로 몸집을 키운 롯데는 1970년대 말 10대 재벌에 진입했다. 그리고 외환위기가 터진 1997년 이후 M&A를 통한 사업 다각화와 공 격적인 경영으로 재계 5위로 올라섰다.

신격호 총괄회장은 2011년 차남 신동빈 회장을 그룹 회장에 올리고 자신은 총괄회장 직을 맡았다. 경영 일선에서 물러난 모양새를 취했 지만 여전히 그룹 경영에 참여하고 있다. 신 총괄회장은 홀수 달에는 한국에서, 짝수 달에는 일본에서 일하는 셔틀경영으로 유명했지만 2011년 동일본 대지진 이후에는 한국에 쭉 머물면서 1년에 한두 번 일본으로 가곤 했다.

고령인 신격호 총괄회장은 현재 일본으로 가지는 않고 서울 중구 소공동 롯데호텔 전용 집무실에 머물면서 일본 경영진으로부터 업무 보고를 받는다고 한다.

신격호 총괄회장의 평생의 꿈은 '제2롯데월드'다. 그는 "한국에는 구경거리가 별로 없다. 세계에 자랑할 만한 시설을 조국에 남기려는 뜻밖에 없다. 외국인 관광객들에게 언제까지나 고궁만 보여 줄 수는 없지 않은가"라고 말하며 건립 의지를 보였다.

하지만 제2롯데월드 건립은 생각만큼 쉽지 않았다. 롯데그룹은 1987년 서울 송파구 신천동 일대를 제2롯데월드 부지로 매입했지만, 공군의 반대로 공사를 시작할 수 없었다. 2010년 서울공항 활주로의 방향을 바꾸는 비용을 롯데그룹이 부담하기로 합의하면서 겨우 착공할 수 있게 됐다. 때문에 롯데그룹은 이명박 정부 내내 특혜 시비에 시달렸다. 또 제2롯데월드 공사과정에서 공사장 인부의 안전사고가 계속되고 아쿠아리움 수조 누수현상 등 크고 작은 안전사고가 잇따르면서 주변의 우려를 불식하고자 '제2롯데월드 안전관리위원회'를 출범시키기도 했다.

신격호 총괄회장이 일본에서 성공할 수 있었던 데는 성실함뿐만 아니라 혼맥의 힘도 있었다. 그는 1952년 일본인 다케모리 하쓰코 씨와 재혼했다.

신격호 총괄회장은 1951년 작고한 전처 노순화 씨와의 사이에서 장녀 신영자(73) 롯데장학·복지재단 이사장을 낳았다. 신영자 이사장은 부산여고와 이화여대 가정학과를 나왔고 유통업계 라이벌 이명희 신세계 회장과는 대학 동창이다. 신 이사장은 1997년 롯데쇼핑 총괄 부사장 자리에 올라 2012년 재단으로 물러나기까지 지금의 업계 1위 롯데백화점을 만드는 데 일조했다. 또 신 이사장의 차녀 장선윤(44) 롯데호텔 상무는 명품관 '에비뉴엘'을 성공시킨 일등공신이다.

신격호 총괄회장은 하쓰코 씨와의 사이에서는 신동주 전 롯데홀딩스 부회장과 신동빈 롯데그룹 회장을 두었다.

장남인 신동주 전 부회장은 아오야마가쿠인대 경영학과를 졸업한 뒤 미국 컬럼비아대학원에서 MBA 과정을 밟았다. 이후 롯데와 무관한 미쓰비시상사에서 10년간 샐러리맨 생활을 하다 1987년 일본 롯데에 입사했다. 신 전 부회장은 조은주(51) 씨와 결혼했으며, 둘 사이에는 아들 신정훈(22) 씨가 있다.

형과 함께 일본에서 태어나고 자란 신동빈 회장은 역시 형이 다닌 아오야마가쿠인대에서 경제학을 전공했고, 미국 컬럼비아대학원에서 경영학 석사(MBA) 학위를 받았다. 이후 8년간 노무라증권 런던사무소에서 근무하다 1988년 일본 롯데상사에 입사해 롯데에 합류했다. 신 회장은 일본의 대형 건설사 다이세이의 오고 요시마사 전 부회장의 차녀 마나미(52) 씨와 결혼했다.

신동빈 회장의 결혼은 후쿠다 다케오 전 일본 총리가 중매를 섰고 주례까지 맡았다. 나카소네 당시 총리를 비롯해 전·현직 일본 총리가 3명이나 참석한 결혼식은 일본에서도 화제가 됐다.

신동빈 회장 부부 사이에는 유열(29), 규미(27·여), 승은(23·여) 씨 등 1남 2녀가 있다. 장남 유열 씨는 아버지 신 회장과 같은 컬럼비아대학원에서 MBA 과정에 있고, 나머지 두 딸은 일본에서 공부 중이다. 자녀 모두 일본 국적인 것으로 알려졌다.

# 롯데 총괄 가계도

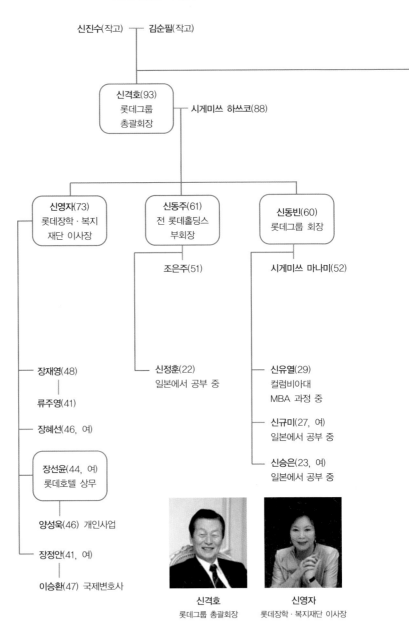

신진수(작고) ━┳━ 김순필(작고)

신격호(93)
롯데그룹
총괄회장 ━ 시게미쓰 하쓰코(88)

신영자(73)
롯데장학 · 복지
재단 이사장

신동주(61)
전 롯데홀딩스
부회장

신동빈(60)
롯데그룹 회장

조은주(51)

시게미쓰 마나미(52)

장재영(48)

류주영(41)

장혜선(46, 여)

장선윤(44, 여)
롯데호텔 상무

양성욱(46) 개인사업

장정안(41, 여)

이승환(47) 국제변호사

신정훈(22)
일본에서 공부 중

신유열(29)
컬럼비아대
MBA 과정 중

신규미(27, 여)
일본에서 공부 중

신승은(23, 여)
일본에서 공부 중

신격호
롯데그룹 총괄회장

신영자
롯데장학 · 복지재단 이사장

**신동주**
전 롯데홀딩스 부회장

**신동빈**
롯데그룹 회장

**장선윤**
롯데호텔 상무

**신동인**
롯데자이언츠 구단주 직무대행

신철호(작고)
송수영(작고)

신혜경(68, 여)
조용완(70)
법무법인 송백 변호사
(전 서울고등법원장)

신동선(62, 여)
신창훈(64)

신미진(57, 여)
장태규(58) 변호사

신동림(53)
정승원(51)
수원지법 부장판사

신동훈(53)
전 제이텔 대표
염정선(53)

신혜승(51, 여)
정경언
변호사 · 개인사업

신지은(50, 여)
엄태윤

신수연(41, 여)

신소하(작고)
서병택(작고)

서정규(68)

서정호(62)
유후미(58)

서경자(57, 여)

서정림(53, 여)

서영운(47, 여)

신경애(87, 여)
우동조(작고)

최숙희(65, 여)
박희청(66)

우희준(55, 여)

우가야(53, 여)

우 탁(51)
이주희(47)

신진걸(작고)
신진수(작고)의 남동생

신병호(작고)

신동인(69)
롯데자이언츠
구단주 직무대행

신동립(66)
롯데대산유화
고문

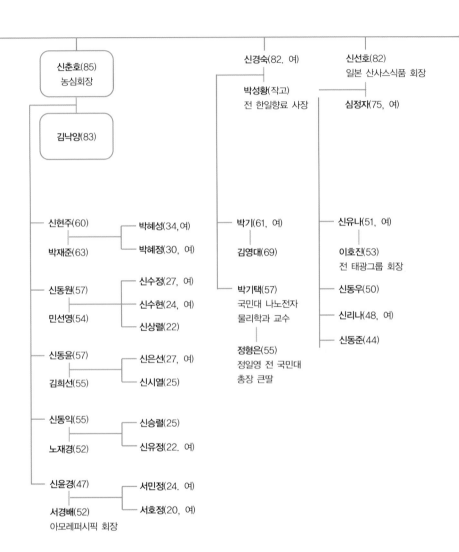

신춘호(85)
농심회장

김낙양(83)

신경숙(82. 여)

신선호(82)
일본 산사스식품 회장

박성황(작고)
전 한일향료 사장

심정자(75, 여)

신현주(60)

박재준(63)

박혜성(34, 여)

박혜정(30, 여)

박기(61, 여)

김영대(69)

신유나(51, 여)

이호진(53)
전 태광그룹 회장

신동원(57)

민선영(54)

신수정(27, 여)

신수현(24, 여)

신상렬(22)

박기택(57)
국민대 나노전자
물리학과 교수

정형은(55)
정일영 전 국민대
총장 큰딸

신동우(50)

신리나(48, 여)

신동준(44)

신동윤(57)

김희선(55)

신은선(27, 여)

신시열(25)

신동익(55)

노재경(52)

신승렬(25)

신유정(22. 여)

신윤경(47)

서경배(52)
아모레퍼시픽 회장

서민정(24. 여)

서호정(20, 여)

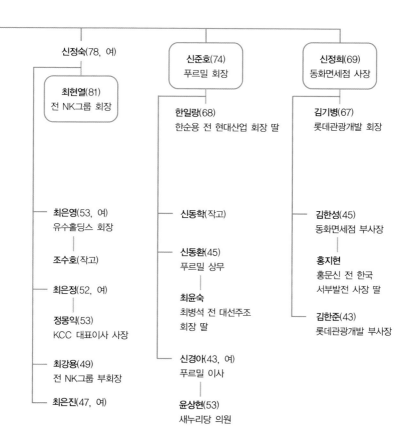

신정숙(78, 여)

최현열(81)
전 NK그룹 회장

최은영(53, 여)
유수홀딩스 회장

조수호(작고)

최은정(52, 여)

정몽익(53)
KCC 대표이사 사장

최강용(49)
전 NK그룹 부회장

최은진(47, 여)

신준호(74)
푸르밀 회장

한일랑(68)
한순용 전 현대산업 회장 딸

신동학(작고)

신동환(45)
푸르밀 상무

최윤숙
최병석 전 대선주조
회장 딸

신경아(43, 여)
푸르밀 이사

윤상현(53)
새누리당 의원

신정희(69)
동화면세점 사장

김기병(67)
롯데관광개발 회장

김한성(45)
동화면세점 부사장

홍지현
홍문신 전 한국
서부발전 사장 딸

김한준(43)
롯데관광개발 부사장

# 롯데그룹의 핵심 측근들

롯데그룹의 최우선 현안은 안전 우려가 끊임없이 제기되는 제2롯데월드를 제대로 완공하고 부정적으로 찍힌 대외 이미지를 개선하는 데 있다. 특히 제2롯데월드는 신격호 총괄회장의 가장 큰 숙원이기에 그룹에서 더욱 각별하게 신경 쓰는 사업이기도 하다.

때문에 제2롯데월드와 관련된 인사들을 보면 신 총괄회장과 신동빈 회장이 가장 신임하는 측근들임을 알 수 있다. 특히 노장들이 대거 자리하고 있다는 점에서 한번 믿고 맡겨 실적을 낸 사람은 끝까지 믿는 부자(父子)의 인사 스타일을 엿볼 수 있다.

롯데그룹이 2015년 1월 9일 출범시킨 제2롯데월드 안전관리위원회 위원장은 그룹의 2인자인 이인원(68) 롯데그룹 정책본부 부회장이다. 롯데그룹은 별도의 사장단 회의 없이 2004년 신설된 정책본부가 계열사 간 조정자 역할을 한다. 이인원 부회장은 60대 대표이사들이 즐비한 롯데에서 1997년 50세의 나이로 롯데쇼핑 대표이사에 올랐을 정도로 일찌감치 능력을 인정받아 승승장구한 인물이다.

롯데슈퍼 대표이사를 역임한 소진세(65) 사장은 제2롯데월드에 대한 여론이 악화되자, 외부와의 소통을 책임지기 위해 롯데그룹 대외협력단장을 맡게 됐다.

신동빈 회장의 신임이 두텁고 포스트 이인원으로 알려진 황각규(61) 롯데그룹 정책본부 운영실장은 안전관리위원회 간사를 맡아 이 부회장을 돕고 있다.

7년간 롯데마트 대표이사 자리를 맡아 롯데마트를 업계 3위로 성공

# 롯데그룹을 이끄는 사람들

**이인원**(68)
롯데그룹 정책본부 부회장

**소진세**(65)
롯데그룹 대외협력단장

**황각규**(61)
롯데그룹 정책본부 운영실장

**노병용**(64)
롯데물산 사장

**이원준**(59)
롯데백화점 사장

**강현구**(55)
롯데홈쇼핑 사장

**김종인**(52)
롯데마트 부사장

**이재혁**(61)
롯데칠성 사장

**김용수**(57)
롯데제과 부사장

**이영호**(57)
롯데푸드 부사장

**채정병**(65)
롯데카드 사장

**허수영**(64)
롯데케미칼 사장

**김치현**(60)
롯데건설 사장

**송용덕**(60)
롯데호텔 사장

**이홍균**(60)
롯데면세점 부사장

적으로 키워 온 노병용(64) 사장은 최근 인사에서 롯데물산으로 자리를 옮겼다. 노 사장은 또 안전관리위원회에서 안전관리본부장을 맡아 제2롯데월드 완공에 대한 막중한 책임을 지고 있다.

노장 가신들 외에 롯데그룹 주요 계열사 최고경영자(CEO)들의 공통점은 롯데그룹 혹은 계열사에 입사해 롯데그룹의 경영방식을 사원 때부터 익혀 왔다는 점이다.

유통 계열사 가운데 가장 비중이 높은 롯데백화점 대표이사는 이원준(59) 사장이다. 이 사장은 롯데백화점 상품본부장, 영업본부장 등을 역임하고 롯데면세점에서 대표이사를 맡은 바 있는 유통전문가다.

신동빈 회장이 그룹의 미래 성장동력으로 삼고 있는 롯데케미칼의 수장은 허수영(64) 사장이다. 허 사장은 롯데케미칼의 전신이자 1976년 설립된 호남석유화학의 창립 멤버로 입사해 롯데그룹 석유화학 부문에서만 40년 가까이 근무하고 있다.

최근 임원인사에서 사장 승진과 함께 롯데홈쇼핑 대표이사직을 맡은 강현구(55) 사장은 2014년 리베이트 비리로 임직원이 구속되며 크게 흔들린 롯데홈쇼핑을 구해야 하는 중요 임무를 맡고 있어 그에 대한 신동빈 회장의 기대가 크다는 것을 알 수 있다. 그룹의 본진인 유통이 아닌 대홍기획 출신인 강 사장은 2000년 롯데닷컴 출범을 이끄는 등 롯데의 온라인 쇼핑몰 사업을 안착시켰다.

그룹의 모태인 롯데제과를 이끄는 김용수(57) 부사장은 1983년 롯데제과에 입사해 2012년부터 대표이사를 맡고 있는 롯데제과의 산증인이다.

김종인(52) 롯데마트 부사장은 대표적인 기획통으로, 롯데마트의 해외 진출과 M&A를 성공적으로 이끄는 데 숨은 역할을 해왔다. 최근 임원인사에서 롯데마트 대표이사로 승진했다.

송용덕(60) 롯데호텔 사장은 1979년 ㈜호텔롯데 창립멤버로 입사한 이래 뉴욕사무소장, 마케팅부문장, 롯데호텔 월드 총지배인, 롯데호텔 제주 총지배인, 롯데루스 대표이사를 두루 거쳐 2012년 롯데호텔 대표이사로 취임한 호텔 분야의 최고 전문가다.

신격호 롯데 총괄회장은 빚을 몸속의 열에 비유하곤 한다.

"몸에 열이 오르면 병이 나고 심하면 목숨이 위태롭다. 과다한 차입금은 만병의 근원이다. 특히 잘하지도 못하는 업종에 빚을 내 사업을 벌이는 것은 사회적으로 죄를 짓는 일이다."

김우중 전 대우 회장의 과다한 차입경영이 논란이 된 2000년 초반, 신격호 총괄회장의 말은 울림이 컸다. 일각에서는 "껌 팔아 부자 됐다"며 롯데의 국가경제 기여도를 얕잡아 보기도 하지만, 기여도가 높다는 삼성, 현대, LG 등이 저마다 골칫덩이 자식 한두 개 때문에 국가경제에 고통을 줄 때도 롯데는 어느 계열사 하나 그런 곳이 없었다.

'실패하더라도 빚을 돌려 줄 수 있는 범위에서만 투자한다'는 신격호 총괄회장의 무차입 경영 덕분이다. 롯데그룹의 부채비율은 2004년 말 기준 70.3%. 삼성(50.0%) 다음으로 재무구조가 튼실하다.

단돈 83엔을 들고 일본 땅에 건너가 '조센징 장사꾼'이라는 멸시를 받아 가며 부(富)를 일군 신격호 총괄회장. 그렇게 해서 번 돈으로 고국에서 다시 기업을 일으킨 그는 한·일 양국에 사업체를 갖고 있지만 지금껏 과실송금을 한 번도 한 적이 없다. 한국에서 번 돈은 고스란히 한국에 재투자하고 있다.

정주영 현대 창업주가 중후장대 기간산업을, 이병철 삼성 창업주가 경박단소 첨단산업을 일으켰다면, 신격호 총괄회장은 눈에 보이지 않는 무형의 서비스산업을 개척한 선구자다. 몇 안 되는 생존 창업주인 신 총괄회장은 아흔을 훌쩍 넘긴 지금도 여전히 계열사 업무보고를 직접 받는 등 경영 일선에 있다.

신격호 총괄회장은 2011년까지 홀수 달에는 신격호, 짝수 달에는 시게미쓰 다케오(重光武雄)가 됐다. 홀수 달에는 한국에서, 짝수 달에는 일본에서 일한 것이다. 월말이 되면 수행원도 없이 혼자 공항에 나가 훌쩍 비행기를 탔다. 생활철학인 거화취실(去華就實, 화려함을 멀리하고 실속을 추구)이 엿보이는 단면이다.

한국에 머무를 때면 서울 소공동 롯데호텔 34층을 썼다. 집무실 겸 숙소다. 외출은 거의 하지 않는다. 기껏해야 바로 옆의 롯데백화점 매장을 둘러보는 정도다.

올빼미족에게 반가운 얘기 한 가지. 신격호 총괄회장은 창업주 총수로는 드물게 '새벽형 인간'이 아니다. 오전 8시쯤 일어나 9시에 호텔방에서 아침식사를 한다. 신 총괄회장을 오랫동안 지켜본 임원들은 "전형적인 경상도 남자"라고 입을 모은다. 우선, 말수가 적다. 칭찬에도 인색하다. "남에게 폐를 끼치지 않는다는 것이 지론"이라고 스스로 말할 만큼 완벽주의자다.

타고난 내성적 성격에 오랜 일본생활까지 겹쳐 웬만해서는 '혼네'(속내)를 내보이지 않는다. 때문에 때로는 냉정하다는 얘기도 듣는다. 차남인 신동빈 롯데 회장이 "결단코 자상한 분은 아니다"라고 했을 정도다. 언론에도 좀처럼 나오지 않는다.

신격호 총괄회장은 1922년 ― 원래는 1921년생이지만 호적에 1년 늦게 올랐다 ― 경남 울주군 삼남면 둔기리에서 5남 5녀의 맏이로 태어났다. 울산농업보습학교를 나와 경남도립종축장에 기수보로 취직했지만 '박봉의 삶이 싫어' 1941년 일본행 관부연락선을 탔다. 이때가 19세.

고향친구 자취방에 얹혀살며 신문·우유 배달 등 닥치는 대로 잡일을 했고, 돈이 모이면 헌책방으로 달려갔다. 작가가 되기를 원한 것이다. 그러나 작가 지망생의 꿈은 오래가지 못했다. 문학으로는 먹고살기가 힘들었기 때문이다. 기술을 배워야 했다. 와세다고등공업학교(현 와세다대 이학부) 화학과에 입학했다.

1946년 5월 도쿄 스기나미 구(區)의 낡은 창고에 가마솥을 내걸고 그럴 듯한 간판(히카리 특수화학연구소)도 달았다. 비누와 크림이 불티나게 팔리면서 창업자금 빚을 모두 갚았다.

내친 김에 비누를 만들던 가마솥과 국수를 뽑아내던 기계로 껌을 만들었다. 또다시 대박을 쳤다. 이에 신주쿠 허허벌판에 종업원 10명의 주식회사 롯데가 탄생했다. 1948년 6월 28일의 일이다. 신 총괄회장은 훗날 "롯데라는 이름은 내 일생일대의 최대 수확이자 최고의 선택"이라며 흡족해했다.

신격호 총괄회장이 1967년 한국에 롯데제과를 설립했을 때, 일각에서는 "고국에 대한 첫 투자가 겨우 소비재 사업이냐"며 비판했다. 신 총괄회장은 이렇게 항변한다. "한·일 수교로 모국 투자길이 열리자 당시 정부는 내게 종합제철소를 지어 달라고 했다. 그래서 후지제철소(현 신일본제철)의 도움을 받아 설계도까지 만들었다. 그런데 어찌된 영문인지 정부가 갑자기 태도를 바꿔 직접 제철소(포항제철)를 짓겠다고 했다."

어찌됐든 그렇게 '성공한 재일교포 사업가'로 고국에 진출한 신격호 총괄회장은 한국 롯데를 국내 재계 서열 5위의 '유통 명가'로 키워 냈다. 2004년 말 현재 자산 29조 7천억 원, 계열사 수 41개, 종업원 수 3만 5천 명이다. 일본 롯데에 비교도 안 됐던 매출액(26조 원)은 7 대 3 규모로 역전됐다.

신격호 총괄회장은 조혼 풍습에 따라 1940년 둔기리의 고향처녀(노순화)와 결혼했다. 신혼생활은 신 총괄회장의 일본행 가출로 1년여 만에 끝났다. 노 여사는 남편의 금의환향을 끝내 보지 못하고 1951년 29세에 요절했다.

신주쿠 허허벌판에서 일본 1위의 껌 업체 하리스와 10년 상전(商戰)을 벌이는 동안 신 총괄회장에게 큰 힘이 돼준 이는 1952년 재혼한 일본인 아내 다케모리 하쓰코(竹森初子 · 88) 씨였다. 결혼 후 남편 성을 따 시게미쓰로 바꿨다. 경영에 일절 참여하지 않는 시게미쓰 여사는 성품이 온화하다는 정도로만 알려져 있다. 우리말을 잘하지는 못하지만 알아듣기는 한다.

신격호 총괄회장은 노 여사와의 사이에 장녀 영자 씨를, 시게미쓰 여사와의 사이에 동주 · 동빈 두 아들을 두었다.

신 총괄회장의 장녀 영자 씨는 롯데쇼핑 총괄사장에 이어 롯데장학 · 복지재단 이사장을 맡고 있다. 2004년 말 롯데면세점 모델인 '욘사마' 배용준 씨의 사진전에 직접 참석했을 만큼 회사 일에 적극적이다. 유통 사업가답게 의상과 화장이 화려하다. 다소 깐깐하다는 지적도 있지만 새어머니인 시게미쓰 여사와는 팔짱을 끼고 다닐 정도로 사이가 좋다. 1967년 장오식 전 선학알미늄 회장과 결혼해 1남 3녀를 두었으나 지금은 독신이다.

가장 눈에 띄는 자녀 혼사는 막내딸 장정안(41) 씨. 2004년 5월 영국계 로펌 클리포드&챈스의 이승환(47) 변호사와 결혼했다. 이 변호사는 한국케이블TV 대구방송 회장과 〈영남일보〉 주필을 지낸 이종명 씨의 아들. '헌법을 생각하는 변호사 모임'의 회원으로 박정희 전 대통령의 외아들 박지만 씨의 변호를 맡기도 했다.

장정안 씨는 친구 소개로 이승환 변호사를 만나 2년간 연애 후 결혼했으며, 주례는 시아버지의 절친한 '지기' 한완상 전 부총리가 맡았다. 한 전 부총리와 이종명 전 회장은 미국으로 정치적 망명을 함께하기도 했다. 잡화 바이어(차장)로 일하던 장정안 씨는 결혼 후 휴직, 남편과 함께 해외에 머무르고 있다.

신영자 이사장이 사업적으로 가장 의지하는 이는 차녀 장선윤 씨다. 미국 하버드대 심리학과를 나와 1997년 롯데쇼핑에 입사, 2005년 이사로 승진했다. 명품관 '에비뉴엘' 개관의 일등공신이며, 외할아버지를 닮아 키가 크고 호리호리하다. 성격도 소탈해 직원들 사이에 평이 좋다. 아들 장재영(48) 씨와 장녀 장혜선(46) 씨는 개인사업을 하고 있다.

장남인 신동주 전 롯데홀딩스 부회장은 결혼이 다소 늦었다. 38세이던 1992년 3월 잠실 롯데호텔에서 재미교포 사업가 조덕만 씨의 차녀 은주 씨와 결혼식을 올렸다. 두 사람이 만난 것은 동주 씨가 일본 롯데의 미국 법인 지사장으로 발령 나면서부터다. 아버지를 닮아 내성적인 신 전 부회장은 의외로 10세 연하의 거래처 여직원에게는 적극적으로 다가갔다. 남덕우 전 국무총리가 주례를 본 결혼식은 이례적으로 언론에 공개됐다. 아들(정훈·22)만 하나다. 현재 일본에 살고 있는 신 전 부회장은 "순수하고 학자 같다"는 평을 받는다.

신동빈 회장은 형과 마찬가지로 일본에서 나고 자랐다. 한국 무대에 데뷔한 것은 1990년 호남석유화학(현 롯데케미칼) 상무를 맡으면서부터다. 증권사에 오래 있어서인지 수치에 매우 밝다. 1997년 한국 롯데 부회장을 거쳐 2011년 회장으로 승진했다.

이중국적자였던 신동빈 회장은 한국생활을 시작하면서 일본 국적을 정리했다. 처음에는 우리말이 서툴렀으나 지금은 발음이 조금 어색할 뿐, 대화를 주고받는 데는 별 지장이 없다. 와인을 즐기지만 폭탄주도 피하지 않는다. 아버지의 문학 기질을 이어받아 사석에서 가끔 괴테의 시를 영어로 읊기도 한다. 이승엽 프로야구 선수가 뛰었던 일본 롯데 지바 마린스의 구단주 대행도 맡고 있다.

세간에는 활달하고 적극적인 성격으로 알려져 있으나 집안 인사의 얘기는 다소 다르다. "형인 동주보다 상대적으로 그렇다는 것이지, 실제 적극적인 성격은 아니다. 원래 신씨 집안 남자들이 활달한 편은 못 된다."

롯데가는 물론 재벌가 전체를 통틀어 화려한 혼맥의 정수로 꼽히는 게 신동빈 회장의 결혼이다. 1985년 형보다 먼저 일본에서 다섯 시간에 걸친 일본 전통혼례식을 치렀다. 신부는 일본 대형 건설사 다이세이의 오고 요시마사 부회장의 차녀 마나미(眞奈美·56) 씨. 일본 귀족학교인 가쿠슈인(학습원) 대학을 졸업한 재원으로, 일본 황실의 며느릿감 후보로도 거론됐다.

후쿠다 다케오 전 일본 총리가 중매를 서고 주례까지 맡았다. 결혼식에 나카소네 당시 총리를 비롯해 전·현직 일본 총리가 3명이나 참석해 한·일 양국에서 떠들썩한 화제가 됐다. 마나미 씨를 만나본 한 인사는 "평범하고 참한 인상"이라고 전했다. 아들 유열 군과 규미·승은 두 딸을 두고 있다.

부인과 자녀들은 일본에 살고 있다. 한 달에 두세 번 신동빈 회장이 일본으로 건너간다. 신격호 총괄회장이 '셔틀 기업경영'을 했다면, 신동빈 회장은 '셔틀 가족생활'을 하는 셈이다. 수행원 없이 다니는 것은 부자(父子)가 똑같다.

해마다 5월이면 신격호 총괄회장은 울산시 울주군 둔기리 호숫가의 너른 잔디밭에서 사재를 들여 잔치를 벌였다. 1969년 대암댐 건설로 고향마을이 물에 잠기자 전국에 흩어진 고향사람들을 수소문, 1971년 5월 돼지머리에 막걸리를 기울인 것이 시초가 됐다. 2013년까지 한 해도 거르지 않고 진행됐다. 모임 이름도 고향에서 따 '둔기회'라고 지었다. 처음엔 수십 명이던 회원 수가 아들, 며느리, 손자의 가세로 지금은 수백 명으로 불어났다.

신격호 총괄회장에게는 고향 못지않게 애틋한 대상이 있다. 파리 에펠탑 같은 세계 최고층 건물이다. 80세가 되던 해인 2002년, 123층 건물 청사진을 내보이며 그는 이렇게 말했다. "외국인 관광객들에게 언제까지나 고궁만 보여 줄 수는 없지 않은가." 이후 교통영향평가와 공군의 반대 등이 있었지만 신 총괄회장은 굽힘없이 재도전을 거듭해 마침내 오늘에 이르렀다.

이철우 전 사장의 회고다.

2011년 10월 서울 중구 소공동 롯데호텔에서 신격호 총괄회장의 구순을 맞아 가족이 함께
떡케이크를 자르고 있다. 왼쪽부터 첫째 며느리 조은주 씨, 장남 신동주 전 롯데홀딩스 부회장,
신격호 총괄회장, 부인 시게미쓰 하쓰코 씨, 장녀 신영자 롯데장학·복지재단 이사장,
차남 신동빈 롯데그룹 회장, 둘째 며느리 시게미쓰 마나미 씨.

"잠실 프로젝트를 진행할 때의 일이다. 백화점을 짓기는 했는데 신
세계백화점의 3배인 드넓은 매장을 채울 일이 걱정이었다. 총괄회장
님은 쓸데없는 걱정을 한다며 타박하시더니 평창면옥에서 해답을 찾
으라고 했다."

당시 서울 평창동에 있던 평창면옥은 5천 원짜리 밥맛이 워낙 좋아
늘 줄이 길게 늘어서 있었다.

"사람들이 왜 굳이 시간과 비용을 들여 그곳까지 가겠는가. 이유는
단 하나다. 바로 상품이 훌륭하기 때문이다. 고객에게 꼭 필요하고
훌륭한 상품을 만들면 문제는 절로 해결되기 마련이다."

신 총괄회장의 이 얘기는 지금도 롯데 임직원들의 입에 자주 회자
된다.

신격호 총괄회장은 생전의 정주영 현대 창업주(왕회장)와 절친했다. 왕회장이 세상을 떠났을 때는 직접 추도사를 쓰기도 했다. 신 총괄회장이 일곱 살 아래다. 흥미롭게도 두 사람의 인생 역정은 매우 닮았다.

우선 대가족의 장남이다. 신 총괄회장은 동생이 9명, 왕회장은 7명이다. 중농·빈농의 아들로 농사 규모는 달랐지만 식술이 워낙 많아 삶이 퍽퍽하기는 마찬가지였다. 성공 신화의 시작이 가출이라는 것도 같다. 두 사람 모두 열아홉 살 때 "앞이 안 보인다"며 집을 뛰쳐나왔다.

사업 시작 후 최대의 시련이 '불'이었다는 점도 같다. 신격호 총괄회장은 처음 차린 커팅오일 공장이 불에 몽땅 타버려 빚더미에 올라앉았다. 왕회장도 첫 사업인 자동차수리공장이 불에 타는 바람에 고초를 겪어야 했다. 신 총괄회장은 이 때문에 지금도 임직원들에게 자나 깨나 불조심을 외친다. 롯데호텔 준공 때 멀쩡한 새 건물의 복도 천장을 뜯게 한 뒤 손전등으로 직접 방화장치를 확인한 일화는 유명하다.

공교롭게도 죽을 고비도 한 차례씩 넘겼다. 여든이 다 될 때까지 직접 운전하고 다니던 신격호 총괄회장은 언젠가 밤길에 귀가하다가 트럭과 정면으로 부딪혀 간신히 목숨을 건졌다. 왕회장도 새벽에 울산 공장을 시찰하러 직접 운전하고 가다가 차가 바닷물에 빠져 죽을 뻔했다.

발상도 기발하다. 신격호 총괄회장은 풍선껌에 대나무 대롱을 함께 포장해 장난감처럼 불 수 있게 했다. 왕회장은 겨울 골프에 빨간 골프공을 도입한 주인공이다. 이 유명한 빨간 공 일화를 남긴 1970년

464

초봄 라운딩의 동반자가 바로 신 총괄회장이었다. 신 총괄회장은 훗날 "폭설이 내려 (하얀 골프공을 찾을 수 없는 만큼) 의당 약속이 취소된 것으로 여겨 하마터면 큰 실수를 할 뻔했다"고 회고했다.

M&A보다는 직접 공장 말뚝 박기를 즐겼던 것이나 귀향 잔치 (둔기회·소떼 방북)를 벌인 점도 똑같다. 다만, 신 총괄회장은 언제나 소리가 나지 않았고 왕회장은 늘 요란했다. 대선 출마 등 말년에 한눈을 판 왕회장과 달리 신 총괄회장이 사업에만 전념하는 것도 결정적 차이다.

아직도 신격호 총괄회장의 첫 부인인 노순화 여사의 기일이면 신동빈 회장을 비롯해 모든 가족들이 한자리에 모인다. 여느 재벌가에서는 보기 힘든 풍경이다. 신 총괄회장이 재혼한 아내와의 사이에서 얻은 신동빈 회장은 한국에 정착한 이후 노 여사의 제사를 꼬박꼬박 지내고 있다. 집안에서나, 그룹에서나 '후계자'로서의 입지를 빠르게 굳혀 가는 모습이다.

몇 년 전까지만 해도 후계구도와 관련해 "정해진 것은 아무것도 없다"며 언급을 회피하던 그룹 측은 이제 공공연하게 "후계구도 작업은 끝났다"고 단언한다.

신동빈 회장은 2004년 10월 신설된 정책본부의 장(長)을 맡으면서 후계자 논란을 확실하게 잠재웠다. 재계는 "그룹 대권을 둘째 아들에게 넘기겠다"는 신격호 총괄회장의 의지로 해석했다. 신동빈 회장은 온라인쇼핑몰·편의점 사업 등에서 이렇다 할 실적을 내지 못했지만, 케이피케피칼·현대석유화학 등을 성공적으로 인수함으로써 아버지의 신임을 굳혔다.

# 농심그룹

## '한국의 맛'을 세계에 알리다

2015년 창립 50돌을 맞는 농심그룹의 각오는 남다르다. 1965년 창립
한 농심은 국내의 대표적인 식품기업으로 우뚝 섰다. 창립 당시 약 100
명이었던 직원 수는 현재 1만여 명으로 100배 늘었고, 매출액은 2억
원에서 출발해 4조 원으로 2만 배나 뛰었다. 농심의 베스트셀러 '신라
면'은 한국을 넘어 세계 각국에 한국을 대표하는 맛으로 퍼지고 있다.

사업도 다양해졌다. 1973년 포장전문회사 율촌화학을 설립했고,
1975년 동양체인을 인수해 농심가(현 메가마트)를 세웠다. 1979년 설
립된 식재전문기업 태경농산 등이 농심그룹으로 재편됐다. 현재 이
회사들은 그룹의 주요 부문을 담당하고 있다.

이어 1993년에는 농심데이타시스템(현 엔디에스)과 동래관광호텔

(현 호텔농심)이 설립됐고, 1996년 광고전문회사 농심기획, 1997년 농심엔지니어링이 잇따라 만들어졌다. 2001년에는 일동레이크 골프 클럽을 인수해 농심개발을 세웠다. 이렇게 만들어진 자회사들은 2003년 7월 지주회사인 농심홀딩스가 설립되면서 그 아래로 정리됐다.

이처럼 농심을 성장시킨 1인자는 신춘호(85) 회장이다. 생존해 있는 몇 안 되는 창업 1세대인 신 회장은 고령의 나이에도 서울 동작구 신대방동의 그룹 본사로 출근해 업무를 보고 있다. 신 회장은 그룹의 큰 방향이나 핵심 전략만 직접 챙기고 나머지는 자녀들과 전문경영인에게 맡기고 있다.

신춘호 회장은 일찌감치 후계구도의 틀을 잡아 왔다. 신 회장은 공식적으로 누구에게 어떤 회사를 맡기겠다고 말한 적은 없다. 다만 신 회장의 자녀들이 어떤 계열사에 소속돼 있고 지분을 얼마나 가지고 있는지를 살펴보면 농심의 미래를 읽을 수 있다.

2010년부터 농심홀딩스 대표이사를 맡고 있는 이는 장남인 신동원(57) 농심 부회장이다. 신동원 부회장은 농심홀딩스 지분 36.88%를 가진 최대 주주다. 차남인 신동윤(57) 율촌화학 부회장이 그 다음으로 많은 19.69%를 가지고 있다. 신 회장은 계열사인 농심 지분 7.4%와 율촌화학 지분 13.5%를 보유 중이다.

농심그룹 매출의 절반가량을 차지하는 핵심 관계사인 농심은 장남인 신동원 부회장이 맡고 있다. 신동원 부회장은 1979년 농심에 사원으로 입사했지만 정식으로 일하기 시작한 것은 1983년부터다. 1997년 국제담당 대표이사를 거쳐 2000년부터 농심 대표이사 부회장을 맡고 있다.

1996년 10월 11일 서울 동작구 신대방동 농심 사옥 준공 기념식에서 신춘호(오른쪽부터)
농심그룹 회장이 신동원 농심 부회장, 신동윤 율촌화학 부회장, 신동익 메가마트 부회장
3형제로부터 장수의 상징인 학을 소재로 한 미술작품을 선물받고 있다.
이날 30년 만에 지은 새 사옥에 농심 주요 계열사가 입주했다.

    특히 신동원 부회장은 농심의 세계화를 진두지휘해 성공을 거뒀다. 농심은 1996년 중국 상하이에 라면공장을 만들면서 본격적인 세계화 전략을 시작했다. 1997년 신 부회장이 국제담당 대표이사를 맡으면서 1997년 칭다오공장, 1999년 선양공장 등 중국사업과 2005년 미국 공장 준공까지 이뤄 내면서 세계 각지에서 성과를 냈다.

    차남인 신동윤 부회장은 1983년 농심에 입사한 이후 1989년 율촌화학으로 자리를 옮겨 2000년부터 사장을, 2006년부터는 부회장을 맡고 있다. 신춘호 회장의 호인 율촌을 딴 율촌화학은 식품, 생활용품의 각종 포장재를 생산하며 업계 선두를 달리고 있다. 이 밖에도 반도체 포장재, 전자제품과 자동차부품 포장재, 휴대전화 등 디스플레이 광학필름 분야에서도 선두권을 유지하고 있다. 2014년 기준 4,500

억 원의 매출을 올린 바 있다.

3남인 신동익(55) 메가마트 부회장은 1984년 농심에 입사해 1992년 농심가(현 메가마트) 대표이사에 오른 뒤 2002년부터 부회장직을 맡고 있다. 메가마트는 부산 지역을 중심으로 한 유통기업으로, 1995년 메가마트 동래점이 문을 연 이래 부산 남천점, 언양점 등 13개의 대형마트와 1개의 백화점을 보유하고 있다. 2014년 기준 약 6,100억 원의 매출을 올리기도 했다.


농심은 국내 라면시장에서는 63%의 점유율을 차지하며 압도적인 1위를 기록하고 있으며, 스낵시장에서도 30%의 점유율로 업계 1위를 기록하고 있다. 이런 국내에서의 영향력을 탄탄하게 유지하면서 해외시장에 더 적극적으로 진출하여 한국의 맛을 알린다는 것이 농심의 목표이다.

특히 2014년 중국사업 매출이 전년 대비 28% 성장한 1억 8천만 달러를 달성하며 역대 최고치를 기록하기도 했다. 2015년에는 중국 내 성장잠재력이 높은 화둥지역에 판매조직을 강화하고, 장기적으로는 쓰촨성, 구이저우성 등 서남부 지역으로도 판매망을 넓혀 나갈 계획이다.

농심이 가장 공을 들이는 사업은 미래 성장동력으로 여기는 '생수' 사업이다. 백두산 물을 담은 '백산수'는 출시 2년 만인 2014년 생수시장 2위에 올랐다. 농심은 2015년 국내 시장점유율을 10%로 올리고 농심 라면의 중국 진출 성공을 바탕으로 세계 최대의 생수시장인 중국을 공략한다는 계획이다. 이를 위해 2015년 9월 창립 이후 최대 규모인 2천억 원을 투자해 백두산 근처인 중국 얼다오바이허 지역에 백산수 신공장을 완공할 예정이다.

## 코오롱·아모레퍼시픽 오너가와 친분 두터워

농심가(家) 사람들은 보수적인 가풍 때문에 언론에 노출되지 않는 것으로 유명하다. 때문에 다른 대기업 오너처럼 누군가와 각별한 인연이 있다고 알려진 편은 아니다.

신춘호 회장이 돈독한 친분을 유지했던 사람은 2014년 말 작고한 고 이동찬 코오롱그룹 회장이다. 이동찬 회장은 1974년부터 한국경영자총협회(경총) 부회장을 맡아 오다 1982년 회장 자리에 앉았는데, 1994년 신춘호 회장이 경총 부회장을 맡으면서 가깝게 지낸 것으로 알려졌다.

신춘호 회장은 서성환 아모레퍼시픽 선대회장과도 가까운 사이였다. 신 회장과 서 회장은 서로 경제단체 요직을 맡으면서 가까워졌다고 전해진다. 두 사람의 끈끈한 관계는 1990년 서 회장의 차남 서경배 아모레퍼시픽 회장과 신춘호 회장의 막내딸 신윤경 씨가 맺어지면서 사돈관계로 발전했다.

신춘호 회장의 장남 신동원 농심 부회장의 인맥도 외부에 잘 알려져 있진 않지만 아버지의 대를 이어 신일고 동문인 이웅열 코오롱그룹 회장과 가깝게 지내고 있다. 또 이광현 고려대 경영학부 교수와 경영 현안에 대해 흉금을 털어놓는 사이로 알려졌다.

이 밖에 신동원 부회장은 세계시장 라이벌 관계인 일본의 식품기업

## 농심가 주요 인맥

| 이웅열 | 이광현 | 안도 고키 | 혼조 다이스케 |
| --- | --- | --- | --- |
| 코오롱 회장 | 고려대 경영학부 교수 | 닛신식품 사장 | 이토엔 사장 |

대표들과도 친분을 쌓고 있다. 일본 차음료 선두기업 이토엔의 혼조 다이스케 사장, 일본 라면업계 1위 닛신식품의 안도 고키 사장과도 친분이 있다.

## 농심그룹을 이끄는 대표들

농심그룹을 이끄는 주요 계열사 대표들의 면모를 보면 일부 특수한 전문성을 필요로 하는 회사를 제외하고는 농심에서 회사생활을 시작해 쭉 성장한 인물들이 대거 포진됐다는 점이 특징이다. 특히 해외사업 부문에서 능력을 인정받아 계열사 대표 자리까지 간 이들이 많아 농심그룹이 해외사업 부문에 많은 신경을 쓰고 있다는 점을 알 수 있다.

농심그룹의 핵심인 농심을 맡고 있는 박준(67) 사장은 1981년 농심 수출과로 입사해 1984년 미국지사장, 1991년 국제담당 이사, 2005년 국제사업총괄 사장을 역임한 해외사업 전문가다. 박 사장은 1년에 100일 이상 해외 출장을 다닐 정도로 이 분야에 열정을 가지고 일하는 것으로 전해진다. 그는 신동원 부회장과 함께 미국과 중국에 생산공

**박준**(67)
농심 사장

**송녹정**(51)
율촌화학 사장

**강성균**(64)
메가마트 사장

**유병돈**(63)
태경농산 사장

장 건설을 추진하는 등 해외 수출과 글로벌 사업역량 강화 등에 기여한 공로를 인정받아 2012년 대표이사로 취임했다.

송녹정(51) 율촌화학 사장도 1990년 입사 후 도쿄사무소에서 근무하면서 해외 신기술과 신사업 분야를 일찌감치 배웠다. 그는 성장전략실장 재직 시절 신성장동력 발굴에 대한 공로를 인정받아 2011년 대표이사로 취임했고, 율촌화학이 전자재료 사업 부문까지 확대 진출하는 데 기여했다고 평가받는다.

강성균(64) 메가마트 사장은 손꼽히는 영업 전문가다. 메가마트 점장, 영업전략실장, 구매총괄과 식품팀총괄을 거쳤고 2009년부터 대표이사직을 맡고 있다.

2012년부터 태경농산 대표이사를 맡고 있는 유병돈(63) 사장은 중국시장 전문가다. 1979년 농심 생산과로 입사한 이래 농심의 중국 진출이 본격화되는 시점에 칭다오와 상하이에서 근무하며 농심의 중국시장 공략 발판을 마련하기도 했다.

# 큰형 떠난 아우, 30년 동안 라면업계 '1위' 지키다

"신적 존재나 마찬가지였던 큰형이 반대하자 일종의 오기가 생겼다."

신춘호 농심그룹 회장이 1999년 《철학을 가진 쟁이는 행복하다》라는 제목의 자서전에서 회고한 말이다. 10남매 가운데 다섯째인 신춘호 회장은 한때 큰형인 신격호(93) 롯데그룹 총괄회장을 도와 롯데를 키우는 데 함께했다.

하지만 새로운 사업으로 라면을 생각한 신 회장과 "밥 대신 라면을 먹을 사람이 있겠느냐"는 신 총괄회장 사이에 의견이 엇갈렸고 결국 동생은 롯데그룹을 떠났다. 신춘호 회장은 35세 되던 1965년 자본금 500만 원으로 지금의 농심 사옥이 있는 서울 동작구 신대방동에 라면 뽑는 기계를 들여놓고 라면을 만들기 시작했다. 첫 회사명은 지금의 농심이 아닌 '롯데공업주식회사'였다.

국내 라면시장의 63%를 차지하는 농심 라면의 역사는 곧 이 회사의 역사라 해도 지나친 말이 아니다. 라면업계 후발주자로 뛰어든 농심의 첫 제품은 1965년 9월 당시 유행하던 닭고기 육수를 사용한 '롯데라면'이었다. 이후 1975년 '형님 먼저, 아우 먼저'라는 카피로 인기를 끈 '농심라면'을 출시했다. 농심라면의 큰 인기로 1978년 회사명을 지금의 '농심'으로 바꾸고 라면시장에 본격적으로 뛰어들었다.

1980년대는 농심 라면의 황금기였다. 신춘호 회장은 라면의 맛과 품질은 수프에 있다고 생각하고 경기도 안성에 수프 전문 공장을 세웠다. 결과는 대성공이었다. 이 안성공장 덕분에 1982년 너구리와 육개장 사발면, 1983년 안성탕면, 1984년 짜파게티, 1986년 신라면 등 지금까지도 대중에게 꾸준히 사랑받는 라면이 1980년대 대거 탄생했다. 잇따른 성공으로 농심은 1985년 3월 시장점유율 약 40%를 차지, 이때부터 업계 1위에 올라섰다.

신춘호 회장은 큰형의 그늘 밑에서 벗어나 성공한 사업가이기도 하지만 항상 가족을 챙겼다. 그는 일찍이 일본으로 건너간 큰형과 몸이 약한 둘째 형을 대신해 집안의 실질적 가장 역할을 했다고 자서전에서 털어났다. 1999년 도굴범이 훔쳐 간 아버지 신진수 씨의 유해를 되찾아 모셔온 사람도 신 회장이었다.

신춘호 회장은 실제로는 1930년생이지만 2년 늦게 호적에 올라가는 바람에 서류상으로는 1932년생이다. 그는 두 살 아래 고향 처녀인 김낙양(83) 씨와 결혼했다. 같은 울산 울주군 출신이지만 면(面)이 달라 서로 알지는 못했다고 한다.

신 회장은 부인 김 씨와의 사이에 3남 2녀를 뒀고, 막내딸을 제외하고 모두 그룹 계열사 경영에 참여하고 있다. 5남매의 공통점은 장녀인 신현주(60) 농심기획 부회장을 빼고 모두 고려대 동문이라는 점이다. 장남 신동원(57) 부회장은 화학공학과, 차남 신동윤(57) 율촌화학 부회장은 산업공학과, 3남 신동익(55) 메가마트 부회장은 경영학과, 차녀 신윤경(47) 씨는 심리학과를 각각 졸업했다.

농심가의 혼사는 재계, 언론계 등에 두루 연결될 정도로 화려하다. 장녀 신현주 농심기획 부회장은 주부로 지내다 약 20년 전부터 회사 경영에 참여했다. 신 부회장의 남편은 박남규 조양상선 회장의 4남 박재준(63) 전 조양상선 부회장이다. 박 회장은 김치열 전 내무부 장관과 사돈 사이고, 김치열 전 장관은 효성그룹 등과도 사돈을 맺었다. 둘 사이에 혜성(34·결혼), 혜정(30) 씨 자매를 두고 있다.

신동원 농심 부회장과 신동윤 율촌화학 부회장은 10분 차이로 태어난 일란성 쌍둥이다. 장남 신동원 부회장의 부인 민선영(54) 씨는 민철호 전 동양창업투자 사장의 장녀다. 민 씨는 연세대 영어영문학과를 졸업했다. 친구 사이인 한규상 율촌화학 고문과 송복 연세대 명예교수가 각각 신 부회장과 민 씨를 소개시켜 준 것으로 알려졌다. 둘 사이에는 수정(27·결혼), 수현(24·여), 상렬(22) 씨 등 3남매가 있다.

차남 신동윤 부회장은 김진만 전 국회부의장의 딸 희선(55) 씨와 결혼했다. 부인 김 씨의 큰오빠는 김준기 동부그룹 회장, 둘째 오빠는 김택기 전 국회의원이다. 김 씨는 이화여대 음대를 나왔다. 신 부회장과 김 씨 사이에는 은선(27·여), 시열(25) 씨 남매가 있다.

3남 신동익 메가마트 부회장의 부인 노재경(52) 씨는 유엔 대사를 지낸 노창희 전국경제인연합회 고문의 조카이고, 노 고문은 이정훈 서울반도체 대표의 매형이기도 하다. 부인 노 씨는 큰 동서인 민선영 씨의 연세대 영문학과 후배다. 둘 사이에는 승렬(25), 유정(22·여) 씨 남매가 있다.

어린 시절 '아리랑'을 '아리깡'으로 잘못 발음해 지금의 '새우깡'이 탄생하는 데 영향을 준 것으로 알려진 신 회장의 막내딸 신윤경 씨는 서성환 아모레퍼시픽그룹 선대회장의 차남 서경배(52) 아모레퍼시픽그룹 회장과 결혼했다. 서 회장의 형은 서영배 태평양개발 회장으로 방우영 〈조선일보〉 명예회장의 사위이기도 하다. 서 회장 부부 사이에는 민정(24), 호정(20) 씨 자매가 있다.

# 롯데에서 독립한 형제들

범롯데가의 형제들은 농심가와 마찬가지로 처음에는 큰형인 신격호 롯데그룹 총괄회장을 도와 한국에서 롯데를 함께 키워 갔다. 하지만 기업인으로 성장하면서 신 총괄회장과 의견이 맞지 않아 하나둘씩 독립했고, 그 과정에서 형제 사이에 크고 작은 소송이 잇따라 눈살을 찌푸리게 했다. 결국 독립한 다른 형제들은 범롯데가로 불리지만 롯데가 아닌 다른 이름을 쓰면서 각자의 사업을 일궈 냈다.

신격호 총괄회장의 10남매 가운데 둘째인 신철호 씨의 가계도를 보면 법조 인맥이 눈에 띈다. 장녀 신혜경(68) 씨의 남편은 조용완(70) 법무법인 송백 변호사로, 서울고등법원장을 지냈다. 장남인 신동림(53) 씨의 부인은 정승원(51) 수원지법 부장판사로, 이재용 삼성전자 부회장의 이혼 소송을 맡아 화제를 모은 바 있다.

범롯데가 10남매 가운데 여섯째인 신경숙(82) 씨는 박성황 한일향료 사장과 결혼했다. 1남 1녀 가운데 아들인 박기택(57) 씨는 국민대 나노전자물리학과 교수로, 부인은 정일영 전 국민대 총장의 딸인 형은(55) 씨다.

일본에서 면발 제조업체인 산사스를 경영하는 신선호(82) 일본 산사스식품 회장은 10남매 중 일곱째다. 그는 신 총괄회장을 도와 롯데에 몸담았던 시절 롯데리아를 일군 주역이다. 신 회장은 심정섭 전 〈민국일보〉 편집국장의 장녀 정자(75) 씨와 결혼해 2남 2녀를 뒀다. 장녀 유나(51) 씨의 남편은 이호진(53) 전 태광그룹 회장이다.

10남매 중 여덟째인 신정숙(78) 씨는 자녀 혼맥이 눈에 띈다. 신 씨

# 농심그룹 가계도

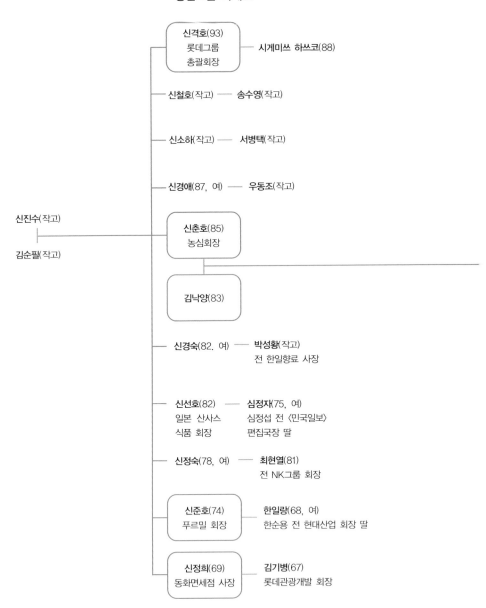

신격호(93)
롯데그룹
총괄회장 ── 시게미쓰 하쓰코(88)

신철호(작고) ── 송수영(작고)

신소하(작고) ── 서병택(작고)

신경애(87, 여) ── 우동조(작고)

신진수(작고)

김순필(작고)

신춘호(85)
농심회장

김낙양(83)

신경숙(82, 여) ── 박성황(작고)
전 한일향료 사장

신선호(82) ── 심정재(75, 여)
일본 산사스        심정섭 전 〈민국일보〉
식품 회장          편집국장 딸

신정숙(78, 여) ── 최현열(81)
전 NK그룹 회장

신준호(74)
푸르밀 회장 ── 한일랑(68, 여)
한순용 전 현대산업 회장 딸

신정희(69)
동화면세점 사장 ── 김기병(67)
롯데관광개발 회장

478

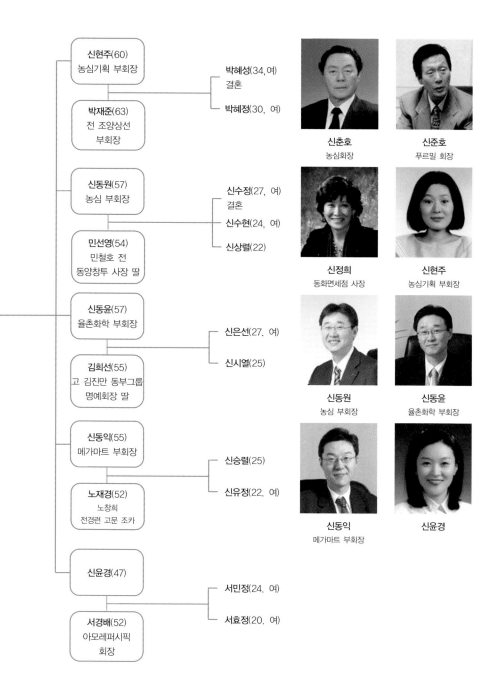

신현주(60)
농심기획 부회장

박혜성(34, 여)
결혼
박혜정(30, 여)

박재준(63)
전 조양상선
부회장

신춘호
농심회장

신준호
푸르밀 회장

신동원(57)
농심 부회장

신수정(27, 여)
결혼
신수현(24, 여)
신상렬(22)

민선영(54)
민철호 전
동양창투 사장 딸

신정희
동화면세점 사장

신현주
농심기획 부회장

신동윤(57)
율촌화학 부회장

신은선(27, 여)
신시열(25)

김희선(55)
고 김진만 동부그룹
명예회장 딸

신동원
농심 부회장

신동윤
율촌화학 부회장

신동익(55)
메가마트 부회장

신승렬(25)
신유정(22, 여)

노재경(52)
노창희
전경련 고문 조카

신동익
메가마트 부회장

신윤경

신윤경(47)

서민정(24, 여)
서효정(20, 여)

서경배(52)
아모레퍼시픽
회장

는 최현열(81) 전 NK그룹 회장과 결혼해 1남 3녀를 뒀다. 장녀인 최은영(53) 유수홀딩스 회상의 남편은 조수호 한진해운 회장으로, 형은 조양호 한진그룹 회장이다. 차녀 최은정(52) 씨는 정주영 현대그룹 명예회장의 막내 동생인 정상영 KCC그룹 명예회장의 차남 정몽익(53) KCC 사장과 결혼했다.

10남매 중 아홉째인 신준호(74) 푸르밀 회장은 롯데그룹을 나올 때 롯데햄·우유 사업을 가져왔지만 이후 롯데라는 이름을 쓰지 못하게 되면서 푸르밀로 회사명을 바꿨다. 신 회장은 한순용 전 현대산업 회장 딸인 일랑(68) 씨와 결혼해 2남 1녀를 낳았다. 아들 신동환(45) 씨는 푸르밀 상무로 최병석 전 대선주조 회장 딸인 윤숙 씨와 결혼했다. 딸 신경아(43) 푸르밀 이사는 2010년 윤상현(53) 새누리당 의원과 화촉을 밝히기도 했다.

10남매 중 막내인 신정희(69) 동화면세점 사장은 여자 형제들 가운데 유일하게 회사를 경영하고 있다. 그는 경제관료 출신인 김기병(67) 롯데관광개발 회장과 결혼해 2남을 뒀다. 롯데관광개발은 롯데그룹과는 무관한 회사로, 계열사로 동화면세점이 있다. 장남 김한성(45) 동화면세점 부사장은 홍문신 전 한국서부발전 사장 딸인 지현 씨와 결혼했다. 차남은 김한준(43) 롯데관광개발 부사장으로, 유력 집안과 결혼한 것으로 알려졌다.

형제들은 롯데그룹을 떠났지만 일부 친척은 여전히 롯데그룹을 돕고 있기도 하다. 신격호 총괄회장의 5촌 조카로 신동인(69) 롯데자이언츠 구단주 직무대행이 있고, 신 직무대행의 동생은 신동립(66) 롯데대산유화 고문이다.

480

## ‖ 농심과 신춘호 회장 ‖

### 신춘호 회장, "장이가 돼라"

신춘호 회장은 임직원들에게 '장이'를 강조한다. 스스로도 자신을 '라면장이', '스낵장이'라고 부른다. 실속 없는 겉치레를 매우 싫어한다. 그래서 언뜻 봐서는 대기업 총수라기보다는 영락없는 촌로(村老)다. 지방공장을 둘러볼 때도 "일하는 사람들에게 방해된다"며 웬만해서는 공장 안으로 들어가지 않는다.

한번은 새벽녘에 경기도 안양공장에 도착했다. 아무도 없기에 살짝 공장 안으로 들어갔다. 그러자 어느새 직원이 뛰쳐나와 "아저씨, 함부로 들어오시면 안 돼요" 하며 제지했다. 신 회장은 할 수 없이 "내가 회장입니다" 하고 신분을 밝혀야 했다. 임직원들 사이에 전설처럼 전해져 오는 유명한 일화다.

그를 오랫동안 보좌한 한 임원은 신춘호 회장은 '역발상의 대가'라고 말한다. "남들이 무심코 지나치는 것도 반드시 한 번씩 뒤틀어 보신다. 젊은 사람들도 그분의 창의력을 따라가지 못한다."

대표적인 예가 '새우깡'이다. 1971년 당시 세 살짜리 어린 딸이 '아리랑'을 '아리깡'으로 잘못 발음하는 것을 듣고 신춘호 회장은 "이거다!"며 무릎을 쳤다. 말문이 갓 트인 어린아이들조차 쉽게 발음하는 '깡'을 과자 이름으로 착안한 것. 새우깡, 고구마깡, 감자깡, 이른바

'깡 시리즈'의 시작이었다.

회의 도중에 갑자기 "교남동 도가니탕 맛이 좋으니 그런 맛이 나는 라면을 개발해 보라"고 지시해 소고기라면을 탄생시킨 것이나, 당시로서는 파격적인 "롯데쥬스가 키스보다 좋아"라는 '야한' 광고 문구를 선보인 것도 신춘호 회장의 기발함을 보여 주는 예다. 언론에 나오는 것을 극도로 싫어하는 것은 큰형과 매우 닮은 점이다.

## 신라면 개발 비화

신춘호 회장은 자서전에 이렇게 적고 있다.

"어릴 때부터 무슨 벼슬 같은 것을 해보겠다는 생각은 없었다. 공부 잘하는 모범생이 못 됐기 때문이기도 하지만, 책상머리에 앉아서 머리 싸매고 하는 일보다 여기저기 돌아다니면서 새로운 것이 있으면 손으로 만져 보고 입으로 맛을 봐서 좋으면 직접 한번 만들어 봐야 직성이 풀리는 성미였다."

신라면을 처음 개발했을 때의 일이다. 실무자들은 '매울 辛'을 라면 이름으로 염두에 두고도 선뜻 결정을 내리지 못했다. 오너의 성씨를 함부로 상품화했다가 '불경죄'에 걸릴지도 모른다는 우려 때문이었다. 하지만 신 회장은 "아주 좋다"며 흔쾌히 수용했다.

막상 제품이 나오자 이번에는 문중에서 난리가 났다. "라면 장사 하려고 성까지 팔아먹는다"는 힐난이었다. 그러나 신 회장은 꿈쩍도 하지 않았다. 한번 옳다고 믿으면 끝까지 밀어붙이는 이가 그랬다. 당시 식품위생법상 라면봉지에 한글(신) 보다 한자(辛) 를 더 크게 쓸 수

없게 되자 부당한 규제라며 끝까지 싸워 법 개정 (1988년) 을 끌어냈을 정도다.

## 'M&A 승부사' 김승연 회장과 한화그룹

'승부사' 김승연(63) 회장이 이끄는 한화그룹의 역사는 곧 M&A의 역사라 해도 과언이 아니다. 2014년 11월 삼성테크윈, 삼성종합화학 등 자산규모 17조 원에 달하는 삼성 계열사 4곳을 인수합병하면서 한화그룹의 2015년 재계 순위는 한진그룹을 누르고 9위로 올라섰다. 인수자금만 2조 원에 달하는 이른바 삼성·한화 간 '빅딜'에 따라 자산 규모가 37조 원에서 50조 원대로 껑충 뛰었다. 2002년 대한생명을 인수해 재계 10위권에 진입한 지 12년 만이다.

김승연 회장은 한화그룹의 전신인 한국화약그룹 창업자인 부친 김종희 회장이 갑작스럽게 작고하면서 29세의 젊은 나이에 회사를 물려받았다. 창업주 김종희 회장은 1952년 10월 자본금 5억 원으로 부산에서 한국화약을 세웠고, 한국전쟁이 끝나자 서울로 옮겨 방위산업, 정밀화학 등으로 사업을 확장했다.

김승연 회장이 그룹 회장으로 취임하던 1981년 당시 계열사는 15개, 매출액은 1조 600억 원이었다. 김 회장이 경영을 지휘한 34년 동안 매출액은 40조 원, 계열사는 50개를 넘어섰다. 경영자로서의 김 회장은 예리한 분석력과 과감한 실천으로 부실기업을 인수해 모두 정상화하고 회사 발전의 원동력으로 삼는 탁월한 경영능력의 소유자로 평가받는다.

경영 일선 복귀 직전에 삼성과 빅딜을 성공시켜 승부사의 건재함을 재계에 과시한 김 회장의 'M&A 신공' 역사는 1981년 취임 초로 거슬러 올라간다. 취임 직후인 1982년 김승연 회장은 제2차 오일쇼크로 인한 글로벌 석유화학 경기 위축으로 적자가 눈덩이처럼 불어나던 한국다우케미칼과 한양화학을 주변의 반대에도 무릅쓰고 전격 인수했다. 성장가능성을 읽은 김 회장의 선택으로 이들 계열사는 인수 당시 매출 1,620억 원에서 2013년 3조 5,914억 원으로 21배나 성장했고, 현재 그룹의 주력 계열사가 됐다.

현재 보험업계 2위인 한화생명 역시 2002년 대한생명을 합병한 성과다. 2조 3천억 원에 달하던 누적 손실은 6년 만에 완전 해소했고 연간 5천억 원의 이익을 창출하고 있다. 1985년에는 리조트업계 선두주자였던 정아그룹의 명성콘도를 인수해 당시 자본잠식 상태였던 그룹을 정상화하고 국내 최대 레저기업인 한화리조트로 키웠다.

한화는 또한 태양광 사업을 신성장동력으로 키우기 위해 파산기업이었던 독일 큐셀을 2012년 인수해 1년 만인 2013년 흑자 전환에 성공시켰다. 한화는 2014년 12월 한화큐셀과 한화솔라원을 합병해 단숨에 글로벌 태양광 셀 부문 세계 1위로 올라섰다.

이제 관심은 한화그룹이 2014년 이뤄진 삼성 4사와의 M&A의 시너지 효과를 어떻게 내느냐다. 1997년 외환위기 이후 17년 만에 국내 재계가 자율적으로 이룬 최대 규모 M&A를 한화가 먼저 제안한 것은 그룹의 모태인 방위(防衛) 사업을 글로벌 수준으로 키워 보겠다는 김승연 회장의 의지가 강하게 반영된 것으로 풀이된다.

그룹의 지주회사인 한화는 방산회사인 삼성테크윈과 삼성텔레스를 인수하면서 2014년 매출이 1조 원에서 2조 6천억 원으로 뛰어올라 국내 방산업체 1위가 됐다. 김승연 회장은 1974년부터 정밀탄약과 유도무기 위주로 방산업체를 키워 왔는데, 이번 인수로 기존 사업에 항공기·함정용 엔진, 사격통제장치(레이더), 로봇 무인화 사업 등을 더해 사업다각화가 가능해졌다.

한화케미칼은 삼성종합화학과 삼성토탈 인수를 통해 매출이 19조 원에 육박하면서 국내 석유화학산업 선두에 섰다. 한화그룹은 또한 삼성토탈 인수로 정유사업에 15년 만에 재진출하게 됐다. 한화그룹은 1999년 한화에너지를 현대오일뱅크(당시 현대정유)에 매각한 바 있다.

한화그룹은 2015년 상반기 중 석유화학, 방산, 태양광 등 핵심 사업 위주로 사업구조 개편을 마무리하고, 선택과 집중을 통해 경쟁력이 없거나 시너지가 부족한 사업은 과감히 매각할 예정이다.

저유가 시대에 수익성이 크게 떨어지는 석유화학 사업에 대한 빅딜 효과에 의문도 제기된다. 김승연 회장은 2015년 초 문제 해결을 위해 삼성계열사 PMI(합병 후 통합) 태스크포스를 구성하고 100% 고용승계는 물론 기존과 똑같은 처우와 복리 수준을 약속했다. 3세 후계경영을 본격화한 김 회장이 '신용과 의리'의 한화 정신으로 한화그룹의 제2 도약을 원만하게 이끌어낼 수 있을지 주목된다.

### 한화그룹 주요 연혁 및 M&A와 현재 사명

| 년도 | 주요 연혁 및 M&A 기업 | 현재 사명 |
|---|---|---|
| 1952년 | 한국화약주식회사 설립 | ㈜한화 |
| 1957년 | 조선유지 | ㈜한화 화약 |
| 1964년 | 신한베어링공업 | ㈜한화 기계 |
| 1973년 | 동원공업 | 한화건설 |
| 1976년 | 성도증권 | 한화투자증권 |
| 1981년 | 2대 김승연(당시 29세) 그룹 회장 취임 | |
| 1982년 | 한양화학, 한국나우케미길 | 한화케미칼 |
| 1985년 | 정아그룹 | 한화H&R |
| 1986년 | 한양유통 | 한화갤러리아 |
| | 빙그레이글스 창단 | 한화이글스 |
| 1992년 | 한국화약그룹(명칭 변경) | 한화그룹 |
| 1995년 | 골든벨상사 | ㈜한화 무역 |
| 2000년 | 동양백화점 | 한화타임월드 |
| 2002년 | 신동아화재해상보험 | 한화손해보험 |
| | 대한생명 | 한화생명 |
| | 63시티 | 한화63시티 |
| 2008년 | 제일화재해상보험 | 한화손해보험 |
| | 새누리상호저축은행 | 한화저축은행 |
| 2010년 | 푸르덴셜투자증권 | 한화투자증권 |
| | 솔라펀파워홀딩스 | 한화솔라원 |
| 2012년 | 큐셀 | 한화큐셀 |
| 2014년 | 삼성테크윈, 삼성종합화학, 삼성토탈, 삼성탈레스 인수 계약 | |
| | 한화큐셀, 한화솔라원 통합(셀 생산 세계 1위 도약) | |

# 한화그룹의 전문경영인들, 김 회장 '의리 경영' 동반자

한화그룹을 이끄는 전문경영인(CEO)들은 고려대 출신이나 경상도 남자들이 대세다. '의리 경영'을 펼치는 김승연 한화그룹 회장의 신임을 두텁게 받고 있는 사람들이다.

경북 안동 출신의 금춘수(62) 한화그룹 경영기획실장은 2007년부터 4년간 초대 그룹 경영기획실장을 지내면서 글로벌 금융위기 극복에 기여했다는 평가를 받는다. 2010년 한화그룹 차명계좌 수사 때 핵심 실세로 지목돼 고초를 겪었으나, 고문으로 물러난 지 3개월 만에 그룹의 중국사업 중책인 한화차이나 사장을 맡았다. 한화는 2014년 11월 금 실장의 위기관리능력과 글로벌 경영역량을 높이 평가해 경영기획실장으로 다시 불러 삼성 계열사 4개 사의 인수 현안을 타개하고 그룹의 변화혁신을 진두지휘하도록 했다. 계성고, 서울대 무역학과를 나왔다.

총자산 91조 원의 한화생명 수장인 김연배(71) 한화생명 대표이사 부회장은 서울대 출신으로 47년간 한화에 몸담은 대표 한화맨이다. 또한 김승연 회장과 경기고 동문으로, 김 회장 부재 시 만들어진 경영위원회 위원장을 맡았다. 직관력이 뛰어나고 의사결정이 명확하다는 평가를 받는다. 대표 취임 이후 강력한 추진력과 리더십으로 세계 10위, 국내 최초 글로벌 보험사로 비전을 정했다.

차남규(61) 한화생명 대표이사 사장, 김창범(60) 한화케미칼 대표이사 사장은 고려대 동문이며 부산이 고향이다.

차남규 대표는 현장 이해도가 높고 경영 전반에 대한 시야가 넓다

## 한화그룹의 전문경영인들

**금춘수**(62)
한화그룹 경영기획실장

**김연배**(71)
한화생명 대표이사 부회장

**차남규**(61)
한화생명 대표이사 사장

**김창범**(60)
한화케미칼 대표이사 사장

**심경섭**(61)
한화호텔앤드리조트
대표이사 부사장

**최광호**(59)
한화건설 대표이사 부사장

는 평가를 받는다. 업무추진력, 리더십과 더불어 인간적 신망이 높아 임직원들에게 인기가 많다. 미래 성장시장인 건강, 연금, 부유층 고객 선점을 위해 영업 채널을 확대하고 프로그램 고도화를 통해 경쟁력을 강화했다.

석유화학 전문가로 불리는 김창범 대표는 한화첨단소재 대표이사 시절 글로벌 자동차 소재사업의 안정적 사업 확대와 건재 부문 매각을 성공시켰다. 그룹 주력사 대표를 맡아 인수하는 삼성종합화학(현 한화종합화학), 삼성토탈(현 한화토탈)과의 적극적인 시너지 창출을 주도하고 있다.

더플라자호텔과 한화리조트, 63빌딩 등을 운영하는 심경섭(61) 한화호텔앤드리조트 대표이사 부사장은 1980년 입사했으며, 세심하면서 서비스 마인드가 뛰어난 스타일로 고객 접점이 많은 호텔과 리조트사업에서 고객이 가장 필요로 하는 것을 해결할 적임자로 꼽힌다. 그는 ㈜한화 화약/방산부문에 근무하면서 회사의 성과 창출을 위해 끊임없이 노력했고, 최근 방위산업 부문인 삼성테크윈(현 한화테크윈), 삼성탈레스(현 한화탈레스) 인수작업에 중추적인 역할을 했다. 경남 태생으로 배재고, 고려대 출신이다.

최광호(59) 한화건설 대표이사 부사장은 건설현장의 풍부한 경험과 전문성, 친화력을 바탕으로 업무를 추진하는 '덕장' 리더십의 소유자로 통한다. 창조경제의 모델로 언급되는 10조원 규모의 이라크 비스마야 신도시 건설사업을 성공적으로 추진하고 있다. 성남서고, 서울산업대를 졸업했다.

## 한화S&C가 경영권 승계 '중심축' 될 듯

한화그룹 지배구조는 ㈜한화가 한화생명, 한화케미칼, 한화건설, 한화호텔앤드리조트 등 주요 계열사를 지배하는 형태다. 한화그룹 김승연 회장이 ㈜한화의 지분 22.7%를 보유한 최대 주주이며, 김 회장의 장남 김동관(32) 한화큐셀 상무가 4.4%, 차남 김동원(30) 한화그룹 디지털팀장과 3남 김동선(26) 한화건설 과장이 각각 1.7% 지분을 쥐고 있다.

김승연 회장의 영향력이 여전한 만큼 아직 한화에서 3세 구도를 논하는 것은 너무 이르다는 평이 지배적이다. 하지만 어느 시점이 되면

3형제에게 무게 중심이 넘어갈 수밖에 없는 현실이다. 때가 되면 한화S&C가 경영권 승계과정의 중요한 역할을 할 것이라는 게 재계의 대체적인 분석이다.

한화S&C는 김승연 회장의 세 아들이 지분 100%를 보유한 비상장 정보기술(IT) 서비스업체다. 비상장 IT업체이던 삼성SDS가 몸집을 키운 뒤 상장을 통해 실탄을 확보, 삼성가 후계구도의 중심축 역할을 수행 중인 것과 엇비슷한 형식을 취할 것으로 보인다.

2004년까지만 해도 한화S&C 지분은 ㈜한화가 66.67%, 김승연 회장이 33.33%를 보유했다. 하지만 이듬해인 2005년 ㈜한화가 자회사인 한화S&C 지분 66.7%(40만 주)를 장남에게 액면가보다 100원 비싼 주당 5,100원에, 같은 시기 김승연 회장이 보유 중인 지분도 차남과 3남에게 각각 16.5%(10만 주)씩 주당 5천 원에 넘겼다. 덕분에 현재 한화S&C 지분은 김동관 상무가 50%, 김동원 팀장과 김동선 과장이 각각 25%씩 보유 중이다.

다양한 경영권 승계 시나리오 중 유력하게 거론되는 것은 한화S&C와 ㈜한화 간 합병이다. 3형제가 장기적으로 그룹 지주사인 한화와의 합병을 추진하고 이에 따른 대가로 한화 주식을 확보하는 방안이다. 물론 3형제가 보유한 한화S&C 지분을 팔아 한화 지분 매입에 필요한 실탄을 확보하거나 한화S&C 지분과 한화 신주를 교환하는 현물출자 방식을 선택할 수도 있다.

어떤 과정을 거치든 한화S&C의 몸집 불리기는 필수지만 걸림돌도 있다. 높은 내부거래 비율이다. 한화S&C는 그룹 물량이 집중되며 2002년 832억 원에 불과했던 매출액이 2014년 9,664억 원으로 급증했다. 공정거래위원회는 2015년 2월부터 오너 일가 지분율이 30%를 넘는 대기업 계열사에 그룹 차원에서 일감을 몰아주는 행위에 대해 제재에 나섰다.

현재까지 재계에서는 회사 내 지위나 역할 면에서 장남 김동관 상무가 동생들보다 한참 앞에 서 있다는 평가가 나온다. 미국의 명문 사립고교인 세인트폴고를 졸업하고 하버드대에서 정치학을 전공한 김 상무는 미국 중고생 가운데 성적이 우수한 학생 중에서 회원을 뽑는 쿰 라우데 소사이어티(The Cum Laude Society) 회원이기도 하다.

김동관 상무는 졸업 후 공군 통역장교로 군 복무를 마친 뒤 2010년 1월 한화그룹 회장실 차장으로 입사했다. 아이비리그 경영대학원 진학과 회사 입사의 갈림길에서 김 상무는 회사를 택했다. 입사 후 2011년 12월 한화솔라원 기획실장, 2013년 8월 한화큐셀 전략마케팅실장, 2014년 9월 한화솔라원 영업실장을 거쳐 상무로 승진했다.

웨이트트레이닝과 브라질 무술인 주짓수(Jiujitsu)를 좋아한다. 평소에는 튀지 않는 조용한 성격이지만 퇴근 후에는 직원들과 함께 술잔을 기울이기를 즐기는 소탈한 성격이다.

차남 김동원 한화그룹 디지털팀장은 2014년 3월 입사해 현재 그룹의 디지털 업무를 담당한다. 디지털팀은 한화그룹의 온라인사업 및 정책을 총괄하는 부서다. 형과 같은 미국 세인트폴고를 나와 예일대 동아시아학과를 졸업했다. 졸업 후 작은 공연기획사나 마케팅 관련 회사에서 일했을 정도로 다방면에 관심이 많은 열혈 청년이다.

3남 김동선 한화건설 과장은 2014년 10월 한화건설에 입사해 해외

# 한화그룹 가계도

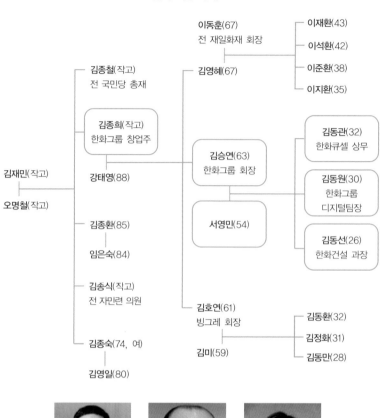

이동훈(67)
전 재일화재 회장

이재환(43)
이석환(42)
이준환(38)
이지환(35)

김영혜(67)

김종철(작고)
전 국민당 총재

김종희(작고)
한화그룹 창업주

강태영(88)

김승연(63)
한화그룹 회장

서영민(54)

김동관(32)
한화큐셀 상무

김동원(30)
한화그룹
디지털팀장

김동선(26)
한화건설 과장

김재민(작고)
오명철(작고)

김종환(85)
임은숙(84)

김종식(작고)
전 자민련 의원

김종숙(74, 여)
김영일(80)

김호연(61)
빙그레 회장

김미(59)

김동환(32)
김정화(31)
김동만(28)

**김종희**
한화그룹 창업주

**김승연**
한화그룹 회장

**서영민**

**김동관**
한화큐셀 상무

**김동원**
한화그룹 디지털팀장

**김동선**
한화건설 과장

494

및 국내 현장을 두루 다니며 경영수업을 받고 있다. 같은 달 경영에 복귀한 김승연 회장은 이라크 출장길에 3남을 동행시켰다.

전 국가대표 승마선수이기도 한 김동선 과장은 2006년 도하와 2010년 광저우아시안게임 승마 마장마술 단체전 부문에서 각각 금메달을 땄다. 2014년 인천아시안게임에서도 단체전에서 금메달, 개인전에서 은메달을 목에 걸었다.

## 한화가의 혼맥

한화그룹(옛 한국화약) 창업주인 김종희 회장은 '다이너마이트 김'이라 불렸다. 일에 대한 열정과 화통한 성격을 빗댄 말이다. 물론 생전에 주력했던 일이 화약사업이었다는 것도 또 다른 이유다.

김종희 회장은 1922년 충남 천안에서 김재민 옹과 오명철 여사의 차남으로 태어났다. 당시 수재들만 입학할 수 있었던 경기공립산업학교(현 경기상고)에 진학했지만 일본 학생들과 싸움이 잦아 원산상업학교로 학교를 옮겨 졸업했다.

1946년 비교적 평범한 집안 출신인 강태영(88) 여사와 결혼했다. 어려운 시기였지만 강 여사의 자녀 교육과 결혼 등에 대한 열정은 남달랐고 이는 가풍으로 이어진다. 자녀들을 중심으로 정계와 경제계, 관가를 아우르는 혼맥이 생겨난 배경이기도 하다.

김종희 회장의 맏딸 영혜(67) 씨의 남편은 이후락 전 중앙정보부장의 차남 이동훈(67) 전 제일화재 회장이다. 시아버지인 이후락 전 부장은 박정희 정권의 최고 실세이자 책사였다. 제갈량과 조조를 합친

제갈조조라는 별명으로 불린 그는 대통령 비서실장과 중앙정보부장 등을 역임하였으며, 유신정권의 2인자로서 막강한 권력을 휘둘렀다.

장녀의 결혼은 한화그룹을 SK그룹과 노태우 전 대통령, 이후 CJ그룹까지 연결시켰다. 이후락 전 부장의 5남 이동욱 씨가 최종건 SK그룹 창업주의 막내딸인 최예정 씨의 남편이다. 또 예정 씨의 사촌오빠가 최태원 SK그룹 회장이다. 최 회장의 부인은 노태우 전 대통령의 딸 소영 씨다. 이 같은 혼맥은 2007년에는 손경식 현 CJ 회장으로 이어졌다. 이동훈 전 회장의 장남인 재환 씨가 손경식 CJ그룹 회장의 장녀인 손희영 씨와 결혼했기 때문이다.

김승연 회장은 부친 타계 1년 후인 1982년 서정화 당시 내무부 장관의 장녀 서영민(54) 씨와 결혼했다. 당시 서울대 약대 3학년이던 그녀를 소개해 준 이는 국회의장을 지낸 백두진 씨 부인인 허숙자 여사다. 서영민 씨는 결혼 후에도 공부를 계속해 서울대 약대를 수석 졸업했다.

서영민 씨의 부친인 서정화 전 장관은 서울대 법대를 졸업하고 불과 29세에 경남 사천군수를 지냈다. 충남도지사, 중앙정보부 차장을 거쳐 내무부 장관까지 역임했다. 정치에 입문한 뒤에는 민정당과 신한국당, 한나라당 등을 거치며 5선 의원(12~16대)을 지냈다. 서정신 전 대검찰청 차장은 서 전 장관의 친동생이며, 서정귀 호남석유 사장은 6촌 형이다. 서영민 씨의 조부는 이승만 정권 시절 법무부 장관을 역임한 서상환 장관이다.

김승연 회장의 방계도 화려하다. 백부인 김종철 의원은 전 국민당 총재로 천안에서 6선 의원을 지냈다. 한화 계열사인 한국베어링(현

파그베어링)과 태평물산(현 한화무역) 회장을 맡았지만 경영에는 관여하지 않은 것으로 전해진다. 둘째 숙부인 김종식 전 자민련 의원은 큰형이 작고하자 다시 천안에서 국회의원을 지냈다.

김종희 회장의 차남인 김호연(61) 전 국회의원(빙그레 전 회장)은 백범 김구 선생의 손녀인 김미(59) 씨를 아내로 맞았다. 김 여사의 큰어머니는 안중근 의사의 조카인 안미생 여사다. 김호연의 장인어른인 김신 백범선생기념사업협회 회장은 교통부 장관과 대만 대사, 공군참모총장, 국회의원을 지냈다.

한화가의 여성들은 회사 전면에 나서지 않는다. 다른 재벌가 며느리들과는 달리 미술관 사업이나 공익재단 등에도 이름을 올리지 않는다. 자녀들의 뒷바라지에 애쓰며 바깥 활동은 거의 없는 편이다.

## ‖ 한화 김승연 회장가 ‖

1981년 '걱정 반 기대 반' 속에 등장한 20대의 젊은 총수가 이제는 관록이 물씬 풍기는 회장이 됐다. 재벌가의 어린 도련님에서 '산전수전' 다 겪은 노련한 경영자로 바뀌었으며, 패기만만하고 저돌적인 성격은 다소 무뎌진 대신 기다림의 여유를 알게 됐다.

김승연 한화그룹 회장이 경영 전면에 나선 지 35년째. 당시 국내 최연소 10대 그룹 총수로, 풋내 나는 젊은이로 알려진 김 회장의 이미지는 싹 가시고 어느덧 성공한 2세 경영인, 구조조정의 마술사, 의리파 총수 등의 수식어가 따라붙었다. 김 회장은 재계에서 2세 경영의 성공적인 착근을 넘어 제 2의 창업을 했다는 평을 들을 정도로 뛰어난 경영 수완을 보여 줬다.

개인적으로는 검찰과 악연이 있기도 했으며, 생존을 위해 선친의 손길이 잔뜩 묻은 우량 계열사들을 매각하기도 했다. 또 한화의 부활을 알리는 대한생명 인수 때에는 로비 의혹에 시달려야 했다. 그럼에도 불구하고 외환위기 시절에 '필사즉생'(必死則生)의 각오로 어둡고 긴 터널을 빠져나온 김 회장의 성공 스토리는 2세 경영인의 실패가 다반사인 요즘 시사하는 바가 크다.

"몇십 배가 남는다고 해도 난 설탕이나 페인트를 들여올 달러가 있으면 단 얼마라도 화약을 더 들여올 겁니다. 나는 솔잎을 먹고 살아야 하는 송충이이며, 화약쟁이가 어떻게 설탕을 들여옵니까? 난 갈잎이

2007년 크리스마스를 맞아 서울 가회동 자택 거실에서 온 가족이 모여 기념촬영을 하고 있다. 앞줄 왼쪽부터 김승연 회장 모친 강태영 여사, 김승연 회장, 뒷줄 왼쪽부터 김동관 한화큐셀 상무, 서영민 씨, 김동선 한화건설 과장, 김동원 한화그룹 디지털팀장.

아무리 맛있어도 솔잎이나 먹고 살 거요. ”

한화그룹(옛 한국화약그룹) 김종희 창업주의 이러한 발언을 통해 그가 얼마나 다이너마이트 국산화에 집착했는지 가늠할 수 있다. 남들이 선뜻 하려 하지 않지만 나라를 일으켜 세우기 위해서는 반드시 필요한 사업이 화약업이라는 것이 그의 신념이었다. 그는 이름보다 '다이너마이트 김'으로 통했다. 그가 다이너마이트를 독점 생산하는 기업인이라는 점도 있었지만, 그의 외곬 성격과 경영방식이 정해진 시간에, 정해진 장소에서 정확히 터져야 하는 다이너마이트의 속성과 닮았기 때문이다.

대표적인 사례가 이리역 폭발사고다. 김승연 회장은 당시 상황을 다음과 같이 소개하였다.

"전북 이리역 폭발사고는 창업 이후 가장 심각한 경영위기에 봉착한 상황이었습니다. 선친은 모든 책임을 지고 그룹 전체를 내놓겠다고 선언했습니다. 정부가 당시 이리시 재건에 총예산 130억 원을 잡았는데, 한화가 내놓은 돈이 91억 원이었으니 선친의 책임감이 얼마나 대단했는지 알 수 있는 부분입니다."

김종희 창업주는 원산상업학교를 졸업한 후 조선화약공판에 입사, 화약과 첫 인연을 맺었다. 1952년 부산 피란시절에 한국화약을 창업했으며, 이를 바탕으로 무역과 건설, 정유, 기계 등 기간산업으로 영역을 넓혔다.

김종희 창업주가 손을 댄 회사 가운데 성격이 다른 유일한 기업은 대일유업(현 빙그레)이다. 여기엔 그럴 만한 사정이 있었다. 대일유업의 거듭된 적자로 골치를 썩던 정부는 한국화약(현 한화)에 대일유업 인수를 요청했지만 김 창업주는 기간산업이 아닌 탓에 인수를 꺼려했다. 그러나 축산농가가 쓰러지고 있다는 정부의 집요한 설득에 못 이긴 그는 대일유업을 떠안았다.

## 김승연 회장의 뚝심 경영

패기만만한 김승연 회장의 뚝심 경영은 1982년 한양화학(현 한화케미칼) 인수와 합작사인 경인에너지(현 인천정유)의 경영권 확보에서 시작됐다. 모든 임원들이 당시 한양화학 인수에 반대했지만 김 회장은 혼자서 밀어붙였다. 이 때문에 "젊은 혈기로 무리한다"는 우려의 목소리가 적지 않았다.

그러나 김승연 회장은 대주주인 다우케미칼의 한양화학 철수는 본사의 재무구조를 개선하기 위한 방편이지, 석유화학업계의 불황은 아니라고 판단했다. 여기에 가계약으로 협박하던 다우케미칼 측을 '편지' 한 장으로 저지한 김 회장의 놀라운 협상 전략이 더해지면서 한화는 당초보다 싼값에 한양화학을 인수하게 됐다. 이는 불안하게 바라보는 주변의 시선을 잠재우며 '김승연 체제'를 안정시키는 역할을 했다.

또 미국 유니언오일 사와 합작해 설립한 경인에너지의 경영권 확보에서도 김승연 회장의 '뚝심'은 잘 드러난다. 한화에 불리한 계약서를 고치기 위해 동분서주하던 김 회장은 유니언오일의 한국 경영진을 대상으로 "을사보호조약 같은 …"이라는 격한 발언도 서슴지 않았다.

김승연 회장의 성공 스토리는 5공 시절에 더욱 화려해진다. 명성그룹 5개 사를 인수해 콘도를 비롯한 레저산업에 진출했으며, 한양유통(현 한화갤러리아)을 인수, 유통 분야로의 사업 확장도 꾀했다. 전광석화와 같은 공격경영의 연속이었다.

1991년에는 빙그레와 제일화재가 계열분리되면서 2세들의 분가도 이뤄졌다. 이 과정에서 형제간 재산분쟁으로 세간의 관심이 집중되기도 했다.

이렇게 승승장구하던 김승연 회장도 외환위기 파고는 쉽게 넘지 못했다. 생존을 위해서는 계열사를 팔아야만 했다. 그는 매각 금액을 줄이더라도 고용은 100% 승계를 원칙으로 했지만 모든 것이 뜻대로 이뤄지지는 않았다.

김승연 회장은 구조조정으로 50~60명의 직원이 일터를 잃게 되자 사내 방송에서 "선대 김종희 회장이 한화를 창업한 이래 이런 대규모 구조조정은 없었다"면서 "나는 그들의 가정에 많은 고통을 준 가정파괴범이며, 만일 내가 경영을 잘했다면 이런 일은 없었을 것"이라며 비참함을 토로하기도 했다.

김승연 회장은 당시 "모든 것을 잊기 위해 집에 러닝머신을 설치해서 발에 물집이 생겨 터질 정도로 뛰어 보기도 했다"면서 "스트레스로 인한 고통 때문에 체중이 5킬로그램 이상 빠졌다"고 밝혔다. 이어 "그때는 정말 회장직에서 물러날 각오로 경영에 임했다"고 설명했다. 성공적인 구조조정이 끝나면서 그에게 '구조조정 마술사'라는 애칭이 붙었지만 그는 이에 대해 가슴 아픈 별명이라고 했다.

한화는 2000년 동양백화점 인수를 시작으로 2001년 대덕테크노밸리를 설립했으며, 2002년에는 대한생명을 인수했다. 외환위기 시절 위축됐던 사세를 크게 확장한 것이다. 이로써 한화는 석유화학을 중심으로 한 제조업과 한화생명의 금융, 한화호텔앤드리조트와 한화갤러리아가 포진한 유통·레저산업을 3대 축으로 하는 성장엔진을 마련하게 됐다.

## 강태영 여사

강태영(88) 여사를 옆에서 지켜본 이들은 '조용하지만 강단 있다'고 평한다. 2004년 4월 김호연 전 국회의원(빙그레 전 회장)이 '한국의 경영자상'을 수상할 때다. 김호연 회장은 이 상에 자부심이 유독 컸다고 한다. 한때 '경영자로서 자질이 의심된다'는 비난에 마음고생이 심했던 탓이었다. 강 여사는 작은아들의 수상 소식에 들떠 서울 소공동 롯데호텔 시상식장을 직접 찾아 격려할 정도였다. 강 여사는 특히 1990년대 초 형제간 재산분쟁으로 우의가 상했던 탓에 형제가 화목하게 지내기를 간절히 바라고 있다고 주변에서는 전한다.

강태영 여사는 또 남편인 김종희 창업주와 사별한 이후 한 번도 생일잔치를 벌인 적이 없다고 한다. 김승연 회장의 설명이다.

"2003년 어머니가 희수를 맞을 때 온 가족이 뜻을 모아 잔치를 해드리려고 한 적이 있습니다. 그러나 '아버지가 돌아가신 이후 내 생일잔치는 하지 않겠다'는 모친의 뜻을 꺾지 못했습니다."

뜻을 굽히지 않는 강태영 여사도 김종희 창업주 생전에 큰 목소리 한 번 내는 일 없이 묵묵히 내조했다고 한다. 두 아들의 평은 한결같다. "어머니는 유교적인 태도를 간직한 전형적인 현모양처 스타일"이라고.

김종희 창업주와 강태영 여사는 1946년 장남인 김종철 전 국민당 총재가 결혼을 차일피일 미룬 덕분에 인연을 맺었다. 차남인 김 창업주가 부친의 강요에 못 이겨 집안 간 혼처가 결정 난 곳으로 먼저 상투를 틀었기 때문이다.

김종희 창업주 생전에 혼사를 치른 자식은 맏딸 영혜 씨밖에 없다. 영혜 씨의 남편은 이후락 전 중앙정보부장의 차남인 이동훈 전 제일화재 회장이다.

친인척 가운데 현재 한화 계열사 경영에 참여하는 인사는 김신연 한화이글스 대표가 유일하다. 김 대표는 김종철 전 국민당 총재의 차남이다.

## 김승연 회장의 자식교육관

"눈에 꿈이 담겨 있지 않으면 산 너머가 보이지 않고, 그곳에 도도히 흐르는 강을 바라볼 수 없다는 것이 평소 저의 생각입니다. 아이에게 꿈과 희망을 갖도록 하는 것이 부모로서 갖춰야 할 최고의 미덕이라고 여깁니다."

김승연 회장의 평소 자식교육관이다.

김종희 창업주는 평소에 "남자는 술도 먹고, 담배도 피워 보고 그래야 해. 어차피 될 놈은 무엇을 하든 간에 나중에 제대로 되니까. 남자의 과정은 여자와 다르지"라고 말했다고 한다.

선친의 기대 때문일까. 자식들 모두 수재인 데다 성공한 기업인이 됐다. 김승연 회장은 경기고를 다니다가 미국으로 유학, 드폴대에서 국제정치학 석사학위를 받았다. 김호연 회장도 경기고와 서강대, 일본 히토츠바시 대학원을 나왔다.

김승연 회장은 또 전인교육을 강조한다.

"교육 문제는 집사람이 더 큰 관심을 갖고 있어 저는 큰 방향만 잡아 줄 뿐 간섭을 많이 하는 편이 아닙니다. 그래도 공부뿐 아니라 지·덕·체를 고루 갖췄으면 하는 것이 아버지의 바람입니다."

## 재계에서 손꼽히는 2대째 미국통

김종희 창업주와 김승연 회장은 국내에서 손꼽히는 '미국의 마당발'이다. 그룹 모체인 화약 부문이 방위산업과 연관이 많은 데다 창업주 특유의 친화력으로 주한미군 및 미국대사관 관계자들과 돈독한 관계를 맺어 왔기 때문이다. 또 김승연 회장은 한·미 교류협회 회장으로서 선친의 인맥을 미국 정계로 더욱 발전시켰다. 부자는 자연스럽게 '다이너마이트 김'과 '다이너마이트 김 주니어'로 불렸다.

리처드 워커 전 주한 미국대사와의 2대(代)에 걸친 약속은 한화 김씨 부자의 미국 인맥 관리를 잘 보여 준다. 창업주는 워커 전 대사의 60세 생일잔치를 한국식 환갑잔치로 열어 주기로 했지만 1981년 지병으로 타계하면서 이를 지키지 못했다. 그러나 아들인 김승연 회장이 1982년에 환갑잔치를 열어 줌으로써 선친의 약속을 지켰을 뿐 아니라 워커 전 대사의 팔순잔치도 2002년 서울에서 열어 주위를 놀라게 했다. 20년 이상의 약속을 대를 이어 지킨 셈이다.

김 회장의 설명이다.

"선친은 1960년 말부터 워커 전 대사와 인연을 맺었습니다. 워커 전 대사가 두세 달 일찍 태어나, 워커 대사는 한국의 미풍양속에 따라 자신이 형님이라고 말하곤 했다고 합니다. 선친은 또 리처드 스틸웰 전 주한미군 사령관과도 가까운 사이였습니다. 세 사람은 자주 만났고, 만남의 횟수만큼 우정도 깊었던 것으로 알고 있습니다. 워커 전 대사의 아내였던 세니도 모친(강태영 여사)과 친하게 지냈습니다."

김승연 회장은 또 한·미 교류협회를 만들어 미국 인맥을 더욱 넓혔다는 평가를 받는다. 김 회장은 키신저 전 국무장관을 비롯해 에드윈 퓰너 헤리티지재단 이사장, 데니스 헤스터트 하원의장, 톰 대슐 민주당 상원 원내총무, 딕 체니 부통령, 얼 포머로이 민주당 의원, 클린턴 전 대통령 등과 꾸준히 친분을 이어 가고 있다.

이런 인연은 2002년 미국 하원에서 한·일 월드컵 성공 개최를 기원하는 결의서가 통과되는 성과를 올리기도 했다.

# 빙그레

## 김호연 전 회장과 빙그레

"앞으로는 빙그레 등기이사로서의 역할에만 전념하겠다."

국회의원을 지낸 김호연(61) 전 빙그레 회장은 정치 복귀 의사를 묻는 기자의 질문에 "하지 않겠다"며 선을 그었다. 그는 2008년 총선 출마를 위해 빙그레 대표이사직을 내려놨다. 당시 김호연 전 회장은 "기업에 몸담은 30년간 축적된 창의력, 효율성, 리더십, 추진력을 정치에 접목하겠다"며 출마의 변을 밝혔다. 그해 열린 18대 총선에서 김 전 회장은 낙선했다.

본격적인 그의 정치인생은 그로부터 2년 뒤 충남 천안지역 보궐선거에서 당선되면서부터 꽃폈다. 김호연 전 회장은 당시 한나라당의 불모지로 통하던 대전·충남지역의 유일한 여당 국회의원으로서 과

김호연 전 빙그레 회장은 2010년 7월 충남 천안을 보궐선거에서 당선이 확정되자 가족들과 함께 기쁨을 나누고 있다. 왼쪽부터 장녀 정화 씨, 김 전 회장, 부인 김미 씨, 장남 동환 씨.

학벨트 천안 유치, 보훈 가족과 유족을 위한 국가보훈법 개정 발의 등 기존 정치권에서 보여 주지 못했던 다양한 의정활동을 펼쳤다. 하지만 그는 19대 총선에서 또 한 번 고배를 마셨다.

이후 김호연 전 회장은 박근혜 당시 대통령 후보의 대선캠프 총괄본부장을 지내는 등 정치의 뜻을 이어 갔다. 그는 서강대 경상대 74학번으로 같은 학교 전자공학과 70학번인 박근혜 대통령과는 4년 차이 선후배 관계다. 대통령 당선의 일등공신으로 꼽히며 정치를 계속하는가 했지만 2014년 3월 김 전 회장은 정계를 떠나 빙그레 등기이사로 복귀했다.

세간에서는 오너 경영의 복귀 신호탄이 아니냐는 관측이 쏟아졌다.

이에 빙그레는 당시 "경영 전면에 나서지는 않을 것"이라고 일축했다. 실제 김호연 전 회장은 2015년 현재 특별한 경영활동을 하지 않고 있다. 하지만 업계에서는 회사의 해명과 달리 그의 복귀에 '단순 등기이사' 이상의 의미가 있다는 분석을 내놓는다.

빙그레의 영업이익이나 당기순이익이 감소세를 보이고 있고 성장을 이어 나갈 만한 신규 사업이 뚜렷하지 않은 상황에서 책임경영을 강조하기 위한 그의 의지가 반영돼 있다는 설명이다. 실제 김호연 전 회장이 없는 6년 동안 빙그레는 뚜렷한 성장이 없었다. 2014년 웅진식품 인수전에도 실패했고 '1조 클럽' 가입 목표도 달성하지 못했다.

한 업계 관계자는 "2014년 주요 그룹 오너가 등기이사직에서 줄줄이 사퇴한 가운데 김호연 전 회장의 복귀는 의외였다"면서 "(김 전 회장이) 빙그레 경영자로서 능력을 인정받았던 만큼 오너로서 경영능력을 다시 한 번 발휘하지 않겠느냐"고 내다봤다.

이에 빙그레 측은 "김호연 전 회장의 정계 진출 이후 빙그레는 전문경영인 체제를 이어 오고 있다"면서, "당분간은 이러한 전문경영인 체제가 이어질 것"이라고 설명했다.

김호연 전 회장은 2014년 6월부터 21차례에 걸쳐 빙그레 주식 4만 9,695주를 약 39억 9,750만 원에 매입했다. 현재 그의 빙그레 지분율은 기존의 33.26%에서 33.77%로 늘어났다. 그가 재단 이사장으로 있는 김구재단(2.03%)과 재단법인 아단문고(0.13%)의 빙그레 지분을 합치면 35.93%가 그의 소유다. 부인 김미(59) 씨의 빙그레 지분 1.35%, 동환(32), 정화(31·여), 동만(28) 세 자녀가 각각 33.4%, 33.3%, 33.3%로 모두 100% 지분을 보유한 계열사 케이엔엘물류

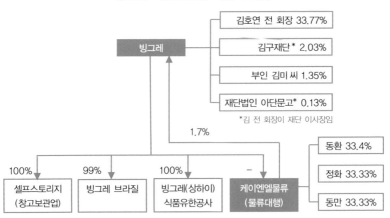

빙그레 지분구조 및 계열사 현황

김호연 전 회장 33.77%

김구재단* 2.03%

부인 김미 씨 1.35%

재단법인 아단문고* 0.13%

*김 전 회장이 재단 이사장임

1.7%

100%    99%    100%    —

셀프스토리지
(창고보관업)

빙그레 브라질

빙그레(상하이)
식품유한공사

케이엔엘물류
(물류대행)

동환 33.4%

정화 33.33%

동만 33.33%

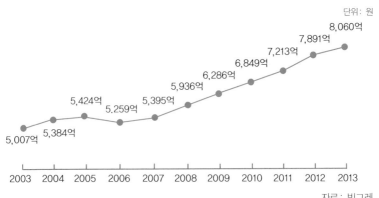

10년간 빙그레 매출 추이

단위: 원

5,007억
5,384억
5,424억
5.259억
5,395억
5,936억
6,286억
6,849억
7,213억
7,891억
8,060억

2003  2004  2005  2006  2007  2008  2009  2010  2011  2012  2013

자료: 빙그레

의 빙그레 지분 1.7%까지 합치면 김호연 전 회장 일가의 빙그레 지분율은 38.98%에 달한다.

김호연 전 회장은 빙그레 등기이사, 김구재단 이사장, 아단문고 이사장 외에도 백범김구기념사업회 부회장을 맡고 있다. 그는 과거 백범기념관 건립위원회 이사로 활동하며 서울 용산구 효창동 백범기념관 건립에 큰 역할을 했으며, 사재를 모아 김구재단을 설립했다. 재단 설립 후 김 전 회장은 학생들을 대상으로 한《백범일지》독후감 대회에 심혈을 기울여 왔다.

최근에는《백범일지》를 세계에 알리는 데 적극 나섰다. 미주지역을 시작으로 필리핀, 태국, 베트남, 미얀마, 말레이시아, 방글라데시 등 동남아 6개 국가와 러시아, 카자흐스탄, 우크라이나 등에서 독후감 대회 시상식을 연이어 개최했다.

《백범일지》의 세계화와 동시에 김구재단의 또 다른 핵심 사업은 '김구 포럼'이다. 긴박하게 돌아가는 한반도 정세와 관련한 폭넓은 주제를 갖고 세계의 전문가들과 다양한 의견을 교환하는 취지다. 2005년에는 하버드대, 2010년에는 베이징대에서 개최했다. 또 지난 2009년 미국 브라운대에 김구도서관을 개설했으며, 2012년에는 미국 터프츠대 플레처 스쿨과 공동으로 한국학 과정을 개설하는 등 한미관계 발전을 위한 다양한 활동을 펼쳐 오고 있다.

김 회장은 이와 같은 공로로 2015년 6월 22일 '2015 밴 플리트(Van Fleet) 상'을 수상했다. 밴 플리트 상은 한국전쟁 당시 미 8군 사령관을 지낸 제임스 밴 플리트 장군을 기리기 위해 코리아소사이어티가 1992년에 제정한 상으로, 매년 한미 관계 발전에 공로가 큰 인물이나

기관에 수여된다.

　김호연 선 회장은 재계 학구파로도 통한다. 경기고와 서강대 무역학과를 졸업한 김 전 회장은 일본 히토츠바시(一橋) 대학원에서 경제학 석사학위를 땄다. 이후에도 그는 연세대 행정대학원에서 외교안보 석사학위, 서강대에서 경영학 박사학위를 취득했다. 하루에 한 권 이상 읽는 그의 독서량은 경영인들 중에서도 손에 꼽힌다. 그는 골프를 치지 않는 오너로 유명한데, "경영 공부를 하다 보니 골프 치는 시간이 너무 아까웠기 때문"이라고 한다.

## 부채율 감소, 성장·수익 '두 토끼' 잡아

"다른 이유도 아니고 경영능력이 부족하다는 말도 안 되는 이유로 회사에서 저를 밀어냈습니다. 분노를 참을 수 없었습니다. 사실상 해서는 안 되는 일이었습니다."

　김호연 빙그레 전 회장은 1992년 형인 김승연 한화그룹 회장과의 경영권 분쟁을 두고 이렇게 회고했다. 두 형제는 1981년 아버지 김종희 한화그룹 창업주가 갑작스럽게 세상을 떠나면서 각각 한화그룹과 빙그레를 맡았다. 초창기에는 별 탈이 없었다.

　다툼은 당시 분가를 앞두고 김승연 회장이 한양유통(현 한화갤러리아) 사장인 김호연 전 회장을 퇴진시키면서 불이 붙었다. 김 전 회장은 아버지로부터 물려받은 재산을 형이 독차지하려 한다며 형을 상대로 재산권 분할 소송을 제기했다.

　하지만 형의 입장은 달랐다. 1989년 상속 절차가 모두 끝났고 한양

유통은 경영상태가 너무 엉망이라 계열사 관리 차원에서 경영권을 되찾아 온 것뿐이라고 맞섰다.

김호연 전 회장은 억울했다. 한양유통은 인수 때부터 재무구조가 열악했고, 본격적으로 사업을 확장하려는 순간 형이 빙그레만 두고 나머지를 모두 뺏어 갔다고 주장했다. 창업주가 유언을 남기지 않은 것도 혼란을 키웠다.

그 후 두 형제는 3년 6개월간 지루한 법정 공방을 이어 갔고, 1995년 어머니의 칠순잔치에서야 극적으로 화해했다.

김호연 전 회장이 취임할 당시 빙그레는 부채비율이 4,183%에 달했다. 1992년 산업계 평균 부채비율이 449%임을 감안하면 김 전 회장은 파산 직전의 회사를 떠안은 셈이다.

빙그레는 생존을 위해 부채비율을 시급히 개선해야 했다. 김호연 전 회장은 즉시 적극적인 증자참여와 투자유치에 나섰다. 각고의 노력 끝에 빙그레의 부채비율은 5년 뒤인 1997년, 360%로 급격히 떨어졌다. 상호지급보증을 완전히 해결하지 못해 휘말린 1997년 7월 한화그룹 위기설 때도 김 전 회장은 400억 원 규모의 상호지급보증을 완전히 해소하고 공정거래법상 완벽한 계열분리도 이뤄 냈다.

"경영은 목표를 향해 수익과 성장이라는 두 바퀴로 쉼 없이 전진해야 한다. 한번 들어서면 뒤를 볼 수도, 돌아갈 수도 없다."

김호연 전 회장의 일방통행론 경영관이다. 그의 경영관은 1998년 빛을 발했다. 당시 외환위기 한파가 불자 김 전 회장은 재무구조 개선은 물론 수익성 향상을 위해 서울 압구정 사옥과 삼청 사옥을 과감히 매각했다. 확보한 현금은 부채 상환에 충당했다. 결과는 성공적이었다. 빙그레는 2003년 부채비율을 76%까지 줄이며 우량기업 반열에 들어섰다.

김호연 전 회장은 핵심 제품에 집중하기 위해 비주력 사업도 단칼에 정리했다. '썬메리' 등 베이커리 사업을 매각하고 냉동식품과 초코케이크, 라면 등 비주력 사업은 시장 철수를 단행했다.

빙그레의 구조조정이 만들어 준 김호연 전 회장과 몽골의 인연은 각별하다. 서울 압구정동 사옥을 매각하고 남양주시 도농동으로 본사를 옮긴 빙그레는 남양주가 몽골 수도인 울란바토르와 자매결연을 맺은 덕분에 자연스럽게 몽골 정부 관계자와 정치인 등의 잦은 방문이 이어졌다. 이를 계기로 김 전 회장은 김구재단을 통해 몽골 유학생들을 지원했고, 몽골 정부는 2001년 김 회장을 명예영사로 임명했다.

김호연 전 회장은 또 '몽골 사랑의 집짓기 운동'을 후원했으며, 특히 최근에는 차남 동만의 아이디어로 몽골 수호바토르 테뮤렐 종합학교에 어학실습실 설비를 지원하기도 했다. 여기에 김 전 회장은 바가반디 몽골 전 대통령의 딸인 바야르마 씨와 서강대 동문이기도 하다.

김호연 전 회장은 이같이 한국과 몽골의 우호협력 증진에 기여한 공로로 2005년 3월 몽골 최고 훈장인 '북극성 훈장'을 받았다. 이 훈장은 몽골 국가 발전에 기여한 공이 큰 외국인에게 수여하는 훈장이다.

## 김호연 전 회장 가족

김호연 전 회장과 김미 씨는 떠들썩한(?) 연애결혼으로 유명하다. '끼리 문화'가 지배적인 재벌가에서는 이례적이다. 보통 정략결혼의 냄새를 지우기 위해 연애결혼으로 포장하는 경우가 적지 않지만 이 커플은 정말 뜨거운 사이였다. 한화 김종희가의 2세 가운데 유일한 연애결혼 케이스다.

김호연 전 회장과 김미 씨의 인연은 대학시절로 거슬러 간다. 서강대를 다니던 김 전 회장과 이화여대를 다니던 김미 씨는 명문가의 자제로서 서로 얼굴은 알고 있던 사이였다. 호감을 갖고 데이트를 즐기던 둘은 김호연 전 회장의 공군장교 입소훈련으로 한층 각별한 사이로 발전했다.

김미 씨의 '러브레터'로 김호연 전 회장은 당시 연애편지를 가장 많이 받는 훈련생으로 부대 내에서 모르는 사람이 없을 정도였다. 편지와 함께 김미 씨가 곱게 접어 보낸 종이학은 김 전 회장의 군 생활 내내 함께했다고 한다.

이들은 5년 넘게 연애를 했다. 김호연 전 회장의 군 생활이 길었던 이유도 있었지만 형인 김승연 회장의 '싱글'도 이들 연애를 길게 했다. 김호연 전 회장의 얘기다.

"훈련소에서 저의 연애 스토리는 꽤 유명했습니다. 아내에게 답장을 쓰는 것도 중요한 하루 일과였죠. 지금도 우리가 주고받은 편지나 종이학들은 아내가 추억으로 잘 보관하고 있습니다. 당시에는 형님 결혼이 어서 이뤄지기를 기다렸습니다."

김승연 회장이 백두진 전 국회의장의 부인인 허숙자 여사의 중매로 1982년 10월 서영민 씨와 결혼식을 올리자, 김 회장도 그 다음해 2월 김미 씨와 백년가약을 맺었다. 슬하에 장남 동환, 장녀 정화, 차남 동만 씨를 뒀다.

동환 씨는 2012년 초 언스트앤영 한영회계법인 내 M&A 자문팀에 입사했다. 한영회계법인은 2014년 빙그레가 적극적으로 나섰다가 실패한 웅진식품 인수 당시 빙그레 측의 자문사를 맡았다. 이를 두고 재계에서는 3세 경영의 물꼬를 트기 위한 것이라는 분석이 나왔지만 빙그레 측에서는 3세 경영은 아직 시기상조라는 입장이다. 동환 씨는 2012년 연세대 국제학부를 졸업했다.

정화 씨는 2003년 미국 브라운대에 입학해 국제관계학을 전공하고 2011년부터 매사추세츠공대에서 도시계획 석사과정을 밟고 있다.

동만 씨는 2011년 미국 터프츠대를 졸업하고 같은 해 6월 경남 진주시 금산면에 있는 공군교육사령부에 소위로 임관했다.

김호연 전 회장 부부의 교육관은 '주변을 돌아볼 줄 아는 균형 잡힌 시각'에 있다. 김 전 회장은 "누구나 자식에게 최고의 것을 해주고 싶지만 그것보다 더 중요한 것은 따로 있다"면서 "똑똑한 천재를 키우기보다 따뜻한 마음을 알려 주려고 노력했다"고 말했다.

실제 김호연 전 회장은 자녀들과 함께 집짓기 봉사활동인 해비탯 활동을 하는 것으로 유명하다. 그가 처음 해비탯에 관심을 갖게 된 건 장남 동환 씨 때문이었다. 김호연 전 회장은 "2000년 동환이가 엄마 권유로 봉사에 참여했다가 뿌듯해하는 것을 보고 자신을 돌아보게 됐다"면서 "이듬해부터 함께 해비탯 운동에 참여하게 됐다"고 소개했다. 해비탯 봉사는 이후 빙그레의 대표적인 사회공헌활동으로 자리 잡았다. 앞서 1998년에는 김미 씨와 세 자녀가 서울역 광장에 나가 약 세 달간 노숙자 돕기 자원봉사에 참여하기도 했다.

# 빙그레 가계도

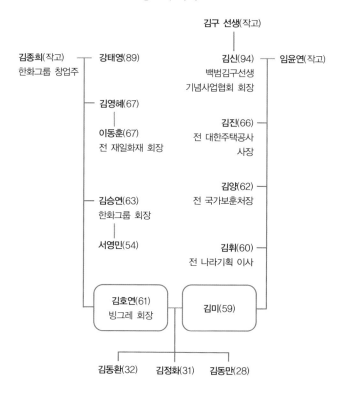

김구 선생(작고)
│
김종희(작고)  ─  강태영(89)        김신(94)  ─  임윤연(작고)
한화그룹 창업주                    백범김구선생
                                  기념사업협회 회장

김영혜(67)
│
이동훈(67)                        김진(66)
전 재일화재 회장                  전 대한주택공사
                                  사장

                                  김양(62)
김승연(63)                        전 국가보훈처장
한화그룹 회장
│
서영민(54)                        김휘(60)
                                  전 나라기획 이사

김호연(61)  ─────  김미(59)
빙그레 회장

김동환(32)   김정화(31)   김동만(28)

김호연          김미
빙그레 회장

김호연(앞줄 왼쪽) 전 빙그레 회장이 2003년 새해를 맞아 서울 용산구 이태원동 자택 거실에서 장인인 김신(가운데) 백범김구선생기념사업협회 회장과 함께 가족사진을 찍었다. 뒷줄 왼쪽부터 차남 동만 씨, 장녀 정화 씨, 장남 동환 씨, 앞줄 오른쪽은 부인 김미 씨.

김호연 전 회장의 처가는 국내 독립운동가(家)를 상징한다.

김 전 회장의 부인 김미 씨는 민족지도자 백범 김구 선생을 할아버지, 안중근 의사의 조카인 안미생 씨를 큰어머니로 뒀다. 부친은 교통부 장관과 대만 대사, 공군참모총장, 국회의원 등을 지낸 김신(94) 백범 김구선생기념사업협회 회장이다. 김신 회장은 임윤연 씨와 혼인해 막내딸 김미 씨 외에 김진(66) 전 대한주택공사 사장, 김양(62) 전 국가보훈처장, 김휘(60) 전 나라기획 이사 등 3남 1녀를 뒀다.

김진 씨는 동서통상과 글로벌씨스텍 대표이사를 거쳐 김대중 정권 시절인 1998년 대한주택공사 감사를 지냈고, 참여정부 때 대한주택공사 사장에 임명됐다. 미국 남가주대에서 경영학을 전공했고, 행정학 석사학위를 취득했다.

차남 김양 씨는 주중국 상하이총영사를 거쳐 국가보훈처장을 역임했다. 연세대 정치외교학과를 졸업하고 미국 조지워싱턴대에서 국제관계학을 공부했다. 씨티뱅크 서울지점 부장과 컴퓨터코리아 부사장 등을 거쳤다.

3남 김휘 씨는 광고인으로 나라기획 이사와 매켄에릭슨 상무를 거쳐 광고대행사 에이블리 대표를 지냈다. 연세대 경영학과와 미국 샌프란시스코대학원 출신이다.

## 빙그레 신성장동력 발굴 기대

8년 전만 해도 빙그레는 오너와 전문경영인이 함께 이끄는 구조였다. 하지만 2008년, 김호연 전 빙그레 회장이 정계 진출을 선언하면서 빙그레는 전문경영인 시스템으로 전환했다.

이건영(60) 전 사장을 거쳐 2015년에 취임한 박영준(59) 사장은 이같은 사정을 감안한 듯 취임 일성으로 새로운 성장동력 확보를 최우선 과제로 삼을 것이라고 강조했다. 서울사대부고를 졸업한 박 사장은 1979년 서울대 수의대를 졸업하고 1981년 빙그레에 입사했다.

이후 줄곧 빙그레에서 30여 년 넘게 일해 온 그는 영업·생산·기획·해외사업 등 빙그레 내 거의 모든 부문에서 경력을 쌓았다. 어느 누구보다도 빙그레의 장단점을 잘 알고 있는 박 사장은 내부 체질개선과 신성장동력 확보라는 두 마리의 토끼를 쫓을 수 있는 적임자라는 기대를 받고 있다.

## 세 자녀가 지분 100% 보유한 비상장사

김호연 전 빙그레 회장의 세 자녀가 100% 지분을 보유한 케이엔엘물류는 3세 승계의 중심이 될 기업으로 불린다. 빙그레 계열사인 케이엔엘물류는 1998년 빙그레 물류부문에서 분사한 냉장·냉동 전문기업으로, 빙그레의 출자지분은 없지만 역으로 빙그레 주식을 1.7% 보유하고 있다. 비상장회사다.

오너 자제가 회사를 소유하고 있는 데다 물량의 절반 가까이를 빙그레가 채우고 있다 보니 '일감 몰아주기' 논란에서 자유롭지 못하다. 회사는 "2006년 매출에서 빙그레가 차지하는 비중은 98% 수준이었으나 2013년 이 비중을 50% 이하로 줄였다"면서 "거래 비중을 점점 줄여 나갈 것"이라고 해명했다.

빙그레 관계자는 "현재 지분은 알려진 바와 같이 김 전 회장의 자녀들이 소유하고 있으며 세금 문제를 포함해 적법한 절차에 따라 증여가 이뤄졌다"고 덧붙였다. 케이엔엘물류는 2013년 매출 626억 원, 영업이익 1억 2,800만 원을 기록했다.

## 인천 창고에서 2019년 세계 10대 항공사로

1945년 11월 인천 해안동의 한 허름한 창고. 당시 25세의 청년 조중훈은 '한진상사'라는 현판을 내걸었다. 회사 이름에는 '한민족(韓民族)의 전진(前進)'이라는 다소 거창한 포부를 담았다. 가진 것이라고는 낡은 트럭 1대였지만 조중훈 창업자는 이곳에 터를 잡으면 일거리 걱정은 없을 것이라고 확신했다. 해방과 함께 인천항에는 중국 상하이에서 건너온 운동화, 양복, 밀가루 등의 생필품들이 밀려들었고, 누군가 이런 물건을 실어 날라야 했기 때문이다.

이 창고가 2015년 만 70세가 된 한진그룹의 모태다. 한진상사는 5년 만에 종업원 40여 명에 트럭 30대를 보유한 단단한 회사로 자라났다. 그러나 승승장구할 것만 같던 사업은 1950년 6월 발발한 한국전쟁으로 치명적인 타격을 입었다.

하지만 조중훈 회장은 모든 것을 잇아간 전쟁에서 기회를 찾았다. 1956년 무렵 주한미군 용역사업에 참여한 한진상사는 미군 운송권을 독점하다시피 따냈다. 가용 차량만 500대에 이르는 번듯한 기업으로 성장할 수 있게 된 것이다.

1961년에는 주한미군 통근버스 20대를 사들여 서울~인천 간 좌석 버스 사업을 시작했다. 한진고속의 시초다.

한진그룹은 월남전 당시 미군의 군수물자 수송을 맡으면서 비약적인 성장을 거듭했다. 베트남에 파병 중인 미군 장교들을 끈질기게 설득해 1966년에 주월 미군사령부와 790만 달러의 군수물품 수송 계약을 체결했다. 그 후 1971년 종전 때까지 5년간 벌어들인 외화는 총 1억 5천만 달러에 달했다. 당시 우리나라 1인당 국민소득은 125~200달러 안팎이었다.

1968년에는 한국공항과 한일개발을 설립하고 인하공대를 인수하기에 이르렀다. 이듬해인 1969년에는 당시 박정희 대통령의 간곡한 권유로 만성적인 적자를 보이던 국영 대한항공공사를 인수해 본격적으로 항공사업에 뛰어들었다. 대한항공공사는 당시 동남아 11개국 항공사 중 꼴찌에 금융 부채만 27억 원에 달했다. 조 회장은 훗날 "대한항공공사 인수는 국적기 사업을 국익 차원에서 이끌어야 할 소명으로 여겼기 때문"이었다고 회고했다.

1977년에는 육·해·공을 잇는 종합 수송그룹을 완성하겠다는 목표로 컨테이너 전용 해운사인 한진해운을 설립했다.

1990년대 들어 조 회장의 주요 관심사는 2세 경영체제 확립이었다.

조양호(뒷줄 오른쪽 두 번째) 한진그룹 회장과 부인 이명희(왼쪽 끝)씨, 막내 조현민(오른쪽 첫 번째) 전무가 2011년 4월 서울 강남구 소재 유익한 공간에서 열린 '대한항공 사랑나눔 일일카페'에 참석해 직원들과 기념 촬영을 하고 있다.

4명의 아들을 모두 주력 계열사에 포진시킨 그는 장남 양호 씨에게는 대한항공, 차남 남호 씨에게는 한진중공업, 3남 수호 씨에게는 한진해운, 4남 정호 씨에게는 한진투자증권 등의 금융사를 맡겼다.

1990년대 후반에는 정치적 격랑도 있었다. 박정희 정권부터 김영삼 정권까지 우호적인 관계를 맺었다면 김대중 정권 때는 시련의 연속이었다.

1997년 대한항공의 괌 추락사고 이후 2년 만에 다시 상하이공항에서 비행기가 추락하자 당시 김대중 대통령은 족벌 경영의 문제점을 지적했다. 이어 국무회의에서 대한항공에 대한 고강도 제재 의사를 내비쳤다. 3개월간 조사 인력만 240여 명이 동원된 국세청 조사에서 한진그룹은 1조 395억 원을 불법적으로 빼돌린 사실이 적발돼 5,416억 원의 세금을 추징당했다.

결과적으로 이 사건 이후 한진호의 키는 2세들이 넘겨받았다. 조양호 한진그룹 회장은 대한항공과 한진해운 등을 중심으로 글로벌 종합 물류기업을 향해 달려가고 있다. 조남호 회장은 중공업계열사, 조정호 회장은 금융계열사 지주회사 전환을 통해 각각 제조와 금융 그룹을 키워 가는 모양새다. 2006년 타계한 3남 조수호 회장이 맡고 있던 한진해운은 부인 최은영 씨가 8년간 회장직을 수행해 오다 2014년 초 조양호 회장에게 넘겼다.

한진그룹은 2015년 7월 현재 지주회사 한진칼 아래 대한항공, 진에어, 한국공항, 에어코리아(이상 항공 부문), 한진해운(해상운송 부문), ㈜한진(육상운송 부문), 한진관광, 정석기업, 칼호텔 네트워크(관광·호텔·레저 부문), 한진정보통신(정보 서비스 부문) 등을 통해 몸집 불리기에 나서고 있다.

현재 153대의 항공기를 보유한 대한항공은 전 세계 46개국 129개 도시를 취항 중이다. 대한항공은 창사 50주년이 되는 2019년까지는 매출액 25조 원을 달성해 항공여객 부문 10위권 진입을 목표로 하고 있다. 한진해운도 컨테이너선과 벌크선 등 170여 척의 선박으로 전 세계 60여 개 정기항로를 운항하며 연간 1억 톤 이상의 화물을 수송하는 세계적인 선사로 발돋움했다. 덕분에 한진그룹은 2015년 4월 기준

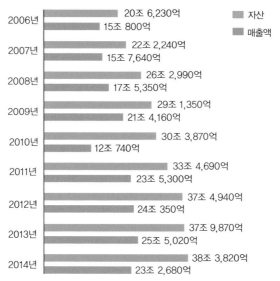

### 한진그룹 매출 자산 현황

단위: 원

- 2006년: 20조 6,230억 (자산) / 15조 800억 (매출액)
- 2007년: 22조 2,240억 (자산) / 15조 7,640억 (매출액)
- 2008년: 26조 2,990억 (자산) / 17조 5,350억 (매출액)
- 2009년: 29조 1,350억 (자산) / 21조 4,160억 (매출액)
- 2010년: 30조 3,870억 (자산) / 12조 740억 (매출액)
- 2011년: 33조 4,690억 (자산) / 23조 5,300억 (매출액)
- 2012년: 37조 4,940억 (자산) / 24조 350억 (매출액)
- 2013년: 37조 9,870억 (자산) / 25조 5,020억 (매출액)
- 2014년: 38조 3,820억 (자산) / 23조 2,680억 (매출액)

자료: 공정위 대규모 집단 공개 시스템(groupopni.ftc.go.kr)

매출 23조 2,680억 원, 자산 총액 38조 3,820억 원 규모의 대기업으로 자리잡았다.

하지만 2015년 현재 한진은 예기치 못한 위기를 겪고 있다. 이른바 '땅콩 회항'으로 대두된 3세의 '오너 리스크' 때문이다. 과거 어느 때보다 한진그룹을 보는 국민들의 시선이 달갑지 않고, 일각에서는 대한항공에 대한 불매운동을 벌여야 한다는 목소리까지 나온다. 칠순을 맞은 한진은 깊은 수렁에 빠져 있다.

# 조양호 회장 복심 읽는 '3인방'

한진그룹에는 조양호 회장의 복심을 제대로 읽는다는 3인방이 있다.

지창훈(62) 대한항공 총괄사장은 입사 후 30년간 미주, 중국, 호주 등 주요 해외지역을 거친 해외통이다. 항공사에서는 드물게 화물과 여객사업 분야를 두루 거쳤다. 여객 분야의 섬세한 서비스 감각을 화물 분야에 접목해 6년 연속 화물 세계 1위에 걸맞은 서비스 향상을 주도했다는 평가를 받는다.

특히 중국지역본부장 재임 당시 중국 노선망 대폭 확충에 적극적으로 대처해 거대 시장인 중국을 잡을 수 있었다는 점을 인정받았다. 성취욕이 남다르고 의사결정이 빠른 데다 업무 장악력이 뛰어나 일찌감치 고위 임원감으로 꼽혔다.

석태수(60) ㈜한진해운 대표이사는 한진의 주요 계열사 대표를 두루 거쳤다는 점에서 한진그룹 권력의 핵심으로 지목된다. 조양호 회장의 신임도 누구보다 두텁다. 1984년 대한항공에 입사해 경영계획실장, 미주지역본부장으로 일한 뒤 ㈜한진 대표이사, 한진칼 대표이사 등을 역임했다.

대한항공 근무 시 그룹이미지(CI) 추진부단장, A380 프로젝트팀장 등 굵직한 업무를 수행한 기획통으로, 탁월한 기획력과 국제감각으로 ㈜한진을 글로벌 종합물류기업으로 성장시키는 데 일조했다. 글로벌 해운불황으로 2011년부터 연속 적자를 기록하던 한진해운을 흑자로 전환시키면서 경영능력을 인정받았다.

서용원(66) ㈜한진 대표이사는 입사 이후 노사협력실장을 거쳐 인

| 지창훈(62) | 강영식(66) | 석태수(60) | 서용원(66) | 이상균(67) |
|---|---|---|---|---|
| 대한항공 총괄사장 | 대한항공 부사장 | ㈜한진해운 대표이사 사장 | ㈜한진 대표이사 사장 | 대한항공 부사장 |

재개발관리본부장으로 근무한 인사통이다. 항공사는 기본적으로 조종사와 일반 노조가 분리돼 노조 관련 업무 강도가 2배 이상 세다. 운송 업무가 많은 ㈜한진 역시 강성인 운수노조 등과 협상 테이블에 앉아야 한다.

서용원 대표는 가지 많은 나무인 한진그룹에서 노사관계 안정화를 이룬 베테랑이다. 2014년 1월부터 ㈜한진 대표이사로 근무 중이다. 끊임없이 노력하는 형으로 협상 테이블에 앉으면 포기하는 일이 없는 것으로 유명하다.

## 땅콩 회항에 '미운 오리' 된 3세들

2014년 12월 조현아 전 대한항공 부사장의 '땅콩 회항' 사건이 터진 이후 한진가 3세는 주목대상이다. 이 과정에 '수송보국'(輸送報國)이라는 기치를 내걸며 창업주가 일군 기업 이미지 역시 떨어졌다.

한진은 사주 일가의 승진이 빠른 대표적인 기업이다. 조양호 회장의 장녀인 조현아 전 부사장은 1999년 25세로 대한항공 호텔면세사업본부에 입사해 불과 6년 만인 2005년 대한항공 상무보가 됐다. 당시 나이 31세였다. 한진칼 대표이기도 한 장남 조원태 씨는 2008년 33세에 여객사업본부장이 된 후 이듬해 전무를 거쳐 2013년 1월 대한항공 부사장이 됐다. 막내인 조현민 대한항공 전무는 24세인 2007년 과장으로 입사한 뒤 3년 만인 27세에 상무보로 승진했다. 현재 직함인 전무가 된 것은 29세 때다.

인생에서 어려움 없이 빠르게 승승장구만 해온 탓일까. 한진그룹 3세들의 부정적인 행실과 언행은 업계는 물론 언론계까지 소문이 널리 퍼졌다. 2012년 12월 당시 전무였던 조원태 씨는 인하대에서 피켓 시위를 벌이던 시민단체 관계자와 이를 취재하던 기자에게 욕설과 막말을 해 논란을 일으켰다. 2005년에는 승용차를 운전하다 시비가 붙어 70대 노인을 폭행한 사건으로 입건된 전력이 있다. 당시 나이는 30세로 대한항공 경영전략본부 기획부 부팀장을 맡고 있었다.

3세들은 모두 우리 사회에서 최고의 교육을 받았다. 첫째 조현아 씨는 1999년 미국 코넬대 호텔경영학 학사를 받았으며, 둘째 조원태 씨는 미국 남가주대(USC) 경영전문대학원(MBA)을 마쳤다. 막내 조현민 씨도 오빠와 같은 남가주대를 졸업한 뒤 서울대 경영대학원을 마쳤다. 재계에서는 명문가를 자처하는 한진가의 자녀 교육에 상당한 문제가 있다는 목소리까지 나온다.

한진그룹의 3세 경영이 과연 가능할까 싶지만 답부터 얘기하면 '그래도 3세 경영이 이뤄질 것'이라는 관측이다. 기업의 후계구도는 국민 여론과는 무관하기 때문이다. 재벌 자녀들이 각자 얼마의 주식을 확보했는지에 따라 결정된다.

한진가 3세들은 지배구조의 핵심 축인 한진칼 지분을 엇비슷한 규모로 보유 중이다. 3남매는 각각 사실상 지주사로 전환한 한진칼 지분의 2.5%를 보유하고 있다. 다른 계열사 보유 지분은 그리 많지 않다. 반면 조양호 회장의 지배력은 절대적이다. 지주사 한진칼의 지분 17.8%와 정석기업과 ㈜한진 지분을 각각 27.2%, 6.9% 쥐고 있다.

결국 3세 구도는 아버지인 조 회장에 의지에 달려 있다. 땅콩 회항으로 인해 유력한 경쟁자이던 장녀 조현아 씨가 현역에서 물러났다는 점에서 재계에서는 둘째이자 장남인 조원태 부사장이 그룹 경영권을 승계할 것이라는 시각이 지배적이다.

최근 몇 년 사이 한진그룹은 순환출자에서 벗어나 지주회사 체제로 전환하는 지배구조 개편에 박차를 가했다. 2013년 8월 대한항공의 인적 분할(회사를 분리한 후 신설법인의 주식을 모회사 주주에게 같은 비율로 배분하는 방식)을 통해 한진칼을 출범시키며 '대한항공 → 정석기업 → ㈜한진 → 대한항공'으로 이어지는 기존의 순환출자 고리를 깼다. 한진칼은 다시 2014년 11월 대한항공 주식과 신주를 맞바꾸는 방식의 유상증자로 총수 일가 중심의 지배구조를 단단히 했다. 이어 12월 ㈜한진이 보유하던 한진칼 지분 5.28%를 블록딜로 매각해 정석기업이 ㈜한진을 거쳐 한진칼 지분을 갖는 또 하나의 순환출자 고리에서도 벗어났다. 결과적으로 조양호 회장 및 자녀 3인은 지주사가 된 한진칼 지분 25.3%를 틀어쥐게 됐다.

관건은 조양호 회장의 복심이다. 그동안 자녀들에게 지분을 나눠주는 데 있어 조 회장은 철두철미할 만큼 공평하게 분배했다. 그만큼 후계를 정하지 못했다는 방증이기도 하다. 항공업계에서는 향후 한

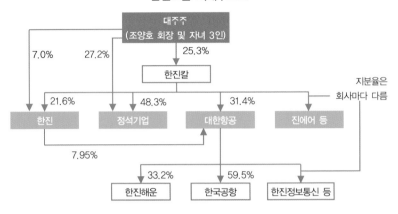

한진그룹 지배구조도

한진그룹 주요 지배구조 개편 진행상황

| 주요 내용 | 시기 |
|---|---|
| 지주회사 한진칼 설립 | 2013년 8월 |
| 한진칼 현물출자 유상증자 | 2014년 11월 |
| 한국공항, ㈜한진해운 지분 매각 | 2014년 11월 |
| 한국공항, ㈜한진 지분 매각 | 2014년 12월 |
| ㈜한진, 한진칼 지분 매각 | 2014년 12월 |
| ㈜한진 및 정석기업 보유 에어코리아 지분 매각 | 2014년 12월 |
| 한진칼, 정석기업 투자사업 부문 합병 | 2015년 7월 |

진그룹이 업무영역에 따라 3개로 나뉘어 배분될 것이란 예상이다. 장녀 현아 씨에게는 호텔과 관광 사업을, 둘째 원태 씨에게는 대한항공 등 주력 사업을, 막내 현민 씨에게는 저가항공사 진에어와 부대상품 판매 등의 계열사를 나눠 주는 시나리오다.

# 한진가의 폭넓은 인맥

관가와 경제계·학계·법조계까지 폭넓게 구성된 한진그룹 일가의 혼맥은 국내 어느 대기업 집안에 못지않다. 또한 유난히 중매결혼이 많다. 창업주인 조중훈 회장은 1944년 집안 어른의 중매로 평범한 집안의 김정일(92) 여사와 결혼했다. 하지만 동생들과 자녀들은 당대 명문가 자녀들과 연이어 짝을 맺었다.

4남 1녀 중 장녀인 조현숙(70) 씨는 1968년 숙부인 조중건 전 대한항공 부회장의 중매로 당시 법조인이던 이태희(75) 전 서울지방법원 판사와 인연을 맺었다. 홍아타이어 감사를 지낸 이상묵 씨의 장남으로, 서울법대와 미국 하버드대 법학 박사 출신이다. 1983년 KAL기 폭파사건 당시 보상과 관련된 법률적 문제에 앞장서 주목을 받았다.

둘째이자 장남인 조양호(66) 한진그룹 회장은 1973년 이재철 전 교통부 차관의 장녀이자 서울대 미대 출신인 이명희(66) 씨를 부인으로 맞이했다. 양가 부모가 한 모임에서 각자의 아들딸과 관련한 이야기를 주고받다 사돈이 됐다고 한다. 당대 유력 운수기업 후계자와 주무부처인 교통부의 이례적인 만남인 셈이다. 조양호 회장의 장인인 이재철 전 차관은 1976년 공직에서 물러나 인하대 총장을 거쳐 국민대, 중앙대 총장을 역임했다.

셋째인 조남호(64) 한진중공업 회장은 김원규 전 교육감의 차녀인 김영혜 씨를 우연히 만나 연애결혼했다.

넷째인 조수호 전 한진해운 회장은 한진 일가를 다른 재벌가와 이어준 중심축이다. 우선 처가는 롯데그룹 창업주인 신격호(93) 총괄회

장 집안이다. 부인인 최은영(53·유수홀딩스 회장) 씨의 모친이 신격
호 회장의 넷째 여동생인 신정숙 씨다. 또 신정숙 씨의 남편은 최현일
전 NK그룹 회장이다.

막내인 조정호(57) 메리츠종금증권 회장은 1987년 LG가인 구자학
아워홈 회장의 차녀 구명진(51) 씨와 혼인했다. 구자학 회장의 부인
인 이숙희(80) 씨가 이병철 삼성 창업주의 차녀라는 점에서 삼성가와
도 이어진다.

조양호 회장의 장녀인 조현아(41) 전 부사장은 2010년 10월 경기초
교 동창인 박종주(41) 씨와 결혼했다. 박 씨는 서울대 의대를 졸업한
성형외과 의사다. 공동 투자했던 성형외과 병원은 유명 연예인들이
찾을 정도로 유명세를 탔다. 하지만 최근 이 병원 생활을 접고 한진그
룹 등이 380억 원을 투자한 인하국제의료센터에서 근무 중이다.

조 회장의 외아들인 조원태(40) 부사장은 2006년 5월 김태호 충북
대 정보통계학과 교수의 외동딸인 김미연(37) 씨와 결혼했다. 김 교
수는 3대 중앙정보부장과 8, 9대 국회의원을 지낸 김재춘 5·16민족
회 이사장의 장남이다.

창업자 조중훈 회장의 형제자매 혼맥도 전직 장관 가문부터 평범한 집
안에 이르기까지 다양한 스펙트럼을 보여 준다.

조중건(83) 전 대한항공 부회장은 이상실 전 상공은행장의 3녀인
이영학(78) 씨와 결혼해 1남 3녀를 뒀다. 장남인 조진호(53) 씨는 이
종남 전 감사원장의 장녀인 이경아(45) 씨와 인연을 맺었다. 장녀인
조윤정(51) 씨는 이동원 전 외무부 장관의 장남 이정훈(54) 씨와 백년

가약을 맺었다. 쌍둥이인 조주은(48) 씨는 미혼이며, 조주연(48) 씨는 김태효(48) 성균관대 교수와 결혼했다.

조씨 가문의 장자인 조중렬 전 한일개발 부회장은 최학희(90) 여사와 결혼, 2남 1녀를 뒀다. 장손인 조지호(67) 한양대 명예교수는 이병호 전 상공부 장관의 장녀 이숙희(59) 씨와 혼례를 올렸다. 차남 조건호(63) 씨는 재미동포인 윤주덕 내과의사의 딸 윤영태(64) 씨를 아내로 맞았으며, 장녀 조인숙(69) 씨는 문영호(76) 전 동부제일병원 내과과장과 혼인했다. 문영호 씨의 부친은 제일은행 이사를 지낸 문재관 씨다.

조중훈 회장의 첫째 여동생인 조정옥(92) 여사는 전윤진(99) 전 동양화재 감사와 인연을 맺었으며, 둘째 여동생 조정원(90) 여사는 박두진(88) 씨와 혼례를 치렀다. 셋째인 조도원 여사는 박태원 전 한국과학기술원 이사장과 결혼했으며, 막내인 조경숙(85) 여사는 재미교포 외과의사인 박소회(82) 씨에게 시집갔다. 조중훈 회장의 막내 남동생인 조중식 전 한일개발 부회장은 교육자 집안 출신인 김복수(78) 씨를 아내로 맞았다.

# 한진그룹 가계도

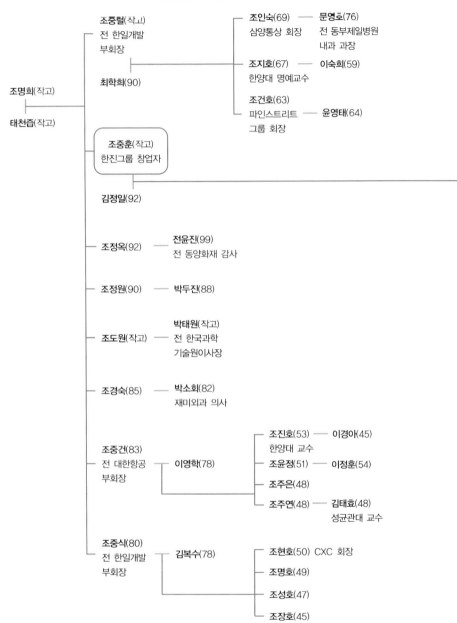

조명희(작고)

태천즙(작고)

조중렬(작고)
전 한일개발
부회장

최학희(90)

조인숙(69)
삼양통상 회장

문영호(76)
전 동부제일병원
내과 과장

조지호(67)
한양대 명예교수

이숙희(59)

조건호(63)
파인스트리트
그룹 회장

윤영태(64)

조중훈(작고)
한진그룹 창업자

김정일(92)

조정옥(92)

전윤진(99)
전 동양화재 감사

조정원(90)

박두진(88)

조도원(작고)

박태원(작고)
전 한국과학
기술원이사장

조경숙(85)

박소회(82)
재미외과 의사

조중건(83)
전 대한항공
부회장

이영학(78)

조진호(53)
한양대 교수

이경아(45)

조윤정(51)

이정훈(54)

조주은(48)

조주연(48)

김태효(48)
성균관대 교수

조중식(80)
전 한일개발
부회장

김복수(78)

조현호(50) CXC 회장

조명호(49)

조성호(47)

조장호(45)

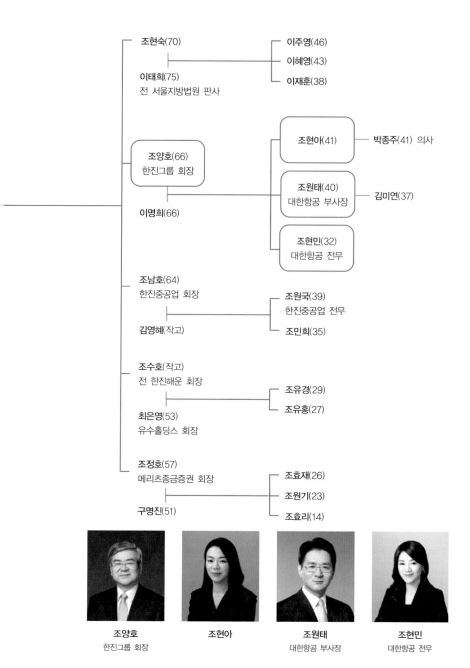

조현숙(70)

이주영(46)

이혜영(43)

이재훈(38)

이태희(75)
전 서울지방법원 판사

조양호(66)
한진그룹 회장

조현아(41) ── 박종주(41) 의사

조원태(40)
대한항공 부사장 ── 김미연(37)

조현민(32)
대한항공 전무

이명희(66)

조남호(64)
한진중공업 회장

조원국(39)
한진중공업 전무

조민희(35)

김영혜(작고)

조수호(작고)
전 한진해운 회장

조유경(29)

조유홍(27)

최은영(53)
유수홀딩스 회장

조정호(57)
메리츠종금증권 회장

조효재(26)

조원기(23)

조효리(14)

구명진(51)

조양호
한진그룹 회장

조현아

조원태
대한항공 부사장

조현민
대한항공 전무

"당신, 이야기(베트콩 습격으로 한진 직원 5명 사망) 들었소? 내 두말도 안하겠소! 우리 운전수들 군인 출신이오. 방어용으로만 할 테니 M16을 지급해 주시오." —조중건 전 대한항공 부회장

"너 미쳤냐? 어떻게 민간인에게 군대 소총을 나눠 주라는 거야." —찰스 마이어 꾸이년 지구 사령관

"돈 벌러 와서 죽을 수는 없지. 우리도 방어는 해야 할 거 아냐." —조 전 부회장

"미스터 조, 이건 사이공 사령부도 모르는 일이오. 당신과 나만 아는 일이오, 알겠소? 그리고 절대 먼저 쏘지 마시오." —마이어 사령관

조중건 전 대한항공 부회장이 자서전에서 밝힌 이 대화는 한진이 사지인 베트남 정글에서 어떻게 달러를 벌었는지 가늠케 하는 대목이다. '해방둥이' 한진이 '수송보국'의 길을 걸은 지 70년. 이런 피와 땀들이 모여 오늘날 육·해·공을 아우르는 '세상의 길'을 개척했을 것이다.

그리고 그 '길라잡이'에는 조중훈 한진그룹 회장이 서 있었다. 길이 있는 곳에 '한민족의 전진', 한진이 있다며 전장으로, 바다로, 하늘로, 수송 외길을 걸어온 조중훈 회장. 이 때문에 한진그룹의 39개 계열사들은 지금 이 순간에도 5대양 6대주에서 한민족의 영토를 세계로 넓히고 있다.

## 전장에서 성장한 한진

"형님이 경제시찰단의 일원으로 베트남에 갈 때입니다. 돈 될 만한 사업이 있을 것으로 확신했던 중훈 형님은 비행기에서 내려다본 베트남 꾸이년 지역의 풍경에서 바로 사업 아이디어를 찾아냈습니다. 항만을 보니 화물이 꽉 찬 배가 50척이 몰려 있더라는 것입니다. 단순히 그것만 본 것이 아니라 배들이 짐을 실은 채 마냥 대기하고 있다는 사실이었죠. 순간적으로 상황을 파악한 형님은 갑자기 창문에서 휙 돌아앉아 휘파람을 불기 시작했다고 합디다. 다른 사장들이 쳐다볼까 싶어 큰일이라고 생각한 거죠."

조중건 전 부회장은 한진의 베트남 사업 첫발을 이렇게 설명했다.

한진의 화물수송사업은 전후방이 없었던 베트남에서 당연히 쉽지 않았다. 그러나 조중훈 회장은 빗발치는 전장을 오가며 뚝심과 오기로 밀어붙였다. 베트콩으로부터 기습공격을 받고 직원들이 공포에 떨 때는 사기를 높이기 위해 직접 수송차량의 선두에 서기도 했다.

그런 고생 끝에 주어진 과실은 너무나 달콤했다. 한진이 1966년부터 5년간 베트남에서 벌어들인 달러는 무려 1억 5천만 달러. 당시 한국은행이 보유한 가용외화가 5천만 달러 남짓이었으니, 한진이 베트남에서 얼마나 많은 돈을 벌었는지 짐작할 수 있다.

한진은 베트남 특수로 당당히 재벌 반열에 들어선다. 조중훈 회장은 1967년 7월 자본금 2억 원으로 대진해운을 설립했고, 그해 9월에는 삼성물산으로부터 동양화재를 5억 7천만 원에 인수했다. 또 1968년 2월에는 한국공항, 8월에는 건설회사인 한일개발(현 한진중공업)

을 세웠다. 이어 인하대학교도 인수했다.

## 부실기업 대한항공공사 인수

조중훈 회장은 뜻하지 않은 곳에서 위기이자 도전을 맞이한다. 다름 아닌 항공사업이었다.

"청와대로부터 호출이 왔습니다. 어느 정도 짐작 가는 내용이었죠. 당시 김형욱 중앙정보부장과 이후락 비서실장, 김성곤 공화당 의원 등이 수시로 드나들면서 만년 적자 공기업인 대한항공공사 인수를 독촉했으니까요. 그래서 저는 형님한테 절대 받아들이지 말라고 했습니다. 하도 불안해서 저도 형님과 같이 정와대에 따라갔습니다. 그러나 그뿐이었습니다. 박정희 대통령이 우리나라 국적기를 타고 해외 나들이를 한번 해보는 게 소망이라는데 형님이 거절할 수 있겠습니까."

조중건 전 부회장의 회고다.

조중훈 회장은 결국 1969년 '말 많고 탈 많던' 대한항공공사를 인수했다. 항공공사는 당시 프로펠러기 7대와 제트기 1대를 보유했지만, 전체 좌석 수는 점보기 1대보다 적었다. 또 27억 원의 부채는 감당키 어려운 것이었다. 이 때문에 임원들은 "베트남에서 목숨 걸고 번 돈을 부실 항공사에 모두 쏟아 붓게 됐다"며 크게 우려했다.

그러나 조중훈 회장은 과감한 투자와 국제선 개척으로 이를 헤쳐 나갔다. 그리고 46년 후, 대한항공은 보유 항공기 153대, 매출 11조 9,097억 원(2014년 기준)의 거대 기업으로 성장했다.

## "창업주에겐 은퇴란 없다"

트럭 한 대로 국내 최대의 운수그룹을 일군 조중훈 회장은 팔순의 나이에도 명예회장으로 물러나지 않고 현장을 챙길 정도로 노익장을 과시한 정열적인 경영자였다. 언론 인터뷰에서 "창업주에게 은퇴란 없다"고 한 말은 그의 성격과 일 욕심을 단적으로 보여 준다.

조중훈 회장은 또 '남이 닦아 놓은 길을 뒤쫓으며 훼방하는 얌체사업'을 싫어했다. 모르는 사업에 뛰어드는 '문어발식' 확장도 자제했다. "낚싯대를 열 개, 스무 개 걸쳐 놓는다고 해서 고기가 다 물리는 게 아니다"는 것이 그의 지론이었다. 그래서 그는 모르는 사업을 하기보다 수송 전문화에 더 집중했다.

주변에서 '돈 버는' 무역회사를 만들자고 권유하기도 했지만 조중훈 회장은 그때마다 "우리가 무역회사를 하면 많은 무역회사들이 우리의 경쟁자가 될 텐데 그들이 우리 비행기를 타고 우리에게 화물을 맡기겠느냐"며 반대했다고 한다.

조중훈 회장은 1920년 부친 조명희 옹과 모친 태천즙 여사의 4남 4녀 가운데 둘째로 태어났다. 부친은 집안을 분주하게 돌아다니며 이것저것 뚝딱거리고 어질러 놓기를 좋아하던 둘째 아들에게 '동(動)과 정(靜)이 조화를 이룬 사람이 되라'는 뜻에서 '정석'(靜石)이란 아호를 지어 주었다고 한다.

조중훈 회장은 1945년 광복 직후 인천에서 한진상사를 설립, 수송 외길의 첫발을 내디뎠다. 고만고만하던 한진상사가 두각을 나타낸

것은 1956년 미군부대 화물수송을 맡으면서다. 이때 맺은 미군과의
인연은 한진 성장의 든든한 '우군'이 됐다.

## "찰리 조, 보따리 좀 싸봐"

조중건(영어명 찰리) 전 부회장은 창업주인 조중훈 회장의 동생이라기
보다, 사업 동반자이자 유능한 참모였다. 조중건 전 부회장은 통역과
포병장교로 한국전쟁에 참전한 뒤 미국 버클리대에서 수송학을 전공
했다.

1959년에 귀국한 그는 바로 한진에 합류했다. 조중건 전 부회장의
본격적인 활약은 베트남전쟁에서 시작됐다. 조중훈 회장은 1965년
베트남을 시찰한 뒤, 조중건 전 부회장에게 이렇게 말했다.

"니가 가서 보따리 좀 싸봐."

이 말은 한번 기획을 잘해서 사업으로 만들어 보라는 '조 브라더스'
(중훈·중건 형제)의 은어였다. 조중건 전 부회장은 미군 인맥을 활용
해 중장비 조달 등의 악조건을 뚫고 베트남 꾸이년 항의 미군 용역과
수송작업을 따냈다. 계약금액은 790만 달러.

조중건 전 부회장의 설명이다. "베트남 수송사업을 돌아볼 때 그것
은 참으로 100년 만에 한 번 있을까 말까 한 사업이었다."

조 전 부회장은 또 조중훈 회장을 도와 1970~1980년대 대한항공
의 성장을 주도했다. 국제노선 개척을 위해 당시 소련과 중국 등 적국
까지 넘나들며 대한민국의 하늘을 넓혀 놓았다.

항공노선과 관련된 에피소드 한 토막.

조중건 전 부회장은 1988년 서울올림픽 선수단 수송을 위한 부정기 항공노선을 뚫기 위해 혈혈단신 모스크바로 날아갔다. 구소련 국영 아에로플로트항공사 사장과 항공청 장관, 체육부 장관을 만나 설득에 들어갔지만, 요지부동이었다. 하루는 그들이 조 전 부회장을 한 궁전의 깊숙한 곳으로 안내하더니, 약속이라도 한 듯 옷을 훌훌 벗어버리고, 사우나탕과 보드카로 조 전 부회장의 진을 빼기 시작했다.

수십 번 반복된 행동으로 조 전 부회장은 금방이라도 쓰러질 것 같았다. 그러나 그는 정신력으로 계속 버티며 협상을 주도해 나갔다. 동이 틀 무렵 조 전 부회장은 그들의 수장으로부터 긍정적 답변을 얻어냈다.

조중훈 회장의 막내 동생인 조중식(80) 전 한일개발(현 한진중공업) 부회장은 미국에서 토목공학을 전공한 뒤 한진에 입사했다. 그는 당시 새로운 건축공법인 H-빔 공법으로 서울 소공동 KAL빌딩을 설계 및 시공했으며, 중동 특수 때 사우디아라비아 등에서 많은 공사를 따내기도 했다.

### 떠날 때는 쿨하게

역사적으로 2인자의 삶은 불행한 경우가 적지 않았다. 1인자를 향한 욕심이 화(禍)를 불러들인 탓이다. 반면 드물게 성공한 2인자는 맺고 끊음이 명확하고 절제된 삶을 살았음을 역사는 보여 준다.

조중건 전 대한항공 부회장은 이런 점에서 성공한 2인자로 분류할 수 있다. 그는 1996년 조카들의 경영권 승계가 마무리될 시점에 미련

없이 대한항공을 나와 야인으로 돌아갔다. 오너가의 일원이기보다 전문경영인으로서 행동했으며, 나아가고 물러날 때를 안 것이다.

1인자에 대한 욕심은 없었을까. 조중건 전 부회장이 한때 하와이에 머무는 것을 놓고 일각에서는 형제간의 '힘겨루기'로 보는 견해도 있었다. 또 조 전 부회장이 일정 기간 대한항공의 '수장'을 맡다가 장조카인 조양호 대한항공 사장(현 회장)에게 물려줄 것으로 보는 시각도 적지 않았다. 한진그룹의 일부 계열사를 받을 것으로 판단한 이도 있었다. 그러나 이 같은 세간의 예측과 달리 조 전 부회장은 모든 것을 훌훌 털고 하와이로 떠났다.

조중건 전 부회장은 훗날 이같이 전했다.

"형제간이라도 언젠가 헤어질 거면 기분 좋게 헤어지고 싶었다. 조카들의 앞길을 막는 것은 보기가 안 좋았다. 또 한국에 있으면 언론 인터뷰를 하게 되고, 이 때문에 본의 아니게 형님(조중훈 회장)에게 누를 끼칠까봐 신경이 쓰였다."

시쳇말로 어차피 헤어질 거면 '쿨하게' 떠나고 싶었다는 의미일 것이다.

조양호 한진그룹 회장은 "1996년 초 작은아버지께서 물러나시기를 원하셨다"면서 "선친도 그동안 숙부께서 고생하신 것을 잘 아셨던 만큼 섭섭지 않게 해드렸다"고 설명했다.

그럼 조중건 전 부회장이 생각한 2인자는 어떤 모습일까. 그는 자서전에서 이렇게 밝혔다.

"형이 대한항공의 '선장'이었다면, 나는 '일등항해사'였다. 선장은 모름지기 새로운 곳을 향한 모험심과 카리스마가 있어야 한다. 그러나 실제 배를 움직이는 것은 일등항해사다. 2인자는 항상 해결사 역할을 해야만 했다. 성공확률은 거의 50% 이하였다."

그는 그렇다고 무조건 '예스맨'이 2인자는 아니라고 강조했다. 조중건 부회장은 조중훈 회장이 정부로부터 부실기업을 인수할 때마다 형에게 수없이 대들었다.

"형, 하지 마시오. 밑 빠진 독에 물붓기요."

그러나 조 전 부회장도 끝내는 포기할 수밖에 없었다. 자신에게는 선택권이 없다는 것을 잘 알았기 때문이다. 남은 것은 최단기간에 부실기업을 흑자기업으로 돌려놓는 일이었다. 조중훈 회장이 아이디어를 내놓으면, 이를 현실화하는 것은 언제나 조중건 전 부회장의 몫이었다. 그는 그 고통을 이렇게 표현했다.

"전면에 나선 총수는 그저 '이러저러하니, 알아서 만들어 봐' 하고 화두만 휙 던질 뿐일 경우가 많다. 물론 1인자에게는 1인자의 고뇌가 있다는 것을 잘 이해하지만, 실제로 일을 처리하는 입장에서는 작은 일 하나 때문에 며칠을 헤매야 하는 일이 허다했다."

그는 그럼에도 2인자의 삶이 만족스러웠다고 회고했다.

"2인자들은 1인자가 꾸는 꿈에 덩달아 취해 열정을 다해 일하는 존재들이 아닐까 하는 생각이 든다. 형은 육·해·공의 종합물류기업이라는 꿈을 내게 보여 줬다."

1999년 4월 20일, 당시 김대중 대통령은 국무회의에서 대한항공에 대한 고강도 제재 의사를 내비쳤다. 민간기업에 대한 청와대의 이 같은 조치는 극히 이례적인 일이었다.

그러나 이런 빌미를 제공한 것은 대한항공. 대한항공기의 잇단 사고가 주요 원인 중 하나라는 것이 당시의 분위기였다. 더구나 국적항공사의 항공사고는 국가 이미지에 미치는 악영향이 적지 않았다. 한진그룹으로서는 처음으로 맞는 정권과의 갈등이었다.

한진그룹과 역대 정권의 인연은 '극과 극'을 달린다는 점에서 국내여느 재벌가와 다른 모습을 보여 준다. 박정희 정권부터 김영삼 정권까지가 우호적 관계였다면, 김대중 정권 때는 시련의 연속이었다.

조중훈 회장은 국적항공사 대표라는 신분과 특유의 사교성, 부지런함 덕분에 역대 정권의 핵심 인사와 적지 않은 친분을 쌓았다. 이때문에 사업상 '손해 본 장사'도 많았다.

조중훈 회장은 리스크를 떠안으면서도 정권이 요청한 부실기업을 잇따라 인수했다. 대한항공공사(현 대한항공)를 비롯해 대한선주(현 한진해운과 합병), 조선공사(현 한진중공업)를 떠안았다. 동시에 미국, 일본, 프랑스 등 해외 인맥을 활용, 민간 차원의 외교력을 발휘하기도 했다.

또 30여 년간 한진그룹의 '2인자'였던 조중건 전 대한항공 부회장도 과거 군 경력을 바탕으로 폭넓은 인맥을 구축했다. 그렇다고 인맥을 활용해 특혜를 누린 것은 아니었다. 그가 자서전에서 밝힌 대목이다.

"1953년부터 2년간 미국 포병학교 교관 생활로 400여 명의 기간장교들과 많은 인맥을 형성할 수 있었다. (중략) 나는 박정희 대통령과 매우 친근한 관계였고 나를 친아우처럼 아껴주셨고, 가끔 당시 혁명주체들이 내 형(조중훈 회장) 집에서 모여 회의를 했다. 만약 마음만 먹었다면 얼마든지 이권과 청탁으로 돈을 긁어모을 수 있었을 것이다. 그러나 나나 형은 그런 방식으로 돈을 버는 것은 신기루와 같다고 여겼다."

그러나 1998년 DJ정권이 들어서면서 한진은 서서히 '쓴맛'을 보기 시작한다. 대통령 전세기의 경쟁 입찰제 도입은 그 신호탄이었다. 이어 국세청 조사인력 240여 명이 동원된 3개월간의 한진그룹 세무조사는 조씨가를 무척 당혹스럽게 했다.

이처럼 DJ정권이 대한항공에 대해 강하게 '칼자루'를 휘두른 이유는 뭘까. 1차적으로는 DJ정권 출범 이후 벌어진 대한항공 측의 크고 작은 사고 탓이었다. 대한항공의 문제는 기업뿐 아니라 국가 이미지 훼손이라는 것이 정부의 시각이었다. 여기에 과거 한진그룹이 보인 '반 DJ 행보'도 일부 영향을 끼쳤을 것이란 관측도 있다.

세무조사 이후 대한항공은 노선권 배분 차별 등 정부로부터 각종 불이익을 받았다. 그러나 법보다 감정을 앞세운 정부의 무리수도 적지 않았다. 사법부는 대한항공이 잇따라 제기한 노선배분 소송에서 정부 결정을 뒤엎는 판결을 속속 내렸다.

## ‖ 한진그룹의 2세 경영 ‖

한진 조씨가의 2세들이 창업주 조중훈 회장의 그늘에서 벗어나 4형제의 '홀로서기'가 정착된 가운데 이제는 선친이 다져 놓은 반석에서 세계 일류 수송기업을 향해 달리고 있다. 2세들의 경영 성적표는 '기업은 물려받는 것이 아니라 가꾸어 나가는 것'임을 증명해 준다. 조양호 한진그룹 회장도 "전문경영인으로서 자립할 수 있는 길을 열어 준 것이 선친으로부터 물려받은 가장 큰 유산"이라고 말한다.

조중훈 회장은 자식들에게 인성에서는 검소와 성실을, 일에서는 프로를 강조했다고 한다. 이 때문에 자식들을 엄격하게 교육시켰지만, 때론 애틋한 부정을 내비치기도 했다. 또 선진 지식을 습득하도록 조기 유학을 보내 자식들에게 전문가의 길을 걷도록 했다. 이에 대한 조양호 회장의 회고다.

"미국 유학시절의 일입니다. 부친은 틈틈이 자신의 육성이 담긴 테이프를 저에게 보내 격려를 했습니다. 힘들 때마다 부친의 자식 사랑을 확인하면서 큰 힘을 얻은 거죠. 그리고 저도 1주일에 한 번씩 아버지께 편지를 썼죠. 부친은 '훌륭한 경영자가 되기 이전에 훌륭한 인간이 되어라', '현재의 조건에서 행복을 찾아라. 행복은 얻어지는 것이 아니라 찾는 것이다'고 가르치곤 했습니다."

조양호 회장의 부친과의 일화 한 토막.

조양호 회장이 유럽여행을 떠날 때 부친은 궁색하지 않도록 3천 달러를 경비로 줬다. 조 회장이 여행을 끝내고 홍콩에서 부친을 만났을 때, 그는 부친이 건네준 돈의 절반인 1,500달러를 돌려드렸다. 그는 돈을 절약하기 위해 기차를 타고 다니며 1~2달러짜리 값싼 여인숙에서 잠을 잤다고 한다. 이후 부친은 조 회장의 검소한 생활과 관리능력을 신뢰하게 되었다고 한다. 말은 안 했지만 장남의 됨됨이와 장차 그룹 후계자로서의 자질을 테스트한 것이다.

## 4형제의 소그룹 독립경영

"4형제 모두 대한항공에서 경영수업을 시작했지만, 선친(조중훈 회장)께서는 자식들의 전공과 성격 등을 감안해 주요 계열사를 맡기신 것 같습니다. 항공은 그룹의 주력 업종이고 전문기술의 이해가 필요한 만큼 공대 출신인 제가 맡게 됐고, 둘째(조남호 한진중공업 회장)는 국내에서 대학을 졸업한 데다 성격도 걸걸해서 건설·중공업에 적합하다고 판단하셨죠. 또 국제 비즈니스 마인드가 필요한 해운 쪽은 사교적인 셋째가 적성에 맞을 것으로 보셨고, 막내는 금융 분야 공부를 죽 해왔으니 그룹의 금융을 책임지도록 하셨습니다. 선친은 이미 1990년대 초부터 이 같은 밑그림을 그려 놓고, 자식들을 관련 계열사에서 꾸준히 트레이닝 시켰다는 생각이 듭니다."

조양호 한진그룹 회장은 4형제가 각각 항공과 중공업, 해운, 금융을 맡게 된 배경을 이렇게 설명했다.

한진그룹은 2002년 조중훈 회장의 별세 이후 4형제간 '독립경영'을 정착시켰다. 그룹 후계구도를 일찌감치 '교통정리'한 데다 확실한 계열분리를 위해서는 독립경영이 선결돼야 한다는 4형제간의 합의에 따른 것이다. 그로부터 3년 후 한진 주요 계열사의 '성적표'는 독립경영의 성과를 여실히 보여 준다.

대한항공은 2004년 세계 항공수송 통계 화물수송 부문에서 세계적인 항공사인 독일 루프트한자의 19년 아성을 깨고 1위를 차지했다. 한진중공업은 국내 조선업체들이 적자에 허덕이던 2004년 367억 원의 흑자를 기록했으며, 한진해운은 2004년 매출 기준 8,198억 원의 영업이익을 올렸다. 메리츠증권은 동양화재의 금융지주회사 전환을 통해 제2의 도약을 준비하고 있다.

## 항공 전문가 조양호 회장

"회장님의 '러브레터' 받았습니까?"

"이번 주에는 두 번이나 받았습니다."

대한항공 임원 사이에 오가는 아침 대화 가운데 하나다. 이에 대한 한 임원의 설명이다.

"조 회장께서는 해외 출장이 잦다 보니 업무를 주로 온라인으로 처리하는데, 좀 부족하거나 따로 지시할 내용이 있으면 담당 임원에게 이메일을 보내요. 임원들은 이를 회장님의 '러브레터'라고 부릅니다. 조 회장께서 워낙 전문가이다 보니 내용이 아플 때가 많죠. … 모 언론사 기자가 국내 그룹 회장들의 인터넷 실력을 확인하기 위해 늦은 밤에 질문서를 보낸 적이 있습니다. 조 회장은 본인 메일을 확인한 뒤, '이런 질문은 홍보실에 문의하십시오'라고 메시지를 보낸 모양이에요. 그것이 기자가 회장들로부터 되받은 유일한 메일이었고, 30분 만에 답장이 왔다고 하더라고요."

조양호 한진그룹 회장은 늦은 밤에도 노트북을 열어 회사 현황을 파악하고, 결재도 한다. 의문 나는 사항은 담당 임원에게 이메일을 보내거나, 전화로 질문을 한다. 직원들도 이제는 회장이 밤중에 결재한 서류를 보아도 더 이상 놀라지 않는다.

조양호 회장은 국제 항공업계에서 알아주는 거물급 인사다. 이는 2000년 출범한 세계적 항공동맹체 '스카이팀' 결성과정에서 잘 드러난다. 조 회장이 미국 델타항공의 레오 뮬린 회장과 의기투합해 결성키로 한 '스카이팀'은 당시 참여 항공사 문제로 난관에 부딪쳤다. 조 회장은 평소 친분이 두터운 에어프랑스와 알리탈리아의 최고경영자(CEO)를 집요하게 설득, 결국 '스카이팀'에 참여토록 했다. 그가 일궈 놓은 스카이팀은 이제 국제 항공동맹체의 핵심으로 자리 잡았다.

조양호 회장은 또 40년간 대한항공에서 잔뼈가 굵은 항공 전문경영인이다. 영업·정비·전산·자재·인사·총무 등 항공사 경영에 필수적인 분야를 두루 섭렵했다. 그의 설명은 이렇다.

"전문경영인에게 권한과 책임을 부여하되, 경영의 잘잘못을 지적하는 경영인이 되어야 합니다. 특히 항공사는 제조업과 달라 전문적인 경영능력 없이 권위만을 앞세워 경영권을 행사할 수 없는 특수한 업종입니다. 저는 조종사들과 전문적인 대화를 나눌 수 있는 수준으로 끌어올리기 위해 경비행기를 직접 조종할 수 있는 훈련도 받았습니다."

조양호 회장이 2003년 그룹 회장에 취임하면서 임직원에게 던진 첫 일성은 '세계 최고의 종합물류기업'이다. 이를 위해 2019년까지 항공 부문 세계 10위, 해상운송 부문 세계 3위, 육상운송 부문 국내 1위라는 목표를 제시했다. 그는 인하대 공대, 미국 남가주대 경영대학원 경영학 석사, 인하대 경영학 박사 출신이다.

## 선 굵은 조남호 회장

조남호 한진중공업 회장은 4형제 가운데 가장 선이 굵은 경영 스타일을 보여 준다. 직원에게 많은 권한을 위임하지만 그에 따른 책임도 철저히 따진다. 경영진이 일일이 챙기다 보면 실무 책임자의 활동 폭이 좁아지고 책임감 있는 결정을 내리기가 쉽지 않다는 판단에서다.

1995년 인천 영종도의 남측 방조제 건설 에피소드에서 그의 스타일을 엿볼 수 있다. 한진은 당시 최대의 국책사업이었던 인천국제공항공사에서 남측 방조제를 맡았다. 서해안은 조수간만의 차가 크고 유속이 빨라 물막이공사 진행이 지지부진했다. 급히 대안을 찾아야 할 상황이었다. 또 북측 방조제 공사는 경험 많은 국내 굴지의 건설사가 맡은 터라 서로 자존심을 걸고 공기 단축에 매달렸다.

이때 조남호 회장(당시 부회장)은 현장 책임자를 직접 방문, "현장을 말아 먹든 말든 모든 권한은 당신에게 있다. 당신을 믿으니 어떤 수단을 써서라도 꼭 해내리라 믿는다"며 전권을 위임했다. 그 결과 여러 개의 바위로 5톤 이상의 돌망태를 만들어 쌓아 나가는 획기적인 아이디어로 공사를 조속히 끝냈다. 더구나 경쟁사의 북측 방조제 완공보다 간발의 차이로 일찍 끝내 업계에 화제가 되기도 했다.

준공식 날 헬기를 타고 현장에 도착한 조남호 회장은 현장 책임자와 만나자마자 뜨거운 포옹을 하며 눈시울을 붉혔다고 한다.

조남호 회장은 국내에서 경복고와 고려대 경영학과를 졸업했지만 해외 근무경험은 풍부하다. 선친에게도 필요하면 바른말을 했고, 부하 직원을 포용하는 스타일이다. 조 회장은 1971년 입사하여 네덜란드와 중동, 동남아 등에서 근무하며 해외건설사업의 개척자 역할을 담당했다.

## '국제통' 조수호 회장

고 조수호 회장은 해운업계의 '국제통'으로 통한다. 1991년 한국이 국제해사기구(IMO)의 상임이사국 가입을 위해 발 벗고 나설 때, 정부가 그를 적임자로 낙점할 정도였다. 1년 중 절반 이상을 해외에서 보내며, 세계 곳곳에 지인들을 심어 놓은 조 회장이 적격 인물로 판단됐기 때문이다. 조 회장은 각국 대표를 일일이 찾아다니며 협력을 요청, 결국 이사국 선임을 이뤄냈으며, 1993년에는 IMO 이사국 연임에 공헌하기도 했다.

조수호 회장은 딸만 둘이다. 딸들을 위해 주방에서 요리할 때가 가장 행복하다고 대놓고 말한다. 그래서일까. 조 회장은 해운업계의 '페미니스트'로 불린다. 여성은 배에 태우지 않는다는 해운업계의 금기를 깨고, 한진해운은 1995년 국내 최초로 12명의 여성 해기사(항해사, 기관사)를 선발했다. 또 1997년에는 여성주재원을 파견했으며,

2000년에는 최초의 여성 일등항해사를 배출했다. 특히 대졸 신입사원 가운데 여성 비율이 절반에 육박한다.

조수호 회장은 미국 남가주대 경영학과를 졸업한 뒤 1979년 대한항공에 입사했다. 1985년 한진해운 상무를 시작으로 10년 만인 1994년 사장으로 취임했으며, 2003년 7월 회장직에 올랐다. 그는 20년간 해운업 '한 우물'만 판 전문경영인이다. 한진해운은 현재 컨테이너선과 벌크선 등 170여 척의 선박과 전 세계 60여 개의 항로를 운영하며, 연간 1억 톤 이상의 화물을 수송하는 세계적인 선사다.

## 금융그룹 시동 건 조정호 회장

1998년 한진투자증권(현 메리츠증권)의 재무구조는 최악이었다. 900억 원의 적자를 기록했으며, 자기자본은 411억 원으로 퇴출 위기에 몰렸다. 이를 반전시킨 주인공이 조정호 메리츠증권 회장이다. 당시 조 회장은 푸르덴셜증권 자회사인 PAMA(푸르덴셜에셋매니즈먼트아시아)로부터 510억 원의 외자 유치에 성공한 뒤, 강력한 리더십으로 이듬해에 순이익 753억 원, 자기자본 2,156억 원으로 불려 놓았다.

외자 유치에는 평소 친분이 있었던 PAMA 코리아 대표 김한 사장의 도움이 컸다. 이 인연으로 김 사장은 2003년 메리츠증권 부회장으로 스카우트된다. 김 부회장은 "메리츠증권과 PAMA를 결혼시킨 중매쟁이로서 맡은 역할을 다하기 위해 메리츠증권에 오게 됐다"고 말했다.

조 회장은 남가주대에서 경제학을 전공했으며, 스위스 IMD 경영학 석사 출신이다. 영어와 프랑스어에 능통하다.

## 조 회장 부자의 사진사랑

항공사 수장으로서 숱한 해외여행 때문일까. 조중훈 회장과 조양호 한진그룹 회장의 취미는 똑같이 사진 촬영이다. 솜씨도 아마추어 수준을 넘어선 프로급이다. 일만큼이나 취미도 극성스러운 것이 부자간 닮은꼴이다.

조중훈 회장은 공식 업무에서 벗어나면 카메라를 메고 낯선 땅 이곳저곳을 두루 돌아다니며, 이국의 풍물과 사람 사는 모습 등을 카메라에 담았다고 한다. 조 회장은 그렇게 찍은 사진들을 1985년 '이집트 고대문화 사진 전시회'에 내놓았다. 또 사진작품이 수만 점에 달해 한때는 개인 사진전을 준비하기도 했다.

조중훈 회장은 사진 취미에 대해 이렇게 밝힌 적이 있다.

"유별난 호기심에서 비롯된 것도 있지만 자주 해외에 나가는 사업 특성과도 무관치 않습니다. 여기에 추억이라는 이름으로 남은 그 많은 감동과 경이를 많은 분들과 나누고 싶은 마음도 있었습니다."

장남인 조양호 회장의 사진 실력도 이미 재계에서 유명하다. 조 회장은 해외 출장에서 찍은 작품으로 달력을 제작, 지인들에게 선물로 주고 있다. 취미활동을 비즈니스로도 활용하는 조 회장이 처음 사진을 찍게 된 계기는 중학교 때 부친으로부터 카메라를 선물로 받으면서다. 조 회장은 부친을 따라 여행을 자주 다녔는데, 부친이 항상 카메라를 갖고 다니며 사진 촬영을 하는 것을 보면서 사진에 대한 꿈을 키웠다고 한다.

소양호 회장은 지금도 해외 출장 때면 디지털카메라와 캠코더를 분신처럼 꼭 챙긴다. 그리고 노트북에 작품을 담아 놓은 뒤 기념으로 촬영한 사진들을 지인들에게 직접 메일로 보내 준다.

조 회장은 사진 촬영에 이렇게 빠지게 된 이유로 자신이 원하는 모습을 의지대로 잘 표현하고 간직할 수 있다는 점과 기계는 거짓말을 하지 않고, 넓은 세상을 작은 렌즈에 담아낸다는 점을 꼽았다.

조 회장도 부친만큼이나 사진 취미에 열성적이다. 평소 국내외 사진 전문잡지를 보면서 마음에 드는 것은 스크랩해 뒀다가, 작품 활동에 참고한다. 또 사진 전문가와 만날 기회가 있으면 미진한 부분을 곧잘 묻기도 한다. 바쁜 해외 출장 중에도 차량으로 이동하다 차창 밖의 멋진 풍광이 눈에 들어오면 그냥 지나치지 않고, 차를 세워 촬영을 할 정도다.

"해외에 예정된 행사보다 하루나 이틀 정도 일찍 출발해 사진을 찍기 위해 도시 주변을 돌아다닌다"면서 "사진은 잠시 잊었던 삶의 소중한 순간과 기억을 되살려 주는 신비한 힘이 있다"고 말했다.

## 대한항공의 화물수송사

"국제항공운송협회(IATA)로부터 어제 연락이 왔는데, 대한항공이 2004년 항공화물수송 부문에서 세계 1위를 차지했다고 해요. 이번 주에 공식 발표가 있을 것으로 보이는데…. 동북아 물류중심기지 건설에 대한항공이 일조를 했다는 점에서 뿌듯합니다."

2005년 6월 29일 서울 서소문 KAL빌딩에서 만난 조양호 한진그룹 회장은 상기된 표정으로 이같이 밝혔다. 당시에는 아직 공식 발표된 내용이 아니라서 그런지 조심스럽게 말문을 열었지만, 대한항공 창사 36년 만에 세계 항공사에 새로운 이정표를 세웠다는 자부심은 도드라져 보였다.

그러나 대한항공이 세계 항공화물수송 분야에서 톱이 되기까지 우여곡절과 애환도 적지 않았다.

대한항공이 화물사업을 시작한 것은 민영화 2년 후인 1971년 4월. 서울~일본 도쿄~미국 LA를 잇는 태평양 노선에 화물기를 처음으로 취항한 것이다. 한 · 미 항공협정을 개정할 정도로 어렵게 노선을 취득했지만 막상 실어 나를 화물이 없는 상황이 터졌다.

시도도 못 하고 주저앉을 수는 없다는 심정에서 당시 대미 수출품의 대부분이 가발인 점을 착안, 직원들에게 가발 수출업체를 찾아 나서라는 특명을 내렸다. 그러나 가발업체 대부분이 소규모 중소기업으로, 찾는 것조차 힘들었다. 다행히 수출조합을 방문해 주소를 얻고 복덕방에서 위치를 알아냈지만 또 다른 걸림돌이 있었다. 이제 막 출발한 대한항공에 대한 불신이 적지 않았던 것. 결국 애국심에 호소하며 설득전까지 치러 가며 겨우 승낙을 받았다.

또 당시 해외 비즈니스맨들이 주로 이용하던 조선호텔 프런트를 찾아 숙박부를 뒤져 가며 접촉에 나서기도 했다. 이런 고생 끝에 대한항공의 첫 화물기는 휴항 없이 태평양을 건너게 됐다.

대한항공의 항공화물 변천사는 우리나라의 산업 발달사와 맥을 같이한다. 1970년대 초반에는 가발과 스웨터 등이 화물의 주종을 이뤘으며, 1970년대 중반부터 1980년대에는 모피류와 전자제품, 1990년대에는 전자제품과 의류 등이 시장을 주도했다. 죄근에는 반도체와 휴대전화, LCD 등 고가의 IT 제품이 주종을 이루고 있으며, 휴대전화만을 위한 전세기를 인도에 운항한 적도 있다.

대한항공은 별난 특수화물을 수송한 경험도 많다. 1983년 11월에는 B747 화물기로 서울대공원에 수용될 동물 418마리(54톤)를 미국 댈러스에서 서울까지 수송, '현대판 노아의 방주'라는 이야기를 들었다. 또 핵연료와 탱크, 헬리콥터 등 다른 항공사들이 좀처럼 수송할 수 없는 특수화물을 실어 나른 경험도 쌓았다.

1994년에는 89마리의 미국산 말을 제주로 수송한 것을 시작으로 매년 경주마들을 실어 나르고 있으며, 무역전시장(COEX) 내에 개장된 아쿠아리움(대형수족관)에 전시될 상어 35마리 등 희귀어류들을 호주로부터 운송한 적도 있다. 또 운송이 까다롭기로 유명한 악어 72마리를 성공적으로 수송하기도 했다.